PRIVATRECHT

Zivilrecht

Lehrbuch
zum Zivilrecht für die öffentliche Verwaltung

5. vollständig überarbeitete Auflage

von
Matthias Einmahl
Evlalia Eleftheriadou

Verlag Bernhardt-Witten · 58456 Witten

Bibliografische Information der Deutschen Bibliothek

Die Deutsche Bibliothek verzeichnet diese Publikation in der Deutschen Nationalbibliografie; detaillierte bibliografische Daten sind im Internet über http://dnb.ddb.de abrufbar.

Verlag: Bernhardt-Witten, Bruchstr. 33, 58456 Witten
☎ 02302-71713, Telefax 02302-77126
E-Mail: mail@bernhardt-witten.de
Internet: www.bernhardt-witten.de

Satz: Schreibservice Bernhardt, Witten

Druck: inprint druck und service, Erlangen

© 2016 by Verlag Bernhardt-Witten

Alle Rechte vorbehalten. Dieses Buch ist urheberrechtlich geschützt.

Kein Teil dieses Werkes darf ohne schriftliche Einwilligung des Verlages in irgendeiner Form reproduziert (Nachdruck, Fotokopie oder ein anderes Verfahren) oder unter Verwendung elektronischer Systeme verarbeitet, vervielfältigt oder verbreitet werden.

Im Falle der Zuwiderhandlung wird Strafantrag gestellt und Schadensersatz geltend gemacht.

Vorwort

Das Zivilrecht spielt für die öffentliche Verwaltung eine wichtige Rolle. Um ihre Aufgaben zu erfüllen, müssen Verwaltungsträger als Teilnehmer im Wirtschaftsverkehr auftreten: Sie kaufen Waren und Dienstleistungen ein, treten zum Teil selbst als Anbieter von Dienstleistungen auf und kaufen bzw. verkaufen Immobilien. Wenn sie so agieren, sind sie den Regeln des Zivilrechts unterworfen. Im Sozial- und Jugendbereich ist ferner das Familienrecht als Teil des Zivilrechts sehr bedeutsam.

Das vorliegende Lehrbuch ist auf die einschlägigen Curricula des Bachelorstudienganges an der Fachhochschule für öffentliche Verwaltung Nordrhein-Westfalen zugeschnitten und soll zivilrechtliches Grundverständnis für die Tätigkeit in der öffentlichen Verwaltung vermitteln.

In diesem Lehrbuch finden sich 16 Übungsfälle mit Musterlösung, die sich allesamt für die Prüfungsvorbereitung eignen. Etliche sind Originalklausuren entlehnt.

Soweit personenbezogene Bezeichnungen im Maskulinum stehen, wird diese Form verallgemeinernd verwendet und bezieht sich auf beide Geschlechter.

Osnabrück und Leipzig, im August 2016

Evlalia Eleftheriadou
Matthias Einmahl

Hinweis:

Normen ohne Angabe des Gesetzes sind solche des BGB.

Inhaltsverzeichnis

Vorwort III
Abkürzungsverzeichnis XII
Literaturverzeichnis XIII

Kapitel 1: Allgemeine Grundlagen 1
I. Zivilrecht in Abgrenzung zu anderen Rechtsgebieten 1
   1. Zivilrecht 2
   2. Öffentliches Recht 3
   3. Strafrecht 3
II. BGB: Inhalt und Aufbau 4
III. Grundbegriffe des Zivilrechts 6
   1. Schuldverhältnis und Anspruch 6
   2. Rechtsgeschäft und Vertrag 8
   3. Willenserklärung 8
      a) Willenserklärung als Element von Rechtsgeschäft und Vertrag 8
      b) Abgabe und Zugang 9
   4. Verpflichtungs- und Verfügungsgeschäfte 11
   5. Vertragsfreiheit und Vertragsbindung 14
      a) Vertragsfreiheit 14
      b) Vertragsbindung 18
   6. Natürliche und juristische Personen/Rechtsfähigkeit 20
   7. Verbraucher und Unternehmer 21
Übungsfall 22

Kapitel 2: Zustandekommen von Verträgen 24
I. Vertragsschluss durch Angebot und Annahme 24
   1. Angebot 24
   2. Annahme 27
II. Stellvertretung 28
   1. Einführung 28
   2. Voraussetzungen der Stellvertretung im Einzelnen 29
      a) Abgabe einer eigenen Willenserklärung 29
      b) Handeln im Namen des Vertretenen 30
      c) Vertretungsmacht 30
         aa) Entstehung und Beendigung 31
         bb) Umfang 32
         cc) Mehrere Vertreter 35
         dd) Delegation durch Untervollmacht 36
   3. Folgen wirksamer Stellvertretung 36
   4. Folgen fehlender Vertretungsmacht 37
      a) Vorliegen einer Vertretung ohne Vertretungsmacht 37
      b) Genehmigung des Vertrags durch den Vertretenen 37
      c) Haftung des Vertreters ohne Vertretungsmacht 37
III. Form 40
Übungsfälle 41

Kapitel 3: Inhalt von Verträgen 44
I. Allgemeines 44
   1. Haupt- und Nebenpflichten 44
      a) Hauptpflichten 44
      b) Nebenpflichten 44
   2. Spezifikation der Leistung 47
      a) Leistungsort 47
      b) Leistungszeit 47
      c) Leistungsgegenstand 48
   3. Bedingung und Befristung 50
      a) Bedingung 50
      b) Befristung 51
      c) Fristberechnung 51
   4. Auslegung von Willenserklärungen und Verträgen 53
   5. Allgemeine Geschäftsbedingungen 55
      a) Einführung 55
      b) Übersicht über die gesetzlichen Vorschriften zu AGB 57
      c) Voraussetzungen für das Vorliegen von AGB 58
      d) Bestimmung des Schutzniveaus zugunsten des Verwenders 60
      e) Einbeziehung von AG in den Vertrag 60
         aa) Einbeziehung gegenüber Unternehmern und juristischen Personen des
            öffentlichen Rechts 60
         bb) Einbeziehung gegenüber Verbrauchern 61
         cc) Vorrang der Individualabrede 62
      f) Auslegung von Allgemeinen Geschäftsbedingungen 63
      g) Inhaltskontrolle von AGB nach §§ 307-309 63
         aa) Verhältnis der einschlägigen Vorschriften zueinander 63
         bb) Anwendung der §§ 308, 309 63
         cc) Anwendung des § 307 64
         dd) Privilegierung der VOB/B und der VOL/B 65
      h) Folgen der Nichteinbeziehung oder Unwirksamkeit von AGB 66
II. Gegenstand und Inhalt eines Kaufvertrags 66
III. Gegenstand und Inhalt eines Werkvertrags 67
   1. Gegenstand des Werkvertrags 67
   2. Pflichten aus dem Werkvertrag 67
      a) Herstellungspflicht des Unternehmers 67
      b) Vergütungspflicht des Bestellers 67
         aa) Höhe der Vergütung 67
         bb) Fälligkeit der Vergütung 68
      c) Abnahmepflicht des Bestellers 68
IV. Gegenstand und Inhalt eines Mietvertrags 69
   1. Struktur der mietvertraglichen Regelungen im BGB 69
   2. Pflichten aus dem Mietvertrag 69
Übungsfälle 70

Kapitel 4: Fehlerhafte Verträge 75
I. Mangel der Geschäftsfähigkeit 75
   1. Geschäftsfähigkeit 75
   2. Geschäftsunfähigkeit 75
   3. Beschränkte Geschäftsfähigkeit 75

II. Willensmängel und ihre Folgen 76
1. Einführung 76
2. Irrtum 77
   a) Anfechtungsgrund 77
   aa) Begriff des Irrtums 78
   bb) Zur Anfechtung berechtigender Irrtum 78
   b) Anfechtungserklärung 81
   c) Anfechtungsfrist 81
   d) Rechtsfolgen der Anfechtung 82
   aa) Nichtigkeit der Willenserklärung 82
   bb) Schadensersatzanspruch des Anfechtungsgegners 82
3. Arglistige Täuschung 83
   a) Anfechtungsgrund 83
   aa) Täuschungshandlung 83
   bb) Person des Täuschenden 84
   b) Anfechtungserklärung 84
   c) Anfechtungsfrist 84
   d) Folgen der Anfechtung 84
4. Fehleridentität 85
III. Verstoß gegen ein gesetzliches Verbot 86
IV. Sittenwidrigkeit 87
V. Rückabwicklung fehlerhafter Verträge 89
   Übungsfall 90

Kapitel 5: Verletzung vertraglicher Pflichten und ihre Folgen 92
I. Pflichtverletzung 92
1. Begriff 92
2. Besonderheiten beim Kauf-, Werk- und Mietvertrag 93
   a) Kaufvertrag und Werkvertrag 93
   b) Mietvertrag 96
II. Rechte des Gläubigers 97
1. Erfüllung 97
   a) Allgemeines Recht 97
   b) Mangelhafte Kaufsache oder Werkleistung als Pflichtverletzung 98
   aa) Kaufvertrag 98
   bb) Werkvertrag 100
2. Selbstvornahme und Aufwendungsersatz beim Werk- und beim Mietvertrag 101
   a) Bedeutung 101
   b) Voraussetzungen 102
   aa) Werkvertrag 102
   bb) Mietvertrag 103
   c) Rechtsfolge 103
3. Recht auf Verweigerung der eigenen Leistung 103
4. Rücktritt und außerordentliche Kündigung 105
   a) Rücktrittsrecht 105
   aa) Rücktrittsvoraussetzungen 106
   bb) Folgen des Rücktritts 108
   b) Außerordentliches Kündigungsrecht 108
   aa) Voraussetzungen 108
   bb) Rechtsfolgen 110
5. Minderung beim Kauf-, Werk- und Mietvertrag 110
   a) Minderung beim Kauf- und beim Werkvertrag 110
   b) Minderung beim Mietvertrag 112

VII

6. Schadensersatz ... 113
  a) Grundvoraussetzungen für den Schadensersatzanspruch nach § 280 Abs. 1 ... 113
    aa) Schuldverhältnis ... 113
    bb) Pflichtverletzung ... 114
    cc) Vertretenmüssen ... 114
      (i) Eigenes Verschulden ... 115
      (ii) Verschulden des Erfüllungsgehilfen ... 118
      (iii) Verschulden des gesetzlichen Vertreters ... 120
  b) Zusatzvoraussetzung je nach Auswirkung der Pflichtverletzung ... 121
    aa) Auswirkung der Pflichtverletzung: Leistung nicht werthaltig ... 121
    bb) Auswirkung der Pflichtverletzung: weitergehende Nachteile ... 124
  c) Pflichtverletzung mit mehreren Schäden als Folge ... 126
  d) Anspruchshöhe ... 126
    aa) Grundsätze ... 126
    bb) Kausalität ... 128
    cc) Haftungsreduzierung durch Mitverschulden ... 129
7. Verzugszins ... 130
8. Verhältnis der Gläubigerrechte untereinander ... 131
III. Sonderfall: Unmöglichkeit als Pflichtverletzung ... 131
  1. Begriff ... 131
  2. Rechte des Gläubigers bei Unmöglichkeit ... 133
    a) Herausgabe des Ersatzgegenstandes ... 133
    b) Recht zur Verweigerung der eigenen Leistung ... 133
    c) Rücktritt ... 134
    d) Schadensersatz ... 134
    aa) Nachträgliche Unmöglichkeit ... 134
    bb) Anfängliche Unmöglichkeit ... 135
Übungsfälle ... 136

Kapitel 6: Gläubigerverzug ... 143
I. Begriff ... 143
II. Voraussetzungen ... 143
  1. Fälligkeit ... 143
  2. Angebot der Leistung ... 143
  3. Nichtannahme durch den Gläubiger ... 144
III. Rechtsfolgen ... 145
  1. Gefahrübergang ... 145
  2. Haftungserleichterung ... 145
  3. Ersatz von Mehraufwendungen ... 146

Kapitel 7: Erlöschen von vertraglichen Verpflichtungen und Verträgen ... 147
I. Erfüllung ... 147
II. Aufrechnung ... 147
III. Rücktritt und Kündigung ... 149
  1. Rücktritt ... 149
  2. Kündigung ... 150
    a) Ordentliche Kündigung ... 151
    b) Außerordentliche Kündigung ... 151

VIII

Kapitel 8: Verantwortung aus deliktischem Handeln 152
I. Allgemeine Grundsätze zu gesetzlichen Schuldverhältnissen aus unerlaubter Handlung .. 152
   1. Entstehen 152
   2. Inhalt 153
      a) Geltung der §§ 249 ff. 153
      b) Kausalzusammenhang und Schadensberechnung 154
      c) Schmerzensgeld bei immateriellen Schäden 154
   3. Abwicklung 155
   4. Verschuldens- und Gefährdungshaftung im Deliktsrecht 156
II. Ausgewählte gesetzliche Schuldverhältnisse aus unerlaubter Handlung 157
   1. Verletzung der allgemeinen Sorgfaltspflicht 157
      a) Verletzung eines in § 823 I genannten Rechts 157
      b) Rechtswidrigkeit 160
      c) Vorsatz und Fahrlässigkeit 160
   2. Verantwortung für Gefahrenquellen 161
      a) Haftung für durch Industrieanlagen, Strom- oder Rohrleitungssysteme und
         Schienenfahrzeuge verursachte Schäden 161
      b) Allgemeine Verkehrssicherungspflicht 162
   3. Die Haftung für den Verrichtugsgehilfen 164
      a) Anspruchsvoraussetzzungen 165
      b) Verhältnis zu anderen Ansprüchen 167
      c) Haftung aus § 831 in größeren Organisationen 168
Übungsfall 169

Kapitel 9: Ungerechtfertigte Bereicherung 171
I. Einführung 171
II. Anwendungsbereich 172
III. Bereicherungstatbestand 172
   1. Bereicherungstatbbestand bei Leistung § 812 Abs. 1 S.1, 1. Alt.) 173
      a) Leistung 173
      b) Vermögensvoprteil des Anderen („etwas erlangt") 173
      c) Fehlen eins rechtlichen Grundes 173
   2. Der Bereicherunsgausgleich in sonstigen Fällen ((§ 812 I 1 2. Alt.) 174
IV. Umfang des Bereicherungsanspruchs 174
   1. Herausgabe des Leistungsgegenstands 174
   2. Herausgabe des Ersatzgegenstands 174
   3. Wegfall der Bereicherung 175
   4. Herausgabeverpflichtung des unredlichen Bereicherungsschuldners 175
Übungsfall 176

Kapitel 10: Verjährung vertraglicher Ansprüche 178
I. Voraussetzung für Verjährung 178
   1. Allgemeines Recht 178
   2. Besonderheiten bei Gewährleistungsansprüchen beim Kauf- und Werkvertrag 179
II. Wirkung der Verjährung 180
III. Hinausschieben des Verjährungseintritts 181

Kapitel 11: Mehrheit von Schuldnern in Form einer Gesamtschuld 182
I. Begriff der Gesamtschuld 182
II. Entstehen 182
   1. Gemeinsame vertragliche Verpflichtung 182
   2. Gemeinsames rechtswidriges Verhalten außerhalb von Vertragsverhältnissen 183

III. Wirkung der Gesamtschuld 183
   1. Außenverhältnis 184
   2. Innenverhältnis 184
Übungsfall 186

Kapitel 12: Rechtsverhältnisse an beweglichen Sachen und Grundstücken 188
I. Gegenstand und allgemeine Prinzipien des Sachenrechts 188
II. Eigentum: Begriff und Anspruch 189
III. Übertragung von Eigentum 190
   1. Allgemeines zur Eigentumsübertragung 190
   2. Rechtsgeschäftlicher Eigentumserwerb an beweglichen Sachen 192
      a) Grundfall 192
      b) Gutgläubiger Erwerb 192
      c) Bereicherungsrechtlicher Ausgleich bei gutgläubigem Erwern 193
   3. Rechtsgeschäftlicher Eigentumserwerb an Grundstücken 194
IV. Grundbuch 195
V. Grundpfandrechte 196
   1. Grundschuld 196
      a) Einführung 196
      b) Wirtschaftlicher Hintergrund 196
      c) Der Rang einer Grundschuld 197
         aa) Verhältnis zu anderen Grundschulden 197
         bb) Verhältnis zu Dienstbarkeiten 197
      d) Verwertung einer Grundschuld 198
   2. Hypothek 198
V. Dienstbarkeiten 198
   1. Inhalt 199
   2. Wirtschaftlicher Hintergrund 199
   3. Rang einer Dienstbarkeit 200
Übungsfall 200

Kapitel 13: Familienrecht 202
I. Einführung 202
   1. Die Begriff „Familie" und „Familienrecht" 202
   2. Bedeutung des Familienrechts für die kommunale Verwaltungspraxis ... 202
   3. Die Rechtsquellen des Familienrechts 202
      a) Familienrecht und Grundgesetz 202
      b) Zivilrechtliche und öffentlich-rechtliche Gesetze des Familienrechts ... 203
   4. Das familienrechtliche Verfahren 203
      a) Gerichte und Instanzenzug 203
      b) Das FamFG 203
   5. Grundbegriffe: Verwandtschaft und Schwägerschaft 203
II. Verlöbnis und Eheschließung 203
   1. Das Verlöbnis 203
   2. Die Eheschließung 205
      a) Vorbereitung der Eheschließung 205
      b) Akt der Eheschließung 205
      c) Die Voraussetzungen für eine wirksame Eheschließung 206
   3. Rechtsfolgen der fehlerhaften Eheschließung 208
III. Die Ehewirkungen 209
   1. Die Pflicht zur ehelichen Lebensgemeinschaft 209
      a) Die Pflicht zur häuslichen Gemeinschaft 209
      b) Die Pflicht zur Geschlechtsgemeinschaft 210

- c) Die Pflicht zu Rücksicht und Beistand 210
- d) Die Mitarbeit im Betrieb des anderen Ehegatten 210
- e) Die rechtliche Durchsetzung von Ehepflichten 211
- 2. Die Unterhaltspflicht 211
- 3. Die Schlüsselgewalt 212
  - a) Begriff und Umfang 212
  - b) Rechtsfolgen 214
- 4. Eigentumsvermutungen 214
- 5. Haftungsmaßstab, § 1359 215
- 6. Der Ehename 215
- IV. Eheliches Güterrecht 216
  - 1. Die Güterstände 216
  - 2. Die Zugewinngemeinchaft 217
    - a) Grundgedanke und Struktur 217
    - b) Eheverträge 217
    - c) Die Beschränkungen in der Zugewinngemeinschaft 218
    - d) Der Zugewinnausgleich 219
- V. Das Ehescheidungsrecht 220
  - 1. Grundlagen 220
  - 2. Die Scheidungsvoraussetzungen 220
    - a) Einverständliche Scheidung nach einem Jahr Trennung 221
    - b) Scheidung nach dreijähriger Trennung 221
    - c) Nicht einverständliche Scheidung bei einer Trennungszeit von weniger als drei Jahren 221
    - d) Trennungszeit von weniger als ein jahr 221
  - 3. Das Scheidungsverfahren 222
  - 4. Unterhalt nach der Scheidung 223
    - a) Einführung und Gesetzessystematik 223
    - b) Die Unterhaltstatbestände 224
    - c) Bedürftigkeit des Unterhaltsberechtigten 225
    - d) Leistungsfähigkeit des Untrhaltsverpflichteten 226
    - e) Unterhaltsbemessung 227
    - f) Die Herabsetzung und Befristung des Unterhalts nach § 1578b 229
    - g) Ausschluss oder Herabsetzung des Unterhalts nach § 1579 230
  - 5. Der Anspruch auf Trennungsunterhalt 230
  - 6. Der Versorgungsausgleich 231
- VI. Das Kindschaftsrecht 231
  - 1. Abstammung 231
    - a) Mutterschaft 231
    - b) Vaterschaft 232
      - aa) Vaterschaftstatbestände 232
      - bb) Die Anfechtung der Vaterchaft 233
      - cc) Das Recht auf Kenntnis der eigenen Abstammung 235
  - 2. Die elterliche Sorge 235
    - a) Erwerb der elterlichen Sorge 236
    - b) Änderungen der Sorgeberechtigung 236
    - c) Die staatliche Unterstützung der elterlichen Sorge und das staatliche Wächteramt .. 237
    - d) Die Ausübung der elterlichen Sorge 241
  - 3. Der Kindesunterhalt 243
    - a) Unterhaltsarten 243
    - b) Besonderheiten des Kindesunterhalts 244
    - c) Unterhalt nach Tabelle 244
    - d) Der Anspruch auf Ausbildungsfinanzierung 245

4. Besonderheiten bei nicht ehelichen Kindern 246
   a) Unterhalt des Kindes 246
   b) Der Unterhaltsanspruch der Mutter 247
 5. Der Elternunterhalt 247
VII. Vormundschaft, Betreuung und Pflegschaft 248
 1. Die Vormundschaft, § 1773 ff. 248
   a) Begriff, Bedeutung und Begründung der Vormundschaft 248
   b) Auswahl des Vormundes.. 248
   c) Die Aufgaben des Vormundes 249
   d) Beendigung der Vormundschaft 249
 2. Die rechtliche Betreuung, §§ 1896 ff. 249
   a) Begriff und Voraussetzungen... 249
   b) Betreuung und Geschäftsfähigkeit 250
   c) Person und Auswahl des Betreuers... 251
   d) Stellung und Aufgabe des Betreuers 252
   e) Entlassung des Betreuers, Beendigung der Betreuung................................. 252
 3. Pflegschaft 253

Kapitel 14: Einführung in das Erbrecht 254
I. Gesetzliche Erbfolge... 254
 1. Gesetzliches Erbrecht der Verwandten 254
 2. Gesetzliches Erbrecht des Ehegatten 255
II. Testament... 256
 1. Errichtung und Widerruf eines Testaments 256
 2. Inhalt eines Testaments 257
   a) Einsetzung und Ausschluss eines Erbens 257
   b) Vermächtnis 257
   c) Testamentsvollstreckung 257
 3. Pflichtteilsanspruch bei Ausschluss eines Erben (Enterbung) 258
III. Rechtliche Stellung des Erben... 259
IV. Mehrheit von Erben 260

Kapitel 15: Hinweise zur Lösung zivilrechtlicher Fälle 261
I. Erfassen der Aufgabenstellung.. 261
II. Lesen und Analyse des Sachverhalts 261
III. Rechtliche Prüfung 262
 1. Einstieg... 262
   a) Anspruch als Gegenstand der Fallfrage.. 263
   b) Sonstige Fragestellungen 266
 2. Entwicklung... 267
IV. Schriftliche Darstellung im juristischen Gutachten.. 271

Stichwortverzeichnis 274

Abkürzungsverzeichnis

Abs.	Absatz
a.E.	Am Ende
BeurkG	Beurkundungsgesetz
BGB	Bürgerliches Gesetzbuch
BGH	Bundesgerichtshof
BVerfG	Bundesverfassungsgericht
FamFG	Gesetz über das Verfahren in Familiensachen und in Angelegenheiten der freiwilligen Gerichtsbarkeit
FGG	Gesetz über die Angelegenheiten der freiwilligen Gerichtsbarkeit
FHöV NRW	Fachhochschule für öffentliche Verwaltung, Nordrhein-Westfalen
GBO	Grundbuchordnung
GG	Grundgesetz
ggf.	gegebenenfalls
GmbH	Gesellschaft mit beschränkter Haftung
GmbHG	Gesetz betreffend die Gesellschaften mit beschränkter Haftung
GO	Gemeindeordnung NRW
GWB	Gesetz gegen Wettbewerbsbeschränkungen
h.M.	herrschende Meinung
HS	Halbsatz
i.d.R.	in der Regel
i.H.v.	in Höhe von
i.S.d.	im Sinne des
i.S.v.	im Sinne von
KSchG	Kündigungsschutzgesetz
KrO	Kreisordnung NRW
lit.	litera (Buchstabe)
NRW	Nordrhein-Westfalen
PStG	Personenstandsgesetz
StGB	Strafgesetzbuch
s.u.	siehe unten
u.a.	unter anderem
VersAusglG	Versorgungsausgleichsgesetz
VwGO	Verwaltungsgerichtsordnung
z.B.	Zum Beispiel
ZPO	Zivilprozessordnung
ZVG	Gesetz über die Zwangsversteigerung und die Zwangsverwaltung

Literaturverzeichnis

Bamberger, Heinz-Georg/ Roth, Herbert	Beck'scher Online Kommentar BGB, 31. Edition
Böhninghaus, Achim	Schuldrecht, Allgemeiner Teil I, 3. Aufl., 2014
Dethloff, Nina	Familienrecht, 30. Aufl., 2012
Eisfeld, Jens	Der Zugang von Willenserklärungen, JA 2006, S. 851
Forster, Doris	Übungsfall: Der arglistige Anlagevermittler, ZJS 2011, S. 50
Gergen, Thomas	Die Mitarbeit des Ehegatten im Betrieb des anderen, FÜR 2010, S 298
Gottschalk, Eckart	Neues zur Abgrenzung zwischen AGB und Individualabrede, NJW 2005, S. 2493
Hamm, Monika	Strategien im Unterhaltsrecht, 2. Aufl., 2009
Jaensch, Michael	Grundzüge des Bürgerlichen Rechts, 3. Aufl., 2012
Klein, Günther/ Niehues, Klaus/ Siegel, Mechthild	Bürgerliches Recht, 2006
Mach-Hour, Elisabeth	Das behördliche Anfechtungsrecht der Vaterschaft und die Folgen für die Kinder, FPR 2009, S. 147
Miethaner, Tobias	AGB oder Individualvereinbarung, NJW 2010, S.3121
Müssig, Peter	Wirtschaftsprivatrecht-Rechtliche Grundlagen wirtschaftlichen Handelns, 15. Aufl., 2012
Obst, Karin Siegel, Mechthild	Praktische Fälle aus dem Bürgerlichen Recht, 4. Auflage, 2014
Petersen, Jens	Die Wirksamkeit der Willenserklärung, Jura 2006, S. 426
Rolfs, Christian/ Giesen, Richard/ Kreikebohm, Ralf/ Udsching, Peter	Beck'scher Online Kommentar-Sozialrecht, 34. Edition
Säcker, Franz Jürgen/ Rixecke, Roland	Münchener Kommentar, Bd. 6, 6. Aufl., 2013; Bd. 7, 6. Aufl., 2013; Bd. 8, 6. Aufl., 2012
Schlüter, Wilfried	BGB-Familienrecht, 14. Aufl., 2012
Scholz, Harald/ Kleffmann, Norbert/ Motzer, Steffan	Praxishandbuch Familienrecht, 26. Ergänzung, 2014
Schreiber, Klaus	Die Grundprinzipien des Sachenrechts, Jura 2010, S 272

Schulze, Reiner (Hsgb)	Bürgerliches Gesetzbuch-Handkommentar, 8. Aufl., 2014
Schwab, Dieter	Familienrecht, 23. Aufl. 2015
Schwab, Dieter/ Löhnig, Martin	Einführung in das Zivilrecht - Mit BGB-Allgemeiner Teil, Schuldrecht Allgemeiner Teil, Kauf- und Deliktsrecht, 19. Aufl., 2012
Wellenhofer, Marina	Familienrecht, 2. überarbeitete Aufl., 2011
Wendl, Philipp/ Dose, Hans-Joachim	Das Unterhaltsrecht in der familienrichterlichen Praxis, 8. Aufl., 2011

Hinweise für die Arbeit mit diesem Buch

Die nachfolgenden Hinweise sollen dem Leser den Umgang mit diesem Buch erleichtern und zu einem möglichst effizienten Lernprozess beitragen:

- *Rechtsanwendung lebt von der Arbeit mit dem Gesetz. Sie wird umso schneller und besser gelernt, je eher man sich mit dem Gesetzestext vertraut macht. Wer mit diesem Buch arbeitet, sollte es sich daher zum Prinzip machen, jede genau zitierte Vorschrift nachzulesen. Bei Vorschriften, die nur überblicksartig zitiert werden („...ist in §§ 145 – 151 geregelt..."), kann man sich dagegen mit einem Querlesen und Erfassen der Überschriften begnügen.*

- *Die Schemata geben einen Überblick über den wesentlichen Inhalt des nachfolgenden Abschnitts. Dabei kennzeichnen die schwarz umrandeten Kästchen wichtige Rechtsbegriffe, die der Leser verinnerlichen sollte.*

Kapitel 1: Allgemeine Grundlagen

I. Zivilrecht in Abgrenzung zu anderen Rechtsgebieten

Unsere Rechtsordnung lässt sich in drei große Bereiche einteilen: Zivilrecht, Strafrecht und Öffentliches Recht. Diese drei Bereiche lassen sich wiederum in eine Fülle von Rechtsgebieten unterteilen, die jeweils bestimmte große Themenkomplexe zum Gegenstand haben.

Beispiel:
Teilrechtsgebiete aus dem Zivilrecht sind neben vielen anderen das Vertragsrecht, das Arbeitsrecht, das Insolvenzrecht und das Familienrecht.

Einteilung der Rechtsordnung

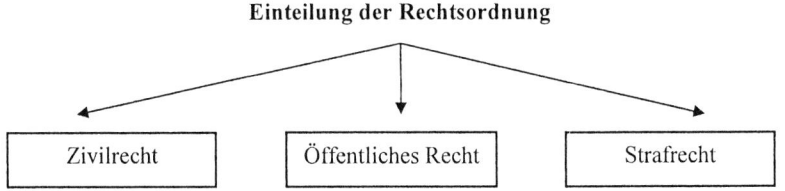

Alle Normen zu Rechtsbeziehungen,
an denen Staat nicht beteiligt sein muss.

Merkmale:
- Jeder für Durchsetzung seiner Rechte selbst verantwortlich
- Keine Privilegien für Staat als Teilnehmer am Zivilrechtsverkehr

Wichtigstes zivilrechtliches Gesetz: BGB

1. Zivilrecht

Das Zivilrecht ist die Summe aller Vorschriften zu Rechtsbeziehungen, an denen der Staat nicht beteiligt sein muss. Es handelt sich dabei typischerweise um Rechtsbeziehungen auf **gleichberechtigter Basis**.

> **Beispiele:**
> Die Vorschriften über den Kaufvertrag sind zivilrechtlicher Natur. Kaufverträge können ohne staatliche Beteiligung geschlossen werden. Umgekehrt kann der Staat aber auch Partner eines Kaufvertrags sein. Niemand kann gezwungen werden, einen Kaufvertrag abzuschließen. Insofern treten sich potenzieller Käufer und potenzieller Verkäufer als gleichberechtigte Partner gegenüber.
>
> Die Vorschriften über Erben und Vererben sind zivilrechtlicher Natur. Jedermann kann ohne staatliche Vorgaben frei bestimmen, wen er zum Erben einsetzen will bzw. ob er ein Erbe antreten möchte.

Der Staat spielt hier insofern eine Rolle, als dass er dem Rechtsverkehr diese Regeln zur Verfügung stellt. Ansonsten hält er sich aber zurück. Das bedeutet insbesondere, dass sich die Betroffenen **selbst um die Durchsetzung Ihrer Rechte kümmern** müssen.

> **Beispiel:**
> Wenn der Käufer den vereinbarten Kaufpreis nicht zahlt, muss der Verkäufer ihn in Eigeninitiative vor Gericht verklagen. Er kann hierfür keine staatliche Hilfe in Anspruch nehmen. Er muss seinen Anwalt und auch die anfallenden Gerichtskosten selbst tragen. Wenn das Gericht den Käufer verurteilt, dieser aber trotzdem nicht zahlt, muss der Verkäufer die zwangsweise Durchsetzung der Zahlung (sog. Zwangsvollstreckung), z.B. durch Gerichtsvollzieher oder Lohnpfändung, selbst betreiben und auch bezahlen.

Auch der Staat kann Teilnehmer im Zivilrechtsverkehr sein. In diesem Fall gelten für ihn die gleichen Regeln wie für die anderen Teilnehmer auch. Er genießt keine Privilegien.

> **Beispiel:**
> Die Gemeinde G schließt einen Kaufvertrag mit dem Privatunternehmen U. Wenn der Kaufgegenstand mangelhaft ist und die Gemeinde G einen Schadensersatzanspruch gegen U erwirbt, darf sie diesen Anspruch nicht einfach durch hoheitliche Anordnung eintreiben. Sie muss U vielmehr verklagen, wie es jeder andere Käufer auch tun müsste.

Im Wirtschaftsverkehr spielt das Zivilrecht die bei weitem bedeutendste Rolle. Das wichtigste zivilrechtliche Gesetz ist dabei das Bürgerliche Gesetzbuch, das **BGB** (hierzu sogleich mehr). Seine Hauptbedeutung für den Wirtschaftsverkehr liegt darin, dass es das **Vertragsrecht** umfasst. Daneben gibt es aber eine Fülle von weiteren zivilrechtlichen Gesetzen, die auch für die öffentliche Verwaltung von Bedeutung sind

> **Beispiele:**
> Für das Verhältnis zwischen den tariflich Beschäftigten im Öffentlichen Dienst und ihren Arbeitgebern gelten zahlreiche arbeitsrechtliche Gesetze (z.B. das Kündigungsschutzgesetz). Für die Beteiligung einer staatlichen Institution an privaten Unternehmen gelten das GmbH-Gesetz und das Aktiengesetz. Für die zwangsweise Durchsetzung einer zivilrechtlichen Forderung einer staatlichen Institution gelten die Zivilprozessordnung und die Insolvenzordnung.

2. Öffentliches Recht

Das öffentliche Recht ist die Summe aller Vorschriften, die auch oder ausschließlich den Staat betreffen. Typischerweise erlegen öffentlich-rechtliche Vorschriften den staatlichen Institutionen das Recht (und häufig auch die Pflicht) auf, sich in das Leben der Bürger einzumischen und ihnen einseitig bestimmte Vorgaben zu machen bzw. ihnen auf Antrag etwas zu gewähren. Das öffentliche Recht betrifft also überwiegend **Rechtsbeziehungen zwischen Staat und Bürger** in einem **Über- / Unterordnungsverhältnis**.

> **Beispiele:**
> Der Staat in Gestalt des Finanzamtes erlegt dem X eine Steuerschuld durch Steuerbescheid auf.
>
> Der Staat in Gestalt der Ordnungsbehörde der Stadt S versagt dem X die Genehmigung, eine Gaststätte zu betreiben.
>
> Der Staat in Gestalt der Universität U lässt X als Studenten zu.
>
> Der Staat in Gestalt der Stadt S zahlt dem Unternehmer U auf Antrag einen Förderungsbetrag aus.
>
> Der Staat in Gestalt des Polizisten P weist den X an, sein vorschriftswidrig geparktes Fahrzeug wegzufahren.

3. Strafrecht

Die Rechtsordnung gibt allen Beteiligten eine Fülle von Verhaltensregeln auf. Grundsätzlich gilt, dass Regelbrüche nur mit den Mitteln des Zivilrechts und des öffentlichen Rechts bekämpft werden können.

> **Beispiele:**
> Wenn der Käufer den Kaufpreis trotz aller Bemühungen des Verkäufers (Klage vor Gericht, Lohnpfändung, Gerichtsvollzieher, eidesstattliche Versicherung) nicht zahlt, weil er kein Geld hat, muss der Verkäufer auf eine Zahlung verzichten. Der Käufer kann für die Nichtzahlung nicht weiter belangt werden.
>
> Betreibt X seine Gaststätte ohne Genehmigung der Stadt S, kann diese die Gaststätte zwangsweise schließen lassen.
>
> Das vorschriftswidrig geparkte Fahrzeug des X wird abgeschleppt.

In der Regel reichen die zivilrechtlichen und öffentlich-rechtlichen Sanktionsinstrumente aus, um das Verhalten aller Beteiligten so zu steuern, dass sich Zahl und Ausmaß der Regelbrüche auf ein erträgliches Maß beschränken. Bei besonders schweren oder besonders sozialschädlichen Regelbrüchen ist dies aber nicht der Fall. Hier muss der Staat die Bestrafung durch Geld- oder Gefängnisstrafe als zusätzliche Sanktion androhen, um die gewünschte Präventivwirkung zu erreichen.

> **Beispiele:**
> Mord, Betrug, Diebstahl, Bestechung und Trunkenheit im Verkehr stehen als besonders sozialschädliche Verhaltensweisen unter Strafe.

Die Summe der Regeln, die eine solche Bestrafung zum Gegenstand hat, wird als Strafrecht bezeichnet. Zivilrechtliche, strafrechtliche und öffentlich-rechtliche Sanktionsinstrumente können nebeneinander angewandt werden.

Beispiele:
Wer betrunken fährt und einen Unfall verursacht, muss mit einer zivilrechtlichen Sanktion (Schadensersatzanspruch des Unfallgegners), einer strafrechtlichen Sanktion (Geldstrafe wegen Trunkenheit im Verkehr) und einer öffentlich-rechtlichen Sanktion (Entziehung der Fahrerlaubnis) rechnen.

Wer seinen Vertragspartner betrügt, setzt sich einem Schadensersatzanspruch seines Vertragspartners und einer Bestrafung wegen Betrugs durch den Staat aus.

II. BGB: Inhalt und Aufbau

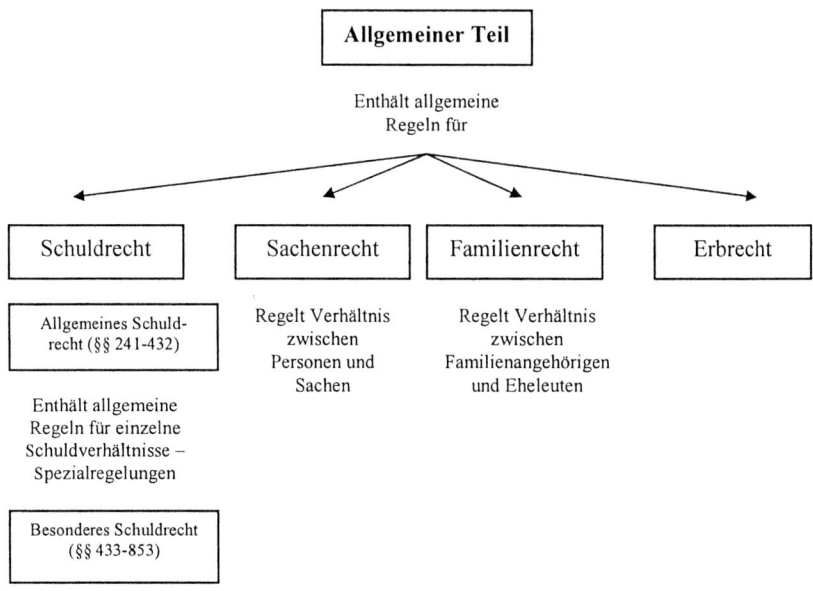

Das BGB ist in **fünf Bücher** gegliedert, dem Allgemeinen Teil, dem Schuldrecht, dem Sachenrecht, dem Familienrecht und dem Erbrecht. Der **Allgemeine Teil** (§§ 1 – 240) enthält allgemeine Vorschriften, die für alle Sachverhalte gelten, die in den anderen vier Büchern geregelt sind. Dabei ist der Grundsatz zu beachten, dass allgemeine Vorschriften gegenüber speziellen Vorschriften nachrangig sind. Die Vorschriften aus dem Allgemeinen Teil gelten daher nicht in den Fällen, in denen eine Spezialvorschrift aus einem der anderen vier Büchern existiert.

Beispiel:
§ 195 bestimmt als allgemeine Vorschrift, dass Ansprüche nach drei Jahren verjähren. Diese Verjährungsfrist gilt für die meisten in den anderen Büchern geregelten Ansprüche, so z.B. für den Kaufpreisanspruch, den Anspruch auf Zahlung von Miete oder den Anspruch bei Verletzung einer Person durch einen Unfall. Für die Ansprüche des Vermieters gegen den Mieter wegen Beschädigung der Mietsache gilt dagegen eine kurze Verjährungsfrist von 6 Monaten ab Rückgabe der Mietsache (§ 548 Abs. 1 S. 1 und S. 2).

Das 2. Buch des BGB, das **Schuldrecht**, (§§ 241- 853) enthält die für Schuldverhältnisse (zum Begriff s. nächster Abschnitt) geltenden Vorschriften. Hauptfall des Schulverhältnisses ist der **Vertrag**. Vereinfacht lässt sich daher sagen, dass das 2. Buch des BGB gemeinsam mit dem Allgemeinen Teil den Kern des deutschen Vertragsrechts bildet. Die ersten sieben Abschnitte (§§ 241- 432) enthalten dabei allgemeine Regeln, die für alle Schuldverhältnisse gelten. Sie werden zusammenfassend als **Allgemeines Schuldrecht** bezeichnet. Der 8. Abschnitt (§§ 433-843), der sich in 27 Titel gliedert, enthält eine Fülle von Spezialvorschriften, die auf einzelne Schuldverhältnisse zugeschnitten sind. Der 8. Abschnitt gliedert sich in 27 Titel. Jeder dieser Titel hat ein bestimmtes Schuldverhältnis zum Gegenstand (z.b. Titel 1 den Kaufvertrag und den mit ihm verwandten Tauschvertrag, Titel 5 den Mietvertrag). Der 8. Abschnitt wird üblicherweise als **Besonderes Schuldrecht** bezeichnet. Wie im Verhältnis zwischen dem Allgemeinen Teil und den anderen Büchern des BGB gilt, dass allgemeine Vorschriften aus dem Allgemeinen Schuldrecht gegenüber Spezialvorschriften aus dem Besonderen Schuldrecht nachrangig sind.

Beispiel:
§ 314 regelt das Recht zur außerordentlichen („fristlosen") Kündigung. § 314 Abs. 3 bestimmt hierzu, dass der Kündigungsberechtigte innerhalb einer „angemessenen" Frist nach Kenntnis vom Kündigungsgrund (z.B. Betrugsversuch durch Vertragspartner) kündigen muss. Was „angemessen" ist, bestimmt sich nach den Umständen des Einzelfalls. Eine angemessene Frist kann zwei Tage oder zwei Monate lang sein. Bei Dienstverträgen, zu denen auch der Arbeitsvertrag gehört, wird diese sehr flexible Regelung durch § 626 Abs. 2 S. 1 verdrängt. Die Frist, innerhalb derer gekündigt werden muss, beträgt hier unabhängig von den Umständen des Einzelfalls immer zwei Wochen.

Das 3. Buch des BGB (§§ 854 – 1296) hat das **Sachenrecht** zum Gegenstand. Der Regelungsinhalt des Sachenrechts lässt sich am besten durch Abgrenzung zum Schuldrecht erklären: Das Schuldrecht regelt die Rechtsverhältnisse zwischen Personen (z.B. insbesondere Vertragspartner), das Sachenrecht dagegen das **Verhältnis zwischen Personen und Sachen**. Sachen sind alle körperlichen Gegenstände (§ 90). Hierzu zählen die unbeweglichen Sachen (Grundstücke, Gebäude) und bewegliche Sachen (z.B. Auto, Mobiliar).

Beispiele für im Sachenrecht geregelte Fragen:
Der Eigentümer eines Grundstücks hat ein Darlehen aufgenommen und zur Absicherung sein Grundstück mit einer Grundschuld belastet. Welche Verfügungsmacht über das Grundstück hat der Grundstückseigentümer, welche der Inhaber der Grundschuld?

Ein Dieb stiehlt ein Auto und verkauft es an einen ahnungslosen Dritten. Der Dieb taucht mit dem Kaufpreis unter und ist nicht mehr greifbar. Wem steht das Fahrzeug zu, dem Diebstahlsopfer oder dem Dritten?

Im 4. Buch (§§ 1297 – 1921) ist das **Familienrecht** geregelt. Das Familienrecht regelt das Verhältnis von **Familienmitgliedern** und **Eheleuten** untereinander. Von besonderer Bedeutung ist dabei das **Unterhaltsrecht**.

Das 5. Buch (§§ 1922 – 2385) hat das **Erbrecht** zum Gegenstand. Das Erbrecht regelt, wem das Vermögen einer Person nach seinem Tod zusteht.

III. Grundbegriffe des Zivilrechts

1. Schuldverhältnis und Anspruch

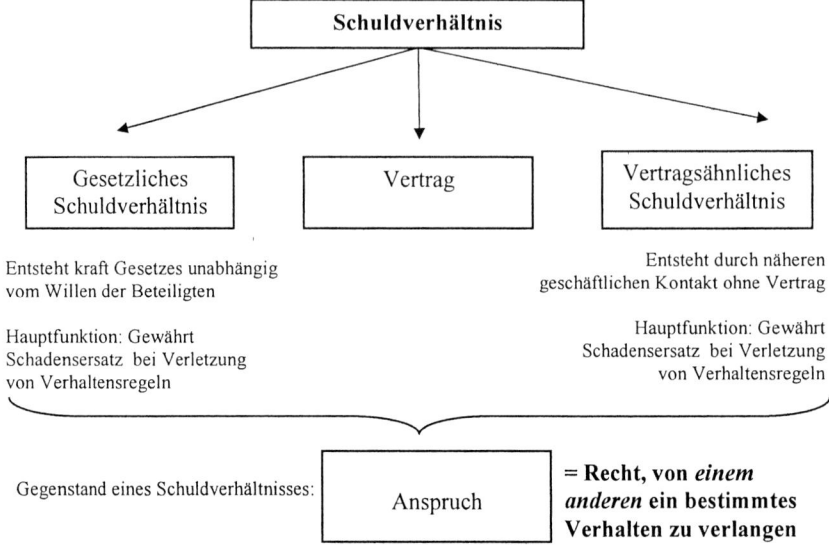

Wenn zwei oder mehr Personen im Rechtsverkehr durch Rechte und Pflichten miteinander verbunden sind, spricht man davon, dass zwischen ihnen ein **Schuldverhältnis** besteht. Ein Schuldverhältnis zeichnet sich dadurch aus, dass eine Person von einer anderen eine Leistung verlangen kann (§ 241 Abs.1) oder anders ausgedrückt einen **Anspruch** hat. Eine Legaldefinition dieses zentralen zivilrechtlichen Rechtsbegriffs findet sich in § 194 Abs. 1: Danach ist ein Anspruch das **Recht, von einem anderen ein Tun oder Unterlassen zu verlangen.**

> **Beispiele:**
> Ein Anspruch auf Zahlung von Geld, ein Anspruch auf Lieferung einer Sache, ein Anspruch auf Reparatur, ein Anspruch auf Erteilung einer Auskunft, ein Anspruch auf Unterlassung einer Ruhestörung oder einer verleumderischen Behauptung, ein Anspruch auf Widerruf einer verleumderischen Behauptung, ein Anspruch auf Abgabe einer bestimmten Willenserklärung

Keine Ansprüche sind Rechte, die ein bestimmtes **eigenes Verhalten** gestatten. So sind weder das Kündigungsrecht noch das Rücktrittsrecht Ansprüche. Die Ausübung eines solchen Rechts kann aber Auswirkung auf Ansprüche entfalten. Eine wirksame Kündigung kann z.B. Lohnansprüche des Arbeitnehmers für die Zukunft entfallen lassen.

> **Weitere Beispiele für Rechte, die keine Ansprüche sind:** das Anfechtungsrecht, das Recht zur Aufrechnung (Verrechnung von Forderungen), das Recht zum Vertragsschluss

Derjenige, der berechtigt ist, aus einem Schuldverhältnis eine Leistung zu fordern, heißt **Gläubiger**, der zur Leistung Verpflichtete ist der **Schuldner**. Im Rahmen eines gegenseitigen Schuldverhältnisses (z.b. Kaufvertrag) kann jeder der beiden Beteiligten vom anderen eine Leistung verlangen, ist aber umgekehrt auch zu einer Leistung verpflichtet; beide sind also Gläubiger und Schuldner in einer Person.

> Beispiel:
> Beim Kaufvertrag ist der Käufer Gläubiger des Anspruchs auf Verschaffung des Kaufgegenstandes und Schuldner des Kaufpreisanspruchs. Der Verkäufer ist Gläubiger des Kaufpreisanspruchs und Schuldner des Anspruchs auf Verschaffung des Kaufgegenstandes.

Schuldverhältnisse können danach unterschieden werden, welchen Rechtsgrund sie haben. Wenn eine schuldrechtliche Beziehung zwischen zwei oder mehreren Personen durch entsprechende Willenserklärungen der beteiligten Personen, also **freiwillig** zustande kommt, liegt ein vertragliches Schuldverhältnis oder anders ausgedrückt ein **Vertrag** vor.

Ein **gesetzliches Schuldverhältnis** zeichnet sich demgegenüber dadurch aus, dass es kraft Gesetzes **unabhängig vom Willen der Beteiligten** entsteht.

> Beispiele:
> A verursacht wegen seiner Unachtsamkeit einen Auffahrunfall. Er ist dem B zum Ersatz des daraus entstandenen Sachschadens verpflichtet, unabhängig davon, ob er damit einverstanden ist.
>
> Die Gemeinde G betreibt einen Kinderspielplatz, ohne sich um die Sicherheit der dort vorhandenen Klettergerüste zu kümmern. Das Kind K verletzt sich an einem maroden Klettergerüst schwer. G ist dem K zum Ersatz des entstandenen Schadens verpflichtet, unabhängig davon, ob sie wusste, dass K auf dem Spielplatz war.

Zwischen den vertraglichen und den gesetzlichen Schuldverhältnissen steht das **vertragsähnliche Schuldverhältnis**. Es zeichnet sich dadurch aus, dass es zwischen zwei Teilnehmern im Rechtsverkehr zu einem **geschäftlichen Kontakt** gekommen ist, ohne dass bereits ein Vertrag zustande gekommen wäre (§ 311 Abs. 2). Hauptbeispiel für die öffentliche Verwaltung ist das **Vergabeverfahren** im Vorfeld eines Beschaffungsvertrags.

> Beispiel:
> Die Gemeinde G will sich neue Computer anschaffen und schreibt den Auftrag öffentlich aus (Vergabeverfahren). Es bewerben sich insgesamt sechs Händler, die der G allesamt Angebote unterbreiten. Hier sind zwischen G und allen Händlern vertragsähnliche Schuldverhältnisse zustande gekommen.

Durch einen geschäftlichen Kontakt rücken zwei Teilnehmer im Rechtsverkehr näher zusammen. Das Verhalten des einen kann die Interessen des anderen eher beeinträchtigen, als wenn Berührungspunkte zwischen beiden noch völlig fehlen würden.

Beispiel (in Anknüpfung an vorheriges Beispiel):
Jeder der sechs Händler wendet Zeit und Geld für seine Teilnahme am Vergabeverfahren auf. Er muss ein Angebot erstellen, für Rückfragen zur Verfügung stehen und ggf. einen Präsentationstermin vorbereiten und wahrnehmen. Die Auswahlentscheidung der Gemeinde G wird dazu führen, dass dieser Aufwand für fünf der sechs Händler umsonst war.

Aus diesem Grund ordnet der Gesetzgeber an, dass sich jeder der beiden Teilnehmer im Rechtsverkehr bereits in der Geschäftsanbahnungsphase **wechselseitige Rücksichtnahme** schulden (näher Kap. 3 I 1 b).

Beispiel (in Anknüpfung an vorheriges Beispiel):
Die Gemeinde G erkennt schnell, dass vier der sechs Händler keinerlei Chance auf den Zuschlag haben. Das muss sie ihnen möglichst zeitnah mitteilen. Sie darf nicht sehenden Auges zulassen, dass die chancenlosen Händler weiteren erheblichen Aufwand betreiben.

2. Rechtsgeschäft und Vertrag

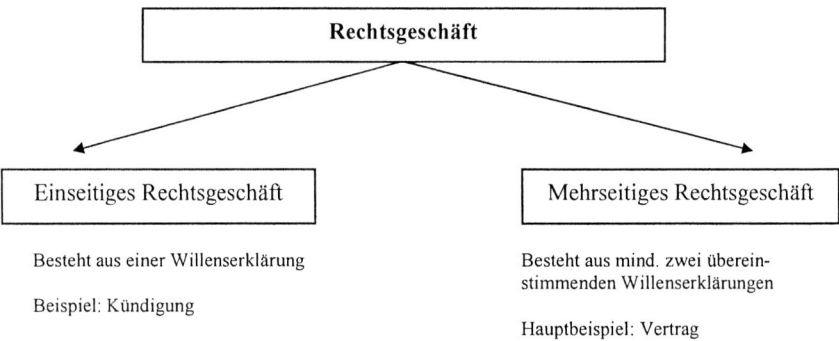

Die natürlichen und juristischen Personen gestalten ihre zivilrechtlichen Beziehungen durch **Rechtsgeschäfte**. Ein Rechtsgeschäft ist das Verhalten einer oder mehrerer Personen, das eine beabsichtigte **Rechtsfolge** herbeiführt. Hauptbeispiel für das Rechtsgeschäft ist der **Vertrag**.

3. Willenserklärung

a) Willenserklärung als Element von Rechtsgeschäft und Vertrag

Ein Rechtsgeschäft besteht aus einer oder mehreren **Willenserklärungen**. Eine **Willenserklärung** ist eine private (d. h. nicht öffentlich-rechtliche) Willensäußerung eines Rechtssubjekts, die deswegen Rechtsfolgen herbeiführt, weil diese als gewollt erklärt werden.[1]

---

[1] *Schulze/Dörner*, Vor §§ 116-144, Rdnr. 1.

Beispiel:
Händler H bietet der Gemeinde G Büromaterial zum Verkauf an. Sein Angebot ist eine auf Abschluss eines Kaufvertrags zielende Erklärung und damit eine Willenserklärung.

Ein Rechtsgeschäft, das nur aus einer Willenserklärung besteht, wird als **einseitiges Rechtsgeschäft** bezeichnet. Hier kann der Erklärende einseitig einen bestimmten rechtlichen Erfolg herbeiführen.

Beispiele:
Kündigung eines Vertrags: Rechtlicher Erfolg ist hier die Beendigung des Vertrags.
Testament: Rechtlicher Erfolg ist hier die Abweichung von der gesetzlichen Erbfolge.

Ein Rechtsgeschäft, das aus zwei oder mehreren Willenserklärungen besteht, wird **zweiseitiges** bzw. mehrseitiges **Rechtsgeschäft** genannt. Hauptbeispiel für ein zweiseitiges Rechtsgeschäft ist der Vertrag, wobei natürlich auch Verträge denkbar sind, bei denen es mehr als zwei Vertragspartner gibt. Die Willenserklärungen müssen inhaltlich übereinstimmen (näher Kap. 2 I).

Beispiel:
V bietet dem K ein Büromaterial für 20 € an. K ist einverstanden. Ihre Willenserklärungen stimmen überein, V und K haben einen Vertrag geschlossen.

Gegenbeispiel:
V will 20 € für sein Büromaterial, K will nur 15 € zahlen. Die Willenserklärungen stimmen nicht überein, es existiert (bislang) kein Vertrag.

Der Vertrag lässt sich in Kurzform mithin wie folgt definieren: Ein **Vertrag** besteht aus **zwei übereinstimmenden Willenserklärungen**.

b) Abgabe und Zugang

Die Frage, wann Willenserklärungen wirksam werden, ist nur unvollständig geregelt worden.[2] Um Wirksamkeit zu entfalten, muss eine Willenserklärung zunächst **abgegeben** werden. Im Gesetzbuch wird die Abgabe einer Willenserklärung nicht definiert.[3] Man geht davon aus, dass bei nicht empfangsbedürftigen Willenserklärungen nur die Vollendung des Erklärungsvorgangs erforderlich ist.[4] Dabei muss der Erklärende seinen rechtsgeschäftlichen Willen erkennbar so geäußert haben, dass an der Endgültigkeit der Äußerung keinerlei Zweifel bestehen.[5]

Beispiel:[6]
Das eigenhändig privatschriftlich errichtete Testament ist mit seiner formgerechten Vollendung abgegeben und somit wirksam.

---

[2] MüKo/*Einsele*, § 130, Rdnr. 1.
[3] *Petersen*, Jura 2006, S. 426.
[4] MüKo/*Einsele*, § 130, Rdnr. 13.
[5] *Klein/Niehues/Siegel*, Bürgerliches Recht, S. 41.
[6] *Müssig*, Wirtschaftsprivatrecht, 6.3.5 (S. 88).

Bei empfangsbedürftigen Willenserklärungen ist die Abgabe anzunehmen, wenn der Erklärende die Erklärung willentlich in Richtung auf den Empfänger in den Verkehr gebracht hat, so dass unter gewöhnlichen Umständen mit dem Zugang gerechnet werden kann.[7]

Beispiel:[8]
Ein gefertigter Brief wird vom Erklärenden willentlich abgesendet.

Gegenbeispiel:[9]
A hat ein schriftliches Vertragsangebot erstellt, Er schickt es jedoch nicht ab, weil er es noch überarbeiten will. Schickt ein Dritter es (z.B. Putzfrau) in der Annahme ab, der Erklärende habe dies vergessen, so liegt nach h.M. keine Abgabe vor.[10]

Ob zu der Abgabe noch eine Wirksamkeitsvoraussetzung hinzukommen muss, hängt davon ab, ob die Willenserklärung **empfangsbedürftig** ist oder nicht. Nicht empfangsbedürftige Willenserklärungen werden mit Abgabe wirksam. Empfangsbedürftige Willenserklärungen werden dagegen erst wirksam mit dem **Zugang** bei demjenigen, für den sie bestimmt sind. Die Vorschrift des § 130 Abs.1 S. 1 stellt dies für die gegenüber einem Abwesenden abgegebene Willenserklärung klar, doch gilt dies genauso für den Fall, dass der Betroffene anwesend ist.[11]

Dass eine Willenserklärung empfangsbedürftig ist und deshalb jemandem zugehen muss, ist der Regelfall. Willenserklärungen dienen ja dazu, Rechtsbeziehungen zu einem anderen zu gestalten und zu diesem Zweck muss der von der Willenserklärung Betroffene informiert werden. Empfangsbedürftig sind insbesondere Willenserklärungen, die auf einen Vertragsabschluss gerichtet sind oder einen Vertrag beenden (z.B. die Kündigung). Die nicht empfangsbedürftige Willenserklärung ist ein seltener Ausnahmefall.

Hauptbeispiel:
das Testament. Es ist auch dann wirksam, wenn es außer dem Verfasser niemand zu Gesicht bekommt.

Was genau unter Zugang zu verstehen ist, ist gesetzlich nicht geregelt. Die Rechtsprechung sieht eine Willenserklärung dann als zugegangen an, sobald sie so in den Bereich des Empfängers gelangt ist, dass dieser unter normalen Umständen die Möglichkeit hat, von ihrem Inhalt Kenntnis zu nehmen.[12] Es kommt also nicht darauf an, ob der Erklärungsempfänger tatsächlich Kenntnis nehmen konnte, sondern nur, ob er hätte Kenntnis nehmen können.[13] Erfährt der Erklärungsempfänger vor diesem fiktiven Zeitpunkt von der Willenserklärung, ist sie ihm selbstverständlich mit Kenntnis zugegangen.[14]

---

[7] *Petersen*, Jura 2006, S. 426.
[8] BeckOK/*Wendtland*, § 130, Rdnr. 6.
[9] *Petersen*, Jura 2006, S. 426.
[10] Vgl. MüKo/*Einsele*, 130, Rdnr. 14; BeckOK/*Wendtland*, § 130, Rdnr. 6.
[11] *Eisfeld*, JA 2006, S. 851.
[12] BGH NJW-RR 2011, 1184 f.; BGH NJW 1983, 929 f.
[13] BeckOK//*Wendtland*, § 130, Rdnr. 9.
[14] Jauernig/*Mansel*, § 130, Rdnr. 4.

Beispiel:
Der Brief, der um 22:00 Uhr im Briefkasten des Empfängers liegt, ist dem Empfänger am nächsten Tag zugegangen, sofern an diesem Tag Post ausgetragen wird. Denn normalerweise wird niemand mehr um 22:00 Uhr in seinen Briefkasten schauen.

Es genügt, dass die Erklärung einer zum Empfang geeigneten und dafür bestimmten Person auf Empfängerseite übermittelt wird.

Beispiel:
Der Postbote übergibt den Brief einem erwachsenen Mitbewohner des Erklärungsempfängers. Die in dem Brief enthaltene Willenserklärung ist spätestens in dem Augenblick zugegangen, in dem dieser Mitbewohner dem Erklärungsempfänger den Brief unter normalen Umständen überreichen würde. Ob er ihn tatsächlich überreicht, ist unerheblich.

In der Praxis wirft der Zugang von Willenserklärungen vor allen Dingen bei einseitigen Rechtsgeschäften (z.B. der Kündigung) Probleme auf. Einseitige Rechtsgeschäfte werden ohne Zutun des Erklärungsempfängers wirksam. Häufig ist der Erklärungsempfänger nicht mit ihnen einverstanden. In dieser Situation liegt es nahe, den Zugang anzuzweifeln.

4. Verpflichtungs- und Verfügungsgeschäfte

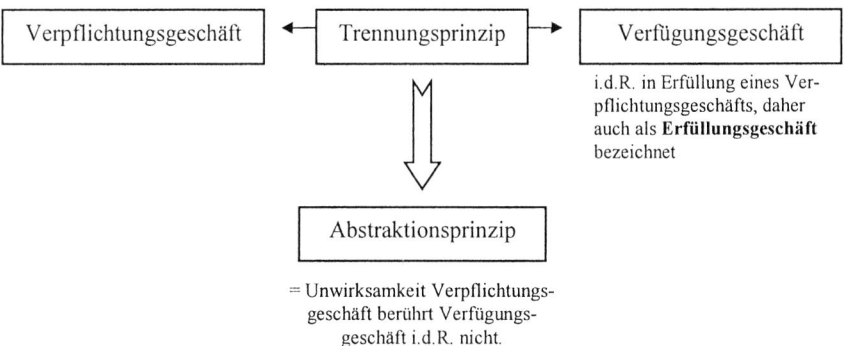

Im deutschen Zivilrecht wird strikt zwischen dem Verpflichtungs- und dem Verfügungsgeschäft unterschieden (sog. **Trennungsprinzip**).[15]

Unter einem **Verpflichtungsgeschäft** versteht man ein Rechtsgeschäft, durch das die *Verpflichtung zu einer Leistung begründet* wird.[16] Verpflichtungsgeschäfte sind vornehmlich im Schuldrecht geregelt.[17] Das klassische Beispiel hierzu ist der Kaufvertrag (§ 433). Der Kaufvertrag verpflichtet zur Übergabe und Übereignung der Sache (§ 433 Abs. 1

---

[15] *Schwab/Löhning*, Einführung in das Zivilrecht, Rdnr. 419.
[16] *Müssig*, Wirtschaftsprivatrecht, 5.1 (S. 70), 6.2.4. (S. 77); *Schwab/Löhning*, Einführung in das Zivilrecht, 419 ff; *Jaensch*, Grundzüge des Bürgerlichen Rechts, § 7, Rdnr. 18.
[17] *Müssig*, Wirtschaftsprivatrecht, 6.2.4. (S. 77).

S. 1) und zur Zahlung des Kaufpreises (§ 433 Abs. 2). Durch den Kaufvertrag (Verpflichtungsgeschäft) ändert sich an den Eigentumsverhältnissen bezüglich des Kaufgegenstands unmittelbar nichts. Selbst nach Abschluss des Kaufvertrages bleibt der Verkäufer Eigentümer der verkauften Sache; alleine durch den Kaufvertrag erwirbt der Käufer also kein Eigentum an der Kaufsache.[18]

Verfügungsgeschäfte (auch als **Erfüllungsgeschäfte** bezeichnet) sind Rechtsgeschäfte, durch die ein bestehendes Recht unmittelbar übertragen, aufgehoben, belastet oder inhaltlich verändert wird.[19] Diese Rechtsgeschäfte sind vornehmlich im Sachenrecht geregelt; man spricht deshalb auch von dinglichen Rechtsgeschäften.[20] Das klassische Beispiel hierzu ist die Übertragung des Eigentums gemäß § 929 S. 1.

Beispiel:
K kauft von V ein Buch und bezahlt mit einem 50-Euro-Schein. V händigt dem K das Buch aus. Aus zivilrechtlicher Sicht betrachtet man diesen einheitlichen Sachverhalt wie folgt:

- K schließt mit V einen Kaufvertrag über das Buch (Verpflichtungsgeschäft).
- V übereignet dem K das Buch in Erfüllung der Verpflichtung aus dem Kaufvertrag. Die Übereignung ist das dingliche Verfügungsgeschäft. Oft ist auch vom Erfüllungsgeschäft die Rede.
- K übereignet dem V den 50-Euro-Schein.

Insgesamt schließen die Parteien hier drei Rechtsgeschäfte ab: das Verpflichtungsgeschäft, (Kaufvertrag gem. § 433), das Erfüllungsgeschäft des Verkäufers (Übertragung des Eigentumsrechtes an dem Buch gem. § 929) und das Erfüllungsgeschäft des Käufers (Übertragung des Eigentumsrechtes an dem Schein gem. § 929).

Für die Aufteilung in drei Rechtsgeschäfte ist es nicht von Bedeutung, dass alle Rechtsgeschäfte in der Praxis zeitlich meist zusammenfallen oder als zusammengehörig angesehen werden.[21]

Das oben beschriebene Trennungsprinzip ist die Grundlage des **Abstraktionsprinzips**. Das Abstraktionsprinzip besagt nun, dass das Verpflichtungs- und das Verfügungsgeschäft in ihrer Wirksamkeit voneinander **unabhängig** sind, so dass ein dingliches Erfüllungsgeschäft auch dann wirksam sein kann, wenn das zugrunde liegende schuldrechtliche Verpflichtungsgeschäft ungültig ist.[22] Vereinfacht betrachtet, kann das Eigentum an einer Sache auch dann wirksam übertragen werden, wenn hierzu keine wirksame Verpflichtung besteht.

---

[18] *Jaensch*, Grundzüge des Bürgerlichen Rechts, S. 7.
[19] *Müssig*, Wirtschaftsprivatrecht, 6.2.4. (S. 77).
[20] *Müssig*, Wirtschaftsprivatrecht, 6.2.4. (S. 77). Auch im Schuldrecht finden sich Verfügungsgeschäfte, z.B. die Forderungsabtretung gem. § 398.
[21] *Müssig*, Wirtschaftsprivatrecht, 5.1. (S. 70).
[22] BeckOK/*Kindl*, § 929, Rdnr. 5.

Beispiel:
K kauft von V ein Buch. V übereignet das Buch an K. Später wird der Kaufvertrag infolge eines Irrtums des V angefochten. Die Nichtigkeit des Kaufvertrags (Verpflichtungsgeschäft) hat keinen Einfluss auf die Übereignung des Buches (Verfügung). K bleibt trotz Nichtigkeit des Kaufvertrages Eigentümer des Buches.

Im obigen Beispiel besteht allerdings keinen Grund für die Eigentumsübertragung. Es liegt eine ungerechtfertigte Bereicherung des K vor. V hat gegen K einen bereicherungsrechtlichen Anspruch auf Rückübereignung des Buches nach § 812 Abs. 1 S. 1 1. Alt.

Zu beachten ist ferner, dass derselbe Unwirksamkeitsgrund sowohl das Verpflichtungs- als auch das Verfügungsgeschäft betreffen kann. In solchen Fällen spricht man vom „Fehleridentität".[23]

Beispiel:[24]
Der unerkannt geisteskranke V verkauft und übereignet sein Auto an K. V ist gem. § 104 Nr. 2 geschäftsunfähig. Die von ihm abgegebenen Willenserklärungen sind gem. § 105 nichtig. Mangels Einigung besteht hier kein wirksamer Kaufvertrag (Verpflichtungsgeschäft); auch die Übereignung nach § 929 ist nichtig, da die im Rahmen der dinglichen Einigung erforderliche Willenserklärung des V ebenfalls nichtig ist.

Die Trennung zwischen Verpflichtungs- und Verfügungsgeschäft, die auf den ersten Blick als künstlich und überflüssig erscheint und deshalb häufig als lebensfremd bekämpft wurde,[25] ist in bestimmten Konstellationen für die Erzielung sachgerechter Ergebnisse notwendig (näher Kap. 12 II 1).

---

[23] Siehe *Jaensch*, Grundzüge des Bürgerlichen Rechts, S. 9.
[24] *Jaensch*, Grundzüge des Bürgerlichen Rechts, S. 9.
[25] *Jauernig/Berger*, Vor § 854, Rdnr. 13.

5. Vertragsfreiheit und Vertragsbindung

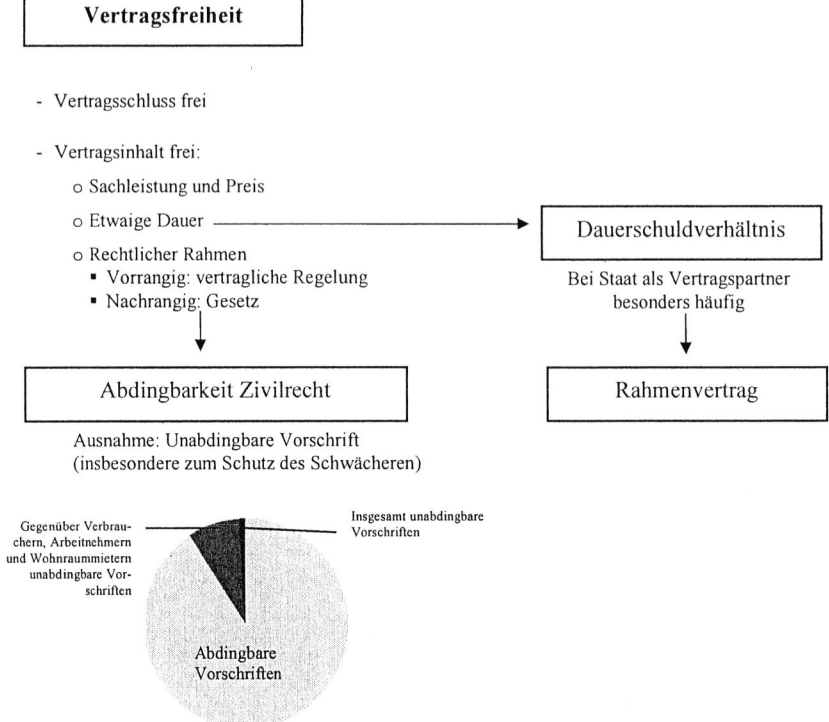

a) Vertragsfreiheit

Die Zivilrechtsordnung wird vom Grundsatz der Vertragsfreiheit (auch „Privatautonomie" genannt) beherrscht. Darunter versteht man das Recht jeder (natürlichen oder juristischen) Person, frei darüber zu entscheiden,

- **ob** sie einen **Vertrag schließen** will,
- **mit wem** sie ihn schließen will,
- **mit welchem Inhalt** sie ihn schließen will

Die Freiheit, über den Inhalt des Vertrags eigenverantwortlich und im Einvernehmen mit dem Vertragspartner zu entscheiden, betrifft einerseits das Recht zur Bestimmung der geschuldeten Sachleistung (z.B. Sache oder Dienstleistung) und andererseits das Recht zur Festsetzung eines Preises für diese Leistung. Von wenigen Ausnahmen abgesehen macht das Gesetz den Parteien hier keine Vorgaben.

> **Beispiel:**
> Die Parteien eines Vertrags über die Errichtung eines Eigenheims können frei entscheiden, wie viele Zimmer das geschuldete Haus haben soll. Sie können die Höhe der Vergütung frei bestimmen.

Die Parteien können auch frei festlegen, ob ein Vertrag nur **punktuell wirken** oder **auf Dauer** angelegt sein soll und wiederkehrende Leistungen zum Gegenstand haben soll.

> **Beispiele für punktuell wirkende Verträge:**
> Der Landkreis L beauftragt das Tischlerunternehmen T mit der Neuanfertigung von 20 Fenstern für das Kreiskrankenhaus. Mit Fertigstellung des Auftrags ist das Vertragsverhältnis beendet.
>
> Das Land NRW bucht für die Dienstreise eines Bediensteten nach Togo eine einzelne Flugreise bei der staatlichen Fluggesellschaft von Togo. Mit Beendigung des Flugs ist das Vertragsverhältnis beendet.

Auf Dauer angelegte Verträge, die wiederkehrende Leistungen zum Gegenstand haben, werden als **Dauerschuldverhältnisse** bezeichnet. Typische Beispiele hierfür sind der Arbeitsvertrag, der Leasingvertrag, der Mietvertrag und der Darlehensvertrag. Dauerschuldverhältnisse können **befristet** oder **unbefristet** sein, auch dies kann grundsätzlich frei vereinbart werden.

> **Beispiele:**
> Die Gemeinde G schließt mit einer Erzieherin einen auf zwei Jahre befristeten Arbeitsvertrag. Sie soll in einer Kindertagesstätte arbeiten, für dessen Betrieb G Räume mit unbefristetem Mietvertrag angemietet hat.

Über diese typischen Beispiele hinaus ist die Öffentliche Hand aber auch sehr häufig Vertragspartner einer anderen Form von Dauerschuldverhältnissen: dem sog. **Rahmenvertrag**. Rahmenverträge sind Verträge, bei denen die Öffentliche Hand bestimmte Leistungen regelmäßig bezieht, typischerweise auf Abruf.

> **Beispiele für Rahmenverträge:**
> Die Gemeinde G schließt mit dem IT-Dienstleister I einen Vertrag, in dem sich I verpflichtet, G bei IT-Problemen innerhalb einer bestimmten Frist zu einem festen Stundensatz zu helfen.
>
> Die Gemeinde G schließt mit Büroartikelhändler B einen Vertrag, in dem B der G ein bestimmtes Sortiment an Büroartikeln zu festgelegten Preisen zur Verfügung stellt. Bei konkretem Bedarf können die Mitarbeiter der G die Büroartikel online bestellen.
>
> Das Land NRW schließt mit der Lufthansa einen Rahmenvertrag für Flugreisen ihrer Bediensteten innerhalb Deutschlands und in das europäische Ausland. Angesichts des hohen Bedarfs lohnt sich der Abschluss eines solchen Rahmenvertrags. Für Flugreisen nach Togo (s. obiges Beispiel) wäre der Abschluss eines Rahmenvertrags dagegen unnötig, da Landesbedienstete nur sehr selten aus dienstlichen Gründen nach Togo fliegen.
>
> Die Gemeinde G vereinbart mit dem Reinigungsunternehmen R, dass dieses alle Schulen der Gemeinde in einem fest vereinbarten Rhythmus und zu fest vereinbarten Sätzen über einen Zeitraum von 3 Jahren regelmäßig reinigt. Obwohl die Leistung hier nicht auf Abruf erfolgt, werden Gebäudereinigungsverträge dieser Art häufig ebenfalls als Rahmenverträge bezeichnet. Entsprechendes gilt für andere Verträge, die gebäudebezogene Serviceleistungen zum Gegenstand haben, wie z.B. Hausmeisterverträge.

Rahmenverträge sind in der kommunalen Praxis sehr häufig. Sie sind in aller Regel auf zwei bis fünf Jahre befristet. Der Abschluss eines Rahmenvertrags spart Arbeitszeit und ermöglicht zudem häufig die Vereinbarung besonders günstiger Konditionen.

Die Parteien können schließlich im Grundsatz auch frei bestimmen, welchen **rechtlichen Rahmen** ein Vertrag erhalten soll. Es gibt Vertragstexte, die den Umfang eines Buchs haben und die Rechte und Pflichten der Parteien bis ins letzte Detail regeln. Die meisten Verträge bestimmen jedoch nur, welche Sachleistung zu welchem Preis zu erbringen ist. Das gilt vor allen Dingen für mündlich abgeschlossene Verträge. Den rechtlichen Rahmen bietet in solchen Fällen das Gesetz, dies aber nur solange die Vertragsparteien keine vom Gesetz abweichende vertragliche Regelung treffen. Mit anderen Worten: **Zivilrechtliche Vorschriften** sind grundsätzlich **abdingbar**; gebräuchlich ist auch die Bezeichnung **dispositiv**.

Beispiel:
§ 536 Abs. 1 S. 3 sieht vor, dass der Vermieter einer Sache die auf ihr ruhenden Lasten zu tragen hat. Der Vermieter von Wohn- oder Gewerberaum muss demnach laut Gesetz die Nebenkosten selbst tragen. Mieter und Vermieter können aber per Vertrag vereinbaren, dass der Mieter die Nebenkosten trägt. Das wird in der Praxis auch fast immer so gehandhabt.

Zivilrechtliche Vorschriften sind im Grundsatz also lediglich ein Angebot an den Rechtsverkehr, auf ein Regelungsgefüge zurückzugreifen, das Regelungen für ausgewogene Konfliktlösungen bereitstellt. Die mühselige Entwicklung vertraglicher Regelungen kann dadurch vermieden werden. Dies senkt den Aufwand für den Vertragsschluss, die sog. Transaktionskosten. Vertragspartnern steht es aber frei, diesen Aufwand zu betreiben, wenn ihnen die wirtschaftlichen Vorteile einer maßgeschneiderten Lösung größer erscheinen als die Transaktionskosten.

Beispiel:
Der Staat kooperiert für die Erfüllung seiner Aufgaben zunehmend mit privaten Anbietern im Rahmen sog. Private Public Partnerships (PPP). Diese Kooperationsformen können hochkomplex sein. Ihnen liegen umfangreiche Verträge zugrunde, die in der Regel teuer sind (Personalaufwand der Kommune, Kosten für Beratung durch Rechtsanwälte). Wenn sich ein Verwaltungsträger für ein PPP-Projekt entscheidet, ist der Abschluss eines derartigen Vertrags unumgänglich, weil dieser den Interessen der Parteien viel besser gerecht werden kann als die gesetzlichen Standardlösungen.

Die Vertragsfreiheit beruht auf der Vorstellung in etwa **gleich starker Vertragspartner**, die am besten beurteilen können, ob gesetzliche oder vertragliche Regelungen für sie gelten sollen und welchen Inhalt etwaige vertragliche Regelungen haben sollen. Fehlt dieses Kräftegleichgewicht, können die Vertragspartner meist von den einschlägigen gesetzlichen Vorschriften nicht oder nicht beliebig durch Vereinbarungen abweichen. Solche Vorschriften werden als **zwingend** oder **unabdingbar** bezeichnet. Die Unabdingbarkeit dient dabei dem **Schutz des schwächeren Vertragspartners**. In diesen Fällen ist die Unabdingbarkeit aber nur einseitig. Das bedeutet, dass die Vertragsparteien nicht zu Lasten des schwächeren Vertragspartners von der unabdingbaren Vorschrift abweichen können. Wohl können sie aber eine vertragliche Regelung treffen, die den schwächeren Vertragspartner sogar noch besser stellt als die gesetzliche Regelung. Mithilfe solcher Vorschriften schützt der Gesetzgeber vor allen Dingen drei Personengruppen: die Verbraucher (**Verbraucherschutz**), die Arbeitnehmer (**Arbeitnehmerschutz**) und die Mieter von Wohnraum (**Mieterschutz**)

> **Beispiele:**
> §§ 312d, 355 räumen dem Verbraucher ein zweiwöchiges Widerrufsrecht bei über das Internet geschlossenen Verträgen ein. Nach § 312f darf hiervon nicht zuungunsten des Verbrauchers abgewichen werden. Unzulässig wäre daher ein Ausschluss des Widerrufsrechts, zulässig dagegen die Vereinbarung eines vierwöchigen Widerrufsrechts.
>
> Weist gekaufte Neuware einen Mangel auf, kann der Käufer die Reparatur oder Neulieferung der Ware verlangen (§ 439 Abs. 1). Diese Bestimmung ist unabdingbar, wenn der Käufer ein Verbraucher und der Verkäufer ein Unternehmer ist (§§ 475 Abs. 1 S. 1, 474 Abs. 1 S. 1). Im Verhältnis zwischen Unternehmern oder zwischen Unternehmer und der Öffentlichen Hand existiert eine dem § 475 vergleichbare Regelung nicht. Hier gilt der Grundsatz der Abdingbarkeit des Zivilrechts. Eine Kommune kann daher beim Kauf von Neuware wirksam auf das Reparatur- oder Neulieferungsrecht bei Vorliegen eines Mangels verzichten.
>
> Nach § 3 Bundesurlaubsgesetz (BUrlG)[26] hat jeder Arbeitnehmer einen Anspruch auf 4 Urlaubswochen pro Jahr. Hiervon darf gemäß § 13 Abs. 1 BUrlG nicht zuungunsten des Arbeitnehmers abgewichen werden. Eine Vereinbarung, dass der Arbeitnehmer 6 Wochen Urlaub im Jahr hat, wäre somit zulässig.
>
> Nach § 573 Abs. 1, 2 darf der Vermieter von Wohnraum dem Mieter nur bei berechtigtem Interesse (z.B. bei Eigenbedarf) kündigen. Eine zum Nachteil des Mieters abweichende Regelung ist unwirksam (§ 573 Abs. 4).

Seltener sind die **insgesamt unabdingbaren zivilrechtlichen Vorschriften**. Hier will der Gesetzgeber nicht die Vertragspartner, sondern Dritte bzw. die Allgemeinheit schützen.

> **Beispiel:**
> So ist das Aktiengesetz, das Vorschriften zur Aktiengesellschaft enthält, nach § 23 Abs. 5 S. 1 Aktiengesetz weitgehend unabdingbar. Der Gesetzgeber misst einem wohlgeordneten Funktionieren von Aktiengesellschaften ein übergeordnetes gesamtwirtschaftliches Interesse bei. Er will, dass sich potenzielle Anleger und Gläubiger auf bestimmte gesetzlich fixierte Standards verlassen können.

In aller Regel bestimmt der Gesetzgeber ausdrücklich, dass eine bestimmte zivilrechtliche Vorschrift unabdingbar ist.

> **Beispiele:**
> alle vorherigen Beispiele

Ist dies nicht der Fall, kann die **Auslegung**[27] der Vorschrift ergeben, dass sie unabdingbar sein soll. Das sind jedoch Ausnahmefälle.

---

[26] § 3 BUrlG lautet: Der Urlaub beträgt jährlich mindestens 24 Werktage. Als Werktage gelten alle Kalendertage, die nicht Sonn- oder gesetzliche Feiertage sind.
[27] Mit Auslegung ist die Interpretation der Vorschrift gemeint.

Beispiel:
§ 626 regelt, dass Dienst- und Arbeitsverträge aus wichtigem Grund außerordentlich („fristlos") gekündigt werden können. Es ist ein Gebot der Gerechtigkeit, dass es diese Möglichkeit immer geben muss. Keiner kann gezwungen werden, an einem Vertrag festzuhalten, der für ihn völlig unzumutbar ist. Dieses Prinzip und damit auch § 626 ist unabdingbar, auch wenn der Gesetzgeber dies nicht ausdrücklich in das BGB hineingeschrieben hat.

Für öffentlich-rechtliche Vorschriften gilt der Grundsatz der Abdingbarkeit dagegen nicht. **Öffentlich-rechtliche Vorschriften** dienen nicht den Interessen der Vertragsparteien, sondern dem **Interesse der Allgemeinheit**, das nicht zur Disposition der Vertragspartner steht. Öffentlich-rechtliche Vorschriften sind daher in aller Regel **zwingend**.

Beispiel:
Das Sozialversicherungsrecht ist öffentliches Recht. Es bestimmt, dass für einen Arbeitnehmer grundsätzlich Sozialabgaben (Rentenversicherung, Krankenversicherung, Pflegeversicherung, Arbeitslosenversicherung, Unfallversicherung) abzuführen sind. Die einschlägigen Vorschriften dienen der Schaffung eines Sozialsystems, bei der grundlegende Lebensrisiken des Einzelnen durch ein Umlagesystem auf die Allgemeinheit verlagert werden. Arbeitgeber und Arbeitnehmer können dies nicht vertraglich ausschließen.

b) Vertragsbindung

Vor Vertragsschluss: *Nach Vertragsschluss:*

Vertragsfreiheit	Vertragsbindung

Kein Recht zur eigenmächtigen
Vertragsänderung oder Vertragslösung

Ausnahmen: anderweitige Vereinbarung,
Pflichtverletzung durch Gegenseite

Die Kehrseite der Vertragsfreiheit ist der Grundsatz der Vertragsbindung (auch „Vertragstreue"): Die Vertragspartner sind im Hinblick auf den Vertragsschluss frei. Wenn sie den Vertrag aber geschlossen haben, sind sie an ihn gebunden. Sie haben dann die **Pflicht**, den Vertrag zu **erfüllen**. Der Verpflichtungsgrad kann dabei je nach Vereinbarung verschieden sein.

Beispiele:
Die Gemeinde G schließt mit Büroartikelhändler B einen Vertrag, in dem B der G ein bestimmtes Sortiment an Büroartikeln zu festgelegten Preisen zur Verfügung stellt. Bei konkretem Bedarf können die Mitarbeiter der G die Büroartikel online bestellen. Es ist jedoch vertraglich festgelegt, dass G nicht verpflichtet ist, seine Büroartikel bei B zu bestellen. Sie kann die Büroartikel auch woanders bestellen. Im Ergebnis unterliegt damit nur B einer Vertragsbindung. Er muss zu bestimmten Konditionen liefern, wenn G es wünscht.

> Die Gemeinde G schließt mit dem Unternehmer U einen dreijährigen Rahmenvertrag über die Lieferung von Toilettenpapier für alle Schulen. Es ist vereinbart, dass die Hausmeister der jeweiligen Schulen die Lieferung des Papiers bei Bedarf anfordern können. G verpflichtet sich, den gesamten Bedarf an Toilettenpapier für seine Schulen während der Vertragslaufzeit nur über U zu decken. Hier unterliegt G insofern einer Vertragsbindung, als er sich auf U als Vertragspartner festlegt. Dagegen ist sie im Hinblick auf die abzunehmende Menge frei. Denkbar wäre aber auch eine Vertragsgestaltung, die die G über die Vertragslaufzeit zur Abnahme einer gewissen Mindestmenge verpflichtet.

Vertragsbindung bedeutet zum einen, dass sich die Vertragspartner im Grundsatz **nicht** wieder vom **Vertrag lösen** können. Von diesem Grundsatz gibt es allerdings etliche Ausnahmen, die zum Teil an späterer Stelle wieder aufgegriffen werden. Konkret sind folgende Fälle zu nennen:

- Verletzt ein Vertragspartner seine vertraglichen Pflichten im erheblichen Maße, kann der andere Teil dies unter bestimmten Voraussetzungen zum Anlass nehmen, sich vom Vertrag zu lösen.

  Beispiel:
  V hat dem K eine Sache verkauft und übergeben. Wenn K nicht zahlt, kann V unter den Voraussetzungen der §§ 323, 346 Abs. 1 vom Vertrag zurücktreten und die verkaufte Sache von K zurückfordern.

- Die Vertragspartner können sich im Vertrag darauf geeinigt haben, dass eine oder beide Vertragsparteien zur Lösung des Vertrags berechtigt sein sollen. Diese Möglichkeit ist Ausfluss des Grundsatzes der Vertragsfreiheit.

  Beispiel:
  Der Möbelhändler I räumt seinen Kunden ein Umtauschrecht innerhalb von drei Monaten ein, wenn die Ware noch verpackt ist.

- Beide Vertragspartner einigen sich einvernehmlich auf eine Auflösung des Vertrags (Vertragsfreiheit!). Eine solche Vereinbarung ist selbst wieder ein Vertrag.

- Bei unbefristeten Dauerschuldverhältnissen muss es jedem Vertragspartner möglich sein, den Vertrag zu kündigen, da er sonst unter Umständen ewig gebunden wäre (näher Kap. 7 III 2). Bei befristeten Dauerschuldverhältnissen besteht diese Möglichkeit dagegen nicht, da eine dauerhafte Bindung aufgrund der Befristung ausgeschlossen ist.

  Beispiel:
  Der Arbeitnehmer AN muss die Möglichkeit haben, ein unbefristetes Arbeitsverhältnis zu kündigen, wenn er eine attraktivere Stelle gefunden hat. Dagegen kann er ein befristetes Arbeitsverhältnis nicht vorzeitig kündigen, sofern nichts anderes vereinbart ist.

Vertragsbindung bedeutet zum anderen, dass der Vertrag, so wie geschlossen, zu erfüllen ist. Eine **eigenmächtige Abänderung** des Vereinbarten durch eine Vertragspartei ist **unzulässig**. Allerdings können die Parteien den Vertrag jederzeit **einvernehmlich abändern**. Eine solche Vereinbarung ist selbst ein Vertrag.

Die Bindung erfasst nur die Parteien selbst. Ein **Vertrag zu Lasten Dritter** entfaltet dem Dritten gegenüber **keine Wirkung**.

Beispiel:
Verkäufer V verkauft dem Käufer K eine Sache, die dem Eigentümer E gehört. Sie vereinbaren, dass E zuerst die Sache an V verkauft und dieser sie dann an K weiterveräußert. Der Vertrag ist wirksam. V ist verpflichtet, dem K die Sache zu verschaffen. Weder V noch K können den E aber zwingen, die Sache an V zu verkaufen. Wenn E sich damit einverstanden erklärt, wird V die Sache an K weiterverkaufen können und damit seinen Vertrag erfüllen können. Wenn E sich weigert, kann V den Vertrag gegenüber K nicht erfüllen. Er macht sich dann vertragsbrüchig und muss ggf. Schadensersatz zahlen.

6. Natürliche und juristische Personen/Rechtsfähigkeit

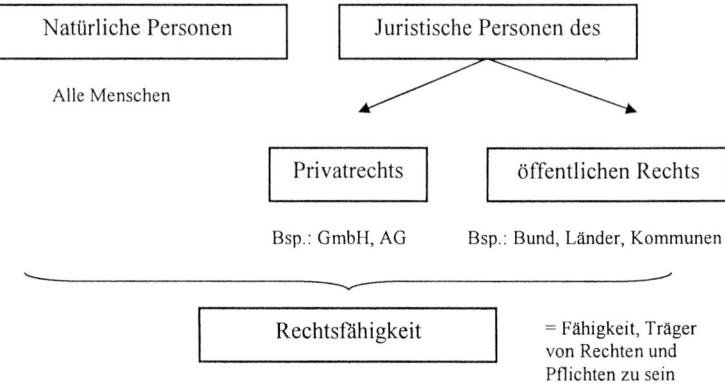

Personen sind die Akteure des Rechtsverkehrs. Hierunter fallen zum einen alle Menschen. Sie werden als **natürliche Personen** bezeichnet. Alle natürlichen Personen sind **rechtsfähig**. Darunter versteht man die Fähigkeit, eigenständiger Träger von Rechten und Pflichten zu sein. Die Rechtsfähigkeit beginnt mit der Geburt (§ 1) und endet mit dem Tod. Jeder Mensch, also auch der Säugling oder die hirnorganisch schwer geschädigte Person, kann somit Verträge schließen, Vermögen innehaben und Eigentümer sein sowie vor Gericht klagen und verklagt werden. Seine Rechtsfähigkeit hängt nicht davon ab, ob er zu eigenständigem Handeln in der Lage ist. Dies ist vielmehr eine Frage der Geschäftsfähigkeit (näher Kap. 4 I). Fehlt die Geschäftsfähigkeit, muss ein anderer den Betroffenen im Rechtsverkehr vertreten (näher Kap. 2 III).

Neben den natürlichen Personen kennt unsere Rechtsordnung die **juristischen Personen**. Man unterscheidet dabei juristische Personen des Privatrechts,

Wichtigste Beispiele:
die Gesellschaft mit beschränkter Haftung (GmbH), die Aktiengesellschaft (AG), der eingetragene Verein (e.V.) und die Genossenschaft (e.G),

und juristische Personen des öffentlichen Rechts.

Wichtigste Beispiele:
die Bundesrepublik Deutschland, die einzelnen Bundesländer, die Gemeinden, die Landkreise

Juristische Personen sind künstliche Gebilde, die wie Menschen **rechtsfähig** sind. Insoweit unterscheiden sich juristische Personen des öffentlichen Rechts und solche des Privatrechts nicht. Beide können am Zivilrechtsverkehr teilnehmen. Die Existenz von juristischen Personen entspricht einem praktischen Bedürfnis. Nur hierdurch ist es möglich, dass größere Organisationseinheiten ohne Komplikationen am Rechtsverkehr teilnehmen können.

Beispiele:
Der Angestellte A schließt mit der Kommune S einen Arbeitsvertrag. Vertragspartner der S sind nicht die Bürger von S, sondern S als eigenständiges Rechtssubjekt.

Eine GmbH mit 20 Gesellschaftern kann Eigentümerin eines Grundstücks sein. Nur sie wird im Grundbuch eingetragen, nicht die Gesellschafter.

Die Bundesrepublik Deutschland kann ein privates Unternehmen auf Schadensersatz verklagen. Klägerin ist nur die Bundesrepublik Deutschland, nicht jeder Bundesbürger.

Die eigenständige Rechtsfähigkeit der juristischen Person führt in aller Regel dazu, dass allein die juristische Person für ihre **Verbindlichkeiten haftet**. Die hinter ihr stehenden natürlichen Personen bleiben im Normalfall außen vor.

Beispiele:
Weder der Bürgermeister noch die Bürger einer Gemeinde haften persönlich für die Schulden der Gemeinde.

Weder der Geschäftsführer noch die Gesellschafter einer GmbH haften persönlich für die Schulden der GmbH.

Weder der Vorstand noch die Aktionäre einer AG haften persönlich für die Schulden der AG.

7. Verbraucher und Unternehmer

Verbraucher	Unternehmer
Natürliche Person, die als Privatmann handelt (§ 13)	Natürliche oder juristische Person, die gewerblich oder selbständig beruflich handelt (§ 14)
Besonderer Schutz durch unabdingbare Vorschriften	Keine Unternehmer: Juristische Personen des öffentlichen Rechts

Die Teilnehmer im Rechtsverkehr sind entweder juristische oder natürliche Personen. Sie werden vom Gesetz teilweise aber auch nach anderen Kriterien in Gruppen eingeteilt. Zweck ist es jeweils, bestimmte Normen nur für bestimmte Gruppen gelten zu lassen.

Beispiel:
Bestimmte Teilnehmer im Rechtsverkehr sind Kaufleute (so etwa eine GmbH). Für sie gilt das Handelsgesetzbuch (HGB).

Eine sehr wichtige Kategorisierung dieser Art ist die Einteilung zwischen **Verbraucher** und **Unternehmer**. Verbraucher ist jede natürliche Person, die ein Rechtsgeschäft zu einem Zweck abschließt, der weder ihrer **gewerblichen** noch ihrer selbständigen **beruflichen Tätigkeit** zugerechnet werden kann (§ 13). Unternehmer ist dagegen eine natürliche oder juristische Person, die bei Abschluss eines Rechtsgeschäfts in Ausübung ihrer gewerblichen oder selbständigen beruflichen Tätigkeit handelt (§ 14).

Beispiele:
Die GmbH ist immer Unternehmerin. Sie wird immer in Ausübung ihrer gewerblichen Tätigkeit handeln.

Rechtsanwalt R ist je nach Einzelfall Verbraucher oder Unternehmer. Stellt er in seiner Eigenschaft als Anwalt eine Bürokraft ein, ist er gemäß § 14 Unternehmer. Kauft er als Privatmann einen Fernseher, ist er Verbraucher.

Das Gesetz sieht den Verbraucher als besonders schutzbedürftig an und privilegiert ihn in vielfacher Weise. Dies gilt in erster Linie für Fälle, in denen sein Vertragspartner ein Unternehmer ist.

Beispiel:
So kann ein Verbraucher einen über das Internet geschlossenen Vertrag innerhalb von zwei Wochen widerrufen, wenn sein Vertragspartner ein Unternehmer ist.

Juristische Personen des öffentlichen Rechts sind weder Verbraucher noch Unternehmer. Sie sind keine Unternehmer, weil sie weder gewerblich noch selbständig beruflich handeln. Beides setzt Gewinnerzielungsabsicht voraus. Juristische Personen des öffentlichen Rechts handeln jedoch zur Erfüllung eines öffentlichen Zwecks. Eine Gewinnerzielungsabsicht ist bestenfalls zweitrangig. Das reicht nicht aus, um juristischen Personen des öffentlichen Rechts zu Unternehmern im Rechtssinne zu machen. Die zivilrechtlichen Vorschriften, die für Unternehmer gelten, betreffen durchweg gewinnorientierte Tätigkeiten (z.B. Internethandel, s. obiges Beispiel). Sie würden daher auch von ihrem Kontext her gar nicht auf juristischer Personen des öffentlichen Rechts passen.

Übungsfall

Sachverhalt:

Der Architekt Aders hat bei Vetter Büroräume angemietet. Vetter faxt ihm am Freitag, den 3.7. um 19:00 Uhr ein Schreiben, in dem er das Mietverhältnis „zum nächstmöglichen Zeitpunkt" kündigt. Aders hatte sein Büro bereits um 12:00 verlassen und findet das Fax erst am Dienstag, den 7.7. Zu welchem Zeitpunkt wird die Kündigung wirksam?

Hinweis: Ziehen Sie § 580a Abs. 2 für die Falllösung heran und gehen Sie davon aus, dass es für die Kündigung von Gewerberäumen keinen Kündigungsschutz gibt.

Lösungsvorschlag:

Für den Zeitpunkt der Wirksamkeit der Kündigung nach § 580a Abs. 2 ist entscheidend, wann die Kündigung zugegangen ist. Freitag, der 3.7. ist der 3. Werktag des 3. Kalendervierteljahres. Bei Zugang an diesem Freitag wäre die Kündigung dann zum 31.12. wirksam, bei Zugang in der darauf folgenden Woche dagegen erst zum 31.3. des nachfolgenden Jahres. Zu prüfen ist daher, ob die Kündigung noch am Freitag zugegangen ist.

Die gegenüber einem Abwesenden abgegebene Erklärung ist dann zugegangen, sobald sie so in den Bereich des Empfängers gelangt ist, dass dieser unter normalen Umständen die Möglichkeit hat, von ihrem Inhalt Kenntnis zu nehmen.

Das wäre nur der Fall, wenn man vernünftigerweise erwarten könnte, dass sich ein freiberuflicher Architekt am Freitag um 19:00 Uhr noch in seinem Büro aufhält oder zumindest noch einmal vorbeischaut, bevor er sich ins Wochenende begibt. Das ist zu verneinen, da dieser Zeitpunkt außerhalb der üblichen Geschäftszeiten liegt. Daran ändert auch nichts, dass ein Architekt als Freiberufler üblicherweise länger und mehr arbeitet als ein Arbeitnehmer. Architekten haben häufig auswärtige Termine, sind also ohnehin nicht ohne weiteres in ihrem Büro erreichbar. Bei ihnen kann man eine Besetzung seines Büros durch eine Bürokraft nur zu den üblichen Geschäftszeiten erwarten.

Die Kündigung ist dem A daher erst in der darauf folgenden Woche zugegangen.

Ergebnis: Die Kündigung wird zum 31.3. des nachfolgenden Jahres wirksam.

Kapitel 2: Zustandekommen von Verträgen

I. Vertragsschluss durch Angebot und Annahme

Der Vertrag hat unter den Rechtsgeschäften die größte praktische Bedeutung. Verträge kommen durch Angebot und Annahme zustande. Angebot und Annahme sind mit Bezug aufeinander abgegebene, **inhaltlich korrespondierende** auf den Abschluss desselben Vertrages gerichtete **Willenserklärungen** von zwei oder mehr Personen.[1] Ein Vertrag liegt dementsprechend nur vor, wenn sich die Vertragspartner über alle wesentlichen Punkte des Vertrages einig geworden sind. Die wichtigsten Vorschriften zum Zustandekommen von Verträgen finden sich in §§ 145 - 151. Dabei regeln diese Vorschriften einzelne Aspekte des Zustandekommens eines Vertrags.[2]

1. Angebot

Die zeitlich erste Willenserklärung ist das Angebot, vom Gesetz in § 145 „Antrag" genannt. Es muss so bestimmt (genau) sein, dass der potenzielle Vertragspartner durch eine einfache Einverständniserklärung (z.B. „ja") annehmen und auf diese Weise einen Vertrag zustande bringen kann.[3] D.h. bei einem im BGB geregelten Vertragstyp muss der Antrag zumindest die wesentlichen Vertragspunkte (essentialia negotii) erkennen lassen.[4]

Als empfangsbedürftige Willenserklärung muss das Angebot dem Erklärungsempfänger zugehen.

Von einem Angebot zu unterscheiden ist die so genannte **invitatio ad offerendum** (Aufforderung zum Angebot). Dabei handelt es sich um eine vorbereitende Mitteilung einer Person, die signalisiert, sie wolle im Prinzip zu bestimmten Konditionen einen Vertrag abschließen.

> **Beispiele:**
> Ausstellen einer Ware im Schaufenster, auch wenn an dieser bereits ein Preisschild angebracht ist.[5]
>
> Übersenden eines Katalogs; Vorstellen von Produkten oder Dienstleistungen im Internet; Zeitungsinserate, Speisekarten[6]

In all diesen Fällen möchte derjenige, der die „invitatio ad offerendum" abgibt, noch keine bindende Erklärung (Angebot) abgeben; ihm fehlt also der sogenannte **Rechtsbindungswille**. Denn sonst würde er möglicherweise Vertragspartner erhalten, die nicht

---

[1] BekOK/*Eckert*, § 145, Rdnr. 2.
[2] BekOK/*Eckert*, § 145, Rdnr. 2.
[3] Jauernig/*Mansel*, § 145, Rdnr. 2.
[4] *Schulze/Dörner*, § 145, Rdnr. 3.
[5] Jauernig/*Mansel*, § 145, Rdnr. 3.
[6] *Schulze/Dörner*, § 145, Rdnr. 5.

zahlungsfähig sind, oder es würden so viele Personen das Vertragsangebot annehmen, dass der Anbieter mit der Vertragserfüllung überfordert wäre.[7]

Beispiel:
Der Discounter A bietet Notebooks für 1.000 € an, hat davon in jeder Filiale jedoch nur 10 auf Lager. Wenn 20 Interessenten die Filiale X nach Ladenöffnung stürmen, möchte er nicht zum Verkauf von 20 Notebooks in dieser Filiale verpflichtet sein.

Zu beachten ist allerdings, dass der Antragende ein Angebot nicht nur gegenüber einer einzelnen Person abgeben kann; vielmehr können Anträge auch gegenüber einem unbestimmten Personenkreis gemacht werden (ad insertas personas).[8]

Beispiele:[9]
Die Aufstellung eines Warenautomaten enthält ein -auf den vorhandenen Vorrat und die technische Funktionsfähigkeit beschränktes- bindendes Angebot zum Abschluss eines Kaufvertrages an jedermann, der den Automaten in der vorgesehenen Weise bedient.

Die Aufstellung eines Geldautomaten ist ein Angebot der Bank zur Übereignung von Geldscheinen an denjenigen, der den Geldautomaten ordnungsgemäß bedient.

Ob ein Angebot oder nur eine Aufforderung zur Abgabe eines Angebots vorliegt, ist eine Auslegungsfrage.[10] Es kommt dabei auf den objektiven Empfängerhorizont an.

Wer wirksam ein Angebot abgegeben hat, ist gemäß § 145 daran **gebunden**. Die Bindungswirkung beginnt also nach § 130 Abs. 1 mit dem Zugang des Angebots beim Empfänger. Das Angebot kann nicht nachträglich widerrufen werden.

Die Bindung an das Angebot **erlischt** nach § 146, wenn der ausersehene Vertragspartner das Angebot **ablehnt**. Ist das Angebot erst einmal abgelehnt, so kann es nicht im Nachhinein doch noch angenommen werden. Es steht nun wieder im Belieben des ursprünglichen Anbieters, den Vertrag wie vorgeschlagen abzuschließen oder nicht.

Das Angebot erlischt **nach einer gewissen Zeit** auch dann, wenn es nicht abgelehnt wird. Hier differenziert das BGB zwischen Angeboten, die an Anwesende gerichtet werden, und Angeboten an Abwesende.

Das einem Anwesenden gemachte Angebot kann dieser gemäß § 147 Abs. 1 nur sofort annehmen; andernfalls erlischt es. Maßgebliches Kriterium für die Unterscheidung zwischen Willenserklärungen unter Anwesenden und Willenserklärungen unter Abwesenden ist nicht die physische Präsenz in einem Ort; vielmehr kommt es trotz räumlicher Trennung auf die Möglichkeit der sinnlichen Wahrnehmung an.[11] Fraglich ist, ob auch schriftliche Angebote, die einem Anwesenden übergeben werden, als Anträge unter Anwesenden anzusehen sind. Dies wird nur bei kurzen überschaubaren Schriftstücken

---

7 BeckOK/*Eckert*, § 145, Rdnr. 41.
8 MüKo/*Busche*, § 145, Rdnr. 17.
9 MüKo/*Busche*, § 145, Rdnr. 12 mit Hinweisen auf abweichende Meinungen.
10 Jauernig/*Mansel*, § 145, Rdnr. 2; Schulze/*Dörner*, § 145, Rdnr. 4.
11 MüKo/*Busche*, § 147, Rdnr. 26.

bejaht; ansonsten handelt es sich um ein Angebot unter Abwesenden.[12] Nach § 147 Abs. 1 muss das Angebot unter Anwesenden **sofort** angenommen werden. Dies bedeutet jedoch nicht, dass eine Reaktion in „Sekundenschnelle" notwendig ist.[13] Ferner besteht für die Parteien die Möglichkeit, die sofortige Annahmefrist abzubedingen, so dass § 148 eingreifen kann.[14] Dies ist z.B. der Fall, wenn der Empfänger eine Überlegungsfrist verlangt und der Antragende dem Verlangen nicht widerspricht.

Beispiel:
Im Rahmen eines Telefonats sagt V zu K: „Für 800 Euro verkaufe ich Dir mein Auto". K antwortet: „ Ich überlege es mir bis Samstag". Wenn V dieser Äußerung des K nicht widerspricht ist das Angebot des V bis Samstag annahmefähig (§ 148).

Ein einem Abwesenden gemachtes Angebot kann dieser nur so lange annehmen, wie der Anbieter unter normalen Umständen damit rechnen kann (§ 147 Abs. 2). Für die Fristbemessung sind **drei Komponenten von Bedeutung,** nämlich die Beförderungszeit des Angebots, die Überlegungsfrist des Antragsempfängers sowie die Beförderungszeit der Annahme.[15] Für die Bestimmung der Überlegungs- und Entscheidungsfrist wird vor allem die Komplexität des Angebots berücksichtigt.

Beispiel:
Wer ein Möbelstück für 100 € angeboten bekommt, muss schneller reagieren als der potenzielle Käufer eines Unternehmens.

Die für die Übermittlung der Annahmeerklärung erforderliche Zeitspanne ist abhängig von der Wahl des Kommunikationsmittels. Dabei gilt der sogenannte **Grundsatz der Korrespondenz der Erklärungsmittel.**[16] Es wird also davon ausgegangen, dass der Empfänger des Angebots bei seiner Antwort das gleiche Erklärungsmittel verwendet, das auch der Antragende für die Übermittlung des Angebots benutzt hat.[17]

Beispiel:[18]
Wenn der Antragende ein Angebot per Email macht, wird erwartet, dass der Empfänger auch per Email antwortet bzw. dass er ein ähnliches Erklärungsmittel (z.B. Telegramm) einsetzt.

Dem Antragenden steht es frei, durch Bestimmen einer **Annahmefrist** exakt festzulegen, wie lange sein Angebot gelten soll (§ 148). So kann ein Anwesender Zeit zum Überlegen eingeräumt bekommen (s. oben) und auch umgekehrt ein Abwesender zu schneller Entscheidung gezwungen werden.

---

[12] MüKo/*Busche*, § 147, Rdnr. 28.
[13] BeckOK/*Eckert*, § 147, Rdnr. 8.
[14] BeckOK/*Eckert*, § 147, Rdnr. 8.
[15] BeckOK/*Eckert*, § 147, Rdnr. 12.
[16] MüKo/*Busche*, § 147, Rdnr. 33.
[17] MüKo/*Busche*, § 147, Rdnr. 33.
[18] MüKo/*Busche*, § 147, Rdnr. 33. Jedoch kann der Erklärungsempfänger bei Überschreitung der angemessenen Überlegungsfrist ein schnelleres Erklärungsmittel einsetzen, um die Gesamtfrist zu wahren.

2. Annahme

Als Annahme wirkt nur eine Erklärung, die rechtzeitig und uneingeschränkt das Einverständnis mit dem Angebot zum Ausdruck bringt. **Schweigen** gilt grundsätzlich nicht als Annahme. Der Erklärungsempfänger kann sich gegen ein Angebot nicht wehren. Er soll nicht zu aktivem Tun genötigt werden, um ein ihm unerwünschtes Angebot abzulehnen.

> **Beispiel:**[19]
> A erhält vom Versandhaus V unaufgefordert Ware. Im Begleitbrief steht: „Falls wir innerhalb von 2 Wochen von Ihnen nichts Gegenteiliges hören, gehen wir davon aus, dass Sie die Ware kaufen wollen." A reagiert nicht. Zwischen A und V ist kein Vertrag zustande gekommen.

Eine Ausnahme gilt nur dann, wenn die Verhandlungspartner dies anders vereinbart haben.

> **Beispiel:**
> V und K kommen überein, dass K innerhalb von 1 Woche widerspricht, wenn er das ihm von V gemachte Angebot nicht annehmen will.

Die Annahme ist wie das Angebot eine empfangsbedürftige Willenserklärung, sie muss also dem Anbietenden zugehen. Der Zugang der Annahmeerklärung ist allerdings nach § 151 S. 1 entbehrlich, wenn dieser nicht üblich ist oder der Anbietende hierauf verzichtet hat. Häufig liegen beide Alternativen kumulativ vor.[20] Die Regelung bezweckt eine Erleichterung und Beschleunigung des Geschäftsverkehrs.[21] Wichtig ist dabei: Die Annahmeerklärung selbst muss erfolgen. In der Regel wird diese Annahmeerklärung in einem schlüssigen Handeln des Annehmenden zum Ausdruck kommen.

> **Beispiele:**
> Wer schriftlich um Reservierung eines Hotelzimmers für eine Nacht bittet, erwartet (außer vielleicht in der Hochsaison oder zu Messezeiten), dass ein Zimmer für ihn freigehalten wird, sofern er nichts Gegenteiliges hört. Tut der Hotelier nun auf den Reservierungswunsch hin überhaupt nichts, so ist kein Vertrag zustande gekommen, denn Schweigen gilt nicht als Willenserklärung. Trägt der Hotelier aber den Besteller der Reservierung für die besagte Nacht als Gast ein, so erklärt er dadurch die Annahme, und der Vertrag kommt zustande, ohne dass dies dem Gast noch bestätigt werden müsste.
>
> A ruft beim Restaurant R an, um verbindlich einen Tisch zu bestellen. Da niemand da ist, springt der Anrufbeantworter an. A spricht seine Bestellung auf das Band und bittet um Rückruf nur, falls es mit der Bestellung Probleme geben sollte. A hat auf den Zugang der Annahme verzichtet.

Wer die Annahme zu spät erklärt, also nachdem das Angebot schon erloschen ist, gibt nach § 150 Abs.1 seinerseits ein **neues Angebot** ab. Gleiches gilt, wenn das **Angebot mit Einschränkungen oder sonstigen Änderungen** versehen wird (§ 150 Abs. 2). Das neue Angebot führt nur zu einem Vertragsschluss, wenn der ursprüngliche Anbieter das neue Angebot annimmt. Die Vorschrift des § 150 Abs. 2 hat eine große praktische Bedeutung. Sie ist immer dann einschlägig, wenn die Parteien Vertragsverhandlungen

---

[19] Vgl. § 241a BGB.
[20] BeckOK/*Eckert*, § 151, Rdnr. 1.
[21] BeckOK/*Eckert*, § 151, Rdnr.1.

führen. Hier kann es dann zu einer schnellen Abfolge von neuen Angeboten nach § 150 Abs. 2. In einer solchen Situation ist es besonders wichtig, durch chronologische Analyse der abgegebenen Erklärungen genau nachzuvollziehen, ob überhaupt ein Vertrag zustande gekommen ist und wenn ja zu welchen Bedingungen.

Beispiel:
K will einen Neuwagen erwerben, aber nicht den Listenpreis von 15.000 € zahlen. Er bietet einen Preis von 13.000 € (Angebot). V ist dieser Rabatt zu hoch. Er bietet einen Kaufpreis von 14.300 €, will aber noch einen DVD-Wechsler, ein Navigationssystem und eine Klimaanlage als Zubehör kostenlos dazugeben (neues Angebot nach § 150 Abs. 2). K, der bereits ein mobiles Navigationsgerät hat, bietet im Gegenzug 13.500 € plus Klimaanlage und DVD-Wechsler (neues Angebot nach § 150 Abs. 2). V verlangt 13.900 € plus das von K genannte Zubehör (neues Angebot nach § 150 Abs. 2). K ist einverstanden (Annahme).

II. Stellvertretung

1. Einführung

Grundprinzip der Stellvertretung

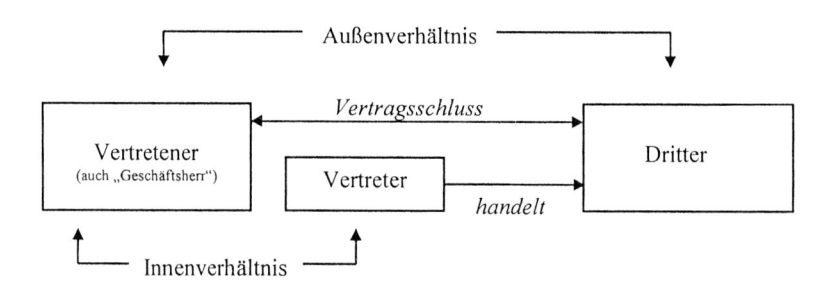

```
                    ┌──── Außenverhältnis ────┐
                    ▼                          ▼
       ┌─────────────────┐   Vertragsschluss   ┌─────────┐
       │   Vertretener   │◄───────────────────►│         │
       │ (auch "Geschäftsherr") │  ┌─────────┐  │ Dritter │
       │                 │  │Vertreter│  │         │
       └─────────────────┘  └─────────┘  └─────────┘
            ▲                 handelt
            │         ▲
            └── Innenverhältnis ──┘
```

Nicht immer kann derjenige, der ein Rechtsgeschäft vornehmen möchte, die dazu notwendige Willenserklärung persönlich abgeben. Es wird dann ein Stellvertreter benötigt. Die Stellvertretung spielt im Wirtschaftsleben eine sehr große Rolle. Der Inhaber eines mittleren oder größeren Unternehmens kann sich nicht um jede Kleinigkeit selbst kümmern. Und die juristischen Personen sind überhaupt nur dadurch handlungsfähig, dass ein Mensch sie im Rechtsverkehr vertritt.

Anders ausgedrückt: Die Stellvertretung hat das Ziel, jemanden zum Berechtigten und Verpflichteten eines Rechtsgeschäfts zu machen, ohne dass dieser persönlich eine Willenserklärung abgeben muss; hierdurch wird es erleichtert, Geschäfte abzuschließen.

Geregelt ist die Stellvertretung in §§ 164 ff.. Die beteiligten Personen heißen im Gesetz „Vertreter" (das ist der Stellvertreter) und „Vertretener". Der Vertretene (im juristischen Sprachgebrauch gelegentlich auch „Geschäftsherr" genannt) ist mit dem in einigen Paragraphen genannten „Vollmachtgeber" identisch, der Stellvertreter mit dem „Bevollmächtigten".

Der Stellvertretung liegen Rechtsverhältnisse zwischen mindestens drei Personen zugrunde, von denen mindestens zwei auf derselben Seite zu finden sind (ein Vertreter, ein Vertretener). Bei komplexen Rechtsbeziehungen dieser Art hat es sich im juristischen Sprachgebrauch eingebürgert, zwischen dem **Innenverhältnis** und dem **Außenverhältnis** zu differenzieren. Das Verhältnis zwischen Vertretenem und Vertreter ist hier das Innenverhältnis, das Verhältnis zwischen Vertretenem und Drittem das Außenverhältnis.

> **Beispiel:**
> Ein weiteres Beispiel, in dem zwischen Innenverhältnis und Außenverhältnis differenziert wird, ist die Gesamtschuld: Mehrere Schuldner schulden einem Gläubiger die gleiche Sache (z.B. Mietvertrag mit mehreren Mietern, die dem Vermieter die Miete schulden). Das Verhältnis der Schuldner untereinander ist das Innenverhältnis, das Verhältnis der Schuldner zum Gläubiger das Außenverhältnis (näher Kap. 11 III).

Die Grundvoraussetzungen der Stellvertretung sind:

- Abgabe einer eigenen Willenserklärung durch den Stellvertreter
- Handeln im Namen des Vertretenen
- Existenz einer Vertretungsmacht

2. Voraussetzungen der Stellvertretung im Einzelnen

a) Abgabe einer eigenen Willenserklärung

Kennzeichnend für die Stellvertretung ist, dass der Stellvertreter eine **eigene** Willenserklärung abgibt. Das erschließt sich ohne weiteres aus dem § 164 Abs. 1 S. 1 („Eine Willenserklärung, die jemand...abgibt..."). Der Vertreter unterscheidet sich damit vom **Boten**, der nur eine fremde Willenserklärung überbringt und keinerlei eigenen Entscheidungsspielraum hat.

> **Beispiele:**
> Der K weist seinen Mitarbeiter M an, 10.000 Blatt Kopierpapier der Marke „Edelweiß" im Namen des K beim Lieferanten V zu bestellen. M ist nur Bote.
>
> M ist im Betrieb des K für den Einkauf von Büromaterial zuständig. Er stellt fest, dass die Vorräte an Kopierpapier fast erschöpft sind und bestellt daher im Namen des K Kopierpapier beim V. M ist Vertreter. Er hat aus eigener Initiative gehandelt.

Stellvertretung und Botschaft stimmen in ihrer Grundausrichtung überein: Die Folgen der Willenserklärung treffen nicht den Handelnden, sondern den Geschäftsherren[22].

> **Beispiele:**
> In den o.g. Beispielen wäre jeweils K Vertragspartner geworden.

---

[22] Die rechtlichen Unterschiede zwischen Botschaft und Stellvertretung gehen zu sehr ins Detail und sollen hier daher nicht näher erörtert werden.

b) Handeln im Namen des Vertretenen

Eine wirksame Stellvertretung setzt voraus, dass der Vertreter seine Erklärung im Namen des Vertretenen abgibt (§ 164 Abs. 1 S. 1). Der Erklärungsempfänger soll wissen, mit wem er es zu tun hat (Verkehrsschutzgedanke). Allerdings muss der Vertreter nicht ausdrücklich im Namen des Vertretenen handeln. Es genügt, wenn sich aus den **Umständen** ergibt, dass der Vertreter im Namen des Vertretenen handelt (§ 164 Abs. 1 S. 2). Entscheidend ist hier, ob der Erklärungsempfänger vernünftigerweise davon ausgehen konnte, dass nicht der Vertreter, sondern der Vertretene Vertragspartner werden soll. Das ist insbesondere bei **unternehmensbezogenen Geschäften** in aller Regel zu bejahen.

> **Beispiel:**
> Beim Ankauf von Büromaterial für die Bezirksregierung handelt der zuständige Mitarbeiter im Namen des Landes, ohne dass er dies ausdrücklich erklären muss. Es ergibt sich eindeutig aus den Umständen, dass nicht er, sondern das Land Vertragspartner werden soll.

Wenn der Wille, für den Vertretenen zu handeln, weder ausdrücklich erklärt wird noch sich aus den Umständen ergibt, wird der Vertreter **selbst Vertragspartner**.

c) Vertretungsmacht

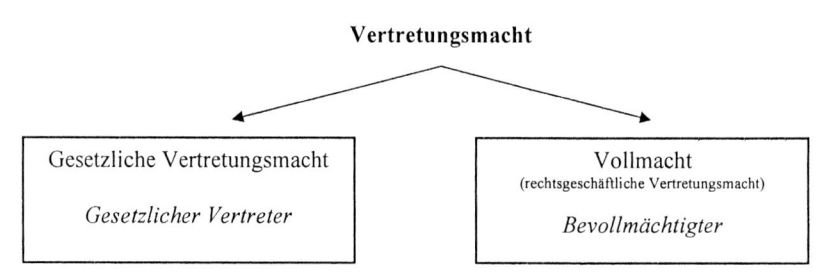

```
                      Vertretungsmacht
                     ↙              ↘
  Gesetzliche Vertretungsmacht      Vollmacht
                                    (rechtsgeschäftliche Vertretungsmacht)
    Gesetzlicher Vertreter          Bevollmächtigter
```

Eine wirksame Vertretung setzt voraus, dass der Vertreter Vertretungsmacht hatte, dass er also befugt war, im Namen des Vertretenen zu handeln.

Die Vertretungsmacht kann kraft Gesetzes bestehen (**gesetzliche Vertretungsmacht**). Der Vertreter wird in solchen Fällen als **gesetzlicher Vertreter** bezeichnet. Gesetzliche Vertreter sind insbesondere:

- Der Geschäftsführer für die GmbH gemäß § 35 Abs. 1 S. 1 GmbHG
- Der Bürgermeister für die Gemeinde (für NRW: § 63 Abs. 1 S. 1 GO)

> **Weitere Beispiele:**
> Der Landrat ist gesetzlicher Vertreter des Landkreises (§ 42 lit. e KrO). Die Eltern sind gesetzliche Vertreter ihrer Kinder.

Vertretungsmacht kann aber auch durch **Rechtsgeschäft** eingeräumt werden. Die rechtsgeschäftliche Vertretungsmacht wird üblicherweise als **Vollmacht** bezeichnet, der Vertreter als **Bevollmächtigter**.

aa) Entstehung und Beendigung

Die **gesetzliche Vertretungsmacht** entsteht durch die **Übernahme einer Funktion**, sie endet entsprechend durch den **Verlust** der Funktion.

> **Beispiele:**
> Mit Einführung in das Amt des Bürgermeisters wird der Wahlsieger gesetzlicher Vertreter der Gemeinde.
>
> Mit Bestellung zum Geschäftsführer wird eine Person gesetzlicher Vertreter der GmbH. Mit seiner Entlassung verliert die Person ihre gesetzliche Vertretungsmacht wieder.

Auch die **Vollmacht** fußt in aller Regel auf der Übernahme einer Funktion, die mit einem Vertragsverhältnis zwischen Vertretenen und Bevollmächtigten einhergeht. Dieses funktionsbezogene Vertragsverhältnis wird **Grundgeschäft** genannt.

> **Beispiele:**
> A wird bei der G GmbH als Verkäufer angestellt Grundgeschäft ist der Arbeitsvertrag zwischen A und der G GmbH. Auf Grundlage dieses Arbeitsvertrags betraut die G GmbH den A mit der Aufgabe, Produkte der G GmbH zu verkaufen. Zu diesem Zweck stattet sie ihn mit einer Vollmacht aus, bestimmte Verträge im Namen der G abzuschließen.
>
> A bevollmächtigt seinen Geschäftspartner G, in seinem Namen einen bestimmten Vertrag auszuhandeln und abzuschließen. Grundgeschäft ist hier ein Auftrag nach § 662.

Die Bevollmächtigung ist ein vom Grundgeschäft unabhängiges **einseitiges Rechtsgeschäft**. Juristisch sind Grundgeschäft und Vollmacht also zwei verschiedene Rechtsverhältnisse. Dadurch wird das Schicksal beider Geschäfte voneinander entkoppelt.

> **Beispiele:**
> Der Arbeitnehmer A tritt am 1.9. seinen Dienst für die Gemeinde G an. G will eine gewisse Zeit abwarten, bis sie A mit einer Vollmacht ausstattet. Da Arbeitsvertrag und Vollmacht unterschiedliche Rechtsgeschäfte sind, ist dies problemlos möglich. Die Erteilung der Vollmacht hat auf den Arbeitsvertrag keinen Einfluss.
>
> Die Gemeinde G überträgt dem A einen neuen Aufgabenbereich und will die Vollmacht widerrufen. Auch dies ist möglich, ohne dass der Arbeitsvertrag selbst modifiziert oder gar gekündigt werden müsste.

Die Vollmacht wird gemäß § 167 Abs. 1 durch Erklärung gegenüber dem zu Bevollmächtigenden oder (was selten vorkommt) gegenüber dem Dritten erteilt, dem gegenüber die Vertretung stattfinden soll. Die Vollmachtserteilung selbst unterliegt keiner besonderen Form. In der Praxis wird sie häufig konkludent erteilt.

Beispiel:
Mitarbeiter M bekommt einen neuen Arbeitsplatz zugewiesen. Er ist in seinem Amt für den Einkauf von Büromaterial zuständig. Er findet schriftliche Einkaufsrichtlinien in seinem Schreibtisch. Diesen entnimmt er, dass ein Sachbearbeiter Bestellungen bis 500 € selbst vornehmen kann. Er kann daher davon ausgehen, dass ihm mit der Zuweisung konkludent eine entsprechende Vollmacht eingeräumt worden ist.

Die Vollmacht ist im Grundsatz jederzeit widerruflich (§ 168, S.2). Auf das Grundgeschäft hat dieser Widerruf keinerlei Einfluss (s. obiges Beispiel). Daneben führt die Beendigung des Grundgeschäfts im Zweifel ebenfalls zum Erlöschen der Vollmacht (§ 168, S.1). Diesbezüglich hängen Grundgeschäft und Vollmacht also rechtlich zusammen.

Beispiele:
Mitarbeiter M wird innerhalb seines Amts auf einen Arbeitsplatz gesetzt, in dem er mit dem Einkauf von Büromaterial nichts mehr zu tun hat. Konkludent ist damit auch seine Vollmacht widerrufen worden.

Die Gemeinde G kündigt den Arbeitsvertrag mit M. Mit Wirksamwerden der Kündigung erlischt im Zweifel auch die dem M eingeräumte Vollmacht, ohne dass G sie gesondert widerrufen muss.

bb) **Umfang**

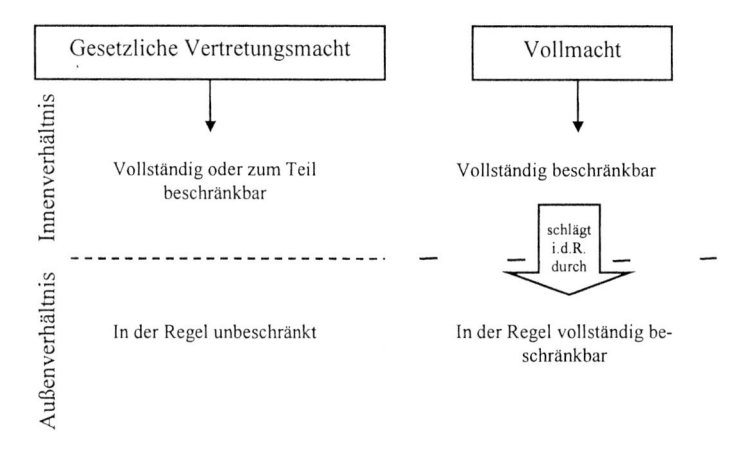

	Gesetzliche Vertretungsmacht	Vollmacht
Innenverhältnis	Vollständig oder zum Teil beschränkbar	Vollständig beschränkbar
		schlägt i.d.R. durch
Außenverhältnis	In der Regel unbeschränkt	In der Regel vollständig beschränkbar

Bei der Bestimmung des Umfangs der Vertretungsmacht ist die Unterscheidung zwischen Innen- und Außenverhältnis von zentraler Bedeutung. Im Innenverhältnis geht es um die Frage, welche Beschränkungen der Vertretungsmacht möglich sind. Das Außenverhältnis betrifft dagegen die Wirksamkeit einer Beschränkung gegenüber den Geschäftspartnern des Vertretenen, die die Beschränkung meist nicht kennen werden. Probleme tauchen immer dann auf, wenn der Vertreter eine Beschränkung missachtet. Der Vertretene hat in solchen Fällen ein Interesse daran, sich auch gegenüber seinen Geschäftspartnern auf die Beschränkung berufen zu können und so eine vertragliche Bindung zu verhindern. Den Geschäftspartnern wird demgegenüber an einer Wirksamkeit des Vertrags gelegen sein.

> **Beispiel:**
> Der Mitarbeiter der Stadt S hat die Befugnis, Bestellungen von Büromaterial bis zu einem Wert von 1.000 € selbst auszulösen. Oberhalb dieses Betrags muss der Vorgesetzte das Material bestellen. Der Mitarbeiter setzt sich über diese Einschränkung hinaus und bestellt übertreuertes Büromaterial im Wert von 5.000 €. Die Stadt S hat ein Interesse daran, dass der Vertrag unwirksam und sie den Kaufpreis in Höhe von 5.000 € nicht bezahlen muss. Der Lieferant hat dagegen ein Interesse an der Wirksamkeit des Vertrags.

Bei der Lösung dieses Interessenkonflikts differenziert die Rechtsordnung zwischen der gesetzlichen Vertretungsmacht und der Vollmacht:

Die **gesetzliche Vertretungsmacht** kann im **Innenverhältnis** je nach konkretem Fall ganz oder zum Teil **beschränkt** werden.

> **Beispiele:**
> Die Gesellschafter (d.h. Inhaber) einer GmbH können die Vertretungsbefugnis des Geschäftsführers im Innenverhältnis beliebig begrenzen. So können sie ihn z.B. anweisen, für Geschäfte oberhalb eines Volumens in Höhe von 50.000 €, 5.000 € oder gar 5 € eine Genehmigung der Gesellschafterversammlung einzuholen.
>
> Der Gemeinderat kann gegenüber dem Bürgermeister Entscheidungsbefugnisse an sich ziehen, muss ihm aber im Grundsatz „Geschäfte der laufenden Verwaltung" belassen. Der Bürgermeister hat gegenüber dem Gemeinderat also eine stärkere Stellung als z.B. der GmbH-Geschäftsführer gegenüber den Gesellschaftern. Die starke Stellung des Bürgermeisters ist u.a. damit zu erklären, dass er wie der Gemeinderat durch eine Direktwahl demokratisch legitimiert ist.

Im **Außenverhältnis** ist die gesetzliche Vertretungsmacht dagegen im Regelfall **umfassend**. Das bedeutet, dass der gesetzliche Vertreter jedes beliebige Rechtsgeschäft im Namen des Vertretenen vornehmen kann und dass Beschränkungen keine Wirkung haben. Dies dient dem **Schutz des Rechtsverkehrs**. Gesetzliche Vertreter sind die obersten Führungskräfte einer juristischen Person. Bei ihnen muss sich der Rechtsverkehr darauf verlassen können, dass sie innerhalb ihrer Kompetenzen handeln und ihre Erklärungen wirksam sind. Überschreitet der Vertreter interne Beschränkungen, ist das Geschäft daher gleichwohl **wirksam**. Er verletzt aber dadurch die ihm gegenüber dem Vertretenen obliegenden Pflichten und macht sich dadurch ggf. **schadensersatzpflichtig**.

> **Beispiel (in Anknüpfung an vorheriges Beispiel):**
> Der Geschäftsführer der GmbH benötigt für Geschäfte über 50.000 € eine Genehmigung der Gesellschafter. Er schließt dennoch einen Vertrag mit einem Volumen von 200.000 €. Die GmbH ist an den Vertrag gebunden. Entsteht ihr durch diese Bindung ein Schaden, kann sie diesen vom Geschäftsführer ersetzt verlangen.

Umfang, Reichweite und Dauer einer **Vollmacht** sind im **Innenverhältnis** individuell **bestimmbar**. Eine Vollmacht kann sich auf ein einzelnes Geschäft beziehen.

> **Beispiel:**
> Der Bürgermeister der Stadt S bevollmächtigt den Rechtsanwalt R, einen bestimmten Mietvertrag auszuhandeln und im Namen der Stadt S abzuschließen.

Möglich ist eine Beschränkung auf eine bestimmte Art von Geschäften oder ein zeitliche Befristung.

> **Beispiel:**
> Der Bürgermeister der Stadt S bevollmächtigt den für Materialbeschaffung zuständigen Arbeitnehmer A, Verträge über Büromaterial im Namen der Stadt S abzuschließen.

Eine Vollmacht kann natürlich auch umfassend sein.

> **Beispiel:**
> Der gebrechliche A erteilt seinem Sohn eine „Generalvollmacht".

Anders als bei der gesetzlichen Vertretungsmacht **schlägt** die individuelle **Gestaltung der Vollmacht** im Innenverhältnis grundsätzlich **auf das Außenverhältnis durch**. Die Erteilung einer gewöhnlichen Vollmacht soll für den Vertretenen nicht zum unkalkulierbaren Risiko werden. Die Vollmacht soll ein flexibles Instrument in den Händen des Vertretenen sein und seine Bereitschaft zur Delegation von Verantwortung auf nachgeordnete Mitarbeiter fördern. Gegenüber diesen Überlegungen muss der Schutz des Rechtsverkehrs grundsätzlich zurücktreten[23].

> **Beispiele (in Anknüpfung an vorherige Beispiele):**
> Der Arbeitnehmer A der Stadt S schließt ohne Unterschrift seines Abteilungsleiters mit X einen Vertrag über 6.000 €. Er handelt als Vertreter ohne Vertretungsmacht (zu den Folgen sogleich mehr). X muss die Beschränkung der Vertretungsmacht gegen sich gelten lassen.
>
> Der Rechtsanwalt R ist vom Bürgermeister beauftragt worden, einen Mietvertrag abzuschließen. R hält sich nicht an diese Vorgabe und schließt mit X einen Leasingvertrag ab. R handelt als Vertreter ohne Vertretungsmacht.

Dieser Unterschied zwischen gesetzlicher Vertretungsmacht und Vollmacht ist damit zu erklären, dass im Geschäftsverkehr viel mehr Bevollmächtigte als gesetzliche Vertreter agieren. Einem Vertretenen kann zugemutet werden, seine obersten Führungskräfte sorgfältig auszuwählen und für deren Fehlverhalten einzustehen. Für die in der Regel deutlich größere Zahl an nachgeordneten Bevollmächtigten gilt dies dagegen nicht.

> **Beispiel:**
> Gesetzliche Vertreter einer Gemeinde sind nur der (Ober)bürgermeister und die Beigeordneten. Eine Großstadt wird daneben ggf. noch hunderte von anderen Bevollmächtigten haben, die auf ihren Aufgabenbereich zugeschnittene Vollmachten besitzen.

---

[23] Eine Ausnahme gilt nach ständiger Rechtsprechung dann, wenn der Vertretene die Kompetenzüberschreitungen des Vertreters duldet (Duldungsvollmacht) oder aus Fahrlässigkeit übersieht (Anscheinsvollmacht). Dies soll hier jedoch nicht vertieft werden.

cc) Mehrere Vertreter

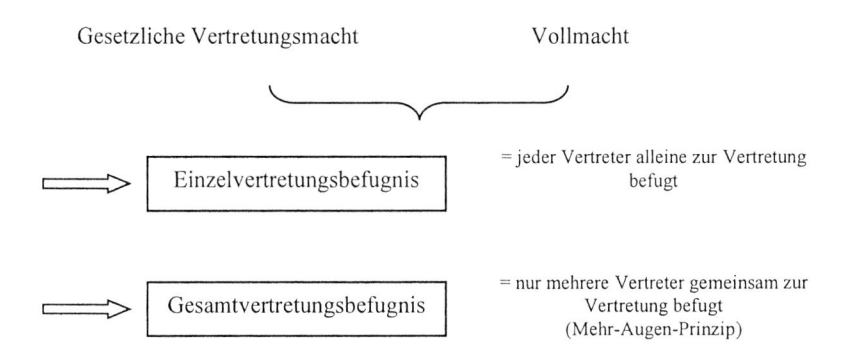

```
        Gesetzliche Vertretungsmacht        Vollmacht
        _____/
                          |

    ⇒  [ Einzelvertretungsbefugnis ]     = jeder Vertreter alleine zur Vertretung
                                           befugt


    ⇒  [ Gesamtvertretungsbefugnis ]    = nur mehrere Vertreter gemeinsam zur
                                           Vertretung befugt
                                           (Mehr-Augen-Prinzip)
```

Wenn mehrere Vertreter existieren, muss geklärt werden, ob jeder Vertreter den Vertretenen alleine vertreten kann (**Einzelvertretungsbefugnis**) oder ob alle im Sinne des **Mehr-Augen-Prinzips** für eine wirksame Vertretung zusammenwirken müssen (**Gesamtvertretungsbefugnis**). Bei der gesetzlichen Vertretung wird dies durch das Gesetz vorgegeben.

Beispiele:
Das Gesetz versieht mehrere Geschäftsführer einer GmbH mit einer Gesamtvertretungsbefugnis (§ 35 Abs. 2 S. 2 GmbHG).

Neben dem Bürgermeister sind auch die Beigeordneten gesetzliche Vertreter der Gemeinde (§ 63 Abs. 1 S. GO für den Bürgermeister und § 68 Abs. 2 GO für die Beigeordneten, der allerdings missverständlich davon spricht, sie seien Vertreter des Bürgermeisters). Beide Normen enthalten keine Hinweise auf Gesamtvertretungsbefugnis. Im Umkehrschluss wird daraus gefolgert, dass Bürgermeister und Beigeordnete Einzelvertretungsbefugnis besitzen.

Manchmal sieht das Gesetz vor, dass der Vertretene die Gesamtvertretungsbefugnis in eine Einzelvertretungsbefugnis umwandeln kann.

Beispiel:
Bei der GmbH kann im Gesellschaftsvertrag bestimmt werden, dass die Geschäftsführer einzelvertretungsbefugt sind. Dies folgt im Umkehrschluss aus § 35 Abs. 2 S. 2 GmbHG („Ist nichts darüber bestimmt..."). In der Praxis ist dies sehr häufig.

Bei der Vollmacht bestimmt der Vertretene, ob der Bevollmächtigte Einzel- oder Gesamtvertretungsbefugnis haben soll. In der Praxis ist insbesondere bei wichtigen Geschäften Gesamtvertretungsbefugnis sehr häufig.

Beispiel (in Anknüpfung an vorheriges Beispiel):
Der Arbeitnehmer A der Stadt S kann Verträge bis zu einem Volumen von 5.000 € selbst abschließen. Bei einem darüber hinaus gehenden Volumen benötigt er die Unterschrift seines Abteilungsleiters. A hat bis 5.000 € Einzelvertretungsbefugnis, darüber Gesamtvertretungsbefugnis.

dd) Delegation durch Untervollmacht

Der gesetzliche Vertreter kann selbst Personen bevollmächtigen und seine Vertretungsaufgabe so delegieren. Im Außenverhältnis ist diese sog. Untervollmacht auf jeden Fall wirksam. Ob sie auch im Innenverhältnis gestattet war, bestimmt sich nach den Absprachen zwischen Vertreter und Vertretenem. Auch der Bevollmächtigte kann eine Untervollmacht erteilen, wenn seine eigene Vollmacht dies gestattet. Die Untervollmacht ist gerade bei größeren juristischen Personen praktisch sehr bedeutsam.

> **Beispiele:**
> Eine Aktiengesellschaft hat zwei Vorstandsmitglieder und 3.000 Angestellte, von denen 1.000 vom Vorstand bevollmächtigt worden sind, für die Aktiengesellschaft Verträge abzuschließen. Die zwei Vorstandsmitglieder sind gesetzliche Vertreter, die 1.000 Mitarbeiter sind allesamt Unterbevollmächtigte. Wenn einer dieser Mitarbeiter einen anderen Mitarbeiter bittet, ihn kurzfristig zu vertreten, erteilt er seinerseits eine Untervollmacht.
>
> Ein zur Gesamtvertretung berechtigter Stellvertreter kann seine Mitentscheidungsbefugnisse durch Untervollmacht aufgeben. So können sich die zwei Geschäftsführer einer GmbH darauf einigen, dass jeder Geschäftsführer bei der Vertretung der GmbH auch für den anderen handeln darf. Wenn ein Geschäftsführer so tätig wird, handelt er als gesetzlicher Vertreter der GmbH und gleichzeitig als Unterbevollmächtigter des anderen Geschäftsführers.

Die Untervollmacht ist eine ganz gewöhnliche Vollmacht ohne Besonderheiten. Insbesondere ist der Unterbevollmächtigte Vertreter des Vertretenen (und nicht etwa desjenigen, der die Untervollmacht erteilt hat).

> **Beispiel:**
> Der Geschäftsführer einer GmbH betraut den Mitarbeiter M mit dem Einkauf und erteilt ihm die Vollmacht, alle hierzu nötigen Verträge abzuschließen. Wenn M einen Vertrag abschließt, darf er nicht im Namen des Geschäftsführers handeln, sondern muss im Namen der GmbH handeln. Aus dem Vertrag wird dann die GmbH direkt berechtigt und verpflichtet. Der Geschäftsführer hat mit dem Vertrag nichts zu tun.

3. Folgen wirksamer Stellvertretung

Liegen die Voraussetzungen der Stellvertretung vor, so ist ausschließlich der **Vertretene** aus dem vom Vertreter abgeschlossenen Geschäft **berechtigt** und **verpflichtet**. Der Vertretene steht genauso da, als hätte er die Willenserklärung selbst abgegeben und nicht bloß sein Stellvertreter.

Für den Vertreter hat das Geschäft keine unmittelbaren Rechtsfolgen. Die Vertretung kann aber eventuell auf das Grundgeschäft zwischen Vertretenem und Vertreter einwirken und so auf diesem Weg auch Konsequenzen für den Vertreter haben.

> **Beispiele:**
> Der Vertreter erwirbt Anspruch auf eine Provision.
>
> Der Vertreter hat sich gegenüber dem Vertretenen schadensersatzpflichtig gemacht, weil der Abschluss für den Vertretenen sehr ungünstig war.

4. Folgen fehlender Vertretungsmacht

a) Vorliegen einer Vertretung ohne Vertretungsmacht

Eine Vertretung ohne Vertretungsmacht liegt zum einen dann vor, wenn der Vertreter überhaupt keine Vertretungsmacht hat. Sie ist aber auch dann gegeben, wenn der Vertreter seine Vertretungsmacht **überschreitet**.

> **Beispiel:**
> Der Unternehmer U beauftragt seinen Arbeitnehmer A, in seinem Namen ein Notebook bis zum Preis von 900 € zu kaufen. A kauft ein Notebook für 1.000 €.

Wenn nur ein **Gesamtvertreter** bzw. nicht die nötige Zahl an Gesamtvertretern handelt, liegt ebenfalls Vertretung ohne Vertretungsmacht vor.

> **Beispiel:**
> Die M GmbH verfügt über drei Geschäftsführer. Der Gesellschaftsvertrag sieht vor, dass die Geschäftsführer über Einzelvertretungsbefugnis verfügen, dass aber für Grundstücksgeschäfte die gesetzliche Vertretungsregel und damit gemäß § 35 Abs. 2 S. 2 GmbHG Gesamtvertretung gelten soll. Wenn nur zwei Geschäftsführer ein Grundstücksgeschäft abschließen, handeln sie als Vertreter ohne Vertretungsmacht.

b) Genehmigung des Vertrags durch den Vertretenen

Nach § 177 Abs. 1 kann der Vertretene den ohne Vertretungsmacht geschlossenen Vertrag genehmigen. Die Genehmigung ist eine **empfangsbedürftige Willenserklärung**. Sie kann sowohl gegenüber dem Vertreter wie auch gegenüber dem Vertragspartner abgegeben werden (§ 182 Abs. 1).

Der Vertrag zwischen dem Vertretenen und dem Vertragspartner ist bis zur Genehmigung durch den Vertretenen **schwebend unwirksam.** Es steht eben noch nicht fest, ob der Vertrag wirksam sein wird oder nicht. Wirksam kann er nur durch die Genehmigung werden. Wird die **Genehmigung** erteilt, **wirkt** sie auf den Zeitpunkt des Vertragsschlusses **zurück** (§ 184 Abs. 1). Das bedeutet, dass der Vertrag dann von Anfang an wirksam ist. Wird sie verweigert, ist der Vertrag **von Anfang an unwirksam.**

c) Haftung des Vertreters ohne Vertretungsmacht

Genehmigt der Vertretene nicht, so haben er und der Vertragspartner gegeneinander keine Rechte und Pflichten. Dafür haftet der Vertreter dem Vertragspartner aus § 179.

Der Vertragspartner kann sich gemäß § 179 Abs. 1 aussuchen, ob er von dem Vertreter ohne Vertretungsmacht Erfüllung des geschlossenen Vertrags oder Schadensersatz wegen Nichterfüllung verlangen will.

Verlangt der Geschäftspartner **Erfüllung**, so hat der Vertreter im Wesentlichen die Rechte und Pflichten einer Vertragspartei. Praktisch ist die Lage dann die gleiche, als wenn der Vertreter den Vertrag im eigenen Namen abgeschlossen hätte.

Beispiel:
Der Arbeitnehmer A hat im Namen der Gemeinde G ohne Vertretungsmacht ein Notebook gekauft, G hat die Genehmigung des Geschäfts verweigert. Der Vertragspartner verlangt die Erfüllung. A muss den Kaufpreis nun selbst zahlen. Er kann im Gegenzug die Lieferung des Notebooks verlangen.

Verlangt der Vertragspartner Schadensersatz, so muss der Vertreter den Vertragspartner wirtschaftlich so stellen, als hätte der Vertretene den Vertrag erfüllt. Diese Form des Schadensersatzes wird als **Schadensersatz wegen Nichterfüllung** bezeichnet, der zu ersetzende Schaden ist der sog. **Erfüllungsschaden**.

Beispiel:
Im obigen Beispiel hätte der Vertragspartner mit dem Notebook einen Gewinn von 300 € gemacht. Er verlangt von A Schadensersatz. A muss ihm nicht den gesamten Kaufpreis, sondern nur 300 € zahlen. Auf das Notebook hat er keinen Anspruch. Wirtschaftlich steht der Vertragspartner durch die Zahlung der Gewinnmarge genauso da, als hätte er der G das Notebook verkauft.

Wusste der Vertreter allerdings nichts vom Fehlen der Vertretungsmacht, so haftet er nicht aus § 179 Abs. 1. Stattdessen muss er dem Vertragspartner gemäß § 179 Abs. 2 nur den entstandenen **Vertrauensschaden** ersetzen. Das heißt: Der Vertreter muss den Vertragspartner so stellen, wie dieser wirtschaftlich stünde, wenn der Vertrag nie zustande gekommen wäre. Die Uhr wird also gewissermaßen zurückgedreht. Vertrauensschaden sind vor allem die aufgewendeten Kosten und die Nachteile, die sich daraus ergeben, dass der Vertragspartner ein mögliches anderes Geschäft nicht abgeschlossen hat.

Beispiele für Vertrauensschaden:
M schließt im Namen des K mit V einen Grundstückskaufvertrag. Hierfür sind dem V Notar- und Fahrtkosten entstanden. Später stellt sich heraus, dass M unwissentlich als Vertreter ohne Vertretungsmacht gehandelt hat. Genehmigt K den Vertrag nicht, muss M dem V diese Kosten ersetzen.

M schließt im Namen des K mit V einen Kaufvertrag über ein Grundstück für 200.000 €. Später stellt sich heraus, dass M unwissentlich als Vertreter ohne Vertretungsmacht gehandelt hat. K genehmigt den Vertrag nicht, weil die Immobilienpreise in der Zwischenzeit gesunken sind. V kann nachweisen, dass er zum Zeitpunkt des Vertragsschlusses noch andere Interessenten an der Hand hatte, die das Grundstück für mindestens 190.000 € gekauft hätten. Nunmehr kann V nur noch einen Erlös von 180.000 € erzielen. M muss dem V die Differenz von 190.000 € ./. 180.000 € = 10.000 € ersetzen.

Kein Vertrauensschaden ist die Tatsache, dass dem Vertragspartner durch die verweigerte Genehmigung ein Gewinn entgeht. Durch den § 179 Abs. 2 soll er so gestellt werden, als wäre es nie zum dem Vertragsschluss gekommen. Ohne Vertragsschluss hätte es aus dem Vertrag auch keinen Gewinn gegeben.

Beispiel:
M schließt im Namen des LN mit der Leasinggesellschaft LG einen Leasingvertrag über Fahrzeuge. Die Gewinnmarge aus diesem Geschäft beträgt für LG 20.000 €. Später stellt sich heraus, dass M unwissentlich als Vertreter ohne Vertretungsmacht gehandelt hat. Genehmigt LN den Vertrag nicht, kann LG von M nicht Ersatz der Gewinnmarge in Höhe von 20.000 € verlangen. Denn ohne Vertragsschluss hätte LG diesen Gewinn auch nicht gemacht.

Entgeht dem Vertragspartner dagegen ein Gewinn aus einem anderen Geschäft, ist dieser entgangene Gewinn im Rahmen des § 179 Abs. 2 zu ersetzen, wenn die Gewinnchance infolge der Vertretung ohne Vertretungsmacht nicht mehr besteht.

Beispiel:
M mietet in Namen der Gemeinde G bei V einen Saal für 2.000 € an, um am 12.9. eine Veranstaltung durchzuführen. 4 Tage vor dem Termin stellt sich heraus, dass M unwissentlich als Vertreter ohne Vertretungsmacht gehandelt hat. G genehmigt den Vertrag nicht. V hätte Anfang September den Saal am 12.9. für 2.000 € an X vermieten können. 4 Tage vorher bleibt ihm diese Möglichkeit nun versagt. Am 12.9. steht der Saal leer. Die 2.000 € entgangene Miete sind ersatzfähiger Vertrauensschaden. Wäre der Vertrag mit G niemals zustande gekommen, hätte V den Raum an X für 2.000 € vermieten können.

Der Anspruch aus § 179 Abs. 2 geht allerdings „nicht über den Betrag des Interesses hinaus, welches der andere...an der Gültigkeit der Erklärung hat." Damit sind die wirtschaftlichen Vorteile gemeint, die der Vertragspartner des Anfechtenden bei Gültigkeit des Vertrags gehabt hätte (sog. **Erfüllungsinteresse**). Der Grund für diese **Begrenzung** des Schadensersatzes auf das Erfüllungsinteresse liegt darin, dass der Vertragspartner nicht besser gestellt werden soll, als er bei Gültigkeit des angefochtenen Vertrags stünde.

Beispiel (in Anknüpfung an voriges Beispiel):
V hätte den Raum an X für 2.100 € vermieten können. Der Vertrauensschaden beträgt mithin 2.100 €. Hätte M allerdings mit Vertretungsmacht gehandelt, hätte V nur 2.000 € eingenommen. Auf dieses Erfüllungsinteresse wird der Anspruch des V begrenzt, er kann mithin nur 2.000 € verlangen. Würde man ihm 2.100 € gewähren, stände er besser da als ohne Anfechtung. Diese Privilegierung ist nicht sachgerecht.

Die Haftung des Vertretenen entfällt, wenn der Dritte die fehlende Vertretungsmacht kannte oder kennen musste (§ 179 Abs. 3 S. 1). Dann verdient er keinen Schutz. Ein Kennenmüssen liegt vor, wenn die Unkenntnis auf Fahrlässigkeit beruht (Legaldefinition des § 122 Abs. 2).

Beispiel:
Der städtische Mitarbeiter M hat nur die Befugnis, Verträge bis zu einem Volumen von 5.000 € abzuschließen. Da sich ihm eine sehr günstige Geschäftsmöglichkeit bietet, schließt er mit einem Lieferanten einen Vertrag mit einem Volumen von 6.000 €. Er teilt dem Lieferanten vorab mit, dass dieser Vertrag noch genehmigt werden müsse, weil er außerhalb seines Kompetenzrahmens liegt. Die Genehmigung werde aber „reine Formsache" sein. Der Lieferant ist damit einverstanden. Wird die Genehmigung verweigert, hat der Lieferant keine Ansprüche gegen M.

III. Form

Willenserklärungen bedürfen in der Regel keiner besonderen Form. Da Rechtsgeschäfte und insbesondere Verträge aus Willenserklärungen bestehen, lässt sich als Grundsatz somit festhalten: **Rechtsgeschäfte** und damit auch **Verträge** sind **formfrei**. Das bedeutet insbesondere, dass Rechtsgeschäfte und Verträge durch **mündliche Erklärung** begründet werden können. Der Erklärende muss aber noch nicht einmal etwas sagen. Es genügt vielmehr auch **schlüssiges** („**konkludentes**") **Verhalten**.

> **Beispiele:**
> Bejahendes Kopfnicken
>
> Der Mieter M schließt ein Elektrogerät in seiner neuen Wohnung an. Er schließt damit automatisch einen Vertrag mit dem örtlichen Stromversorgungsunternehmen.

Manchmal schreibt das Gesetz allerdings eine bestimmte Form vor. In erster Linie ist dies die **Schriftform**. Sie wird auch in Verträgen häufig als notwendige Form vereinbart, insbesondere für Vertragsänderungen und Kündigungen.

> **Beispiele:**
> Ein Bürgschaftsvertrag bedarf der Schriftform (§ 766 S. 1).
>
> Die Kündigung eines Arbeitsvertrags bedarf der Schriftform (§ 623).
>
> Die Allgemeinen Geschäftsbedingungen eines großen Unternehmens sehen vor, dass „sämtliche Änderungen, Ergänzungen und nachträglichen Absprachen" schriftlich erfolgen müssen.

In einigen Fällen sieht das Gesetz auch eine **notarielle Beurkundung** vor. Das bedeutet, dass der Vertrag vor dem Notar geschlossen werden muss.

> **Beispiel:**
> Der Grundstückskaufvertrag bedarf der notariellen Beurkundung (§ 311b Abs. 1 S.1).

Wird die gesetzlich vorgeschriebene Form nicht eingehalten, ist das Rechtsgeschäft bzw. der Vertrag nichtig. Manchmal geht dies schon aus der Formvorschrift selbst hervor.

> **Beispiele:**
> „Zur Gültigkeit des Bürgschaftsvertrags ist schriftliche Erteilung der Bürgschaftserklärung erforderlich" (§ 766, S. 1).
>
> „Die Beendigung von Arbeitsverhältnissen durch Kündigung oder Auflösungsvertrag bedürfen zu ihrer Wirksamkeit der Schriftform" (§ 623).

Für die übrigen Fälle stellt § 125 S. 1 dies klar.

> **Beispiel:**
> Der Grundstückskaufvertrag bedarf nach § 311b Abs. 1 S. 1 der notariellen Beurkundung. Wird der Vertrag z.B. nur mündlich geschlossen, ist er nach § 125 S. 1 nichtig.

Ein Sonderfall findet sich in § **64 GO** des Landes NRW. § 64 Abs. 1 S. 1 GO regelt, dass Geschäfte, durch die die **Gemeinde verpflichtet** werden soll, der **Schriftform** bedürfen. Hiervon **ausgenommen** sind nur **Geschäfte der laufenden Verwaltung** (§ 64 Abs. 2 GO). Darunter versteht man in der konkreten Verwaltung häufiger vorkommende Geschäfte ohne herausgehobene wirtschaftliche Bedeutung.

Beispiel:
Die Kommune K bestellt über eine elektronische Handelsplattform Bürobedarf im Gegenwert von 150 €. Es handelt sich um ein Geschäft der laufenden Verwaltung, das keiner Schriftform bedarf.

Gemäß § 64 Abs. 4 GO binden Geschäfte, die dem Schriftformerfordernis nicht genügen, die Gemeinde nicht. Die vom Gesetzgeber gewählte Formulierung („...binden...nicht.") vermittelt den Eindruck, dass das Rechtsgeschäft in einem solchen Fall nichtig ist. Der BGH vertritt aber die Auffassung, dass das Land NRW zum Erlass einer zivilrechtlichen Formvorschrift gar nicht befugt sein, weil dieser Bereich abschließend im BGB geregelt sei und damit der Gesetzgebungskompetenz des Bundes unterliege (Art. 72 Abs. 1, 74 Abs. 1 Nr. 1 GG). Daher legt der BGH § 64 GO nicht als Formvorschrift, sondern als **Vertretungsregel** aus: § 64 vermittelt nach dieser Sichtweise Vertretungsmacht nur für den Fall, dass der Vertreter der Gemeinde die Schriftform wahrt. Mit dem Wortlaut der Norm lässt sich diese Interpretation kaum vereinbaren. Sie vermeidet jedoch, dass § 64 GO wegen mangelnder Gesetzgebungskompetenz des Landes als nichtig qualifiziert werden muss. Im Ergebnis bedeutet das, dass der Vertreter der Gemeinde bei Missachtung des Schriftformerfordernisses aus § 64 als **Vertreter ohne Vertretungsmacht** handelt. Die Folge ist, dass das Geschäft schwebend unwirksam ist, von der Gemeinde also noch nach § 177 genehmigt werden kann. Ein formnichtiges Geschäft kann dagegen durch nachträgliche Genehmigung nicht geheilt werden.

Übungsfälle:

Fall 1 (Vertragsschluss durch Angebot und Annahme)

Sachverhalt:

Die Möbelhändlerin Vehse übersendet der Gemeine Goderberg auf Anfrage am 5.9. ein Angebot zum Verkauf einer kompletten Büroeinrichtung zum Preis von „3.000 € zuzüglich Mehrwertsteuer". Am 9.9. antwortet die Gemeinde per E-Mail: „Wir wollen die Büroeinrichtung haben, allerdings für 3.000 € inklusive Mehrwertsteuer. Als Liefertermin schlagen wir den 13.9. vor". Vehse sendet noch am gleichen Tag eine E-Mail mit folgendem Inhalt an die Gemeinde: „Ich bestätige den Termin und bedauere gleichzeitig, Ihnen mitteilen zu müssen, dass ich Ihnen preislich nicht entgegenkommen kann". Die Gemeinde reagiert auf die E-Mail nicht. Kann Vehse, die am 13.9. mit der Büroeinrichtung bei der Gemeinde vorspricht, von ihr aus § 433 Abs. 2 Zahlung von 3.000 € zuzüglich oder wenigstens inklusive Umsatzsteuer (Fachausdruck für die „Mehrwertsteuer") verlangen?

Lösungsvorschlag:

Vehse könnte aus § 433 Abs. 2 den Kaufpreis verlangen. Dabei soll zunächst offen bleiben, ob dieser 3.000 € inklusive oder zuzüglich Umsatzsteuer beträgt.

Hierzu müsste ein gültiger Kaufvertrag vorliegen. Ein gültiger Vertrag setzt Angebot und Annahme voraus.

Das Angebotsschreiben der Vehse vom 5.9. ist als verbindliches Angebot zu deuten.

Fraglich ist, ob die Gemeinde dieses Angebot angenommen hat. Eine Annahme setzt voraus, dass der Erklärende das Angebot uneingeschränkt akzeptiert. Eine mit einer Änderung einhergehende Annahme gilt gemäß § 150 Abs. 2 als neues Angebot. Im vorliegenden Fall hat die Gemeinde einen anderen Preis (ohne statt mit Mehrwertsteuer) als V genannt und das Angebot der V somit modifiziert. Ihre Antwort ist daher als neues Angebot zu werten.

Vehse hat dieses Angebot nicht angenommen, da sie es nicht uneingeschränkt akzeptiert. Sie hat der Gemeinde erklärt, dass sie ihr preislich nicht entgegenkommen könne. Sie hat abweichend von dem neuen Angebot des K darauf beharrt, dass sich die 3.000 € zuzüglich Mehrwertsteuer verstehen. Dies ist wiederum als neues Angebot nach § 150 Abs. 2 zu werten.

Die Gemeinde hat dieses Angebot nicht angenommen. Sie hat nicht mehr reagiert. Bloßes Schweigen gilt nicht als Annahme.

Es ist somit kein Vertrag zustande gekommen. Ein Anspruch besteht nicht.

Fall 2 (Stellvertretung)

Sachverhalt:

Die Gemeinde Goderberg hat der Ihse GmbH Büroräume vermietet. Der Mietvertrag hat eine Dauer von fünf Jahren und ist vor seinem Ablauf nicht kündbar. Vorzeitige Vertragsauflösungen kann nur die Leiterin der zuständigen Abteilung bei der Gemeinde veranlassen, was auch allen ihren Mitarbeiterinnen bekannt ist. Am 4. April, ca. ein Jahr nach Vertragsschluss, ruft der Geschäftsführer der Ihse GmbH Ingo Ihse den bei der Gemeinde Goderberg zuständigen Mitarbeiter Meckel an und erklärt ihm Folgendes: Die Ihse GmbH stecke in erheblichen finanziellen Schwierigkeiten. Wenn nicht sofort etwas geschehe, sei sie aus gesetzlichen Gründen verpflichtet, spätestens am 6. April einen Antrag auf Eröffnung des Insolvenzverfahrens zu stellen. Nunmehr habe sich der Kaufmann Keller bereit erklärt, sich an der Ihse GmbH zu beteiligen und ihr frisches Kapital in Höhe von 100.000 € zuzuführen. Das würde die Ihse GmbH retten. Allerdings mache Keller seine Beteiligung davon abhängig, dass die Ihse GmbH den Mietvertrag mit Goderberg zum 1. Juni auflöse und ihre Geschäftsräume in einem dem Keller gehörenden Gebäude beziehe. Meckel müsse daher sofort einer Vertragsauflösung zustimmen, wenn er nicht für die Insolvenz der Ihse GmbH und für den daraus folgenden Verlust von 20 Arbeitsplätzen verantwortlich sein wolle. Derart bedrängt stimmt Meckel einer sofortigen Vertragsauflösung zu. Allerdings teilt er dem Ihse auch mit, dass er an sich nicht befugt sei, vorzeitigen Vertragsauflösungen zuzustimmen. Eine endgültige Entscheidung werde nur seine Abteilungsleiterin treffen können, die aber bis Ende der kommenden Woche nicht da sei. Meckel legt seiner Abteilungsleiterin den Vorgang nach ihrer Rückkehr vor. Sie lehnt das Ansinnen der Ihse GmbH ab, weil sie nicht will, dass dieses Beispiel Schule macht.

1. Ist der Mietvertrag zwischen der Ihse GmbH und der Gemeinde Goderberg aufgelöst?

2. Falls die 1. Frage verneint wird: Haftet Meckel der Ihse GmbH für die wirtschaftlichen Schäden, die aus der Weitergeltung des Vertrags folgen?

Lösungsvorschlag:

1.
Voraussetzung für die Auflösung des Mietvertrags ist ein wirksamer Auflösungsvertrag zwischen der Ihse GmbH und der Gemeinde Goderberg. Ein solcher setzt Angebot und Annahme voraus.

Ein auf Auflösung des Mietvertrags gerichtetes wirksames Angebot der Ihse GmbH liegt vor. Ihse hat Meckel um Auflösung des Vertrags zum 1.6. gebeten. Als Geschäftsführer der Ihse GmbH ist er gemäß § 35 Abs. 1 S. 1 GmbHG ihr gesetzlicher Vertreter und hat sie in dieser Eigenschaft wirksam vertreten.

Fraglich ist allerdings, ob eine wirksame Annahme vorliegt. Zwar hat Meckel dem Ansinnen des Ihse zugestimmt. Die Wirksamkeit dieser Annahme setzt aber eine wirksame Vertretung der Gemeinde Goderberg nach § 164 Abs. 1 S. 1 voraus. Meckel war als Sachbearbeiter nicht befugt, vorzeitigen Vertragsauflösungen zuzustimmen. Hierfür ist vielmehr seine Abteilungsleiterin zuständig. Meckel handelte bei seiner Zustimmung somit als Vertreter ohne Vertretungsmacht. Die Gemeinde Goderberg hat den Vertrag auch nicht nachträglich nach § 177 Abs. 1 genehmigt. Die Abteilungsleiterin hat das Ansinnen der Ihse GmbH abgelehnt, weil sie nicht will, dass das Beispiel Schule macht.

Der Auflösungsvertrag bindet die Gemeinde nicht und ist damit unwirksam. Der Mietvertrag ist nicht aufgelöst.

2.
Es kommt eine Haftung des Meckel aus § 179 Abs. 1 in Betracht. Vorliegend scheitert die Haftung aber an § 179 Abs. 3 S. 1. Die Ihse GmbH wusste, dass Meckel keine Vertretungsmacht hatte. Meckel hatte dem Ihse mitgeteilt, dass er an sich nicht befugt sei, der Vertragsauflösung zuzustimmen, und dass die endgültige Entscheidung bei der Abteilungsleiterin liege[24].

---

[24] Das Wissen des Ihse wird der Ihse GmbH gemäß § 166 Abs. 1 BGB zugerechnet.

Kapitel 3: Inhalt von Verträgen

Der Inhalt von Verträgen bestimmt sich zunächst einmal nach dem Vertrag selbst (Grundsatz der Vertragsfreiheit). Eine gesetzliche Vorschrift kommt also nur zum Zuge, wenn sie zwingend ist oder wenn eine vertragliche Regelung fehlt. Gesetzliche Vorschriften, die den Inhalt von Verträgen betreffen, finden sich in erster Linie im 2. Buch des BGB, dem Schuldrecht. Die hierzu existierenden Regeln sind allerdings über das 2. Buch im Allgemeinen und Besonderen Schuldrecht verstreut.

I. Allgemeines

Die nachfolgenden Vorschriften gelten im Grundsatz für alle Vertragstypen. Sie sind dem Allgemeinen Schuldrecht zuzuordnen.

1. Haupt- und Nebenpflichten

Die auf dem Schuldverhältnis beruhenden Pflichten lassen sich in Haupt- und Nebenpflichten unterteilen.

a) Hauptpflichten

Hauptpflichten sind die Pflichten, die dem Schuldverhältnis ihren Charakter geben.

> **Beispiele:**
> Hauptpflichten beim Kaufvertrag sind die Zahlung des Kaufpreises und die Lieferung des Kaufgegenstands.
>
> Hauptpflichten beim Mietvertrag sind die Zahlung der Miete und die Überlassung der Mietsache zur Nutzung.
>
> Hauptpflichten beim Arbeitsvertrag sind die Gehaltszahlung und die Arbeitsleistung.

b) Nebenpflichten

Nebenpflichten haben die Funktion, die Beteiligten eines Schuldverhältnisses anzuhalten, bei der Abwicklung des Schuldverhältnisses in angemessener Weise auf die berechtigten Interessen des/der jeweils anderen Rücksicht zu nehmen. Eine rein formalistische Betrachtungsweise ist unserer Rechtsordnung fremd.

> **Beispiel:**
> Es wäre falsch zu sagen, dass der Verkäufer mit der Lieferung der (funktionierenden) Kaufsache alle seine Pflichten auf jeden Fall erfüllt hätte.

Denn das Ziel ist es immer, die widerstreitenden Interessen der Betroffenen sachgerecht und ausgewogen auszugleichen. Das kann dazu führen, dass ein Beteiligter neben der

Hauptleistung zur Erbringung weiterer Leistungen im Interesse eines anderen Beteiligten verpflichtet ist.

Als mögliche **Rechtsquelle** einer Nebenpflicht kommt zunächst der **Vertrag** in Betracht.

> **Beispiel:**
> V verkauft dem K eine EDV-Anlage. Es wird vertraglich vereinbart, dass V die Anlage in den Geschäftsräumen des K aufbaut. Hauptpflichten sind die Zahlung des Kaufpreises durch K und die Lieferung der Anlage durch V. V hat darüber hinaus die vertraglich ausdrücklich festgeschriebene Nebenpflicht, die Anlage bei K aufzubauen, während der Vertrag für K die Nebenpflicht begründet, seine Geschäftsräume so frei zu räumen, dass V die Anlage am gewünschten Platz aufbauen kann.

Wenn der Vertrag keine Regelung zur Handhabung eines bestimmten Problems enthält, ist auf das **Gesetz** zurückzugreifen. Für bestimmte Fallgestaltungen existieren präzise gesetzliche Regelungen.

> **Beispiele:**
> Wer sich zur Ausführung eines Auftrags verpflichtet hat, muss diesen nicht nur ausführen (Hauptpflicht), sondern auch Auskunft geben und Rechenschaft ablegen (§ 666).
>
> Der Käufer eines Grundstücks muss die Kosten der Beurkundung des Vertrags (d.h. die Notarkosten) und die Kosten der Eintragung in das Grundbuch tragen (§ 448 Abs. 2).

In den meisten Fällen muss man jedoch zur Begründung einer Nebenpflicht auf zwei allgemeine Vorschriften zurückgreifen: § 241 Abs. 2 bestimmt, dass der Inhalt eines Schuldverhältnisses jeden Teil zur Rücksicht auf die Rechte, Rechtsgüter und Interessen des anderen Teils verpflichten kann. § 242 verpflichtet jeden Teil, die Leistung so zu bewirken, wie **Treu und Glauben** mit Rücksicht auf die Verkehrssitte es erfordern. Beide Vorschriften laufen inhaltlich auf das Gleiche hinaus. Eine Abgrenzung zwischen ihnen ist daher entbehrlich. Der Gesetzgeber hat diese beiden Vorschriften bewusst als Generalklauseln ausgestaltet. Für die Rechtsprechung sind sie ein flexibles Instrument, um für jede mögliche Fallgestaltung im Wege der Interessenabwägung eine maßgeschneiderten Lösungsansatz zu entwickeln, der vernünftig und gerecht ist. Im Laufe der Zeit hat die Rechtsprechung eine große Zahl von Fallgruppen entwickelt, in denen ein Beteiligter einer Nebenpflicht aus §§ 241 Abs. 2, 242 unterliegt.

> **Beispiele:**
> Ein Arbeitnehmer unterliegt einer Schweigepflicht und zwar über Beendigung des Arbeitsverhältnisses hinaus.
>
> Ein Arzt ist verpflichtet, seine Behandlung zu dokumentieren, um Informationsdefizite bei einem Arztwechsel zu vermeiden und etwaige Behandlungsfehler nachvollziehen zu können.
>
> Ein Verkäufer ist verpflichtet, den Käufer auf besondere Gefahren bei der Benutzung des Kaufgegenstands hinzuweisen, sofern diese Gefahren für den Verkäufer erkennbar sind.
>
> Ein Veranstalter ist zum Schutz der Besucher verpflichtet, nicht mehr Eintrittskarten zu verkaufen als Plätze vorhanden sind.

Die Bestimmung einer Nebenpflicht aus §§ 241 Abs. 2, 242 setzt ein sorgfältiges **Abwägen der beteiligten Interessen** voraus. In aller Regel ist daher ein differenzierter Lösungsansatz gefragt, dessen genauer Inhalt schwer zu ermitteln und im Vorfeld einer Gerichtsentscheidung auch schwer zu prognostizieren ist.

> **Beispiele:**
> Ein Arbeitnehmer unterliegt zwar einer Schweigepflicht. Es kann ihm jedoch nicht vollständig verwehrt werden, allgemein mit Freunden oder Familienangehörigen über seine Arbeit zu reden.
>
> Die Dokumentationspflicht eines Arztes geht nicht so weit, dass er jeden Handgriff schriftlich festhalten muss. Nötig ist nur eine Dokumentation der wesentlichen Schritte.
>
> Ein Verkäufer ist nicht verpflichtet, den Käufer auf Gefahren hinzuweisen, die auf der Hand liegen. Der Verkäufer einer Mikrowelle muss den Käufer z.B. nicht darauf hinweisen, dass die Mikrowelle nicht zum Trocknen von Haustieren verwendet werden darf.

Gegenseitige Pflichten zur Rücksichtnahme existieren auch in **vertragsähnlichen Schuldverhältnissen**, mithin auch im **Vergabeverfahren**. Vertragsähnliche Schuldverhältnisse sind vom Gesetzgeber gerade aus dem Grund geschaffen worden, die Betroffenen bereits in der Vertragsanbahnungsphase zur gegenseitigen Rücksichtnahme zu verpflichten. Die Besonderheit bei den vertragsähnlichen Schuldverhältnissen ist, dass sie keine Hauptpflichten im klassischen Sinne begründen.

> **Beispiel:**
> Die Gemeinde G hat ein großes Bauvorhaben ausgeschrieben. Mehrere Bauunternehmen haben sich um den Zuschlag beworben. Es existiert ein vertragsähnliches Schuldverhältnis zwischen G und den Unternehmen. Eine Pflicht zur Zahlung des Werklohns und zum Errichten des Bauwerks besteht aber noch nicht.

Bei vertragsähnlichen Schuldverhältnissen sind die „Nebenpflichten" damit die einzigen Pflichten. Ihre Rechtsgrundlage kann zum einen eine spezifische gesetzliche Regelung sein. Besonders bedeutsam sind hier die Regeln zum Vergabeverfahren aus den einschlägigen vergaberechtlichen Vorschriften. Der öffentliche Auftraggeber hat aus dem vertragsähnlichen Verhältnis zu den Bewerbern die Pflicht, diese Regeln einzuhalten.

> **Beispiel (in Anknüpfung an vorheriges Beispiel):**
> B ist ein geeigneter Bewerber und legt das wirtschaftlichste Angebot vor. Die Gemeinde G ist aus § 97 Abs. 5 GWB verpflichtet, ihm den Auftrag zu erteilen.

Die Pflichten aus vorvertraglichem Schuldverhältnis können sich aber auch aus §§ 241 Abs. 2, 242 ergeben. Sie sind wie die Nebenpflichten aus Verträgen durch Abwägung der betroffenen Interessen zu konkretisieren.

> **Beispiel (in Anknüpfung an vorheriges Beispiel):**
> Die Gemeinde G hat einen Präsentationstermin für den Montag, den 15.6. angesetzt und dafür auch den ausländischen Bewerber B eingeladen. Am Mittwoch, dem 10.6. fällt einem Mitarbeiter der G auf, dass B aufgrund eines Formfehlers in seinem Angebot aus dem Verfahren ausgeschlossen werden muss. Hier ist G verpflichtet, dem B die weite Anreise aus dem Ausland zu ersparen und ihn noch auszuladen. Da die Ausladung kurzfristig erfolgt, muss sie sich im Zweifel die Mühe machen, B telefonisch zu erreichen und ihm persönlich abzusagen. Sie kann nicht einfach ein Formschreiben herausschicken und darauf vertrauen, dass

B noch rechtzeitig von der Absage erfährt. Anders dürfte der Fall zu beurteilen sein, wenn der Formfehler schon am 1.6. bemerkt wird. Dann kann sich G mit geringerem Aufwand begnügen und schriftlich absagen. Bei einem Zeitraum von 2 Wochen ist davon auszugehen, dass B rechtzeitig informiert wird und entsprechend umdisponieren kann.

2. Spezifikation der Leistung

a) Leistungsort

Als Leistungsort wird der Ort bezeichnet, in dem der Schuldner die Leistungshandlung vorzunehmen hat.[1] Der Leistungsort wird in § 269 geregelt. Wie sich aus dieser Vorschrift ergibt, hängt die Bestimmung des Leistungsortes in erster Linie von der Vereinbarung der Parteien ab. Haben die Parteien keine Vereinbarung über den Leistungsort getroffen, so ist der Leistungsort den Umständen zu entnehmen, wobei die Natur des Schuldverhältnisses eine besondere Rolle spielt.

> **Beispiele:**
> Kunde K und Möbelhaus I vereinbaren eine Lieferung der Möbel an den Wohnsitz des K.
>
> Der Leistungsort bei einer Vereinbarung über die Reparatur eines Wasserrohrbruches ist der Ort, in dem sich das Rohr befindet.

Lässt sich nach den oben genannten Kriterien der Leistungsort nicht ermitteln, so sieht das Gesetz als Regelfall vor, dass die Leistung am Ort (d.h. Wohn- oder Geschäftssitz) des Schuldners zu erbringen ist. Der Gläubiger muss die Leistung also am Ort des Schuldners in Empfang nehmen. Es liegt dann eine sogenannte **Holschuld** vor.

> **Beispiel:**
> Der Kunde K muss die beim Möbelhaus I gekauften Möbel am Empfang abholen und eigenverantwortlich nach Hause schaffen.

Wenn sich aus der Vereinbarung der Parteien oder aus der Natur des Schuldverhältnisses ergibt, dass der Schuldner seine Leistung am Ort des Gläubigers erbringen muss, spricht man von einer **Bringschuld**.
Neben der Hol- und der Bringschuld gibt es auch die **Schickschuld**, die sich dadurch auszeichnet, dass der Schuldner den Leistungsgegenstand an den Gläubiger absenden muss.

b) Leistungszeit

Die Frage, wann geleistet werden darf bzw. muss, wird in § 271 geregelt. Dabei wird zwischen **Fälligkeit** und **Erfüllbarkeit** unterschieden. Als Fälligkeit bezeichnet man den Zeitpunkt, an dem der Schuldner die Leistung erbringen muss, der Gläubiger also die

---

[1] Im Gesetz ist auch vom Erfüllungsort die Rede, so etwa in § 447. Davon zu unterscheiden ist der Erfolgsort. Dies ist der Ort, an dem der Leistungserfolg eintritt.

Leistung verlangen kann.[2] Als Erfüllbarkeit bezeichnet man den Zeitpunkt, ab dem die Leistung erbracht werden kann, der Gläubiger sie also nicht ablehnen darf.[3]

Für die Bestimmung der Leistungszeit ist in erster Linie die Vereinbarung der Parteien maßgeblich. Die Leistungszeit kann sich aber auch aus den Umständen ergeben. Lässt sich die Leistungszeit nicht nach diesen Kriterien bestimmen, so treten nach § 271 Abs. 1 Fälligkeit und Erfüllbarkeit in der Regel sofort ein.

> **Beispiel:**
> K und V vereinbaren für die Zahlung des Kaufpreises Ratenzahlung. Hier ist allenfalls die erste Rate sofort fällig. Für die anderen Raten haben die Parteien eine von § 271 Abs. 1 abweichende Vereinbarung getroffen.

„Sofort" in diesem Sinne bedeutet, dass die Leistung so schnell zu erbringen ist, wie dies dem Schuldner unter den jeweiligen Umständen möglich ist.

> **Beispiel:**
> Bei größeren Gebrauchsgütern (z.B. einem Kfz) kann „sofort" auch schon mal eine Stunde sein.

Der Fälligkeitszeitpunkt kann durch nachträgliche Vereinbarung jederzeit verändert werden. Besonders häufig ist die **Stundung** einer Forderung, mit der die Fälligkeit nach hinten hinausgeschoben wird. Bei der Stundung handelt es sich um eine Vertragsänderung, die selbst wiederum ein Vertrag ist.

Die Vorschrift des § 271 II betrifft die Fälle der Leistungszeitbestimmung. Ist ein Zeitpunkt für die Leistung bestimmt, so wirkt die Leistungszeitbestimmung im Zweifel nur zu Gunsten des Schuldners.[4] Dies bedeutet, dass der Schuldner bereits vorher leisten darf. Dies gilt jedoch nicht, wenn durch die vorzeitige Tilgung schutzwürdige Interessen des Gläubigers beeinträchtigt werden.

> **Beispiel:**
> Bei einem verzinslichen Darlehen kann man nicht davon ausgehen, dass der Schuldner berechtigt ist, das Darlehen vorzeitig zurückzuzahlen; ansonsten würde der Gläubiger die Zinsen bzw. einen Teil davon verlieren.

c) Leistungsgegenstand

Handelt es sich beim Leistungsgegenstand um eine Sache, kann diese ganz konkret bestimmt sein. Wenn der Leistungsgegenstand von vornherein durch die Parteien individuell festgelegt wird, so liegt eine sogenannte **Stückschuld** vor.[5]

> **Beispiele:**
> Leistungsgegenstand ist ein Gebrauchtwagen; ein Grundstück.

Auch eine Sachgesamtheit kann Gegenstand einer Stückschuld sein.

---

[2] *Westermann/Bydlinski/Weber*, Schuldrecht-AT, S. 60.
[3] *Bönninghaus*, Schuldrecht-AT I, S. 58.
[4] Jauernig/*Stadler*, § 271, Rdnr. 15.
[5] Müko/*Emmerich*, § 243, Rdnr. 9.

Beispiel:
Geschuldeter Leistungsgegenstand ist die gesamte Ernte.[6]

Häufig wird nicht ein ganz bestimmtes Stück, sondern eine Sache oder eine bestimmte Menge davon aus einer Gattung geschuldet. In diesen Fällen spricht man von einer **Gattungsschuld**.

Beispiele:
Leistungsgegenstand sind 10 Kilo Kartoffeln.

Bei der Gattungsschuld stellt sich die Frage, welches Gattungsexemplar denn nun konkret geliefert werden muss. Die Antwort gibt § 243 Abs. 1: Es ist eine Sache von **mittlerer Art und Güte** zu leisten. Das bedeutet, dass der Schuldner die Wahl hat, welches Exemplar er zum Leistungsgegenstand machen will, es muss aber mindestens mittlere Qualität haben.

Die Unterscheidung zwischen Stück- und Gattungsschuld ist in den Fällen bedeutsam, in denen der Leistungsgegenstand **zerstört** oder irreparabel beschädigt wird, bevor er zum Gläubiger gelangt.[7] Bei der Stückschuld beschränkte sich die Leistungsanspruch auf diesen konkreten Leistungsgegenstand. Mit dessen Zerstörung oder irreparabler Beschädigung ist die Erfüllung der Schuld **unmöglich** geworden[8]. Der Anspruch geht daher unter (§ 275 Abs. 1, zu den weiteren Folgen der Unmöglichkeit näher Kap. 5 III).

Beispiel:
Auf dem Weg zum K erleidet der V mit dem Gebrauchtwagen, den er dem K übergeben will, einen Verkehrsunfall, bei dem der Wagen völlig zerstört wird. Die Verpflichtung des V zur Lieferung des Gebrauchtwagens entfällt.

Bei der Gattungsschuld führt die Zerstörung eines Gattungsexemplars dagegen nicht zur Unmöglichkeit der Erfüllung, da sich die Schuld ja nicht auf ein konkretes Exemplar bezieht.

Beispiel:
Auf dem Weg zum K erleidet der V mit dem Neuwagen, den er dem K übergeben will, einen Verkehrsunfall, bei dem der Wagen völlig zerstört wird. Dem V ist es ohne weiteres möglich, sich ein neues Exemplar dieses Neuwagentyps zu beschaffen und es dem K zu übergeben.

Anders als bei der Stückschuld trägt der Schuldner bei der Gattungsschuld also grundsätzlich das Risiko eines zufälligen Untergangs, bis der Gegenstand beim Gläubiger ist. Hiervon macht § 243 Abs. 2 aber eine Ausnahme. Wenn der Schuldner alle Voraussetzungen geschaffen hat, damit der Gläubiger in den Besitz der Sache kommen kann, dann tritt sog. **Konkretisierung** ein: Das Schuldverhältnis beschränkt sich dann auf diese Sache. Ab dem Zeitpunkt, wo der Gläubiger durch ein einfaches Zugreifen in den Besitz

---

[6] *Schulze/Schulze,* § 243, Rdnr. 4.
[7] Zu der Frage, ob im Falle der Mangelhaftigkeit der Kaufsache eine Ersatzlieferung bei der Stückschuld in Betracht kommt s. unten Kap.5. Aufgrund der Ergebnisse, welche im Rahmen dieser Problematik erzielt werden, ist es zu einer Annäherung von Stück- und Gattungsschuld gekommen: Müko/*Emmerich,* § 243, Rdnr. 1.
[8] Bei der irreparablen Beschädigung bezieht sich die Unmöglichkeit auf die Lieferung einer fehlerfreien Sache.

der Sache kommen kann, trägt er also das Risiko eines zufälligen Untergangs. Entscheidend ist in diesem Zusammenhang die Frage, wann der Schuldner diese Voraussetzungen geschaffen hat. Das bestimmt sich wiederum nach dem Leistungsort:

- Bei der **Holschuld** tritt Konkretisierung ein, sobald der Schuldner die Sache bei sich ausgesondert und den Gläubiger informiert hat, dass er sie abholen kann.

- Bei der **Bringschuld** tritt Konkretisierung ein, sobald der Schuldner die Sache zum Gläubiger gebracht hat und dieser sie nur noch entgegennehmen muss.

- Bei der **Schickschuld** tritt Konkretisierung ein, sobald der Schuldner die Sache an die Transportperson übergeben hat.

3. Bedingung und Befristung

a) Bedingung

Bei der Vornahme eines Rechtsgeschäfts kann dieses von einem **ungewissen zukünftigen Ereignis** abhängig gemacht werden, also von einer Bedingung.

> **Wichtigstes Beispiel** ist der Eigentumsvorbehalt. Wenn Ware verkauft, übergeben, aber nicht sogleich bezahlt wird, behält sich der Verkäufer häufig vor, dass das Eigentum an der Ware erst mit vollständiger Zahlung des Kaufpreises übergeht. Bis dahin darf der Käufer die Ware im Rahmen eines leihähnlichen Verhältnisses nutzen, ist aber zur Rückgabe verpflichtet, wenn der Kaufpreis nicht vertragsgemäß bezahlt wird. Die Kaufpreiszahlung ist Bedingung für die Übertragung des Eigentums.
>
> **Weitere Beispiele:**
> V hat M für 2 Jahre eine Wohnung vermietet. M entschließt sich nach 8 Monaten, in eine andere Stadt zu ziehen. V und M einigen sich nun darauf, dass der Mietvertrag aufgehoben wird, sobald M einen für V akzeptablen Nachmieter stellt.
>
> K hat seinen Nachbarn B wegen angeblicher Ruhestörung vor Gericht verklagt. In der mündlichen Verhandlung macht der Richter einen Kompromissvorschlag. Beide Parteien schließen daraufhin einen Vergleich[9]. Da K jedoch bezüglich der erzielten Einigung noch Rücksprache mit seiner Ehefrau nehmen will, einigen sich die Parteien darauf, dass K den Vergleich innerhalb von drei Wochen widerrufen kann.

Es gibt zwei Arten von Bedingungen, aufschiebende und auflösende. Mit beiden beschäftigt sich § 158.

§ 158 Abs. 1 behandelt die **aufschiebende Bedingung**. Bei der aufschiebenden Bedingung sollen die Wirkungen des Rechtsgeschäfts erst dann eintreten, wenn die Bedingung eintritt.

> **Beispiele:**
> der Eigentumsvorbehalt, das obige Mietvertragsbeispiel

---

[9] Ein Vergleich ist ein Vertrag, der einen Streit beenden soll und bei der jede Seite ein Stück nachgibt.

Der Eintritt einer **auflösenden Bedingung** gemäß § 158 Abs. 2 lässt das Rechtsgeschäft enden. Das Rechtsgeschäft soll also nur so lange fortbestehen, wie die auflösende Bedingung nicht eintritt.

Beispiel:
das obige Vergleichsbeispiel

Im Rechtsverkehr wird häufig der Terminus „Vertragsbedingungen" gebraucht. Auch das Gesetz greift dies auf und spricht in den §§ 305 ff. von „Allgemeinen Geschäftsbedingungen". Damit sind aber nicht Bedingungen i.S.d. §§ 158 ff. gemeint. Vielmehr steht das Wort „Bedingung" hier nur für „Regelung".

b) **Befristung**

Parteien können ein Rechtsgeschäft auch befristen. Ein befristetes Rechtsgeschäft endet mit Ablauf der Frist. Eine große praktische Bedeutung hat die Befristung bei **Dauerschuldverhältnissen**. Ist die Laufzeit von vornherein bestimmt, ist das Dauerschuldverhältnis befristet. Ansonsten ist es unbefristet.

Beispiele:
AN wird als Arbeitnehmer für die Zeit vom 1.1.2016 bis zum 1.1.2018 eingestellt. Sein Arbeitsvertrag ist befristet. Finden sich in seinem Vertrag keine näheren Angaben zu einer Befristung, ist es unbefristet.

c) **Fristberechnung**

In der Praxis bedeutsam sind die Vorschriften über die Fristberechnung (§§ 186 ff). Fristbestimmungen finden sich nicht nur in Rechtsgeschäften. Auch das Gesetz arbeitet in zahlreichen Fällen mit Fristen. Insbesondere in Verwaltungs- und Gerichtsverfahren spielen Fristen eine große Rolle. § 186 bestimmt ausdrücklich, dass die Vorschriften zur Fristberechnung sowohl für gesetzlich vorgegebene wie auch für vertragliche festgelegte Fristen gelten. § 222 Zivilprozessordnung (ZPO) bestimmt, dass für die Berechnung der Fristen im **Zivilprozess** ebenfalls die Vorschriften des BGB anwendbar sind, d.h. §§ 187 ff[10]. § 222 ZPO gilt auch im Anwendungsbereich der VwGO (§ 57 Abs. 2 VwGO). Über §§ 57 Abs. 2 VwGO, 222 ZPO gelten §§ 187 ff. damit auch für den **Verwaltungsprozess** und das **Widerspruchsverfahren**. Sie finden schließlich auch im Arbeitsrecht Anwendung, insbesondere bei der Berechnung der dreiwöchigen Frist für die **Kündigungsschutzklage** (§ 4, S. 1 KSchG).

Nach § 187 Abs. 1 **beginnt** die Frist, wenn ihr Lauf vom Eintritt eines bestimmten Ereignisses abhängt, mit dem **folgenden Tag** zu laufen. Es wird also in ganzen Tagen gerechnet.

---

[10] § 222 Abs. 1 ZPO lautet: Für die Berechnung der Fristen gelten die Vorschriften des Bürgerlichen Gesetzbuchs.

Kapitel 3 - Inhalt von Verträgen

Beispiele:
V verkauft dem K eine Waschmaschine. Nach dem Vertrag ist K verpflichtet, binnen 14 Tagen nach Lieferung die Waschmaschine zu bezahlen. Die Waschmaschine wird am Samstag, dem 13.12. geliefert. Die Lieferung ist das maßgebliche Ereignis i.S.d. § 187 Abs. 1. Die 14-Tages-Frist beginnt am Sonntag, den 14.12. zu laufen.

Ein Antrag des X wird von der zuständigen Behörde abgelehnt. Er erhält den Ablehnungsbescheid am Dienstag, den 24.1. Hiergegen kann er innerhalb eines Monats Widerspruch einlegen (§ 70 Abs. 1 S. 1 VwGO). Der Erhalt des Ablehnungsbescheids ist das maßgebliche Ereignis i.s.d. § 187 Abs. 1. Die Frist beginnt am Mittwoch, den 25.1. zu laufen.

Dem Mitarbeiter M erhält am Donnerstag, den 2.11., um 8:00 Uhr morgens ein Schreiben, in dem sein Arbeitsverhältnis gekündigt wird. Gemäß § 4, S. 1 KSchG muss er innerhalb von drei Wochen Kündigungsschutzklage erheben. Der Erhalt des Kündigungsschreibens ist das maßgebliche Ereignis i.s.d. § 187 Abs. 1. Die Frist beginnt gemäß § 187 Abs. 1 am Freitag, den 3.11. zu laufen.

§ 187 Abs. 2 enthält eine Abweichung von der Regel des § 187 Abs. 1.

Beispiel:
Jemand wird als Aushilfskraft eingestellt für „14 Tage vom 1.12. an". Hier zählt der 1.12. mit.

Eine nach Tagen berechnete Frist **endet** gemäß § 188 Abs. 1 mit dem **Ablauf des letzten Tages** der Frist.

Beispiel:
Im obigen Waschmaschinenbeispiel würde hiernach die Frist mit Ablauf des 27.12. enden. „Mit Ablauf" bedeutet hier jeweils um 24:00 Uhr. Die Frist erreicht dann jeweils genau den vorgegebenen Umfang (14.12., 0:00 Uhr bis 27.12. 24:00 Uhr = genau 14 Tage).

Ist die Frist nach Wochen, Monaten oder noch längeren Zeiträumen bemessen, so gilt § 188 Abs. 2, 1. HS[11]. Diese etwas unverständlich formulierte Vorschrift ist so zu verstehen: Die Frist endet grundsätzlich mit Ablauf des entsprechenden Wochen- oder Monatstages.

Beispiele:
Im Widerspruchsbeispiel geht der Ablehnungsbescheid am 24.1. ein. Die Frist endet am 24.2. um 24:00 Uhr (25.1. 0:00 Uhr bis 24.2., 24:00 Uhr = genau ein Monat).

Im Kündigungsbeispiel geht das Kündigungsschreiben am 2.11. ein. Die Frist endet am 23.11. um 24:00 Uhr (3.11 0:00 Uhr bis 23.11. 24:00 Uhr = genau 21 Tage).

Fehlt der Monatstag, endet die Frist mit Ablauf des letzten Monatstages (§ 188 Abs. 3).

Beispiel:
Im Widerspruchsbeispiel erhält X den Ablehnungsbescheid nicht am 24.1., sondern am 31.1. Da der Februar nur 28 Tage hat, endet die Frist am 28.2. um 24:00 Uhr.

---

[11] Der auf den § 187 Abs. 2 Bezug nehmende 2. Halbsatz soll hier unberücksichtigt bleiben.

Ist an einem bestimmten Tag oder innerhalb einer Frist eine Willenserklärung abzugeben oder eine Leistung zu bewirken und fällt der bestimmte Tag oder der letzte Tag der Frist auf einen **Samstag**, einen **Sonntag** oder einen **Feiertag**, so läuft die Frist erst am **nächsten Werktag** ab (§ 193).

> **Beispiele:**
> Im Widerspruchsbeispiel erhält X den Ablehnungsbescheid am Mittwoch, den 20.1. Der 20.2. ist ein Samstag. Die Frist läuft damit erst am Montag, den 22.2. um 24:00 Uhr ab.
>
> Im Kündigungsbeispiel erhält M seine Kündigung am Samstagmorgen um 8:00 Uhr. Die Frist läuft an sich am Samstag in drei Wochen um 24:00 Uhr aus. § 193 verlängert die Frist bis Montag um 24:00 Uhr.

4. Auslegung von Willenserklärungen und Verträgen

Nicht selten sind Willenserklärungen und Verträge **unklar** und **mehrdeutig**. Das kann damit zusammenhängen, dass der Erklärende bzw. die Vertragspartner nur wenig Zeit zum Überlegen hatten, unsorgfältig waren oder schlicht nicht die notwendige Fachkenntnis hatten, um Unklarheiten zu vermeiden. Es kann seinen Grund aber auch darin haben, dass die Vertragsmaterie so komplex ist, dass eine Regelung bis ins letzte Detail uneffektiv oder sogar faktisch unmöglich wäre.

> **Beispiele für unklare Verträge:**
> Ein Vertrag zwischen einer Gemeinde und einem Händler weist als Preis 5.000 € aus, ohne deutlich zu machen, ob der Preis die Umsatzsteuer bereits einschließt.
>
> Ein Mietvertrag soll „offiziell" zum 1.4. beginnen, der Mieter das Objekt aber schon ab dem 14.3. beziehen können. Der Mieter bezieht das Objekt am 24.3. Schuldet der Mieter Miete ab dem 14.3., dem 24.3. oder dem 1.4.?

Das BGB hat die Frage, wie in solchen Fällen zu verfahren ist, nur lückenhaft geregelt. § 133 schreibt vor, dass bei der Auslegung der wirkliche Wille zu erforschen ist. Diese Vorschrift kann zur (vorschnellen) Annahme verleiten, dass immer der Wille des Erklärenden maßgeblich ist. § 157 bestimmt wiederum, dass Verträge so auszulegen sind, wie Treu und Glauben mit Rücksicht auf die Verkehrssitte es erfordern. Einen großen Erkenntnisgewinn liefert diese Regelung nicht. Ausgehend von diesen spärlichen Hinweisen des Gesetzgebers musste die Rechtsprechung daher ein weitgehend eigenständiges Konzept zur Auslegung, d.h. **Interpretation** von Willenserklärungen und Verträgen entwickeln. Dabei waren widerstreitende Interessen zu berücksichtigen: Bei Verträgen hat jeder Vertragspartner ein Interesse daran, dass der Vertrag so auszulegen ist, wie er ihn verstanden hat. Bei Willenserklärungen hat der Erklärende ein Interesse daran, dass die Willenserklärung so zu interpretieren ist, wie er sie gemeint hat, während der Erklärungsempfänger verständlicherweise möchte, dass sie so auszulegen ist, wie er sie verstanden hat. Die Rechtsprechung ist einen Mittelweg gegangen und hat die Lehre von der **Auslegung nach dem objektiven Empfängerhorizont** entwickelt. Danach kommt es weder darauf an, wie eine Willenserklärung oder ein Vertrag tatsächlich gemeint bzw. tatsächlich verstanden worden ist. Vielmehr gilt:

- Eine **Willenserklärung** ist so auszulegen, wie sie vom **Erklärungsempfänger vernünftigerweise verstanden werden konnte.**
- Ein **Vertrag** ist so auszulegen, wie er von den **Vertragspartnern vernünftigerweise verstanden werden konnte.**

Die Auslegung nach dem objektiven Empfängerhorizont ist damit eine Ausprägung des **Verkehrsschutzprinzips.** Der Rechtsverkehr soll sich darauf verlassen können, dass eine bestimmte Erklärung so zu verstehen ist, wie sie zu deuten ist, nicht wie sie gemeint war. Das kann mit dem Gemeinten übereinstimmen, muss es aber nicht. Zu beachten ist dabei immer, dass die konkreten Umstände des Einzelfalls maßgebend sind. Wenn sich der Erklärende unklar oder falsch ausdrückt, der Erklärungsempfänger aufgrund der Vorgeschichte aber weiß oder wissen muss, wie die Erklärung gemeint ist, dann ist das Gemeinte maßgebend. Es gilt der Grundsatz: **Falsche Bezeichnung schadet nicht** („falsa demonstratio non nocet"). Dem entspricht § 133.

Beispiel:
Die Gemeinde G, vertreten durch den Mitarbeiter M, und Seminarleiter S verhandeln über eine Fortbildung zur Personalführung. Nachdem sich beide einig geworden sind, schickt M dem S ein von ihm unterschriebenes Vertragsformular, in dem der Vertragsgegenstand versehentlich als „SAP-Schulung" bezeichnet wird, und bittet um Gegenzeichnung durch S. S muss die Willenserklärung der G vernünftigerweise so verstehen, dass G eine Fortbildung zur Personalführung wünscht. Denn dies war Gegenstand der Vertragsverhandlungen. Trotz falscher Bezeichnung hat G somit durch Übersendung des Vertrags ein Angebot zum Abschluss eines Vertrags über eine Fortbildung zur Personalführung gemacht.

Trotz leicht unterschiedlicher Formulierungen gibt es im Übrigen in der Sache keine Unterschiede zwischen der Regel für die Auslegung von Verträgen und der für die Auslegung von Willenserklärungen. Denn ein Vertrag besteht ja aus zwei oder mehr Willenserklärungen. Willenserklärung und Vertrag haben immer den gleichen Inhalt. Ein bestimmtes Verständnis vom Inhalt der Willenserklärung bestimmt damit immer gleichzeitig auch den Vertragsinhalt. Insofern ist es bei Verträgen im Grunde gleichgültig, ob die zum Vertrag führenden Willenserklärungen ausgelegt werden oder der Vertrag selbst. Daher sollte man sich für die Vorgehensweise entscheiden, die für einen Leser/Zuhörer eingängiger ist.

Beispiele:
Beide Seiten unterschreiben einen schriftlichen Vertrag. Hier ist es sinnvoll, den Vertrag selbst auszulegen. Willenserklärungen sind hier die Unterschriftsleistungen. Diese könnten zwar auch ausgelegt werden, ohne dass dies in der Sache einen Unterschied macht. Die Argumentation wäre aber aufwendiger, weil zusätzlich erläutert werden müsste, dass durch die Unterschrift der gesamte schriftliche Vertragsentwurf Teil der Willenserklärung wird.

V macht dem K ein konkretes Angebot. K sagt schlicht „ja". Hier bietet es sich an, die Willenserklärung des V auszulegen. Zwar könnte auch der Vertrag ausgelegt werden. Aber hierzu müsste zusätzlich dargelegt werden, dass das Angebot den Vertragsinhalt bestimmt hat. Das ist für den Leser/Zuhörer wegen des zusätzlichen argumentativen Schritts etwas umständlicher.

Die Auslegung von Willenserklärungen kann nicht nur im Zusammenhang mit Verträgen, sondern auch bei **einseitigen Rechtsgeschäften** relevant sein. Sofern die Willenserklärung empfangsbedürftig ist, gilt auch hier wieder die Lehre von der Auslegung nach dem objektiven Empfängerhorizont.

> **Beispiel:**
> Der Arbeitnehmer AN hinterlässt dem Arbeitgeber AG einen Zettel mit folgendem Inhalt: „Ich bin weg und suche mir einen neuen Job, weil ich von dem Saftladen hier genug habe". Das wird der AG vernünftigerweise als Kündigung auffassen müssen.

Nicht empfangsbedürftige Willenserklärungen werden dagegen nicht nach dem objektiven Empfängerhorizont ausgelegt. Da sie überhaupt nicht bekannt gegeben werden müssen, gibt es keinen Grund, den Rechtsverkehr zu schützen. Maßstab für die Interpretation ist vielmehr ausschließlich das vom Erklärenden Gemeinte. Insofern gilt hier ausschließlich § 133.

> **Beispiel:**
> Ein Testament ist so auszulegen, wie der Erblasser es gemeint hat, nicht wie die Erben das Testament verstanden haben oder es verstehen mussten.

5. Allgemeine Geschäftsbedingungen

a) Einführung

Nach dem Grundsatz der Vertragsfreiheit können Vertragspartner wählen, ob sie das Gesetz gelten lassen oder es durch Vertragsgestaltung abbedingen wollen. Der wesentliche Nachteil individueller Vertragsgestaltung ist der mitunter hohe Aufwand, der damit einhergeht. Dieser Aufwand kann dadurch gesenkt werden, dass der vom Gesetz abweichende Vertrag vorformuliert und damit **standardisiert** wird. **Vorformulierte Vertragstexte** dieser Art werden als Allgemeine Geschäftsbedingungen (**AGB**) bezeichnet. Sie sind im Rechtsverkehr sehr häufig und zwar sowohl im Verhältnis zwischen Verbrauchern (§ 13) und Unternehmern (§ 14) wie auch im Verhältnis von Unternehmern untereinander und im Verhältnis von Unternehmern und der Öffentlichen Hand.

Angesichts der Komplexität vieler Vertragsverhältnisse ist die Verwendung von AGB im heutigen Geschäftsleben unverzichtbar. Ihrem positiven **Rationalisierungseffekt** steht aber ein wesentlicher Nachteil gegenüber: AGB begründen ein **Ungleichgewicht zugunsten** desjenigen, der die AGB in den Vertrag einführt (vom Gesetz als **Verwender** bezeichnet). Denn der Verwender wird in aller Regel versuchen, seine Rechtsstellung im Vergleich zur gesetzlichen Regelung zu verbessern, d.h. umgekehrt die Rechtsstellung seines Vertragspartners zu verschlechtern. Zwar ist niemand gezwungen, sich auf die AGB eines anderen einzulassen. Den meisten Teilnehmern am Geschäftsverkehr fehlt aber in der Regel die Zeit, sich intensiv mit den AGB des anderen auseinanderzusetzen. Zudem verfügen sie häufig auch nicht über den Sachverstand, um die Auswirkungen einzelner Bestimmungen in ihrer ganzen Tragweite erfassen zu können. Schließlich machen viele Verwender die Einbeziehung ihrer AGB zur Voraussetzung für den Vertragsschluss. Es existieren Branchen, in denen alle Anbieter so verfahren (z.B. der Banken- oder der Versicherungssektor). In diesen Fällen muss ein Kunde die AGB der

Gegenseite akzeptieren, wenn er mit einem Anbieter aus dieser Branche ins Geschäft kommen möchte.

Durch die AGB wird der an sich ebenbürtige Vertragspartner des Verwenders also geschwächt. Zum **Schutz des Schwächeren** bietet sich das Instrument der Unabdingbarkeit bestimmter gesetzlicher Vorschriften an (näher Kap.1 III 5 a). Allerdings muss dieser Schutzmechanismus hier modifiziert werden. Eine umfassende Unabdingbarkeit würde über das Ziel hinausschießen. Daher gilt: Bestimmte Vorschriften können **durch AGB nicht abbedungen** werden, wohl aber durch individuelle Vertragsgestaltung im Einzelfall. Dabei sieht die Rechtsordnung **Verbraucher**, die sich AGB gegenüberstehen, als besonders schutzbedürftig an. Für sie gilt daher ein **höheres Schutzniveau**: Viele Vorschriften können in AGB gegenüber Unternehmern oder juristischen Personen des öffentlichen Rechts abbedungen werden, nicht aber gegenüber Verbrauchern.

> **Beispiele:**
> Laut Gesetz haftet ein Vertragspartner dem anderen Vertragspartner auf Schadensersatz, wenn er ihm vorsätzlich oder fahrlässig Schaden zufügt (vgl. §§ 280 Abs. 1, 276 Abs. 1 S. 1). Nach dem Grundsatz der Vertragsfreiheit können die Parteien hiervon abweichen und z.b. vereinbaren, dass Vertragspartner X nicht für fahrlässiges Handeln haftet. Wird dies individuell ausgehandelt, ist dies auch wirksam. Wenn der Vertragspartner X jedoch versucht, dem anderen Vertragspartner diese Haftungsbeschränkung über das eigene Kleingedruckte anzudienen (womöglich in der Hoffnung, dass dieser dies gar nicht bemerkt), gelten strengere Regeln (vgl. hierzu § 309 Nr. 7).
>
> Dauerschuldverhältnisse (z.B. Energielieferungsvertrag, Telekommunikationsvertrag) unterliegen nach allgemeinen Grundsätzen keinen besonderen Laufzeiten. Sie können daher jederzeit gekündigt werden. Nach dem Grundsatz der Vertragsfreiheit können die Parteien aber Laufzeiten vereinbaren, was in der Praxis auch regelmäßig geschieht. Individualvertraglich können dabei sehr lange Laufzeiten ausgehandelt werden. Wird die Laufzeit in AGB festgeschrieben, sind die Regeln dagegen strenger: Gegenüber Verbrauchern ist eine Laufzeitvereinbarung von maximal zwei Jahren zulässig (§ 309 Nr. 9a). Gegenüber Unternehmern oder juristischen Personen des öffentlichen Rechts, für die § 309 Nr. 9a nicht gilt, sind ebenfalls nur kürzere Fristen wirksam als individualvertraglich möglich wären. Genaue Vorgaben macht das Gesetz hier aber nicht, weil die zulässige Laufzeitlänge in AGB in solchen Fällen stark von den Umständen des Einzelfalls abhängt (s. hierzu später mehr).

Die im Kapitel 1 III 5 a eingeführte Unterscheidung zwischen abdingbaren Vorschriften, unabdingbaren Vorschriften und gegenüber Verbrauchern unabdingbaren Vorschriften muss daher weiter differenziert werden: Es existieren

- insgesamt abdingbare Vorschriften,
- Vorschriften, die gegenüber Verbrauchern in AGB nicht abbedungen werden können,
- Vorschriften, die in AGB gegenüber keinem Vertragspartner abbedungen werden können,
- Vorschriften, die gegenüber Verbrauchern, Arbeitnehmer, Wohnraummietern auch bei individueller Vertragsgestaltung nicht abbedungen werden können und
- Vorschriften, die generell unabdingbar sind, also gegenüber keinem Vertragspartner abbedungen werden können.

AGB werden in aller Regel von dem Vertragspartner eingeführt, der die **größere Marktmacht** und Marktübersicht hat. Meist ist dies der Anbieter von Leistungen, für die der Vertragspartner eine Vergütung zahlen soll. Im Verhältnis zwischen Unternehmen und Verbrauchern ist es daher faktisch immer der Unternehmer, der AGB in den Vertrag einführt. Im Verhältnis zwischen einem Unternehmen und der Öffentlichen Hand ist dies dagegen meist umgekehrt. Zwar hat auch in solchen Fällen der Unternehmer in der Regel die bessere Marktübersicht. Wegen ihrer wirtschaftlichen Potenz liegt die größere Marktmacht aber in aller Regel bei der **Öffentlichen Hand**. Daher sind es meist die öffentlichen Auftraggeber, die AGB in die Vertragsverhältnisse einführen und gleichzeitig die Geltung anderer AGB ausschließen. Besonders große Bedeutung haben in diesem Zusammenhang die Vergabe- und Vertragsordnung für Bauleistungen (**VOB**) und die Vergabe- und Vertragsordnung für Leistungen (**VOL**). Die VOL und die VOB nehmen in unserer Rechtsordnung eine außergewöhnliche Stellung ein. Sie sind keine staatlichen Rechtsakte, sind also nicht von einer staatlichen Institution (Bund, Land, Kommune) erlassen worden. Ihre Ursprünge gehen auf die 20iger Jahre des letzten Jahrhunderts zurück. Sie wurden und werden bis heute von einem Kreis aus Auftraggebern, Verbänden der betroffenen Wirtschaft und Berufe und den Gewerkschaften gewissermaßen „verabredet". Die beteiligten Kreise sind heute in zwei Ausschüssen institutionalisiert: dem Verdingungsausschuss für Leistungen, der für die Betreuung und Fortschreibung der VOL zuständig ist, und dem Vergabe- und Vertragsausschuss für Bauleistungen, der diese Aufgaben für die VOB übernimmt. VOB und VOL enthalten jeweils einen Teil A und einen Teil B. Die A-Teile (**VOB/A** und **VOL/A**) enthalten detaillierte Vorschriften zum **Vergabeverfahren**. Im Vergabeverfahren wird bestimmt, wer Vertragspartner des öffentlichen Auftraggebers werden darf.

> **Beispiel:**
> VOB/A und VOL/A schreiben vor, dass ein Auftrag grundsätzlich öffentlich ausgeschrieben werden muss, dass der auszuwählende Vertragspartner bestimmte Eignungskriterien erfüllen muss und dass der Zuschlag auf das wirtschaftlichste Angebot zu erteilen ist.

Die B-Teile (**VOB/B** und **VOL/B**) sind dagegen **standardisierte Vertragswerke**. Sie enthalten zahlreiche Bestimmungen, die die einschlägigen zivilrechtlichen Vorschriften ergänzen, konkretisieren oder von ihnen abweichen.

> **Beispiele:**
> § 640 Abs. 1 S. 1 verpflichtet den Auftraggeber zur Abnahme eines Bauwerks nach Fertigstellung. Die VOB/B konkretisiert diese Vorschrift und sieht bei Verlangen des Auftragnehmers eine Abnahmefrist von 12 Werktagen ab Fertigstellung vor. Gewährleistungsansprüche an Bauwerken verjähren gemäß § 634a Abs. 1 Nr. 2 nach 5 Jahren. Die VOB/B verkürzt diese Frist auf 4 Jahre.

VOB/B und VOL/B werden von der Öffentlichen Hand in fast alle Verträge eingeführt. Sie sind dann als AGB der Öffentlichen Hand zu qualifizieren.

b) Übersicht über die gesetzlichen Vorschriften zu AGB

Die Schutzvorschriften zugunsten des Vertragspartners eines Verwenders von AGB finden sich in §§ 305 – 310. Zunächst **definiert** der Gesetzgeber in § 305 Abs. 1 den **Begriff der AGB** (s. hierzu nachfolgend c). Ob die Voraussetzungen der Definition anwendbar sind, entscheidet darüber, ob die nachfolgenden Schutzvorschriften im konkreten Einzelfall anwendbar sind. Kann dies bejaht werden, ist zu klären, ob der Vertragspartner des Verwenders einen **hohen Schutz** benötigt, weil er ein **Verbraucher** ist, oder ob für ihn nur ein **reduziertes Schutzniveau** gilt. Wie stark dieses Schutzniveau eingeschränkt ist, geht aus § 310 Abs. 1 S. 1 hervor (s. hierzu nachfolgend d).

Die Tatsache, dass ein Teilnehmer am Rechtsverkehr über AGB verfügt, bedeutet nicht, dass sie automatisch Teil aller Verträge werden, die dieser Teilnehmer schließt. Vielmehr muss er diese AGB bei jedem Vertragsschluss zum Teil des Vertrags werden lassen (**Einbeziehung** der AGB, s. hierzu nachfolgend e). Relevante Vorschriften sind hier §§ 305 Abs. 2, 305b.

Hauptbestandteil der gesetzlichen Vorschriften zu AGB sind §§ 307 – 309. Sie bilden die gesetzliche Grundlage für die **Inhaltskontrolle von AGB** (s. hierzu nachfolgend g). Vertragsklauseln in AGB, die den Vertragspartner des Verwenders unangemessen benachteiligen, sind danach unwirksam. § 307 ist als Generalklausel sehr allgemein formuliert. §§ 308, 309 enthalten demgegenüber eine lange Liste von spezifisch genannten Klauseln, die unwirksam sind. Sie sind gegenüber § 307 Spezialvorschriften.

§ 306 bestimmt, dass statt einer unwirksamen oder nicht einbezogenen AGB-Klausel das **Gesetz gilt** (s. hierzu nachfolgend h).

c) Voraussetzungen für das Vorliegen von AGB

Allgemeine Geschäftsbedingungen sind nach der gesetzlichen Definition in § 305 Abs. 1 S. 1 für eine Vielzahl von Verträgen vorformulierte Vertragsbedingungen, die eine Partei (Verwender) der anderen Partei bei Abschluss eines Vertrages stellt.

Vertragsbedingungen sind **vorformuliert**, wenn sie vor dem Vertragsschluss verfasst und festgehalten worden sind. Der Standardfall ist die Verwendung eines **Vertragsvordrucks** bzw. -formulars. Möglich ist aber auch die separate Einführung von AGB auf einem gesonderten Schriftstück (vgl. § 305 Abs. 1 S. 2). Letzteres ist in den Fällen üblich, in denen die AGB besonders umfangreich sind. Ein Beispiel hierfür sind die VOL/B und die VOB/B. Sie werden in aller Regel in den Vertragsformularen nicht mit abgedruckt.

> **Weitere Beispiele:**
> Zu jedem Versicherungsvertrag existieren umfangreiche AVB (Allgemeine Versicherungsbedingungen), die dem Versicherungsnehmer in Form einer gesonderten Broschüre übergeben werden.
>
> Die Kommune K hat „besondere Einkaufsbedingungen der Stadt K" erstellt, die für jeden Vertragsschluss gelten sollen und auf die in den Vertragsformularen nur verwiesen wird.

Es kommt nicht darauf an, ob der vorformulierte Text mit „Allgemeine Geschäftsbedingungen" überschrieben ist.

Kapitel 3 - Inhalt von Verträgen

Beispiele:
Die VOB/B und die VOL/B sind Allgemeine Geschäftsbedingungen.

Die „*besonderen* Einkaufsbedingungen der Stadt K" sind Allgemeine Geschäftsbedingungen. Diese Wortwahl soll nur verdeutlichen, dass die Einkaufsbedingungen zusätzlich zur VOL/B gelten sollen.

V verwendet ein Vertragsformular mit einigen wenigen Bestimmungen auf der Vorderseite und einer Vielzahl von weiteren Bestimmungen auf der Rückseite, die mit „Allgemeine Vertragsbedingungen" überschrieben sind. Sowohl die Bestimmungen auf der Vorder- wie auch auf der Rückseite sind AGB.

Ferner ist es gleichgültig, ob der Verwender den Text selbst formuliert hat oder sich eines von dritter Seite erstellten Vertragswerks bedient. Hauptbeispiel für von dritter Seite erstellte AGB sind wieder die VOL/B und die VOB/B.

Weitere Beispiele:
Die Kommune K greift für ihre Bauvorhaben auf Vertragsmuster aus dem *Vergabehandbuch für die Durchführung kommunaler Bauaufgaben in NRW* zurück. Die Vertragsmuster sind AGB der Kommune K.

Der Vermieter V verwendet für seine Mietverträge einen Vertragsvordruck, den er vom Verein „Haus und Grund" zur Verfügung gestellt bekommen hat. Es handelt sich um AGB.

Es reicht sogar aus, wenn die Vertragsbedingung im Kopf des Verwenders oder seiner Vertreter gespeichert ist, wobei es auf eine exakte sprachliche Übereinstimmung in allen Verwendungsfällen nicht ankommt. [12]

Beispiel:
Der Inhaber eines Fitnessstudios weist seine Mitarbeiter an, bei allen Vertragsabschlüssen in die Rubrik „Ergänzungen" handschriftlich den Passus einzutragen „Getränke können in das Studio nicht mitgenommen werden".

Ferner müssen AGB für eine Vielzahl von Verträgen vorformuliert sein. Dies ist dann der Fall, wenn die **dreimalige** Verwendung der Vertragsbedingungen beabsichtigt ist.[13] Die Vorschriften über die AGB sind also auch im Falle erstmaliger Verwendung anwendbar, denn es ist auf die **Absicht** der mehrmaligen Verwendung abzustellen. Dabei ist jedoch nicht erforderlich, dass die Partei, welche die AGB in den Vertrag einführt, eine mehrfache Verwendung bezweckt.[14]

Beispiel:[15]
Ein Hauseigentümerverband hat ein Mietvertragsformular entwickelt und seinen Mitgliedern allgemein zur Verwendung empfohlen. Es handelt sich um AGB, auch wenn der konkrete Vermieter das Formular nur für einen Einzelfall verwendet.

---

[12] *Gottschalk*, NJW 2005, S. 2493 f.
[13] So die h.M.: *Stoffels*, AGB-Recht, Rdnr. 128 mit weiteren Nachweisen auf die Rechtsprechung in Fn. 53.
[14] *Miethaner*, NJW 2010, S. 3121; Schulze/*Schulte-Nölke*, § 305, Rdnr. 4.
[15] Nach MüKo/*Basedow*, § 305, Rdnr. 19.

Eine Besonderheit besteht im Hinblick auf Verbraucherverträge. Nach § 310 Abs. 3 Nr. 2 BGB können bei solchen Verträgen wesentliche Vorschriften des AGB-Rechts auch auf vorformulierte Vertragsbedingungen anwendbar sein, wenn diese nur zur einmaligen Verwendung bestimmt sind.[16]

AGB liegen nicht vor, soweit die Vertragsbedingungen zwischen den Vertragsparteien im Einzelnen ausgehandelt sind (§ 305 Abs. 1 S. 3). Ein Aushandeln liegt vor, wenn der Verwender den Inhalt einer Klausel ernsthaft zur Disposition stellt und sich die Parteien in echten Verhandlungen dann doch auf die Geltung der Klausel einigen. Das wird in der Praxis eher selten der Fall sein.

d) Bestimmung des Schutzniveaus zugunsten des Verwenders

Das Gesetz differenziert in § 310 Abs. 1 S. 1 danach, ob der Vertragspartner des Verwenders Verbraucher ist oder nicht. Auf **Verbraucher** ist das gesamte AGB-Recht anwendbar, also inklusive der in dieser Vorschrift genannten §§ 305 Abs. 2, 308, 309 (zur Bedeutung dieser Vorschriften gleich mehr). Auf **Unternehmer** und auf **juristische Personen des öffentlichen Rechts**, finden die in § 310 Abs. 1 S. 1 genannten Vorschriften dagegen keine Anwendung. Der Gesetzgeber unterstellt diesen Personen ein größeres Maß an Geschäftsgewandtheit und hält sie dem entsprechend für weniger schutzbedürftig. Mithin gilt: In Vertragsbeziehungen zwischen der Wirtschaft und der Verwaltung gilt zwar AGB-Recht, falls eine der beiden Parteien AGB einsetzt. Aber das Schutzniveau zugunsten des Vertragspartners des Verwenders ist etwas reduziert.

e) Einbeziehung von AGB in den Vertrag

Der Verwender kann sich gegenüber seinem Vertragspartner nur dann auf seine AGB berufen, wenn diese Bestandteil des Vertrags geworden sind. Ist der Vertragspartner ein Unternehmer oder eine juristische Personen des öffentlichen Rechts, gelten hier die gleichen Grundsätze wie für alle anderen Regelungen auch, die einer der Vertragsteile zum Gegenstand des Vertrags machen will. Ist der Vertragspartner des Verwenders dagegen Verbraucher, gelten gemäß § 310 Abs. 1 die verschärften Einbeziehungsvoraussetzungen aus § 305 Abs. 2.

aa) Einbeziehung gegenüber Unternehmern und juristischen Personen des öffentlichen Rechts

Eine Einbeziehung setzt voraus, dass sich beide Parteien darüber einig geworden sind, dass die AGB gelten sollen. Die Geltung der AGB muss also Gegenstand von Angebot und Annahme geworden sein. Ob das der Fall ist, ist durch Auslegung des Vertrags zu bestimmen.

---

[16] *Schulze/Schulte-Nölke*, § 305, Rdnr. 4.

Beispiel:
V unterschreibt einen Vertrag auf einem von K verwendeten Formular. Damit kann K vernünftigerweise davon ausgehen, dass V mit der Geltung der im Vordruck enthaltenen Bestimmungen einverstanden ist. V's Willenserklärung ist in diesem Sinne auszulegen, somit sind die Bestimmungen im Vordruck als AGB Vertragsbestandteil geworden.

Gegenbeispiel:
Nach einem mündlichen Vertragsschluss, bei dem von AGB nicht die Rede war, liefert V die Ware an K aus. Auf dem Lieferschein findet sich der Hinweis: „Es gelten unsere rückseitig abgedruckten Lieferbedingungen". Der Vertrag ist bereits durch mündlichen Vertragsschluss zustande gekommen. Der Hinweis auf dem Lieferschein weicht vom Vertragsinhalt ab und ist daher allenfalls als Angebot auf Änderung des Vertrags aufzufassen. Die Änderung kommt dann nur zustande, wenn K diese Änderung annimmt. Bleibt die Annahme aus, was in der Praxis so gut wie immer der Fall sein wird, sind die AGB nicht Vertragsbestandteil geworden.

Bei Beschaffungsverträgen zwischen der Öffentlichen Hand wird in der Regel die Geltung der VOB/B bzw. der VOL/B vereinbart. Sie werden damit als Allgemeine Geschäftsbedingungen in den Vertrag einbezogen.

Beispiel:
Auf dem vom Landkreis L verwendeten Vertragsformular ist der Satz zu finden: „Es gilt die VOB/B". Sie ist damit im Zweifel Teil des Vertrags geworden.

bb) Einbeziehung gegenüber Verbrauchern

Die Einbeziehungsvoraussetzungen gegenüber Verbrauchern ergeben sich aus § 305 Abs. 2.

Grundsätzlich muss der Verwender **ausdrücklich auf die AGB hinweisen**. Ein ausdrücklicher Hinweis wird in der Regel nur bei **schriftlichen Verträgen** oder bei **Verträgen über das Internet** erfolgen. Für die Rechtsprechung liegt ein ausdrücklicher Hinweis nur vor, wenn er von einem **Durchschnittskunden** auch **bei flüchtiger Betrachtung nicht überlesen werden** kann.

Beispiele:
Beim Ausfüllen eines Vertragsformulars im Internet muss der Kunde das Feld „Ich habe die Allgemeinen Geschäftsbedingungen gelesen und zur Kenntnis genommen" anklicken, sonst kommt kein Vertrag zustande. Deutlicher kann ein Hinweis kaum sein.

Die bloße Tatsache, dass ein Vertragsformular auf seiner Vorderseite vorgedruckte Vertragsbestimmungen enthält, ist ein deutlicher Hinweis auf diese AGB. Denn dem Vertragspartner muss ohne weiteres einleuchten, dass der Inhalt des Vordrucks Vertragsgegenstand werden soll.

Auf dem Vertragsformular findet sich unmittelbar oberhalb des Feldes, in dem der Vertragspartner des Verwenders unterschreiben muss, im Fettdruck der Satz: „Es gelten unsere rückseitig abgedruckten Allgemeinen Vertragsbedingungen". Der Fettdruck und die Tatsache, dass dieser Hinweis unmittelbar über dem Unterschriftsfeld angeordnet ist, auf das der Blick des Unterzeichners normalerweise fällt, sorgen dafür, dass auch ein Durchschnittskunde diesen Hinweis normalerweise nicht überlesen wird.

> **Gegenbeispiel:**
> Auf dem Vertragsformular findet sich in einem 10-zeiligen Fließtext ein drucktechnisch nicht hervorgehobener Hinweis auf die Geltung der rückseitig abgedruckten AGB. Dies wird in der Regel nicht hinreichend deutlich sein, da die Gefahr des Überlesens zu groß ist.

Der ausdrückliche Hinweis muss bei Vertragsschluss erfolgen. Ist dies nicht der Fall, werden die AGB nicht in den Vertrag einbezogen.

> **Beispiel:**[17]
> Ein Hinweis auf die AGB findet sich erstmals auf dem bei der Auslieferung übergebenen Lieferschein.

Ist ein ausdrücklicher Hinweis unzumutbar, reicht ausnahmsweise ein **deutlich sichtbarer Aushang**, der auf die Vertragsbedingungen hinweist (§ 305 Abs. 2 Nr. 1). Dies kommt vor allen Dingen bei **mündlichen Verträgen** in Betracht. In der Regel **verzichten** Unternehmer auf diese Möglichkeit der Einbeziehung und nehmen dann die Geltung des Gesetzes in Kauf. Das gilt insbesondere für den **Einzelhandel**.

> **Beispiele für Branchen, die mit Aushängen operieren:**
> Textilreinigungsunternehmen, Parkhäuser, Betreiber von Kfz-Waschanlagen

Der Verwender muss dem Vertragspartner die Möglichkeit verschaffen, in zumutbarer Weise von den AGB Kenntnis zu nehmen (§ 305 Abs. 2 Nr. 2). Diese Möglichkeit muss dem Vertragspartner bei Vertragsabschluss eingeräumt werden.

Bei einem Vertragsschluss unter Anwesenden ist in der Regel die Übergabe der AGB erforderlich (z.B. als Bestandteil des Vertragsformulars), bei einem Vertragsschluss unter Abwesenden in der Regel die Übersendung. Bei einem Vertragsschluss im Internet genügt die Möglichkeit, die AGB über einen Link einzusehen.

Eine Einbeziehung setzt schließlich das Einverständnis des Vertragspartners mit der Geltung voraus (§ 305 Abs. 2 a.E.). Das entspricht der Einbeziehungsvoraussetzung nach allgemeinem Recht (s.o. unter aa). Eine bestimmte Vertragsgestaltung setzt immer das Einverständnis beider voraus, das auch durch schlüssiges Handeln gegeben werden kann.

cc) Vorrang der Individualabrede

Eine AGB-Klausel wird nicht Vertragsbestandteil, wenn sie von einer individuellen Vertragsabrede überlagert wird (§ 305b). Die Vertragsparteien haben es also stets in der Hand, durch mündliche oder sogar schlüssige Vereinbarungen Teile der AGB unanwendbar werden zu lassen.

> **Beispiel:**
> Der Verkäufer behält sich in seinen AGB eine Lieferfrist von 4 Wochen vor. Im Rahmen der mündlichen Vertragsverhandlungen sichert er dem Käufer eine Lieferung innerhalb einer Woche zu. Vertragliche Lieferfrist ist damit eine Woche, selbst wenn die AGB nach § 305 Abs. 2 oder nach allgemeinen Grundsätzen Vertragsbestandteil geworden sind.

---

[17] Nach *Stoffels*, AGB-Recht, Rdnr. 286: "Es ist jedoch ausreichend, wenn die Lieferbedingungen des Verkäufers erst an der Kasse zusammen mit Quittung überreicht werden".

Kapitel 3 - Inhalt von Verträgen 63

f) Auslegung von Allgemeinen Geschäftsbedingungen

Für AGB gilt wie für die restlichen Vertragsbestandteile auch, dass sie nach dem objektiven Empfängerhorizont auszulegen sind. Allerdings existiert eine Besonderheit: Wenn eine AGB-Klausel mehrdeutig oder sonst unklar ist, gehen die Auslegungszweifel nach § 305c Abs. 2 zu Lasten des Verwenders. Da er die AGB in den Vertrag einführt, liegt es an ihm, sich klar und unzweideutig auszudrücken. Tut er dies nicht, ist dies sein Risiko. Es gilt die für den Vertragspartner günstigere Auslegung.

> **Beispiel:**
> Ein Bauvertrag wird auf einem vom öffentlicher Auftraggeber eingeführten Formular abgeschlossen. Das Formular bestimmt die Anwendbarkeit der VOB/B und enthält ferner u.a. folgenden Satz: „Garantieleistung entsprechend VOB bzw. BGB". Diese Bestimmung ist unklar, weil sich die Regelungen in VOB und BGB hier teilweise unterscheiden. So verjähren insbesondere Gewährleistungsansprüche an Bauwerken gemäß § 634a Abs. 1 Nr. 2 nach 5 Jahren. Die VOB/B verkürzt diese Frist auf 4 Jahre. Zugunsten des Bauunternehmers gilt daher in diesem Fall die kürzere Verjährungsfrist aus der VOB/B, weil sie ihn früher aus der Haftung entlässt.

g) Inhaltskontrolle von AGB nach §§ 307 - 309

aa) Verhältnis der einschlägigen Vorschriften zueinander

§§ 307-309 treffen Bestimmungen zur - im Streitfall vom Gericht vorzunehmenden - inhaltlichen Kontrolle der in den Vertrag einbezogenen AGB. Diese Paragraphen sind die zentralen Vorschriften des Rechts der Allgemeinen Geschäftsbedingungen. § 308 und § 309 BB sind gegenüber § 307 **Spezialvorschriften**. Sie kommen daher vorrangig zur Anwendung. Dies bedeutet, dass man bei der inhaltlichen Überprüfung einer AGB mit § 309 beginnen muss. Wenn nach dieser Vorschrift keine Unwirksamkeit festzustellen ist, muss § 308 BGB herangezogen werden. Zur Überprüfung einer AGB-Klausel nach § 307 BGB kommt es, wenn die Klauselverbote nach §§ 309, 308 BGB nicht eingreifen oder wenn gem. § 310 Abs.1 die Vorschriften der §§ 308 1, 2-8, 309 BGB nicht anwendbar sind.

bb) Anwendung der §§ 308, 309

§ 308 enthält Klauselverbote mit Wertungsmöglichkeiten, § 309 enthält Klauselverbote ohne Wertungsmöglichkeiten. Der Unterschied liegt darin, dass die einzelnen Verbotstatbestände des § 308 anders als bei § 309 mit unbestimmten Rechtsbegriffen operieren. § 308 ist nur anwendbar, wenn sich der Sachverhalt im konkreten Einzelfall unter den unbestimmten Rechtsbegriff subsumieren lässt, was immer auch das Ergebnis einer Wertung ist (daher auch „Klauselverbote mit Wertungsmöglichkeit"). Bei § 309 existieren diese Wertungsspielräume nicht.

Beispiele:
§ 308 Nr. 6 gilt nur für Erklärungen „von besonderer Bedeutung".

§ 308 Nr. 7 greift nur, wenn die vereinbarte Vergütung bzw. der Aufwendungsersatz „unangemessen hoch" ist.

Die Wertungsspielräume in § 308 sind durch Interessenabwägung auszuschöpfen.

Beispiel:[18]
Die Klausel in den AGB des Verkäufers „Eine Übergabe an den Paketdienst erfolgt **in der Regel** etwa ein bis zwei Tage nach Zahlungseingang..." ist nicht hinreichend bestimmt und verstößt gegen § 308 Nr. 1 2. Alt. BGB.[19] Ein Durchschnittskunde muss nämlich ohne Schwierigkeiten und ohne rechtliche Beratung in der Lage sein, das Ende einer in AGB vorgegebenen Lieferfrist selbst zu erkennen und zu berechnen.

cc) Anwendung des § 307

Soweit keine der in §§ 308, 309 genannten Konstellationen gegeben ist oder diese Vorschriften gemäß § 310 Abs. 1 nicht anwendbar sind, ist auf die **allgemeine Vorschrift** des § 307 zurückzugreifen. Das bedeutet aber nicht ohne weiteres, dass alles, was nicht gegen §§ 308, 309 verstößt, wirksam ist. Eine Klausel, die die Hürde der §§ 308, 309 überwindet, ist vielmehr zusätzlich an § 307 zu messen. Zu beachten ist ferner, dass die Wertungen der §§ 308, 309 BGB auch im Rahmen des § 307 BGB zu berücksichtigen sind.[20] Fällt also eine Klausel in Allgemeinen Geschäftsbedingungen bei ihrer Verwendung gegenüber Verbrauchern unter eine Verbotsnorm des § 309 BGB, so ist dies ein Indiz dafür, dass sie auch im Falle der Verwendung gegenüber Unternehmern zu einer unangemessenen Benachteiligung führt, es sei denn, sie kann wegen der besonderen Interessen und Bedürfnisse des unternehmerischen Geschäftsverkehrs ausnahmsweise als angemessen angesehen werden.[21]

Grundsätzlich gilt nach § 307 Abs. 1: Bestimmungen in AGB, die den Kunden **unangemessen benachteiligen**, sind unwirksam. Ob eine unangemessene Benachteiligung vorliegt, ist im Wege der **Interessenabwägung** zu klären. Dabei sind die folgenden zwei Vorgaben des Gesetzgebers zu beachten.

(i) Grad der Abweichung vom Gesetz

Im Rahmen der Interessenabwägung ist ein besonderes Augenmerk auf die vorgegebene gesetzliche Regelung zu werfen, von der mithilfe der AGB abgewichen werden soll. Die gesetzliche Regelung ist das Produkt der vom Gesetzgeber vorgenommenen Interessenabwägung. Weichen die AGB hiervon in wesentlichen Punkten ab, wird gemäß § 307 Abs. 2 Nr. 1 „im Zweifel" eine unangemessene Benachteiligung vorliegen. Dem Gesetz kommt somit eine **Leitbildfunktion** zu.

---

[18] KG Berlin, NJW 2007, 2266.
[19] Siehe auch OLG Frankfurt MMR 2011, 800: Eine AGB-Klausel, mit der eine Lieferzeit mit dem Zusatz „**in der Regel**" versprochen wird, ist unwirksam.
[20] *Schulze/Schulte-Nölke*, § 307, Rdnr. 3; MüKo/*Wurmnest*, § 307, Rdnr. 77.
[21] So BGH NJW 2007, 3774.

> **Beispiel:**
> Ein grundlegendes Prinzip beim Maklervertrag ist, dass der Makler nur dann einen Provisionsanspruch erwirbt, wenn aufgrund der Vermittlung ein Vertrag zustande kommt (§ 652, S. 1). Eine Vertragsklausel, die einen erfolgsunabhängigen Provisionsanspruch begründet, ist daher nach Rechtsprechung des BGH wegen unangemessener Benachteiligung unwirksam.

Mit der Formulierung „im Zweifel" macht der Gesetzgeber deutlich, dass die entsprechende AGB-Klausel dann unwirksam sein soll, es sei denn, dass im konkreten Fall besondere Umstände vorliegen, die eine Wirksamkeit der AGB-Klausel angemessen erscheinen, obwohl sie von wesentlichen Grundgedanken der gesetzlichen Regelung abweichen.

> **Beispiel (in Anknüpfung an vorheriges Beispiel):**
> Der Provisionsanspruch bei Ausbleiben einer Vermittlung liegt nur bei 30 €. Der Provisionsanspruch bei Vermittlungserfolg liegt nur bei 1.000 € statt wie marktüblich bei 2.000 €. Hier könnte man -abhängig von den näheren Umständen des Einzelfalls- erwägen, dass der Vorteil einer niedrigeren Provision im Erfolgsfall den Nachteil einer maßvollen erfolgsunabhängigen Provision kompensiert.

(ii) Transparenzgebot

Nach § 307 Abs. 1 S. 2 führt auch eine unklare oder unverständliche Fassung des AGB-Textes zur Unwirksamkeit. Mangelnde Transparenz schafft Rechtsunsicherheit; der Vertragspartner kann nicht genau erkennen, welche Rechte und Pflichten sich aus der AGB-Klausel ergeben. Das allein begründet schon die nach § 307 Abs. 1 S. 1 erforderliche unangemessene Benachteiligung.

> **Beispiel:**
> Eine Vertragsklausel schließt die Haftung des Verwenders „soweit rechtlich zulässig" aus. Ohne intensive Auseinandersetzung mit der Rechtslage kann der Vertragspartner nicht erkennen, welche Tragweite diese Klausel hat. Da ihm größerer Rechercheaufwand nicht zugemutet werden kann, ist eine solche Klausel aus Sicht des BGH intransparent und damit unwirksam.

dd) Privilegierung der VOB/B und der VOL/B

Die VOB/B und die VOL/B sind AGB, die an sich der vollen Inhaltskontrolle nach §§ 307-309 unterliegen. Dennoch sind sie nicht ohne weiteres mit anderen AGB vergleichbar. Denn sie wurden von gemeinsam von Interessenvertretern der Auftragnehmer- und der Auftraggeberseite entwickelt. Es handelt sich um ausgewogene Regelwerke, die die Interessen der einzelnen Vertragsparteien auf angemessene Weise berücksichtigen. Daher hat die Rechtsprechung entschieden: Wird die VOB/B bei öffentlichen Aufträgen **insgesamt einbezogen**, verstößt keine ihrer Regelungen gegen § 307 Abs. 1 S. 1. Sobald aber nur Teile der VOB/B gelten, kann das sorgsam ausbalancierte Verhältnis von Bauherren- und Bauunternehmerpflichten aus dem Gleichgewicht geraten. Dann stehen auch einzelne Klauseln wieder zur Disposition.

Beispiel:
§ 2 Abs. 8 Nr. 1 S. 1 VOB/B bestimmt, dass der Unternehmer für nicht beauftragte Leistungen keine Vergütung erhält. Dies gilt auch dann, wenn die Leistung dem Besteller nutzt. Diese Regelung ist hart, weil gerade bei komplexen Bauprojekten die Grenze zwischen geschuldeter und nichtgeschuldeter Bauleistung häufig sehr schwer zu ziehen ist. Als Teil der gesamten VOB/B ist die Regelung dennoch wirksam, als isolierte Vereinbarung dagegen nicht.

Für die VOL/B dürfte das Gleiche gelten wie für die VOB/B. Hierzu gibt es jedoch noch keine verlässliche Rechtsprechung.

h) Folgen der Nichteinbeziehung oder Unwirksamkeit von AGB

Sind die AGB oder einzelne Klauseln nicht wirksam in den Vertrag einbezogen, so bleibt der **Vertrag im Übrigen** grundsätzlich **wirksam** (§ 306 Abs. 1). Jene Klauseln, die der Kontrolle standgehalten haben, sind Vertragsbestandteil. Anstelle der nicht wirksam einbezogenen oder unwirksamen AGB gilt gemäß § 306 Abs. 2 die gesetzliche Regelung.

Beispiel :
Eine AGB-Klausel lautet: „Die Haftung für Fahrlässigkeit ist ausgeschlossen." Die AGB werden gegenüber einem Verbraucher verwendet. Der Haftungsausschluss für grobe Fahrlässigkeit ist damit gemäß § 309 Nr. 7b unwirksam. Es gilt § 276, nach dem der Verwender für jede Form der Fahrlässigkeit haftet. Hätte die Klausel nur die Haftung für leichte Fahrlässigkeit ausgeschlossen, wäre sie zumindest nicht nach § 309 Nr. 7b unwirksam gewesen. Sie hätte sich dann nur an § 307 messen lassen müssen.

II. Gegenstand und Inhalt eines Kaufvertrags

Gegenstand eines Kaufvertrags können Sachen (nach § 90 körperlichen Gegenstände) und Rechte sein.

Beispiele:
Haus, Maschine, KfZ (Sachen)
Filmrechte, Forderung, Lizenz (Rechte)

Die Vorschriften über den Kauf von Sachen finden auf den Kauf von Rechten entsprechende Anwendung (§ 453 Abs. 1). Das Gesetz unterscheidet also nicht danach, ob Gegenstand des Kaufvertrags eine Sache oder ein Recht ist.

Der Verkäufer ist verpflichtet, dem Käufer die Sache zu **übergeben** und das Eigentum an der Sache zu verschaffen (§ 433 Abs. 1 S. 1). Er hat dem Käufer die Sache **frei von Sach- und Rechtsmängeln** zu verschaffen (§ 433 Abs. 1 S. 2, zum Begriff des Mangels später mehr).

Der Käufer ist verpflichtet, dem Verkäufer den vereinbarten Kaufpreis zu **zahlen** und die gekaufte Sache abzunehmen (§ 433 Abs. 2).

Das BGB enthält eine Fülle von weiteren Vorschriften, die den Inhalt des Kaufvertrags näher konkretisieren und die hier nicht näher vertieft werden sollen.

III. Gegenstand und Inhalt eines Werkvertrags

1. Gegenstand des Werkvertrags

Gegenstand des Werkvertrags ist ein Werk (§ 631 Abs. 1). Werkverträge sind insbesondere Verträge, die **Handwerker-, Bau-, Architekten- oder Ingenieursleistungen** zum Gegenstand haben. Im Folgenden können nur einige wenige Vorschriften zum Werkvertrag näher erörtert werden.

2. Pflichten aus dem Werkvertrag

a) Herstellungspflicht des Unternehmers

Der Unternehmer ist zur Herstellung des Werks verpflichtet (§ 631 Abs. 1).

b) Vergütungspflicht des Bestellers

aa) Höhe der Vergütung

Der Besteller schuldet die Zahlung der vereinbarten Vergütung (§ 631 Abs. 1). Beim Werkvertrag wird häufig keine konkrete Vergütung vereinbart, da oftmals weder Besteller noch Unternehmer den Aufwand im Vorfeld abschätzen können. Existiert eine einschlägige **Gebührenordnung,**

> **Beispiel:**
> Honorarordnung für Architekten und Ingenieure (HOAI),

gilt eine nach dieser Gebührenordnung zu bestimmende Vergütung als vereinbart (§ 632 Abs. 2, das Gesetz nennt sie „taxmäßige Vergütung"). Ansonsten gilt wie beim Dienstvertrag die **übliche Vergütung** als vereinbart (§ 632 Abs. 2 a.E.), d.h. die Vergütung, die üblicherweise bei vergleichbaren Arbeiten vereinbart wird. Das ist notfalls durch Gutachten zu ermitteln.

> **Beispiel:**
> Wenn ein Schlüsseldienst und sein Auftraggeber keine konkreten Vereinbarungen getroffen haben, wird ein Gutachter eine Marktanalyse in der betreffenden Stadt durchführen, um die durchschnittliche Vergütung für die vereinbarte Leistung zu ermitteln.

bb) Fälligkeit der Vergütung

Abweichend von § 271 Abs. 1 bestimmt § 641 Abs. 1, dass die Vergütung erst bei **Abnahme** des Werks zu entrichten ist. Als Abnahme gilt die Billigung des Werks als im Wesentlichen vertragsgemäß (s. ausführlich nächster Abschnitt).

Beispiel:
Nach Beendigung der Handwerkerarbeiten unterschreibt Bestellter B ein Abnahmeprotokoll, in dem vermerkt ist, dass die Leistung ordnungsgemäß erbracht wurde. Erst danach muss er die vereinbarte Vergütung zahlen.

Faktisch bedeutet dies, dass der **Unternehmer in Vorleistung** treten muss. Während der Besteller nach § 271 Abs. 1 eine sofortige Ausführung verlangen kann, muss der Unternehmer mit der Zahlung warten, bis der Besteller das Werk abgenommen hat. Könnte sich auch der Unternehmer auf § 271 Abs. 1 berufen, wären beide Leistungen gleichzeitig zu erbringen. In aller Regel ist dies beim Werkvertrag aber nicht möglich, weil die Zahlung nur einen Augenblick dauert, während sich die Herstellung des Werks über einen längeren Zeitraum hinzieht. Der Gesetzgeber musste sich also für die Vorleistung einer der beiden Parteien entscheiden. Diese Entscheidung ist im Wege der Interessenabwägung zugunsten des Bestellers gefallen. Um den Interessen des Unternehmers Rechnung zu tragen, bestimmt § 632a allerdings, dass der Unternehmer ein Recht auf **Abschlagszahlungen** für in sich abgeschlossene Teile des Werks hat.

Da § 632a sehr unkonkret ist, werden insbesondere bei großen Bauprojekten Vereinbarungen über konkrete Abschlagzahlungen nach genau definierten Phasen des Bauprojekts geschlossen.

Beispiel:
B und U vereinbaren:
Die Vergütung beträgt 200.000 €. Hiervon sind zu entrichten:
- 5 % nach Aushebung der Baugrube
- 5 % nach Ausgießen der Fundamente
...

c) Abnahmepflicht des Bestellers

Als Abnahme gilt nach ständiger Rechtsprechung die **Billigung des Werks** als im Wesentlichen vertragsgemäß. Die Abnahme kann auch **stillschweigend** erfolgen, sich also aus den Umständen ergeben. Ob das der Fall ist, ist durch Auslegung nach dem objektiven Empfängerhorizont zu ermitteln.

Beispiele:
Der Besteller unterschreibt ein Abnahmeprotokoll. Dies ist eine ausdrückliche Abnahme.

Der Besteller nimmt die beauftragten Malerarbeiten in Gegenwart eines Mitarbeiters des Unternehmers ohne Beanstandung in Augenschein. Hieraus kann der Unternehmer vernünftigerweise schließen, dass der Besteller das Werk als im Wesentlichen vertragsgemäß billigt.

Die Abnahme bringt dem Unternehmer folgende Vorteile:
- Die Vergütung wird fällig (§ 641 Abs. 1 S. 1, s. vorheriger Abschnitt).
- Die Gefahr einer zufälligen Verschlechterung geht auf den Besteller über (näher hierzu Kap. 5 I 2 a).
- Der Besteller kann keine Gewährleistungsrechte für Mängel geltend machen, die er bei Abnahme kennt, es sei denn, er hat sich diese Rechte vorbehalten (§ 640 Abs. 2).
- Die Verjährungsfrist beginnt zu laufen (§ 634a Abs. 2, näher hierzu Kap. 10).

Aufgrund dieser Vorteile ist der Besteller nach Fertigstellung des Werks zur Abnahme **verpflichtet** (§ 640 Abs. 1 S. 1), es sei denn es liegt ein **nicht unwesentlicher Mangel** vor (§ 640 Abs. 1 S. 2). Nimmt der Besteller das Werk trotz Abnahmereife nicht ab, gilt es nach Ablauf einer vom Unternehmer zu setzenden angemessenen Frist als abgenommen (§ 640 Abs. 1 S. 3).

Beispiel:
Nach Fertigstellung der Malerarbeiten fordert Maler M den Eigentümer E auf, mit ihm innerhalb von zehn Tagen einen Abnahmetermin zu vereinbaren. E meldet sich nicht bei M und lässt die Frist tatenlos verstreichen. Nach Ablauf der Frist - ihre Angemessenheit im konkreten Einzelfall unterstellt - gelten die Malerarbeiten als abgenommen.

IV. Gegenstand und Inhalt eines Mietvertrags

Gegenstand eines Mietvertrags kann jede Sache (§ 90) sein. Von besonderer wirtschaftlicher Bedeutung ist die Vermietung von Wohnraum.

1. Struktur der mietvertraglichen Regelungen im BGB

Der erste Teil des Mietrechts (§§ 535 - 548) enthält Vorschriften, die für alle Mietverhältnisse gelten. Der zweite (umfangreichere) Teil enthält Vorschriften über die Wohnraummiete (§§ 549 - 577a), die zum Teil auch auf die Miete anderer Räume (z.B. für die Unterbringung einer Stadtverwaltung) anwendbar ist (s. § 578). Die Ausführungen zum Mietvertrag in diesem Lehrbuch beschränken sich im Wesentlichen auf für alle Mietverhältnisse geltenden Vorschriften. Und auch hier kann nur ein sehr kleiner Ausschnitt der einschlägigen Regelungen vorgestellt werden.

2. Pflichten aus dem Mietvertrag

Der **Vermieter** muss dem Mieter den Gebrauch der Mietsache gewähren (§ 535 Abs. 1 S. 1). Der Vermieter hat die Mietsache in vertragsgemäßen Zustand zu überlassen und sie während der Mietzeit in diesem Zustand zu erhalten (§ 535 Abs. 1 S. 2). Das bedeutet insbesondere, dass der Mieter nicht für die Abnutzungen der Mietsache einzustehen hat (§ 538). Bei Wohn- und beim Gewerberaummietvertrag wird hiervon aber fast immer abgewichen und dem Mieter vertraglich die Pflicht zur Durchführung von **Schönheitsreparaturen** auferlegt. Darunter fällt in erster Linie das Streichen der Wände.

Der Vermieter hat die auf der Mietsache ruhenden Lasten zu tragen (§ 535 Abs. 1 S. 3), ist also insbesondere zur Übernahme der **Nebenkosten** verpflichtet. In der Praxis bestimmen Wohn- und Gewerbemietraumverträge allerdings nahezu immer, dass der Mieter die Nebenkosten zu tragen hat.

Der **Mieter** ist zur Zahlung der Miete verpflichtet (§ 535 Abs. 2). Nach Beendigung des Mietverhältnisses hat er die Mietsache zurückzugeben (§ 546 Abs. 1).

Übungsfälle:

Fall 1 (Vertragsauslegung)

Sachverhalt

Die Gemeinde Goderberg schließt mit dem Dachdecker Danker einen schriftlichen Vertrag mit folgendem Inhalt:

„Danker verpflichtet sich zur Abdeckung des Gebäudes auf dem Grundstück der Gemeinde Goderberg in der Erpelgasse 7 in Goderberg:

6.000 € für 100 qm
3.250 € für 60 qm

Summe: 9.250 € als Pauschalpreis"

Das einzudeckende Gebäude hat folgenden Grundriss:

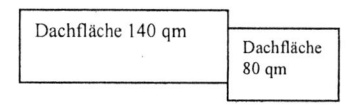

Dachfläche 140 qm	
	Dachfläche 80 qm

In der Vertragsurkunde selbst findet sich keine Grundrissskizze und auch kein Hinweis auf die Dachflächen des Haupt- und des Nebengebäudes. Nach Abdeckung des Hauptgebäudes mit einer Grundfläche von 140 qm stellt Danker seine Tätigkeit ein. Er begründet dies damit, dass er laut Vertrag nur zur Abdeckung des größeren Gebäudeteils verpflichtet sei. Die Gemeinde stellt dies in Abrede und meint, aus dem Vertrag gehe klar hervor, dass sie Anspruch auf Abdeckung des Gesamtgebäudes habe. Kann die Gemeinde, die die vereinbarte Vergütung bereits bezahlt hat, von Danker die Abdeckung des Nebengebäudes verlangen?

Hinweis: Der vorliegende Vertrag ist ein Werkvertrag (s. § 631).

Lösungsvorschlag

Der Anspruch könnte sich aus § 631 Abs. 1 ergeben. Der vorliegende Vertrag ist laut Hinweis ein Werkvertrag.

Voraussetzung wäre, dass der Vertrag den Danker zur Abdeckung des Nebengebäudes verpflichtet. Da der Vertrag diesbezüglich nicht eindeutig ist, ist er auszulegen.

Verträge sind so auszulegen, wie sie vernünftigerweise von den Vertragsparteien verstanden werden mussten (vgl. §§ 133, 157).

Hier mussten die Vertragsparteien vernünftigerweise davon ausgehen, dass die Abdeckung des gesamten Gebäudekomplexes geschuldet war[22]. Zwar ist die im Vertrag genannte Gesamtquadratmeterzahl von 160 qm näher an den 140 qm, die Danker als Vertragsleistung ansieht, als an den 220 qm, die aus Sicht der Gemeinde als Vertragsleistung zu qualifizieren sind. Mathematische Erwägungen dieser Art können bei einer wertenden Betrachtung aller Gesamtumstände aber nicht den Ausschlag geben. Im Vertrag ist nur von „Gebäude" die Rede, ohne klarzustellen, dass nur das Hauptgebäude gemeint sein sollte. Zudem differenziert der Vertrag zwischen einem kleineren und einem größeren Teil (100 qm / 60 qm), scheint also beide einzuschließen. Die angeführten qm-Zahlen decken sich zwar nicht mit der tatsächlichen Grundfläche von Haupt- und Nebengebäude. Sie haben jedoch nahezu das gleiche Verhältnis zu den tatsächlichen Werten (6/10 = 0,6; 8/14 = 0,57). Schließlich ist im Vertrag ausdrücklich von einem „Pauschalpreis" die Rede.

Ein Anspruch besteht.

Fall 2 (Allgemeine Geschäftsbedingungen)

Sachverhalt

Die Stadt Soderhausen will in einem kommunalen Gebäude Klempnerarbeiten durchführen lassen. Sie holt beim Klempner Keller ein schriftliches Angebot ein, in dem als „Festpreis" ein Betrag von 1.000 € genannt ist. Einen Tag nach Erhalt erteilt die Stadt dem Keller den Auftrag per Fax. Keller schickt daraufhin eine „Auftragsbestätigung" zurück, in der u.a. steht: *„Es gelten unsere allgemeinen Vertragsbedingungen."* Die rückseitig abgedruckten und von Keller ständig verwendeten allgemeinen Vertragsbedingungen beinhalten u.a. folgende Klausel: *„Sämtliche von uns genannten Preise verstehen sich zuzüglich Fahrtkosten, die mit 25 € pro angefangener Stunde und eingesetztem Mitarbeiter berechnet werden."* Die Stadt reagiert hierauf nicht. Nach Ausführung der Arbeiten stellt Keller der Stadt 1.100 € in Rechnung, davon 100 € als Fahrtkosten. Die Stadt zahlt nur 1.000 €. Kann Keller die restlichen 100 € verlangen?

Hinweis: Der vorliegende Vertrag ist ein Werkvertrag (s. § 631).

---

[22] Ein gegenteiliges Ergebnis ist ohne weiteres vertretbar.

Lösungsvorschlag

Keller könnte seinen Anspruch auf § 631 Abs. 1 stützen. Dies würde voraussetzen, dass Keller über die bereits gezahlten 1.000 € hinaus noch Geld zusteht.

Voraussetzung hierfür wäre eine wirksame Einbeziehung der „Allgemeinen Vertragsbedingungen", bei denen es sich um AGB nach § 305 Abs. 1 handelt. Die erschwerten Einbeziehungsvoraussetzungen nach§ 305 Abs. 2 sind gemäß § 310 Abs. 1 im vorliegenden Fall nicht anwendbar, da die Stadt Soderhausen juristische Person des öffentlichen Rechts ist. Die Einbeziehung der AGB bestimmt sich daher nach allgemeinen Grundsätzen über die Bestimmung des Inhalts von Verträgen. AGB sind nur Vertragsbestandteil, wenn dies vereinbart wurde. Diese Einbeziehung könnte im Rahmen des Vertragsschlusses erfolgt sein. Fraglich ist, worin der Vertragsschluss hier genau zu erblicken ist.

Das Angebotsschreiben des Keller ist als Angebot i.S.d. § 145 zu werten.

Die Auftragserteilung per Fax ist die Annahme. Fraglich ist allerdings, ob sie gemäß § 147 Abs. 2 rechtzeitig erfolgt ist. Die Stadt hat drei Tage benötigt, um zu reagieren. Bei einem Vertrag mit einem Volumen von 1.000 € ist dies eine Überlegungs- bzw. Bearbeitungsfrist, die man unter regelmäßigen Umständen zu erwarten hat. Die Annahme ist mithin rechtzeitig.

Weder im Angebot noch in der Annahme ist von den AGB des Keller die Rede. Sie sind somit bei Vertragsschluss nicht Vertragsbestandteil geworden.

Abschließend ist zu untersuchen, ob die AGB durch Vertragsänderung einbezogen worden sind. Die Auftragsbestätigung könnte diesbezüglich als Angebot auf Vertragsänderung angesehen werden. Hierauf hat die Stadt aber nur geschwiegen. Schweigen gilt nicht als Annahme. Zu einer Vertragsänderung ist es somit nicht gekommen.

Insgesamt fehlt es daher an einer Einbeziehung. Ein Anspruch besteht nicht.

Fall 3 (Allgemeine Geschäftsbedingungen)

Sachverhalt

Die Gemeinde Goderberg ist Eigentümerin eines Gebäudes, das sie zu einem Begegnungszentrum für Jugendliche in einem sozialen Brennpunkt umwandeln will. In diesem Gebäude befinden sich vier Ladenlokale, die sie zu diesem Zweck vermieten will. Drei der Ladenlokale sind schon vermietet (CD-Shop, Imbiss, Sportgeschäft). Für das noch freie Ladenlokal meldet sich Rüdiger Rechts als Interessent. Er gibt gegenüber der Gemeinde an, dass er ein Kleidungsgeschäft eröffnen wolle. Dies wird auch so in den Mietvertrag aufgenommen. Der Mietvertrag wird auf einem mehrseitigen Vordruck geschlossen, den die Gemeinde bereits für die Vermietung der anderen Ladenlokale verwendet hatte und generell für die Vermietung aller Gewerbeflächen verwendet. Der Vordruck enthält zahlreiche Vertragsbestimmungen. § 9 des Vordrucks lautet:

„(1) Dem Mieter ist jegliche Tätigkeit untersagt, die Rechtsextremismus, Linksextremismus, Rassismus, Terrorismus oder religiöse Intoleranz fördert.
(2) Eine Förderung im Sinne des Absatzes 1 liegt insbesondere vor, wenn
- der Mieter es zulässt, dass sich sein Ladenlokal zum Treffpunkt von Menschen mit extremistischer oder sonstiger Gesinnung im Sinne des Absatzes 1 entwickelt.
- der Mieter Produkte verkauft, die vornehmlich von Menschen mit extremistischer oder sonstiger Gesinnung im Sinne des Absatzes 1 nachgefragt werden (Bücher, Filme, Musik, Kleidung). Das gilt auch dann, wenn die Produkte nach außen hin neutral sind."

Kurz nach Vertragsschluss stellt sich heraus, dass Rechts vornehmlich Kleidungsstücke der Marke „Donnerhammer" verkauft. Diese Marke wird vorwiegend von jungen Rechtsextremen getragen. Den Kleidungsstücken selbst ist dies äußerlich nicht anzumerken. In der Folgezeit reisen regelmäßig „Antifaschisten" aus der ganzen Gegend nach Goderberg und demonstrieren vor dem Laden des Rechts. Es kommt zu regelmäßigen Ausschreitungen. Die Gemeinde findet heraus, dass es ähnliche Probleme in mehreren anderen Städten in der Bundesrepublik gibt. In allen Fällen geht es um Kleidungsgeschäfte, die die Marke „Donnerhammer" anbieten. Kann die Gemeinde von Rechts verlangen, dass er den Verkauf von Kleidungsstücken der Marke Donnerhammer unterlässt?

Lösungsvorschlag

Grundlage für den möglichen Anspruch der Gemeinde wäre § 9 des Mietvertrags. § 9 Abs. 1, Abs. 2, 2. Spiegelstrich verbietet dem Rechts den Verkauf von Kleidungsstücken, die vornehmlich von Menschen mit rechtsextremer Gesinnung getragen werden. Dies ist bei Kleidungsstücken der Marke „Donnerhammer" der Fall. Fraglich ist aber, ob § 9 des Mietvertrags nicht gemäß § 307 Abs. 1 unwirksam ist.

Eine Unwirksamkeit nach § 307 Abs. 1 setzt voraus, dass es sich bei § 9 des Mietvertrags um Allgemeine Geschäftsbedingungen i.S.d. § 305 Abs. 1 S. 1 handelt. Die Gemeinde verwendet den Vordruck, dessen Teil § 9 ist, für die Vermietung aller Gewerbeflächen. Alle Vertragsbestimmungen des Vordrucks sind damit Allgemeine Geschäftsbedingungen.

Die Unwirksamkeit des § 9 könnte aus § 307 Abs. 1 S. 2 folgen, weil die Klausel nicht klar und verständlich ist. § 9 Abs. 1 des Vertrags verbietet die „Förderung" von Rechtsextremismus und ist damit eher allgemein gefasst. Der Begriff der „Förderung" wird allerdings in Abs. 2 konkretisiert. Insbesondere der Verkauf von Waren, die vornehmlich von Rechtsextremen gekauft werden, wird deutlich als Förderung qualifiziert. Für den Vertragspartner ist damit nachvollziehbar, dass zumindest diese Art von Förderung unzulässig ist. Die Klausel ist damit hinreichend transparent[23].

---

23 Ein gegenteiliges Ergebnis ist ohne weiteres vertretbar.

Die Klausel könnte ferner unwirksam sein, weil sie den Rechts nach § 307 Abs. 1 S. 1 unangemessen benachteiligt. Ob eine unangemessene Benachteiligung vorliegt, ist im Wesentlichen durch Abwägung der Interessen der Gemeinde und des Rechts zu ermitteln. Die Gemeinde hat ein ausgeprägtes Interesse daran, den Verkauf von rechtsextrem besetzter Ware in einem Begegnungszentrum für Jugendliche in einem sozialen Brennpunkt zu verhindern. Jugendliche befinden sich häufig in einem schwierigen Selbstfindungsprozess, in dem sie leicht beeinflussbar sind. Dies gilt gerade für Jugendliche aus sozial schwächeren Familien, weil die Eltern ihren Kindern wegen eigener Probleme häufig keine hinreichende Unterstützung in dieser schwierigen Phase geben können. Ein Begegnungszentrum für Jugendliche dient dazu, derartige Defizite auszugleichen. Ein Geschäft mit rechtsextrem besetzter Ware hat in diesem Umfeld einen sehr kontraproduktiven Effekt. Demgegenüber muss die unternehmerische Freiheit des Rechts zurückstehen. Ihm musste bewusst sein, dass der Verkauf von Kleidung der Marke „Donnerhammer" nicht im Sinne der Gemeinde sein würde. Auch wird ihm durch die Klausel nicht jegliche Möglichkeit verwehrt, „Donnerhammer"-Produkte zu verkaufen. So bleibt es ihm z.B. unbenommen, die Ware über das Internet zu verkaufen. Die Klausel ist somit nicht unwirksam[24].

---

[24] Ein gegenteiliges Ergebnis ist ohne weiteres vertretbar.

Kapitel 4: Fehlerhafte Verträge

I. Mangel der Geschäftsfähigkeit

1. Geschäftsfähigkeit

Geschäftsfähigkeit ist die Fähigkeit, **Rechtsgeschäfte wirksam vorzunehmen.** Das BGB geht davon aus, dass ein Mensch normalerweise in der Lage ist, die Tragweite seines rechtsgeschäftlichen Handelns zu erkennen; er muss dann dafür auch einstehen und insbesondere die von ihm abgeschlossenen Verträge erfüllen. Anders ausgedrückt: In der Regel ist ein Mensch geschäftsfähig. Die Ausnahmen sollen im Folgenden erörtert werden.

2. Geschäftsunfähigkeit

Geschäftsunfähigkeit ist das Gegenteil von Geschäftsfähigkeit. Ein Geschäftsunfähiger kann keine Rechtsgeschäfte wirksam vornehmen. Geschäftsunfähig sind:

- Kinder **unter 7 Jahren** (§ 104 Nr. 1)

- Menschen, denen aufgrund einer **dauerhaften psychischen Störung** die notwendige Einsichtsfähigkeit fehlt (§ 104 Nr. 2).

Die von einem Geschäftsunfähigen abgegebene Willenserklärung ist **nichtig** (§ 105 Abs. 1). Das bedeutet aber nicht, dass der Geschäftsunfähige nicht am Rechtsverkehr teilnehmen kann. Dies bestimmt sich vielmehr nach der Rechtsfähigkeit, über die jeder Mensch verfügt. Im Unterschied zum Geschäftsfähigen kann ein Geschäftsunfähiger allerdings nur mithilfe von Vertretern rechtlich agieren.

Ebenfalls nichtig ist nach § 105 Abs. 2 die Willenserklärung eines Bewusstlosen oder vorübergehend in der Geistestätigkeit Gestörten; in diese Kategorie gehören vor allem Volltrunkene. Voraussetzung ist allerdings wie bei dauerhaft psychisch gestörten Menschen, dass die Störung im konkreten Einzelfall die freie Willensbestimmung ausschließt.

3. Beschränkte Geschäftsfähigkeit

Kinder und Jugendliche ab 7 Jahren bis zum Erreichen der Volljährigkeit sind nach § 106 beschränkt geschäftsfähig. Ihre Willenserklärung bedarf gemäß § 107 grundsätzlich zu ihrer Wirksamkeit der **Zustimmung** des gesetzlichen Vertreters, im Regelfall also der **Eltern** (§ 1629 Abs. 1 S. 1).

Beschränkt geschäftsfähige Personen benötigen jedoch nicht für jede Willenserklärung die Zustimmung des gesetzlichen Vertreters. Nach der Vorschrift des § 107 ist eine vom Minderjährigen abgegebene Willenserklärung wirksam, wenn dadurch der Minderjährige einen **rechtlichen Vorteil** erlangt. Auf das Merkmal „**rechtlicher Vorteil**" wird auch im Rahmen des § 131 II abgestellt. Diese Bestimmung betrifft die Wirksamkeit einer Willenserklärung, die einem Minderjährigen gegenüber abgegeben wird.

Beim Begriff „**rechtlicher Vorteil**" kommt es nicht auf eine wirtschaftliche Betrachtungsweise an.[1] So wird eine Willenserklärung nicht als rechtlich vorteilhaft angesehen, wenn sie zu wirtschaftlichen Vorteilen führt. Vielmehr ist es erforderlich, dass der Minderjährige durch die Willenserklärung ein „Mehr" an Rechten bzw. rechtlichen Optionen erhält.

> **Beispiele:**
> Der Erhalt eines Vertragsangebots ist für den Minderjährigen rechtlich vorteilhaft und somit wirksam.[2]
> Ein Kauf zum Spottpreis ist nicht rechtlich vorteilhaft für den Minderjährigen,[3] da der Minderjährige die Pflicht zur Zahlung des Kaufpreises übernimmt.
> Die Annahme eines Schenkungsangebotes durch den Minderjährigen ist grundsätzlich rechtlich vorteilhaft.[4]

Bedarf eine Willenserklärung des Minderjährigen der Zustimmung seines gesetzlichen Vertreters, so kann die Zustimmung vorab (Einwilligung) oder nachträglich (Genehmigung) erteilt werden. Liegt die Einwilligung des gesetzlichen Vertreters vor, kann das Kind oder der Jugendliche selbständig einen Vertrag schließen, aus dem er selbst berechtigt und verpflichtet wird. Schließt der Minderjährige einen Vertrag ohne Einwilligung seines gesetzlichen Vertreters, so hängt die Wirksamkeit des Vertrages von der Genehmigung des gesetzlichen Vertreters ab. Bis diese Genehmigung erteilt bzw. verweigert wird, ist der Vertrag **schwebend unwirksam**. Während der schwebenden Unwirksamkeit kann der Vertragspartner des Minderjährigen sich vom Vertrag lösen, indem er seine Willenserklärung nach § 109 I widerruft. Dies bleibt dem Vertragspartner des Minderjährigen allerdings verwehrt, wenn er die Minderjährigkeit kannte, es sei denn der Minderjährige hat ihm vorgelogen, die Einwilligung des gesetzlichen Vertreters liege vor.

Nach § 110 sind Verträge, die ein Minderjähriger abgeschlossen hat, auch dann wirksam, wenn der Minderjährige die Leistung, zu der er sich verpflichtet hat, mit Mitteln bewirkt, die ihm der gesetzliche Vertreter bzw. Dritte zu diesem Zweck oder zur freien Verfügung überlassen haben.

II. Willensmängel und ihre Folgen

1. Einführung

Nicht immer stimmt der Inhalt einer abgegeben Erklärung mit dem eigentlichen Willen des Erklärten überein. Diese Diskrepanz kann verschiedene Ursachen haben.

---

[1] *Schwab/Löhnig*, Zivilrecht, Rdnr. 713, S. 321 f.
[2] Schulze/*Dörner*, § 131, Rdnr. 2.
[3] Jauernig/*Mansel*, § 107, Rdnr. 2.
[4] Schulze/*Dörner*, § 107, Rdnr. 4.

Beispiele:
Verkäufer V verschreibt sich bei der Abgabe eines Angebots und bietet eine Ware statt für 499 € für 4, 99 € an.
A wird zur Abgabe einer Willenserklärung gezwungen.
Eine bestimmte Willenserklärung sollte nur ein Scherz sein.

In solchen Fällen geraten verschiedene Interessen miteinander in Konflikt. Einerseits hat der Erklärende ein Bedürfnis an der Wahrung seiner **Entschlussfreiheit**: Er möchte nur an solche Erklärungen gebunden sein, die er wirklich will. Andererseits will sich der Rechtsverkehr darauf verlassen können, dass das Gesagte auch gilt, zumal dann, wenn der Wille des Erklärenden nicht erkennbar wird: Es besteht insofern ein Bedürfnis nach **Verkehrsschutz**. Zur Bewältigung dieses Spannungsverhältnisses hat der Gesetzgeber eine differenzierte Lösung entwickelt, nach der ein Willensmangel in einigen Fällen **unbeachtlich** ist, in anderen Fällen zur **Anfechtung** und damit Beseitigung der Willenserklärung berechtigt und in wieder anderen Fällen die **Unwirksamkeit** der Willenserklärung begründet. Die letztgenannten Fälle sollen hier nicht näher besprochen werden.

Beispiel für Unwirksamkeit einer Willenserklärung infolge eines Willensmangels:
Scherzgeschäft nach § 118

2. Irrtum

Unter Irrtum versteht man das unbewusste Auseinanderfallen von Wille und Erklärung. Der Irrtum berechtigt in bestimmten Fällen zur Anfechtung, in anderen nicht. Die erste Voraussetzung für eine Beseitigung einer irrtumsbehafteten Willenserklärung ist somit, ob ein zur Anfechtung berechtigender Irrtum nach §§ 119, 120, also ein **Anfechtungsgrund** vorliegt (s. hierzu a). Die Anfechtbarkeit einer Willenserklärung führt aber nicht dazu, dass die Willenserklärung ohne weiteres unwirksam ist. Sie gibt dem Erklärenden vielmehr das Recht, eine Unwirksamkeit der Willenserklärung herbeizuführen. Dieses Recht muss er durch Abgabe einer **Anfechtungserklärung** ausüben, damit der Erklärungsempfänger weiß, woran er ist (s. hierzu b). Da der Gesetzgeber nach einer gewissen Zeit klare Verhältnisse haben will, muss der Erklärende zudem eine **Anfechtungsfrist** einhalten (s. hierzu c). Die Anfechtung führt dazu, dass die Willenserklärung von Anfang an **nichtig** ist und damit vollständig beseitigt wird (s. hierzu d).

a) Anfechtungsgrund

Zur Prüfung des Anfechtungsgrunds muss man sich zwei Fragen stellen:
- Liegt überhaupt ein Irrtum vor (s. hierzu aa)?
- Wenn ja: Berechtigt dieser Irrtum zur Anfechtung (s. hierzu bb)?

aa) Begriff des Irrtums

Irrtum ist das unbewusste Auseinanderfallen von Wille und Erklärungsinhalt. Der Erklärungsinhalt ist dabei durch Auslegung nach dem objektiven Empfängerhorizont zu bestimmen. Es kommt also nicht darauf an, was der Erklärende wollte, sondern darauf, was der Erklärungsempfänger vernünftigerweise verstehen konnte. Käme es nur auf den Willen des Erklärenden an, könnte ein Irrtum nie vorliegen. Auslegung nach dem Empfängerhorizont bedeutet aber andererseits auch, dass nicht unbedingt das wortwörtliche Verständnis den Inhalt einer Willenserklärung bestimmt. Wenn der Erklärungsempfänger eine fehlerhafte oder ungeschickte Formulierung aufgrund der ganzen Umstände vernünftigerweise nur so verstehen kann, wie sie vom Erklärenden gemeint war, dann gilt das vom Erklärenden Gemeinte („falsa demonstratio non nocet"). Bevor man sich Gedanken über eine mögliche Anfechtung wegen Irrtums macht, muss man die Willenserklärung daher sorgfältig auslegen und prüfen, ob überhaupt ein Irrtum vorliegt. Es gilt der Merksatz: **„Auslegung vor Anfechtung"**.

Beispiel:
Käufer und Verkäufer schließen einen Vertrag über Haakjöringsköd (norwegisch: Walfischfleisch). Beide gehen übereinstimmend davon aus, dass damit Haifischfleisch gemeint ist. Vertragsgegenstand und damit Inhalt der Willenserklärungen ist Haifischfleisch. Das Gewollte und das Erklärte stimmen überein, es liegt kein Irrtum vor.

bb) Zur Anfechtung berechtigender Irrtum

Der Gesetzgeber hat sich dafür entschieden, eine Anfechtung nur bei bestimmten Irrtümern zuzulassen. Um diese Entscheidung nachvollziehen zu können, muss man sich als Erstes darüber klar werden, wie eine Willenserklärung entsteht. Der Willenserklärungsprozess lässt sich in zwei Phasen aufteilen:

- Die erste Phase ist die **Willensbildung** aufgrund einer bestimmten Motivation.

    Beispiel:
    A entschließt sich zum Kauf eines Autos, das für 6.000 € angeboten wird (Willensbildung). Mögliche Motive können sein: Die Überzeugung, dass das Angebot sehr preisgünstig sei, weil der tatsächliche Marktwert bei 10.000 € liege, und/oder die Notwendigkeit, mit dem Auto zur Arbeit fahren zu müssen.

- Die zweite Phase ist die **Willensbetätigung**, also die Äußerung des Willens.

In diesen beiden Phasen können Irrtümer entstehen. Ein Irrtum bei der Willensbildung wird als Motivirrtum bezeichnet.

Beispiele (in Anknüpfung an vorheriges Beispiel):
Der Marktwert des Autos liegt in Wahrheit nur bei 6.000 €.

Kurz nach dem Kauf wird A an einen Standort versetzt, der 5 Minuten Fußweg von seiner Wohnung liegt.

Obwohl das Auto ein Schnäppchen ist, täte A besser daran, das Geld zur Begleichung seiner offenen Mietschulden zu verwenden, da ihm sonst eine fristlose Kündigung droht.

Ein Irrtum bei der Willensbetätigung ist dagegen in der Regel eher technischer Natur.

Beispiel:
A verschreibt oder verspricht sich bei der Abgabe seiner Willenserklärung.

An diesen Beispielen wird bereits deutlich, dass die Willensbildung meist viel anspruchsvoller ist als die Willensbetätigung, abhängig natürlich vom Gegenstand des betroffenen Rechtsgeschäfts. Je komplexer das Rechtsgeschäft ist, desto mehr muss der Erklärende das Für und Wider abwägen sowie schwierige Bewertungen und Prognosen vornehmen. Das erhöht die Irrtumsanfälligkeit. Gerade wirtschaftlich bedeutsame Geschäfte sind in der Regel komplex, die Gefahr eines Irrtums ist hier also besonders hoch. Wenn der Erklärende jeden Motivirrtum zum Anlass nehmen könnte, von einer Willenserklärung Abstand zu nehmen, wäre ein enormes Maß an Unsicherheit und mangelnder Verbindlichkeit die Folge. Für unsere Wirtschaftsordnung, die Verlässlichkeit braucht, wäre dies in hohem Maße schädlich. Aus diesem Grund gilt, dass der bloße **Motivirrtum unbeachtlich** ist und im Regelfall nicht zur Anfechtung berechtigt. Die Entschlussfreiheit des Erklärenden muss hier hinter dem Verkehrsschutz zurückstehen. Hiervon macht der Gesetzgeber allerdings im § 119 Abs. 2 eine Ausnahme (hierzu gleich mehr).

Im Gegensatz hierzu ist die Willensbetätigung eine Routineangelegenheit, die -entsprechende sprachliche Kenntnisse vorausgesetzt- normalerweise fehlerfrei bleibt. Irrtümer in der Willensbetätigung sind also viel seltener als Motivirrtümer. Aus diesem Grund lässt der Gesetzgeber in §§ 119 Abs. 1, 120 eine Anfechtung dieser Irrtümer zu, räumt hier der Entschlussfreiheit des Erklärenden also Vorrang vor dem Verkehrsschutz ein.

(i) Inhaltsirrtum nach § 119 Abs. 1

Nach § 119 Abs. 1 kann der Erklärende seine Willenserklärung anfechten, wenn er über ihren „Inhalt im Irrtum" war (Inhaltsirrtum). Anders ausgedrückt: Der Erklärende weiß, was er erklärt, irrt aber über die Bedeutung des Erklärten.

Beispiele:
Ein Sachse bestellt in einer Kölner Kneipe einen „halven Hahn" in der Annahme, ein halbes Hähnchen zu bekommen. Der Gast weiß, was er erklärt („Ich hätte gerne einen halven Hahn"), aber erfasst die Bedeutung des Erklärten (Bestellung eines Käsebrötchens) nicht.

V sagt zum K: Ich verkaufe Ihnen das Fahrzeug für 24.000 €. K verhört sich und meint, dass V als Kaufpreis 20.000 € genannt hat. Er erwidert: „Ich nehme das Angebot an". K weiß, was er erklärt („Ich nehme das Angebot an"), aber erfasst die Bedeutung des Erklärten (Kauf des Fahrzeugs für 24.000 €) nicht. Vielmehr geht er davon aus, dass er gerade ein Fahrzeug für 20.000 € gekauft hat.

(ii) Erklärungsirrtum nach § 119 Abs. 1

Nach § 119 Abs. 1 kann der Erklärende seine Willenserklärung anfechten, wenn er „eine Erklärung dieses Inhalts überhaupt nicht abgeben wollte" (Erklärungsirrtum). Anders ausgedrückt: Der Erklärende weiß nicht, was er erklärt. Sein Irrtum bezieht sich auf den

Erklärungsakt selbst. Typische Fälle des Erklärungsirrtums sind: **verschreiben, vergreifen** und **versprechen**.

> **Beispiele:**
> Der Erklärende will 100 Stück einer bestimmten Ware bestellen. Er vertippt sich und schreibt „1000 Stück".
>
> Ein Wertpapierhändler ist unkonzentriert und bietet statt „1.000 Aktien Deutsche Post" „1.000 Aktien Deutsche Bank" zum Verkauf an.

(iii) Übermittlungsirrtum nach § 120

Der Übermittlungsirrtum ähnelt dem Erklärungsirrtum. Auch er berechtigt nach § 120 zur Anfechtung, wenn die übrigen Voraussetzungen der Irrtumsanfechtung nach § 119 vorliegen. Der Übermittlungsirrtum zeichnet sich dadurch aus, dass eine Übermittlungsperson die weiterzuleitenden Informationen falsch auffasst und daher falsch übermittelt.

> **Beispiele:**
> Der Dolmetscher übersetzt irrtümlich falsch.
>
> Der Bote verhört sich bei der Beauftragung und übermittelt eine falsche Nachricht.

(iv) Irrtum über verkehrswesentliche Eigenschaften nach § 119 Abs. 2

§ 119 Abs. 2 berechtigt zur Anfechtung einer Willenserklärung, die auf einem Irrtum über die verkehrswesentlichen Eigenschaften des Vertragsgegenstands oder des Vertragspartners beruht. Der Irrtum über verkehrswesentliche Eigenschaften wird in § 119 Abs. 2 dem Inhaltsirrtum gleichgestellt, ist aber eher als Motivirrtum einzuordnen. § 119 Abs. 2 ist damit eine Ausnahme vom Grundsatz, dass Motivirrtümer unbeachtlich sind und nicht zur Anfechtung berechtigen.

Eigenschaft einer **Sache** ist jeder **Wert bildende Faktor**.

> **Beispiele:**
> Alter einer Sache, Herkunft oder Echtheit (insbesondere bei Kunstwerken, Antiquitäten), Bebaubarkeit eines Grundstücks, rechtliche Verhältnisse einer Sache (Belastung, Eigentumsverhältnisse)

Der Wert selbst ist kein Wert bildender Faktor, sondern das Ergebnis der Wertbildung. Ein Irrtum über den Wert des Vertragsgegenstands berechtigt daher nicht zur Anfechtung. Es würde der Anfechtung auch ein zu weites Feld eröffnen, wollte man Irrtümer über den Wert als Anfechtungsgrund zulassen.

> **Beispiel:**
> Ein Käufer kann einen Kaufvertrag nicht mit der Begründung anfechten, er sei irrig davon ausgegangen, ein Schnäppchen zu machen.

Eigenschaft einer **Person** ist jeder **Wertschätzung bildende Faktor**. Praktische Bedeutung hat dies vor allen Dingen im Arbeitsrecht.

> **Beispiele:**
> Der Arbeitgeber ist bei Abschluss des Arbeitsvertrags irrtümlicherweise von einer bestimmten fachlichen Qualifikation oder von einem bestimmten Gesundheitszustand des Arbeitnehmers ausgegangen.

Die Anfechtung nach § 119 Abs. 2 setzt voraus, dass die Eigenschaft, über die sich der Erklärende geirrt hat, **verkehrswesentlich** ist. Verkehrswesentlich sind alle Eigenschaften, die bei vernünftiger Betrachtungsweise für das konkrete Geschäft maßgeblich sind. Entscheidend ist somit eine objektive Betrachtungsweise. Individuelle Vorstellungen des Erklärenden bleiben außer Betracht.

> **Beispiele:**
> Eine HIV-Erkrankung einer Operationskrankenschwester ist verkehrswesentlich, weil Ansteckungsgefahr besteht. Nicht verkehrswesentlich wäre dagegen wegen mangelnder Ansteckungsgefahr Diabetes, selbst wenn diese chronische Krankheit leicht höhere Fehlzeiten nach sich ziehen sollte.

b) Anfechtungserklärung

Die Anfechtung ist eine empfangsbedürftige Willenserklärung. Sie muss demjenigen zugehen, der Adressat der angefochtenen Willenserklärung ist, der also von der Anfechtung betroffen ist. Beim Vertrag ist dies der Vertragspartner (§ 143 Abs. 1, Abs. 2, 1. HS), bei einer isolierten Willenserklärung in einem einseitigen Rechtsgeschäft der Erklärungsempfänger (§ 143 Abs. 1, Abs. 3 S. 1).

> **Beispiel:**
> Die Vertragskündigung wird gegenüber dem Vertragspartner ausgesprochen, die Anfechtung der Vertragskündigung ebenfalls.

Die Erklärung muss nicht notwendigerweise das Wort „Anfechtung" enthalten. Es genügt, dass sich der Anfechtungswille im Wege der Auslegung ermitteln lässt.

c) Anfechtungsfrist

Will der Erklärende anfechten, so muss er dies nach § 121 Abs. 1 S. 1 **unverzüglich** tun, d.h. „ohne schuldhaftes Zögern". Bei der Konkretisierung des Begriffs „unverzüglich" durch den Klammerzusatz handelt es sich um eine Legaldefinition, d.h. eine Begriffsdefinition des Gesetzgebers. Der Gesetzgeber verwendet den Begriff „unverzüglich" noch an anderer Stelle. Für die Auslegung dieses Begriffs ist dann auf § 121 Abs. 1 S. 1 zurückzugreifen.

> **Beispiel:**
> Pflicht des Mieters, dem Vermieter Mängel an der Mietsache „unverzüglich" anzuzeigen (§ 536c Abs. 1 S. 1)

Wer die Anfechtung nicht rechtzeitig erklärt, kann nicht mehr anfechten. Die Ausschlussfrist beginnt mit dem Zeitpunkt, in dem der Anfechtende den Irrtum bemerkt. Der Anfechtende hat dann eine angemessene Überlegungsfrist, die je nach den Umständen unterschiedlich sein kann.

Beispiel:
Bei einem Alltagsgeschäft von geringer wirtschaftlicher Bedeutung kann die Überlegungsfrist schon nach einigen Minuten abgelaufen sein. Bei einem bedeutsameren Geschäft wird sie länger zu bemessen sein, z.b., weil der Erklärende anwaltlichen Rat einholen will. In aller Regel dürfte die Überlegungsfrist allerdings maximal 2 Wochen betragen.

d) Rechtsfolgen der Anfechtung

aa) Nichtigkeit der Willenserklärung

Ist der Anfechtende zur Anfechtung berechtigt und hat er dies unverzüglich getan, so ist nach § 142 Abs. 1 die angefochtene Willenserklärung als von Anfang an nichtig anzusehen. Die Wirkung des Rechtsgeschäfts, dessen Bestandteil die Willenserklärung war, fällt damit **rückwirkend** („ex tunc") weg.

bb) Schadensersatzanspruch des Anfechtungsgegners

Der Anfechtende kann nach § 122 Abs. 1 zum **Schadensersatz** verpflichtet sein. Der Anfechtende, der durch seinen Irrtum Probleme geschaffen hat, soll nun auch dafür haften. Dies gilt allerdings nicht, wenn der Erklärungsempfänger den zur Anfechtung berechtigenden Irrtum **kannte** oder **kennen musste** (§ 122 Abs. 2). Dann verdient er keinen Schutz. Ein Kennenmüssen in diesem Sinne liegt nach der Legaldefinition des § 122 Abs. 2 vor, wenn der Vertragspartner das Fehlen der Vertretungsmacht aus Fahrlässigkeit verkannt hat. Der Begriff der Fahrlässigkeit bestimmt sich wiederum nach § 276 Abs. 2 (näher Kap. 5 II 6 a cc i 2).

§ 122 Abs. 1 entspricht dem § 179 Abs. 2. Der § 122 Abs. 1 wird hier daher nur knapp abgehandelt. Für nähere Details ist auf die Ausführungen zu § 179 Abs. 2 zu verweisen (näher Kap. 2 III 4 c).

Zu ersetzen ist nach § 122 Abs. 1 der Vertrauensschaden. Das heißt: Der Anfechtende muss den anderen so stellen, wie dieser wirtschaftlich stünde, wenn der Anfechtende seine anfechtbare Willenserklärung nicht abgegeben hätte. Der Ersatzanspruch wird allerdings auf das **Erfüllungsinteresse begrenzt** (§ 122 Abs. 1: „...jedoch nicht über den Betrag des Interesses hinaus...").

Beispiele für Vertrauensschaden:
K und V schließen einen Grundstückskaufvertrag. Hierfür sind dem V Notar- und Fahrtkosten entstanden. Ficht K den Vertrag wegen Irrtums später an, muss er dem V diese Kosten ersetzen.

Gegenbeispiel für Vertrauensschaden:
Textilhändler T hat eine Hose für 30 € eingekauft und verkauft sie dem Kunden K für 80 € weiter. Wenn K anficht, kann T von K nicht Ersatz der Gewinnmarge in Höhe von 50 € verlangen. Denn ohne Vertragsschluss hätte T diesen Gewinn auch nicht gemacht.

Beispiel für Begrenzung auf das Erfüllungsinteresse:
Gemeinde G mietet bei V einen Saal für 2.000 € an, um am 12.9. eine Veranstaltung durchzuführen. 4 Tage vor dem Termin stellt sich heraus, dass M unwissentlich als Vertreter ohne Vertretungsmacht gehandelt hat. G genehmigt den Vertrag nicht. V hätte Anfang September den Saal am 12.9. für 2.100 € an X vermieten können. 4 Tage vorher bleibt ihm diese Möglichkeit nun versagt. Am 12.9. steht der Saal leer. Die 2.100 € entgangene Miete sind Vertrauensschaden. Wäre der Vertrag mit G niemals zustande gekommen, hätte V den Raum an X für 2.100 € vermieten können. Der Schadensersatz wird aber auf 2.000 € begrenzt. Das ist der Gewinn, den V gemacht hätte, wenn G nicht angefochten, sondern erfüllt hätte.

3. Arglistige Täuschung

Wer jemanden in unlauterer Weise durch Täuschung oder Drohung zur Abgabe einer Willenserklärung bestimmt, soll sich nicht auf den Bestand der Willenserklärung verlassen dürfen. Der Getäuschte bzw. Bedrohte kann die Willenserklärung vielmehr nach § 123 anfechten und so ihre Wirkung beseitigen. Eine erfolgreiche Anfechtung setzt einen Anfechtungsgrund (s. hierzu 1), eine Anfechtungserklärung (s. hierzu 2) und die Einhaltung der Anfechtungsfrist (s. hierzu 3) voraus. Die nachfolgenden Ausführungen konzentrieren sich auf den Anfechtungsgrund der arglistigen Täuschung.

a) Anfechtungsgrund

aa) Täuschungshandlung

Unter **Täuschung** versteht man die Erregung eines Irrtums.

Beispiel:
Der verkaufswillige Hauseigentümer V besichtigt sein Haus mit dem potenziellen Käufer K. Auf die Frage des K, ob es jemals Probleme mit Hausschwamm gegeben habe, antwortet V „nein". In Wahrheit leidet das Haus unter einem massiven Hausschwammbefall.

Arglist liegt nur vor, wenn der Täuschende **vorsätzlich** handelte, d.h. die Unrichtigkeit seiner Angaben kannte.

Beispiel:
(in Anknüpfung an vorheriges Beispiel): V weiß von dem Hausschwammbefall, weil ihn ein befreundeter Architekt kürzlich darauf hingewiesen hat.

Hierbei genügt **bedingter Vorsatz**. Bedingter Vorsatz liegt vor, wenn der Handelnde bestimmte Folgen seines Handelns (hier Täuschung) zwar nicht wünscht, sie aber als möglich erkennt und **billigend in Kauf nimmt**. Das bedeutet: Die mit seiner Handlung verfolgten Ziele sind ihm wichtiger als die Vermeidung der unerwünschten Folge. Bedingter Vorsatz kommt bei der arglistigen Täuschung insbesondere dann in Betracht, wenn der Handelnde nicht genau weiß, ob seine Behauptung richtig ist, ihm dies aber letztlich gleichgültig ist, weil er unbedingt das Rechtsgeschäft zu ihm genehmen Bedingungen herbeiführen will.

> **Beispiel:**
> Der Gebrauchtwagenhändler V preist ein Fahrzeug als unfallfrei an. Er hat nicht näher geprüft, ob es wirklich unfallfrei ist. Es ist ihm vielmehr gleichgültig. Er will so oder so einen möglichst hohen Verkaufspreis erzielen, weil er in Geldnöten steckt.

bb) Person des Täuschenden

Ein Anfechtungsgrund ist in jedem Fall gegeben, wenn der Vertragspartner selbst täuscht.

> **Beispiel (in Anknüpfung an vorheriges Beispiel):**
> Der Gebrauchtwagenhändler selbst preist seinen Wagen als unfallfrei an.

Nach der Rechtsprechung liegt ein Anfechtungsgrund aber auch dann vor, wenn der Täuschende dem Lager des Vertragspartners zuzurechnen ist. Darunter fallen insbesondere **Mitarbeiter**.

> **Beispiel (in Anknüpfung an vorheriges Beispiel):**
> Einer der Verkäufer des Gebrauchtwagenhändlers preist den Wagen als unfallfrei an. Der Händler selbst weiß von dem Geschäft nichts, da sein Unternehmen sehr groß ist und er deswegen nicht alle abgeschlossenen Verträge im Blick hat.

b) Anfechtungserklärung

Die Anfechtung ist eine empfangsbedürftige Willenserklärung. Sie muss demjenigen zugehen, der Adressat der angefochtenen Willenserklärung ist, der also von der Anfechtung betroffen ist. Beim Vertrag ist dies der Vertragspartner (§ 143 Abs. 1, Abs. 2, 1. HS). Die Erklärung muss nicht notwendigerweise das Wort „Anfechtung" enthalten. Es genügt, dass sich der Anfechtungswille im Wege der Auslegung ermitteln lässt.

c) Anfechtungsfrist

Die Anfechtung nach § 123 muss innerhalb **eines Jahres** erfolgen (§ 124 Abs. 1). Die Frist beginnt mit dem Zeitpunkt, in welchem der Anfechtungsberechtigte die Täuschung entdeckt (§ 124 Abs. 2 S. 1).

d) Folgen der Anfechtung

Ist der Anfechtende zur Anfechtung berechtigt und hat er dies fristgemäß getan, so ist nach § 142 Abs. 1 die angefochtene Willenserklärung als von Anfang an nichtig anzusehen. Die Wirkung des Rechtsgeschäfts, dessen Bestandteil die Willenserklärung war, fällt damit **rückwirkend** („ex tunc") weg. Wurde er schon vollzogen, ist er rückabzuwickeln (näher hierzu V).

4. Fehleridentität

Wie bereits oben erläutert trennt die deutsche Rechtsordnung zwischen der Verpflichtung (z.B. Kaufvertrag) und der Verfügung (z.B. Übertragung des Eigentumsrechtes nach § 929). Aufgrund des Abstraktionsprinzips ist es erforderlich, das Verpflichtungs- und das Verfügungsgeschäft jeweils gesondert daraufhin zu überprüfen, ob ein Unwirksamkeitsgrund vorliegt.[5] Von Fehleridentität ist die Rede, wenn derselbe Unwirksamkeitsgrund beide Rechtsgeschäfte erfasst. Häufig betrifft ein Fehler jedoch nur das Verpflichtungsgeschäft. Dies ist deshalb der Fall, weil die Einigung im Rahmen des Verfügungsgeschäfts nur einen sehr beschränkten Inhalt hat. So gehören zum notwendigen Inhalt der dinglichen Einigung die Parteien und der Gegenstand des Verfügungsgeschäfts sowie die Art der beabsichtigten Rechtsänderung (dinglicher Minimalkonsens).

> **Beispiel:**
> V will K ein Buch für 100 € verkaufen. Beim Verfassen des schriftlichen Angebots vertippt sich V, so dass er nur 10 € als Kaufpreis angibt. K antwortet schriftlich: „Mit Ihrem Angebot bin ich einverstanden". Nach Lieferung des Buches überweist K 10 €. V merkt nun seinen Fehler und verlangt die Herausgabe des Buches.
> Aufgrund des Erklärungsirrtums kann V sein Angebot zum Abschluss des Kaufvertrages anfechten. Bei der Lieferung des Buches haben sich V und K konkludent über die Übertragung des Eigentumsrechtes geeinigt, so dass K der neue Eigentümer des Buches ist. Die Anfechtung des Kaufvertrages berührt nicht die Wirksamkeit der Verfügung (Abstraktionsprinzip). Aus diesem Grund ist gesondert zu prüfen, ob hinsichtlich des Übereignungsangebots des V ein Anfechtungsgrund vorliegt. Dies ist zu verneinen. Der Irrtum bezüglich des Kaufpreises berührt nicht den dinglichen Vertrag, da die Einigung über den Kaufpreis nicht Bestandteil des Verfügungsgeschäftes ist.

In den Konstellationen der Fehleridentität betrifft der Willensmangel auch das Verfügungsgeschäft. Eine Fehleridentität wird z.B. in den Fällen der arglistigen Täuschung angenommen.

> **Beispiel:**
> V will sein Auto verkaufen und nimmt Verhandlungen mit dem Händler (H) auf. H will den Preis drücken und teilt dem V mit, dass der Wagen einen irreparablen Motorschaden hat, was jedoch nicht wahr ist. Aufgrund dieser Äußerung vereinbaren H und V einen sehr niedrigen Kaufpreis. Nach der Lieferung des Wagens erfährt V, dass H ihn getäuscht hat und verlangt das Auto zurück.
> Aufgrund der arglistigen Täuschung kann V den Kaufvertrag anfechten. Fraglich ist jedoch, ob die arglistige Täuschung einen Anfechtungsgrund im Rahmen der Übereignung darstellt oder ob sie nur im Rahmen des Verpflichtungsgeschäfts zu beachten ist. Es wird angenommen, dass der Anfechtungsgrund des § 123 in der Regel vom Verpflichtungs- auf das Verfügungsgeschäft durchschlägt, wobei dieses Ergebnis sich vor allem mit der geringen Schutzwürdigkeit des Täuschenden begründen lässt.[6]

Fraglich ist, ob beim Eigenschaftsirrtum (§ 119 II) ein Fall der Fehleridentität vorliegt. Einer Auffassung nach ist ein Eigenschaftsirrtum auch im Rahmen des Verfügungsgeschäfts relevant, wenn das Verpflichtungs- und das Verfügungsgeschäft in einem Wil-

---

[5] MüKo/*Armbrüster*, § 119, Rdnr. 144.
[6] *Foster*, ZJS 2011, S. 50, 52; *Medicus*, BGB AT, Rdnr. 234 (S. 102).

lensakt zusammenfallen.[7] Eine andere Ansicht verneint die Anfechtbarkeit der dinglichen Einigung.[8]

III. Verstoß gegen ein gesetzliches Verbot

Der Verstoß gegen ein gesetzliches Verbot begründet nach § 134 die **Nichtigkeit** des Rechtsgeschäfts. Verbotsnormen in diesem Sinn sind überwiegend öffentlich-rechtlicher oder strafrechtlicher Natur, es existieren aber auch zivilrechtliche Verbotsnormen. Allen Verbotsnormen ist gemein, dass sie unabdingbar sind. Dies ist bei strafrechtlichen Normen ohnehin immer und bei öffentlich-rechtlichen Normen fast immer der Fall.

> **Beispiele:**
> Schmiergeldabsprachen verstoßen gegen Strafgesetze und sind nach § 134 nichtig.
>
> Die Rechtsberatung durch einen Nichtanwalt ist nach dem Rechtsberatungsgesetz untersagt, ein entsprechender Vertrag ist nach § 134 nichtig. Der Beratende hat keinen Anspruch auf Vergütung.
>
> Die Abwassersatzung einer Gemeinde sieht vor, dass jeder Grundstückseigentümer im Gemeindegebiet eine Gebühr für die Abwasserentsorgung zahlen muss. Ausnahmen sieht die Satzung nicht vor. Eine Gemeinde schließt mit einem Investor einen Vertrag, in dem sie ihm die Abwassergebühr erlässt. Im Gegenzug verpflichtet sich der Investor zu Maßnahmen, von denen sich die Gemeinde eine Belebung des Fremdenverkehrs erhofft. Der Vertrag verstößt gegen die Abwassersatzung und ist nach § 134 nichtig.
>
> Gemeinden müssen sich darüber Gedanken machen, wo sie auf ihrem Gemeindegebiet welche baulichen Aktivitäten zulassen wollen (z.B. Ausweisung eines bestimmten Gebiets als Gewerbegebiet oder als Bauland zur Errichtung einer neuen Vorstadtsiedlung). Hierzu haben sie Bauleitpläne aufzustellen und dabei alle betroffenen Belange gegeneinander abzuwägen (§ 2 Abs. 3 BauGB). Schließt eine Gemeinde einen Vertrag mit einem Investor, in dem sie sich zur Aufstellung eines bestimmten Bauleitplans verpflichtet, kann sie diese Abwägung wegen des Grundsatzes der Vertragsbindung nicht mehr vornehmen. Ein solcher Vertrag verstößt gegen § 2 Abs. 3 BauGB und ist nach § 134 nichtig.
>
> Das Heimgesetz verbietet Verträge zwischen Insassen und Personal von Alters- und Pflegeheimen. Entsprechende Verträge sind nach § 134 nichtig.
>
> Das Adoptionsvermittlungsgesetz verbietet Adoptionsvermittlungs- und Leihmütterverträge. Entsprechende Verträge sind nach § 134 nichtig.

Der letzte Halbsatz des § 134 schränkt die Reichweite dieser Norm allerdings ein. Danach bleibt ein Geschäft trotz eines Verstoßes gegen ein gesetzliches Verbot wirksam, wenn sich aus dem Gesetz ein anderes ergibt. Hierbei handelt es sich aber um den seltenen Ausnahmefall, dass sich das Verbot nicht auf den Inhalt des Rechtsgeschäfts, sondern nur auf die Umstände seines Zustandekommens bezieht. Ob das der Fall ist, ist durch Auslegung der Verbotsnorm zu ermitteln.

---

[7] So schon RGZ 66, 385, 390.
[8] Zu der Problematik s. MüKo/*Oechsler*, § 929, Rdnr. 33.

Beispiele:
Der Apotheker verkauft ein rezeptpflichtiges Arzneimittel ohne Rezept. Der Vertrag ist gültig. Ein Apotheker darf grundsätzlich rezeptpflichtige Medikamente verkaufen (Inhalt), er muss sich aber ein Rezept vorlegen lassen (Umstände):

Der Verkäufer verkauft eine Ware am Sonntag und verstößt damit gegen das Ladenschlussgesetz. Ein Händler darf grundsätzlich Ware verkaufen (Inhalt), nur nicht am Sonntag (Umstände). Der Vertrag ist gültig.

Die Anwendung des § 134 setzt profunde Rechtskenntnisse voraus. Gesetzliche Verbote, die zur Nichtigkeit nach § 134 führen, finden sich meist in Spezialgesetzen, die außerhalb einschlägiger Fachkreise kaum bekannt sind.

IV. Sittenwidrigkeit

Nach § 138 Abs. 1 ist ein Rechtsgeschäft, das gegen die guten Sitten verstößt, **nichtig**. § 138 Abs. 1 schränkt den Grundsatz der Vertragsfreiheit ein. Vom § 138 Abs. 1 abgesehen finden sich Beschränkungen der Vertragsfreiheit meist in konkreten Vorschriften, in denen der Gesetzgeber klar zum Ausdruck bringt, welche Art von Rechtsgeschäften unter welchen spezifischen Voraussetzungen keinen Bestand haben soll.

Beispiele:
§ 536 räumt dem Mieter einer Wohnung das Recht ein, die Miete bei Mängeln zu mindern. § 536 Abs. 3 bestimmt, dass eine zum Nachteil des Mieters abweichende Vereinbarung unwirksam ist.

Das Adoptionsvermittlungsgesetz verbietet Adoptionsvermittlungs- und Leihmütterverträge. Entsprechende Verträge sind nach § 134 nichtig (s. vorheriger Abschnitt).

Der Gesetzgeber kann allerdings unmöglich alle Fallgestaltungen vorhersehen, in denen ein Rechtsgeschäft aus Gründen der Gerechtigkeit keinen Bestand haben darf. Er hat daher den § 138 Abs. 1 als Generalklausel geschaffen. § 138 Abs. 1 hat die Funktion eines Auffangtatbestands, der immer dann zur Anwendung kommen soll, wenn ein bestimmter Zustand aus Gerechtigkeitsgründen nicht bestehen bleiben kann, ohne dass der Gesetzgeber hierfür eine spezielle Vorschrift geschaffen hätte.

Beispiel (in Anknüpfung an vorheriges Beispiel):
Vor Inkrafttreten des Adoptionsvermittlungsgesetzes wurden Adoptionsvermittlungsverträge als sittenwidrig und damit als nichtig nach § 138 Abs. 1 angesehen. Ein Rückgriff auf § 138 Abs. 1 ist durch die Schaffung des Spezialgesetzes jetzt überflüssig geworden.

Einzige Tatbestandsvoraussetzung des § 138 Abs. 1 ist die Sittenwidrigkeit des betroffenen Rechtsgeschäfts. Darunter versteht die Rechtsprechung einen Zustand, der gegen das „Anstandsgefühl aller billig und gerecht Denkenden" verstößt. Die Rechtsprechung hat sich also damit begnügt, die Worthülle „Sittenwidrigkeit" durch eine ebenso inhaltsarme Formulierung zu ersetzen. Das ist wegen der Vielgestaltigkeit der möglichen Fallkonstellationen, in denen § 138 Abs. 1 eine Rolle spielen kann, auch gar nicht anders möglich. Wichtiger als diese Definition ist daher die **Vielzahl von Konkretisierungen**, die

§ 138 Abs. 1 in der Praxis erfahren hat. Die Konkretisierung erfolgt durch **Interessenabwägung**. Bei dieser Interessenabwägung sind nicht nur die Interessen der Vertragspartner, sondern ggf. auch die **Interessen der Allgemeinheit** zu berücksichtigen. Bestimmte anstößige Geschäftspraktiken können den individuellen Vertragspartnern nutzen. Ihre Gemeinschaftsschädlichkeit kann sie gleichwohl nichtig machen.

Einige Fälle und Fallgruppen, in denen § 138 Abs. 1 einschlägig sein kann:
Der Staat ist nicht berechtigt, die Erfüllung öffentlicher Aufgaben von einer Gegenleistung abhängig zu machen („Koppelungsverbot"). So wäre es z.B. sittenwidrig, wenn ein Unternehmen einer Gemeinde Geld dafür zahlt, dass es einen bestimmten Sachverhalt besonders schnell behandelt (Beispiel: Beratung und Entscheidung über eine bestimmte Beschaffung durch den Gemeinderat schon vor statt nach der Sommerpause). In der Praxis wird die Problematik des Koppelungsverbots in erster Linie komplexen Bauplanungsfällen relevant, in denen es häufig zu Verträgen zwischen der Gemeinde einerseits und Investoren oder Grundstückseigentümern andererseits kommt. Die Beurteilung, welche Verpflichtungen gegen das Koppelungsverbot verstoßen und welche nicht, ist häufig sehr schwierig zu treffen. Teilweise berühren solche Vereinbarungen auch gesetzliche Verbote, sodass das dann auch Nichtigkeit nach § 134 BGG im Raum steht. Die Abgrenzung zwischen § 134 und § 138 ist in solchen Fällen generell nicht trennscharf.

Der Verzicht einer Bürgerinitiative auf Rechtsmittel gegen geplante Baumaßnahmen (Flughafen, Kraftwerk, Müllverbrennungsanlage) gegen Entgelt wird in der Regel wirksam sein. Anders kann der Fall gelagert sein, wenn sich die Bürgerinitiative zu dem einzigen Zweck gebildet hat, sich ihre Rechtsmittel „abkaufen" zu lassen.

Im Zuge von Ehescheidungen kommt es häufiger vor, dass die Ehepartner vertragliche Regelungen über den geschuldeten Unterhalt treffen. Solche Vereinbarungen sind grundsätzlich wirksam. Wenn ein bestehender Unterhaltsanspruch aber in existenzgefährdender Weise und ohne adäquate Gegenleistung eingeschränkt wird, kann ein Verstoß gegen § 138 vorliegen. Für Kommunen ist dies bedeutsam, weil sie häufig mit der Zahlung von Sozialleistungen an Unterhaltsberechtigte in Vorleistung gehen. Mit der Zahlung der Sozialleistungen geht der Unterhaltsanspruch auf die Kommune über. Sie kann ihn dann geltend machen, um die gezahlte Sozialleistung auszugleichen. Ist ein unterhaltsbeschränkender Vertrag wirksam, wirkt die Beschränkung auch zu Lasten der Kommune.

Die Enterbung eines behinderten Menschen durch Testament („Behindertentestament") kann dazu führen, dass ein Träger öffentlicher Mittel, der den Behinderten mit Sozialleistungen unterstützt, nicht auf den Nachlass als Ausgleich für die erbrachten Leistungen zugreifen kann. Dieser Umstand allein begründet keine Sittenwidrigkeit. In besonderen Fällen (insbesondere bei einem sehr großen Nachlass) kann jedoch § 138 Abs. 1 einschlägig sein.

Der Verkauf von Radarwarngeräten ist in der Regel sittenwidrig und damit nach § 138 Abs. 1 nichtig. Solche Geräte verfolgen das Ziel, den Staat bei der Erfüllung seiner Aufgaben zu behindern. Geschwindigkeitsbeschränkungen werden viel eher eingehalten, wenn die Autofahrer nicht wissen, wann sie eine Radarkontrolle treffen kann. Gerade an diesem Beispiel wird deutlich, dass Sittenwidrigkeit auch dann vorliegen kann, wenn beide Vertragspartner vom Vertrag profitieren.

Die Tatsache, dass es eine Fülle von Beispielen gibt, in denen die Rechtsprechung Sittenwidrigkeit nach § 138 Abs. 1 angenommen hat, darf allerdings nicht darüber hinwegtäuschen, dass eine erfolgreiche Berufung auf § 138 Abs. 1 im Rechtsalltag die Ausnahme ist. Die Rechtsprechung schiebt den Grundsatz der Vertragsfreiheit nicht leichtfertig beiseite. Nur eine **schwere Fehlabwägung** der betroffenen Interessen kann eine Sittenwidrigkeit nach § 138 begründen. So sind insbesondere die Anforderungen an die Sittenwidrigkeit nach § 138 viel höher als die Anforderungen an die Unangemessenheit einer Vertragsklausel nach § 307. Vertragsparteien, die sich aus wirtschaftlichen Gründen, von einem Vertrag lösen wollen, berufen sich häufig auf § 138 Abs. 1. Nur selten führt dies zum Erfolg.

V. Rückabwicklung fehlerhafter Verträge

Die Fehlerhaftigkeit eines Vertrags wird häufig nicht sofort bemerkt. Wenn die Fehlerhaftigkeit offenbar wird, ist der Vertrag nicht selten schon abgewickelt, d.h. die Vertragspartner haben die vertraglich geschuldeten Leistungen schon erbracht.

Beispiel:
V hat dem K ein Fahrzeug für 2.000 € verkauft. K hat das Fahrzeug erhalten und bezahlt. Nunmehr ficht K den Vertrag erfolgreich wegen arglistiger Täuschung an.

In einem solchen Fall ist der Vertrag rückabzuwickeln, d.h. die erbrachten Leistungen sind zurückzugewähren.

Beispiel (in Anknüpfung an vorheriges Beispiel):
K muss das Fahrzeug zurückgeben, V den Kaufpreis zurückzahlen.

In den meisten Fällen erfasst die Unwirksamkeit aufgrund des Trennungs- und des Abstraktionsprinzips nur das **Verpflichtungsgeschäft** (näher Kap. 1 IV, Kap. 4 VI 3). Denn das Verfügungsgeschäft ist rechtlich „neutral" und leidet nicht an dem Mangel, der zur Unwirksamkeit des Rechtsgeschäfts führt. Der Übereignung einer Sache ist das Motiv für die Übereignung nicht anzusehen.

Beispiel:
Mitarbeiter M hat für den Landkreis L als Vertreter ohne Vertretungsmacht gehandelt und Ware gekauft (Verpflichtungsgeschäft). Die Ware wurde bereits geliefert (Verfügungsgeschäft) und bezahlt[9]. L verweigert die Genehmigung nach § 177 Abs. 1, der Kaufvertrag ist damit unwirksam. Dennoch ist L weiterhin Eigentümer der Ware.

Die Rückabwicklung muss daher neben der Rückgabe auch die Rückübertragung des Eigentums an der Sache umfassen. Dies kann dann Probleme bereiten, wenn der Rückgabe- und Rückübertragungspflichtige zur Rückübertragung des Eigentums nicht mehr befugt ist (näher Kap. 12 II 1). In diesen Fällen kann der Berechtigte seinen Rückabwicklungsanspruch faktisch nicht mehr durchsetzen, da er die zurückgegebene Sache sofort wieder an den Eigentümer herausgeben müsste.

---

[9] Ob auch die bargeldlose Zahlung als Verfügungsgeschäft qualifiziert werden kann, ist eine komplizierte, praktisch kaum bedeutsame Frage, die hier nicht näher vertieft werden soll.

Von dem Grundsatz, dass die Unwirksamkeit nur das Verpflichtungsgeschäft erfasst, existieren einige Ausnahmen. Wie bereits oben erläutert, zählen hierzu die Konstellationen der Fehleridentität, so etwa bei Unwirksamkeit wegen Geschäftsunfähigkeit oder arglistiger Täuschung. In diesen Fällen stuft die Rechtsordnung die Berechtigten (den Geschäftsunfähigen, den Getäuschten) als besonders schutzwürdig ein. Sie will vermeiden, dass die Rückübertragung des Eigentums an der Berechtigung hierzu scheitert. Daher gilt hier, dass die Unwirksamkeit auch das **Verfügungsgeschäft** umfasst.

Beispiel:
Der geschäftsunfähige V hat dem K Ware verkauft und übergeben. Die Eigentumsübertragung scheitert daran, dass nach dem Grundsatz der Fehleridentität auch das Verfügungsgeschäft wegen der Geschäftsunfähigkeit des V unwirksam ist. K wird nie Eigentümer der Ware und muss sie auf jeden Fall wieder herausgeben.

Die Einzelheiten der Rückabwicklung sind in §§ 812 ff. geregelt. Diese Normen werden im Kapitel 9 vertieft.

Übungsfall

Sachverhalt

Die Cobold GmbH interessiert sich für die Anmietung von Büroräumen in einem Gebäude, das im Eigentum des Landkreises Läppisches Land steht. Die Geschäftsführerin der Cobold GmbH Frau Cobold besichtigt am 15.6. die Räumlichkeiten gemeinsam mit dem Mitarbeiter des Landkreises, Herrn Meier. Kurz zuvor hatte der Eigentümer des Nachbargrundstücks dem Meier mitgeteilt, dass das Gebäude auf dem Grundstück abgerissen und ein neues Gebäude errichtet werden soll. Diese Arbeiten würden mindestens ein Jahr dauern. Beim Besichtigungstermin bemerkt Cobold die Baufälligkeit des Nachbargebäudes und fragt nach, ob dort größere Bauarbeiten geplant seien. Meier, der die Räume unbedingt vermieten will, erklärt ihr daraufhin, dass der Eigentümer ihm gerade mitgeteilt habe, dass dort in den nächsten Jahren keine Arbeiten geplant seien. Aufgrund dieser Auskunft entscheidet sich Cobold, diese Räume anzumieten. Der zwischen der Cobold GmbH, vertreten durch Cobold, und dem Landkreis geschlossene Vertrag beginnt zum 1.7., läuft für einen Mindestzeitraum von 3 Jahren und weist eine monatliche Miete von 6.000 € aus. Kurz vor dem Einzug erfährt Cobold von den Plänen für das Nachbargebäude und davon, dass sie dem Meier bekannt waren. Daraufhin erklärt Cobold dem Landkreis, mit dem Vertrag nichts mehr zu tun haben zu wollen. Kann der Landkreis am 10.7. von der Cobold GmbH Zahlung der Miete für den Monat Juli in Höhe von 6.000 € verlangen? Die Cobold GmbH hat die Büroräume bislang nicht bezogen.

Hinweise:
- Beachten Sie § 556b Abs. 1.
- Gehen Sie davon aus, dass der Landkreis bei Vertragsabschluss wirksam vertreten war.

Lösungsvorschlag

Der Landkreis könnte von der GmbH Zahlung der Miete aus § 535 Abs. 2 verlangen.

Voraussetzung hierfür wäre ein wirksamer Mietvertrag. Ein solcher ist zwar womöglich abgeschlossen worden, könnte aber nach § 142 Abs. 1 durch wirksame Anfechtung von Anfang an nichtig sein.

Als Anfechtungsgrund kommt hier eine arglistige Täuschung nach § 123 Abs. 1 in Betracht. Arglistig ist eine Täuschung dann, wenn sie bewusst erfolgt. Meier hat Cobold bewusst getäuscht. Er hat ihr wahrheitswidrig zugesichert, es seien in den nächsten Jahren keine Bauarbeiten geplant, obwohl er die gegenteilige Auskunft erhalten hatte. Es wollte unbedingt einen Mietvertrag abschließen.

Die Erklärung der Cobold, mit dem Vertrag nichts mehr zu tun haben zu wollen, ist als Anfechtungserklärung gemäß § 143 Abs. 1, Abs. 2, 1. HS zu werten.

Die Anfechtungsfrist des § 124 Abs. 1, Abs. 2 S. 1 ist gewahrt. Laut Sachverhalt erfolgten der Vertragsschluss nach dem 15.6. und die Anfechtung vor dem 10.7. und damit auf jeden Fall innerhalb eines Jahres.

Eine wirksame Anfechtung liegt somit vor. Der Mietvertrag ist nichtig. Ein Anspruch besteht nicht.

Kapitel 5: Verletzung vertraglicher Pflichten und ihre Folgen

Die Folgen einer Pflichtverletzung sind im 2. Buch des BGB geregelt. Die für alle Verträge geltenden Regeln finden sich im **Allgemeinen Schuldrecht** und zwar insbesondere im 1. und im 3. Abschnitt. Im **Besonderen Schuldrecht** finden sich dagegen Spezialvorschriften über die Folgen bestimmter Pflichtverletzungen bei einzelnen Verträgen. Zu nennen sind hier insbesondere der **Kaufvertrag**, der **Werkvertrag** und der **Mietvertrag**. Für diese Verträge gelten besondere Regeln, wenn die Pflichtverletzung darin besteht, dass die Sachleistung (Kaufgegenstand, hergestelltes Werk, Mietsache) einen Mangel aufweist. Die Einstandspflicht des Sachleistungsschuldners dafür, dass die Sachleistung keinen Mangel aufweist, wird auch als **Gewährleistung** bezeichnet.

Der Schwerpunkt der gesetzlichen Regelung beschäftigt sich mit der Frage, welche Rechte der Gläubiger hat, wenn der Schuldner seine vertraglichen Pflichten verletzt. Geht es um Gewährleistung, bezeichnet man diese Rechte als **Gewährleistungsrechte**.

I. Pflichtverletzung

1. Begriff

Der Gesetzgeber hat den Begriff der Pflichtverletzung nicht allgemein, sondern nur für einige spezielle Fälle näher definiert (Beispiele s. hierzu sogleich unter 2). Sofern eine solche Definition fehlt, ist jegliche Form der **Abweichung** zwischen dem **vertraglich Geschuldeten** und dem **Geleisteten** als Pflichtverletzung zu qualifizieren. Vertraglich geschuldet ist dabei auch eine **vertragliche Nebenpflicht**. Die Pflichtverletzung kann drei verschiedene Formen annehmen, wobei alle grundsätzlich gleich behandelt werden:

- Der Schuldner erfüllt seine Verpflichtungen überhaupt nicht (Nichtleistung).

    Beispiele:
    Die geschuldete Kaufsache wird zerstört, daher kann sie nicht geliefert werden.

- Der Schuldner erfüllt seine Verpflichtungen nicht rechtzeitig (verspätete Leistung).

    Beispiel:
    Nach mehrfachen Mahnungen zahlt K den seit Mai fälligen Kaufpreis im September.

- Der Schuldner erfüllt, aber nicht ordnungsgemäß (Schlechtleistung).

    Beispiele:
    Der Rechtsanwalt berät seinen Mandanten zwar, rät ihm aus Unkenntnis jedoch zu einer falschen Verhaltensweise (Schlechterfüllung einer Hauptpflicht).

    Hersteller H klärt den Kunden K zwar über eine Produktgefahr auf, rät für den Fall eines Problems jedoch zu einem falschen Verhalten (Schlechterfüllung einer Nebenpflicht).

    In der von V an M vermieteten Wohnung fällt mitten im Winter die Heizung aus. Darin kann man entweder die Schlechtleistung der einheitlichen Hauptpflicht

„Vermietung einer adäquat warmen Wohnung" oder die Nichtleistung der isolierten Nebenpflicht „Heizen der vermieteten Wohnung" erblicken. Rechtlich ist dieser Unterschied ohne Belang. Ob eine Nebenpflicht oder eine Hauptpflicht verletzt wird, ob eine Nicht- oder eine Schlechtleistung vorliegt, es handelt sich immer um eine Pflichtverletzung.

2. Besonderheiten beim Kauf-, Werk- und Mietvertrag

Für den Kauf-, den Werk- und den Mietvertrag finden sich in den jeweils einschlägigen Abschnitten des Besonderen Schuldrechts **Sondervorschriften**, die für eine besondere Form der Pflichtverletzung gelten: den **Mangel**. Ein Mangel liegt vor, wenn die Sachleistung nicht den vertraglichen Vorgaben entspricht.

Beispiele:
Die gelieferte Ware ist defekt, das reparierte Dach ist weiterhin undicht, die Heizung in der gemieteten Wohnung ist ausgefallen.

Alle sonstigen Pflichtverletzungen, die im Rahmen der genannten Verträge auftauchen können, sind keine Mängel, sondern „gewöhnliche" Pflichtverletzungen, Für sie gelten die **allgemeinen Regeln**. Relevant ist dies insbesondere für alle Pflichtverletzungen auf Seiten des **Geldleistungsschuldners**.

Beispiele:
Der Mieter zahlt keine Miete, der Käufer nicht den Kaufpreis, der Besteller nicht den Werklohn.

Zum nennen sind ferner alle **Nebenpflichtverletzungen**.

Beispiel:
Verkäufer V verkauft dem K einen Beamer, dessen Glühbirnen 100 € kosten. Damit die Birnen nicht schon nach wenigen Wochen kaputt gehen, muss der Beamer erst auskühlen, ehe er abgeschaltet werden kann. V trifft eine Nebenpflicht aus §§ 241 Abs. 2, 242, den K hierauf aufmerksam zu machen. Wenn er diese Nebenpflicht verletzt, liegt kein Mangel vor. Denn der Beamer ist technisch einwandfrei. Daher sind auf den Mangel anwendbare Spezialvorschriften nicht anwendbar, es gelten nur die allgemeinen Regeln über Pflichtverletzungen.

a) Kaufvertrag und Werkvertrag

Für den Kauf- und für den Werkvertrag hat der Gesetzgeber in §§ 434, 633 näher bestimmt, wann ein Mangel des Kaufgegenstands bzw. des hergestellten Werks vorliegt. Bedeutsam ist dies, weil für den Mangel teilweise Spezialvorschriften gelten, die für andere Pflichtverletzungen im Rahmen des gleichen Vertrags keine Anwendung finden (hierzu später mehr):

Eine Sache ist frei von Sachmängeln, wenn sie bei Gefahrübergang die **vereinbarte Beschaffenheit** hat (§§ 434 Abs. 1 S. 1, 633 Abs. 2 S. 1). Welche Beschaffenheit Sachen dieser Gattung üblicherweise haben, ist unerheblich. Die Vertragsparteien können frei bestimmen, was vertraglich geschuldet sein soll und wann demzufolge ein Mangel vorliegt.

Beispiele:
Verkäufer V und Käufer K vereinbaren, dass der dem K verkaufte PKW besonders sparsam sein soll, während sein Verbrauch in Wahrheit normal ist. Ohne Vereinbarung läge kein Mangel vor. Aufgrund der Vereinbarung ist der PKW hier mangelhaft.

Bauunternehmer U und Bauherr B vereinbaren den Bau eines Kellers, der einem doppelt so hohen Überflutungsdruck standhalten soll als übliche Keller. In Wahrheit hält der von B gebaute Keller nur den Druck aus, dem auch andere Keller standhalten können. Ohne Vereinbarung läge kein Mangel vor. Aufgrund der Vereinbarung ist der Keller hier mangelhaft.

Die Stadt S verkauft dem Investor I ein Grundstück, auf dem früher eine Chemiefabrik stand. S und I wissen, dass das Grundstück mit Chemikalien belastet ist und daher eine gründliche Reinigung erforderlich ist. Aus diesem Grund war das Grundstück auch sehr preiswert. Die Belastung ist vereinbarte Beschaffenheit, das Grundstück hat daher keinen Mangel.

Der Motor des Fahrzeugs des F ist ausgefallen. Er vereinbart mit dem Handwerker H eine preiswerte, notdürftige Reparatur für einen Übergangszeitraum von ca. zwei Wochen, weil er in den kommenden Wochen entscheiden will, ob er seinen Wagen behalten will. Nach drei Wochen fällt der Motor wegen des exakt gleichen technischen Problems wieder aus. Die Reparatur war nur notdürftig, sie hatte die vereinbarte Beschaffenheit. Es liegt kein Mangel vor.

Soweit die Beschaffenheit nicht vereinbart ist, ist die Sache frei von Sachmängeln, wenn sie sich für die nach dem Vertrag vorausgesetzte Verwendung eignet (§§ 434 Abs. 1 S. 2 Nr. 1, 633 Abs. 2 S. 2 Nr. 1) und wenn auch dies nicht feststellbar ist, wenn sie sich für die gewöhnliche Verwendung eignet und eine Beschaffenheit aufweist, die bei **Sachen der gleichen Art üblich** ist und die der Käufer bzw. Besteller nach der Art der Sache **erwarten kann** (§§ 434 Abs. 1 S. 2 Nr. 2, 633 Abs. 2 S. 2 Nr. 2).

Beispiele (in Anknüpfung an vorherige Beispiele):
Stadt S und Investor I wissen nichts von der Chemikalienbelastung und haben diesbezüglich auch nichts vereinbart. Die Belastung eines Grundstücks mit Chemikalien ist unüblich und daher ein Mangel.

H und F haben eine Motorreparatur ohne Besonderheiten vereinbart. Der Ausfall eines Motors nach Reparatur aufgrund des genau gleichen technischen Problems nach drei Wochen ist unüblich und damit ein Mangel.

Die Beispiele machen deutlich, dass ein und dieselbe Beschaffenheit je nach vertraglicher Vereinbarung einen Mangel begründen kann oder nicht. Die Abgrenzung zwischen §§ 434 Abs. 1 S. 1, 633 Abs. 2 S. 1 und §§ 434 Abs. 1 S. 2, 633 Abs. 2 S. 2 ist daher mit großer Sorgfalt vorzunehmen, wenn die betreffenden Vorschriften - wie in den genannten Beispielen - zu unterschiedlichen Ergebnissen führen. Sie ist dagegen entbehrlich, wenn sie zu gleichen Ergebnissen führt.

Beispiel (in Anknüpfung an vorheriges Beispiel):
S verkauft dem I ein Grundstück, das mit Chemikalien verseucht ist. S und I streiten darüber, ob S dem I zugesichert hat, dass das Grundstück frei von Chemikalien sei. Diese Frage kann im Zweifel offen bleiben. Hat es eine Zusicherung gegeben, liegt ein Mangel nach § 434 Abs. 1 S. 1 vor. Hat es sie nicht gegeben, liegt ein Mangel nach § 434 Abs. 1 S. 2 Nr. 2 vor.

Kapitel 5 – Verletzung vertraglicher Pflichten und ihre Folgen

Ebenfalls entbehrlich ist eine genaue Abgrenzung zwischen § 434 Abs. 1 S. Nr. 1 und Nr. 2 bzw. zwischen § 633 Abs. 2 S.1 Nr. 1 und Nr. 2. Die genannten Tatbestandsalternativen laufen inhaltlich mehr oder weniger auf das Gleiche hinaus.

Der Verkäufer bzw. der Werkunternehmer muss für einen Mangel nur dann einstehen, wenn dieser im **Zeitpunkt der Erfüllung** der Leistungspflicht vorhanden war. Das **Risiko äußerer Einflüsse nach Erfüllung** der Leistungspflicht trägt dagegen der Käufer bzw. der Besteller. Beim **Kaufvertrag** ist die Leistungspflicht mit **Übergabe der Sache** erfüllt, beim **Werkvertrag** dagegen mit der **Abnahme**. Gleiches gilt erst recht, wenn der Käufer bzw. der Besteller den nach Erfüllung entstandenen Mangel selbst zu verantworten hat.

> **Beispiele:**
> K kauft mehrere PKW beim Händler V. V lässt die PKW zu K bringen und auf einem Hof der K abstellen. In der Nacht werden zwei PKW von Unbekannten beschädigt. Die PKW waren zum Zeitpunkt der Beschädigung schon übergeben worden. V muss für die Schäden nicht einstehen.
>
> K kauft mehrere PKW beim Händler V. Die PKW sollen drei Wochen nach Vertragsschluss geliefert werden. In der Nacht, bevor die PKW zum K gebracht werden sollen, werden zwei PKW auf dem Hof des V von Unbekannten beschädigt. Die PKW waren zum Zeitpunkt der Beschädigung noch nicht übergeben worden. V muss für die Schäden daher einstehen und für die Lieferung unbeschädigter PKW sorgen.
>
> Gemeinde G beauftragt U mit Dachdeckerarbeiten. Während U die Arbeiten ausführt, werden die schon verlegten, aber noch nicht befestigten Ziegel infolge eines Unwetters vom Dach geweht und zerstört. Da das Werk noch nicht abgenommen war, lag das Risiko äußerer Einflüsse bei U. Er muss neue Ziegel verlegen.
>
> U hat die von G in Auftrag gegebenen Dachdeckerarbeiten abgeschlossen. G versucht die Zahlung des fälligen Werklohns dadurch hinauszuzögern, dass er die Abnahme unter Hinweis auf angeblich existierende Mängel verweigert. In Wahrheit ist das Werk mangelfrei. U hat G zur Abnahme innerhalb einer angemessenen Frist aufgefordert. Mit Ablauf dieser Frist gilt das Werk als abgenommen (§ 640 Abs. 1 S. 3). Werden die Dachziegel nach Fristablauf infolge eines Sturms vom Dach geweht, muss U keine neuen Ziegel verlegen. Das gilt erst recht, wenn die Dachziegel vom Dach fallen, weil ein Mitarbeiter der G in betrunkenem Zustand auf das Dach geklettert ist und dort mit einer Spitzhacke hantiert hat.

Ob sich der Mangel im Zeitpunkt der Erfüllung bereits **offenbart** hat, ist dagegen unerheblich. Der Verkäufer bzw. Unternehmer muss auch für solche Mängel einstehen, die bei Übergabe bzw. Abnahme schon vorhanden, aber noch nicht erkennbar waren, sondern sich erst später zeigen. Das ist gerade bei **Herstellungsfehlern** der typische Fall. Denn wenn der Mangel offenkundig ist, wird es in der Regel gar nicht zu einer Übergabe bzw. Abnahme kommen.

> **Beispiele:**
> K kauft einen Kühlschrank, der bei Übergabe problemlos funktioniert. Aufgrund eines Fabrikationsfehlers wird der Kühlschrank jedoch drei Wochen nach dem Kauf funktionsuntüchtig. Der Fabrikationsfehler war bei Übergabe schon vorhanden. Nur hatte er sich noch nicht gezeigt. Hätte er von Anfang an zur Funktionsuntüchtigkeit geführt, hätte K den Kühlschrank wahrscheinlich gar nicht angenommen.

M hat die Wände im Haus des H gestrichen. H nimmt die Arbeit ab, da sie keine sichtbaren Mängel aufweist. Kurz nach der Abnahme blättert die Farbe überall ab, weil M bei den Malerarbeiten unsachgemäß vorgegangen ist. Hätte das Abblättern schon kurz nach Beendigung der Streicharbeiten begonnen, hätte H die Arbeiten wahrscheinlich gar nicht abgenommen.

Kein Mangel sind bloße **Verschleißerscheinungen**. Für die Frage, ob eine Verschlechterung als Mangel oder als Verschleißerscheinung zu qualifizieren ist, sind die schon erwähnten §§ 434 Abs. 1 S. 2 Nr. 2, 633 Abs. 2 S. 2 Nr. 2 maßgeblich: Wenn die Verschlechterung bei Sachen der gleichen Art üblich und zu erwarten sind, liegt nur eine Verschleißerscheinung vor.

Beispiele:
V verkauft dem K einen Gebrauchtwagen, dessen Motor schon 150.000 km Laufleistung aufweist. V und K haben eine Gewährleistungsfrist von einem Jahr vereinbart. Nach 6 Monaten muss der Motor nach einer Laufleistung von 180.000 km ausgewechselt werden. Ob ein Mangel oder eine Verschleißerscheinung vorliegt, hängt davon ab, ob K erwarten konnte, dass der Motor möglicherweise nicht länger als 180.000 km durchhält.

U hat im Haus des B Fliesen verlegt. Nach vier Jahren beginnen sie sich an einigen wenigen Stellen zu lösen. Ob ein Mangel oder eine Verschleißerscheinung vorliegt, hängt davon ab, ob B erwarten konnte, dass sich die Fliesen bei normalem Gebrauch möglicherweise nach vier Jahren an einigen wenigen Stellen lösen.

b) Mietvertrag

Beim Mietvertrag greift der Gesetzgeber den Begriff des Mangels ebenfalls auf (s. beispielhaft § 536 Abs. 1, 536a), definiert ihn anders als bei Kauf- und Werkvertrag nicht explizit. Aus der Formulierung „...Mangel, der ihre Tauglichkeit zum vertragsgemäßen Gebrauch aufhebt..." in § 536 Abs. 1 S. 1 kann folgende Definition abgeleitet werden: Ein Mangel an der Mietsache liegt vor, wenn sie nicht den **vertraglich geschuldeten Zustand** aufweist.

Beispiele:
Das Mietfahrzeug ist fahruntüchtig. Die Heizung in der angemieteten Wohnung funktioniert nicht. Das Dach im angemieteten Haus ist undicht, es bildet sich Schimmel.

Das entspricht wiederum inhaltlich dem Begriff der Pflichtverletzung nach allgemeinem Recht (s. oben unter 1). Dennoch kann es wichtig sein zu klären, ob ein Mangel oder eine sonstige Pflichtverletzung (z.B. eine Nebenpflichtverletzung) vorliegt. Denn wie beim Kauf- und beim Werkvertrag existieren im Mietrecht Vorschriften, die nur für Mängel, nicht aber für andere Pflichtverletzungen gelten (z.B. § 536, hierzu später mehr).

Bei Immobilien ist der Begriff „Mangel" weit auszulegen. Er umfasst nicht nur Eigenschaften, die der Sache körperlich anhaften, sondern auch **unübliche äußere Einflüsse**, die die Nutzung der Mietsache beeinträchtigen.

Beispiele:
Ein Nachbar ist sehr laut. Der Zugang zum Mietobjekt wird wegen Straßenbauarbeiten behindert. Es dringt Ungeziefer aus dem Nachbargrundstück in das angemietete Haus ein.

Anders als beim Kauf- und beim Werkvertrag gilt beim Mietvertrag, dass der Vermieter als Sachleistungsschuldner[1] das **Risiko äußerer Einflüsse nach Erfüllung** und das Risiko **nachträglich auftretender Mängel** trägt (§ 535 Abs. 1 S. 2 „Der Vermieter hat die Mietsache...in diesem Zustand zu erhalten."). Das folgt aus dem Grundsatz, dass die Risiken für eine Sache grundsätzlich beim Eigentümer liegen. Beim Kaufvertrag ist nach der Übergabe der Käufer Eigentümer, beim Werkvertrag spätestens nach Abnahme der Besteller. Beim Mietvertrag bleibt dagegen der Vermieter Eigentümer.

Beispiele:
Nach einem Brand im Treppenhaus sind die Wände in der vermieteten Wohnung verrußt.

Nach vier Jahren fällt die Heizung in der vermieteten Wohnung aus.

Kein Mangel liegt vor, wenn der Mieter das Problem selbst zu verantworten hat. Dann verletzt er selbst seine vertraglichen Pflichten. Denn zu seinen Nebenpflichten gehört es, sorgsam mit dem ihm anvertrauten fremden Eigentum umzugehen. Als Folge schuldet er dem Vermieter ggf. Schadensersatz (hierzu später mehr).

Beispiele (z.T. in Anknüpfung an vorheriges Beispiel):
Der Mieter hat den Brand im Treppenhaus selbst verursacht.

Die Schimmelbildung in der Wohnung ist darauf zurückzuführen, dass der Mieter die Wohnung zu selten gelüftet hat.

II. Rechte des Gläubigers

1. Erfüllung

a) Allgemeines Recht

Im Falle einer Nicht- oder einer Schlechtleistung hat der Gläubiger zunächst weiter Anspruch auf Erfüllung.

Beispiele:
Der Käufer, der den Kaufpreis bisher nicht gezahlt hat, muss dies nachholen.

Der Rechtsanwalt, der aus Unkenntnis falsch beraten hat, muss seine Fehler gegenüber seinem Mandanten richtig stellen.

Der Vermieter V muss dafür sorgen, dass die im Winter ausgefallene Heizung wieder repariert wird.

---

[1] Sachleistungsschuldner ist beim Kaufvertrag der Verkäufer, beim Werkvertrag der Unternehmer und beim Mietvertrag der Vermieter. Sie schulden nicht die Zahlung von Geld, sondern die Erbringung einer Sachleistung, z.B. Lieferung einer Ware.

Bei einer Schlechtleistung wird die nachträgliche Erfüllung häufig auch als „Nacherfüllung" bezeichnet, weil es bereits einen Erfüllungsversuch gegeben hat. Der Anspruch auf (Nach)erfüllung ist grundsätzlich auf die gleichen Anspruchsgrundlagen zu stützen wie der ursprüngliche Erfüllungsanspruch.

Beispiele:
Der Anspruch des Mandanten auf ordnungsgemäße Beratung durch den Rechtsanwalt ergibt sich aus § 611 Abs. 1, der Anspruch auf Richtigstellung nach Falschberatung ebenso.

Der Anspruch des Mieters auf die Übergabe einer Wohnung mit funktionierender Heizung ergibt sich aus § 535 Abs. 1, ebenso der Anspruch auf Reparatur der während der Mietdauer ausgefallenen Heizung.

b) Mangelhafte Kaufsache oder Werkleistung als Pflichtverletzung

Handelt es sich bei der Pflichtverletzung um eine mangelhafte Kaufsache bzw. ein mangelhaftes Werk, greifen Spezialvorschriften. Der Gesetzgeber gebraucht in diesem Zusammenhang den Begriff „Nacherfüllung".

aa) Kaufvertrag

Der Käufer kann als Nacherfüllung nach seiner Wahl die **Beseitigung des Mangels** oder die **Lieferung einer mangelfreien Sache** verlangen (§§ 437 Nr. 1, 439 Abs. 1). Der Nacherfüllungsanspruch wird hier also dahingehend konkretisiert, dass dem Käufer ein Wahlrecht zwischen den zwei denkbaren Formen der Nacherfüllung eingeräumt wird.

Sehr umstritten ist die Frage, ob bei Stückschulden eine Ersatzlieferung in Betracht kommt. Gegen die Ersatzlieferung könnte der Umstand sprechen, dass beim Stückkauf die Pflicht des Verkäufers sich auf die konkret geschuldete Sache bezieht. Die Rechtsprechung nimmt jedoch an, dass die Ersatzlieferung bei Stückschulden nicht von vornherein ausgeschlossen ist. Ob eine Ersatzlieferung in Frage kommt, ist nach dem durch Auslegung zu ermittelnden Willen der Vertragsparteien bei Vertragsschluss zu beurteilen;

Möglich ist die Ersatzlieferung nach der Vorstellung der Parteien dann, wenn die Kaufsache im Falle ihrer Mangelhaftigkeit durch eine gleichartige und gleichwertige ersetzt werden kann.[2] Dies ist jedoch beim Kauf gebrauchter Sachen in der Regel nicht der Fall. Der Verkäufer kann die vom Käufer gewählte Art der Nacherfüllung aber verweigern, wenn sie nur mit **unverhältnismäßigen Kosten** möglich ist (§ 439 Abs. 3 S. 1). Ob Verhältnismäßigkeit vorliegt, ist durch Abwägung der Käufer- und Verkäuferinteressen zu ermitteln. Als Abwägungskriterien gibt § 439 Abs. 3 S. 2 vor: den Wert der Sache im mangelfreien Zustand, die Bedeutung des Mangels und mögliche Nachteile für den Käufer, wenn er auf sein Wahlrecht verzichten müsste. Die Aufzählung ist nicht abschließend (§ 439 Abs. 3 S. 2 „insbesondere").

---

[2] BGH NJW 2006, 2839, 2841.

Kapitel 5 - Verletzung vertraglicher Pflichten und ihre Folgen

Beispiele:
Verkäufer V hat dem Käufer K einen PKW für 40.000 € verkauft. Nach vier Wochen fällt die Klimaanlage aus. Eine Reparatur würde 500 € kosten. Wenn V den PKW zurücknehmen müsste, könnte er ihn allenfalls noch für 35.000 € verkaufen. Der Mangel ist im Vergleich zum Kaufpreis eher geringfügig. Der Verlust von 5.000 € steht außer Verhältnis zu den Reparaturkosten. Die Verkäuferinteressen überwiegen, K kann nur eine Reparatur verlangen.

V hat dem K für berufliche Zwecke einen PC für 400 € verkauft, der nach drei Wochen funktionsuntüchtig wird. V, der nicht Hersteller ist, will den PC reparieren lassen und zu diesem Zweck beim Hersteller einsenden. Erfahrungsgemäß dauert die Reparatur mindestens drei Wochen. K ist in diesen drei Wochen aber unbedingt auf den PC angewiesen, weil er sonst faktisch nicht arbeiten kann. Selbst wenn eine Neulieferung für V wesentlich unwirtschaftlicher wäre als eine Reparatur, dürften die Interessen des K hier überwiegen mit der Folge, dass V einen neuen PC liefern muss. Denn der maximale Verlustbetrag für V beträgt lediglich 400 €.

Das Land L hat dem Hundezüchter H einen jungen Welpen für 200 € abgekauft, den es als Polizeihund ausbilden will. Schon bald stellt sich heraus, dass der Welpe an einem Herzfehler leidet, der über die Jahre zu Behandlungskosten in Höhe von 5.000 € führen würde. Selbst wenn man hier einen Mangel nach § 434 bejahen würde, hätte L wohl keinen Anspruch auf Behandlung gegen H. Der Wert des Tieres ist im Vergleich zu den Behandlungskosten so gering, dass die Käuferinteressen hier zurückstehen müssen. Das gälte auch dann, wenn L bereits 500 € in die Ausbildung des Hundes investiert hätte (Verhältnis 700 - 5.000 immer noch deutlich zugunsten des H).

Sind beide Formen der Nacherfüllung mit unverhältnismäßigen Kosten verbunden, kann der Verkäufer die Nacherfüllung insgesamt verweigern (§ 439 Abs. 3 S. 3, 2. HS). In diesem Fall kann der Käufer nur die anderen in § 437 genannten Rechte geltend machen.

Beispiel:
Verkäufer V hat dem Käufer K eine Maschine für 500 € verkauft, die nach einem Jahr ausfällt. Der Hersteller ist inzwischen in Insolvenz gegangen, sodass Ersatzteile sehr schwer zu beschaffen sind. Eine Reparatur wäre nur möglich, wenn V versuchen würde, sich die Ersatzteile durch eine aufwändige Recherche unter den ehemaligen Kunden des Herstellers zu besorgen. Auch eine Neulieferung wäre nur so möglich. V kann nachweisen, dass mit dieser Recherche eine Arbeitskraft mindestens eine Woche beschäftigt wäre und dies bei ungewissen Erfolgsaussichten. K kann weder Neulieferung noch Reparatur verlangen, kann aber dafür z.B. zurücktreten.

Der Verkäufer hat die im Rahmen der Nacherfüllung anfallenden Kosten, etwa für Transport, Material und Personaleinsatz, zu tragen (§ 439 Abs. 2). Aus dieser Vorschrift ist auch zu schließen, dass die Nacherfüllung an dem Ort zu erbringen ist, an dem sich die Kaufsache gerade befindet. Dies wird in der Regel der Ort des Käufers sein. Der Käufer kann bei einer Neulieferung also verlangen, dass der Verkäufer die mangelbehaftete Sache beim Käufer abholt und ihm den Ersatzgegenstand bringt. Für eine Mängelbeseitigung muss sich der Verkäufer ebenfalls zum Ort des Käufers begeben.

Beispiel:
Der verkaufte Kühlschrank ist ausgefallen. Entschließt sich Verkäufer V in Abstimmung mit dem Käufer K zunächst für eine Reparatur, muss er einen Monteur zum Käufer K schicken. Scheitert die Reparatur, muss er den alten Kühlschrank abholen und einen neuen Kühlschrank zum K bringen lassen.

Liefert der Verkäufer zum Zwecke der Nacherfüllung eine mangelfreie Sache, so kann er vom Käufer Rückgewähr der mangelhaften Sache nach Maßgabe der §§ 346 bis 348 verlangen (§ 439 Abs. 4).

> **Beispiel:**
> Der Verkäufer eines defekten PC, der dem Käufer einen neuen PC liefert, kann vom Käufer Herausgabe des alten PC aus § 346 Abs. 1 verlangen.

bb) **Werkvertrag**

Der Unternehmer kann die Nacherfüllung nach seiner Wahl durch **Beseitigung des Mangels** oder durch **Herstellung eines mangelfreien Werkes** bewirken (§§ 634 Nr. 1, 635 Abs. 1). Der Nacherfüllungsanspruch wird hier also dahingehend konkretisiert, dass dem Unternehmer ein Wahlrecht zwischen den zwei denkbaren Formen der Nacherfüllung eingeräumt wird[3]. Der Unternehmer kann die Nacherfüllung insgesamt verweigern, wenn sie nur mit **unverhältnismäßigen Kosten** möglich wäre (§ 635 Abs. 3). Ob Verhältnismäßigkeit vorliegt, ist durch Abwägung der Interessen des Bestellers und des Unternehmers zu ermitteln. Als Abwägungskriterien kommen in Betracht: der Aufwand für die Mängelbeseitigung im Verhältnis zum Wert des Werks im mangelfreien Zustand, die Bedeutung des Mangels und mögliche Nachteile für den Besteller, wenn er auf eine Nacherfüllung verzichten müsste.

> **Beispiel:**
> Das Malerunternehmen M wird beauftragt, 50 Räume in drei Stockwerken eines großen Verwaltungsgebäude frisch zu streichen (vereinbarte Vergütung 10.000 €). Vereinbart ist eine Einheitsfarbe für alle Räume. Die Mitarbeiter des M verwenden aus Nachlässigkeit Farben, die nicht genau den gleichen Ton haben. Ein neuer Teilanstrich würde 5.000 € kosten. Die verwendete Farbe ist für alle Räume eines Stockwerks jeweils gleich. Die Abweichungen betreffen nur Räume aus verschiedenen Stockwerken. Hier liegt Unverhältnismäßigkeit nach § 635 Abs. 3 nahe, weil verschiedene Wandfarben in verschiedenen Stockwerken im Regelfall nicht besonders störend sind. Anders wäre womöglich zu entscheiden, wenn die Farbabweichungen in einzelnen Zimmern auftreten (z.B. linke Wand dunkler als die rechte).

Kann der Unternehmer die Nacherfüllung nach § 635 Abs. 3 verweigern, muss der Besteller ein anderes Gewährleistungsrecht geltend machen.

> **Beispiel:**
> Im obigen Beispielsfall läge eine Minderung nach §§ 634 Nr. 3, 638 nahe.

Der Unternehmer hat die im Rahmen der Nacherfüllung anfallenden Kosten, etwa für Transport, Material und Personaleinsatz, zu tragen (§ 635 Abs. 2).

---

[3] Anders als im Kaufrecht (s. § 439 Abs. 1) hat also nicht der Gläubiger (Besteller), sondern der Schuldner (Unternehmer) das Wahlrecht.

2. Selbstvornahme und Aufwendungsersatz beim Werk- und beim Mietvertrag

a) Bedeutung

Besteller und Unternehmer sind sich häufig uneinig, ob das Werk mangelhaft ist oder nicht. Gleiches gilt für Mieter und Vermieter im Hinblick auf die Mietsache.

Beispiele:
Die Gemeinde G gibt die Sanierung eines Dachs einer Schule in Auftrag. Nach Durchführung der Sanierung stellt sich heraus, dass das Dach undicht ist. Der beauftragte Dachdeckerunternehmer U weist jede Schuld von sich und behauptet, dass die Undichtigkeit auf Vorgaben des von der Stadt beauftragten Architekten A zurückzuführen sei. U habe mehrmals auf die Gefahr hingewiesen, dass das Dach durch diese Vorgaben undicht werden könne. A habe jedoch auf Beachtung seiner Vorgaben bestanden. G behauptet dagegen nach Rücksprache mit A, dass die Probleme allein auf Nachlässigkeit des U zurückzuführen sei. Wenn die Behauptung der G stimmen würde, läge ein Mangel vor. Hätte U Recht, wäre ein Mangel zu verneinen, da das Werk dann die vereinbarte Beschaffenheit hätte (§ 633 Abs. 2 S. 1).

In den Büroräumen des Mieters M tritt Schimmel auf. Vermieter V behauptet, dass dies auf unzureichendes Lüften zurückzuführen sei, M dagegen, dass bauliche Mängel die Ursache seien. Wenn die Behauptung des M stimmen würde, läge ein Mangel vor. Hätte V Recht, wäre ein Mangel zu verneinen.

Wenn dieser Streit nicht beigelegt werden kann, kann der Besteller bzw. der Mieter den Unternehmer bzw. den Vermieter auf eine Nacherfüllung verklagen. Ein solches Verfahren kann sich aber sehr lange hinziehen. Für den Besteller bzw. Mieter wird dies häufig nicht zumutbar sein, weil er dringend auf ein mangelfreies Werk bzw. Mietgegenstand angewiesen wird.

Beispiele (in Anknüpfung an vorherige Beispiele):
Verklagt G den U auf Durchführung von Nachbesserungsarbeiten, muss G mit einer Verfahrensdauer von einem Jahr oder mehr rechnen, da das Gericht ein Sachverständigengutachten wird einholen müssen. Solange kann G nicht warten, da die eindringende Feuchtigkeit zu weiteren Schäden führen und die Schule unbenutzbar machen könnte.

Verklagt M den V auf Beseitigung des Schimmels, muss er mit einer Verfahrensdauer von einem Jahr oder mehr rechnen, da das Gericht ein Sachverständigengutachten wird einholen müssen. Solange kann M nicht warten, da sich Schimmel ausbreitet und zudem gesundheitsgefährdend ist.

Deshalb gibt das Gesetz dem Besteller und dem Mieter die Möglichkeit, sich selbst zu helfen. Sie können den (vermeintlichen) Mangel selbst beseitigen und Ersatz der erforderlichen Aufwendungen verlangen (§ 637 Abs. 1 für den Werkvertrag und § 536a Abs. 2 für den Mietvertrag). Das geschieht in der Praxis sehr häufig.

b) Voraussetzungen

aa) Werkvertrag

Grundvoraussetzung für ein Recht auf Selbstvornahme und Aufwendungsersatz ist, dass ein **Mangel** vorliegt (§ 637 Abs. 1 „...wegen eines Mangels des Werkes..."").

> **Beispiel (in Anknüpfung an vorherige Beispiele):**
> Nach Durchführung der Selbstvornahme stellt sich heraus, dass die Undichtigkeit tatsächlich auf die Vorgaben des A zurückzuführen ist und dass der Vorarbeiter der U den A mündlich mehrfach auf die Risiken hingewiesen hatte. G hat daher keinen Anspruch und muss die Kosten selbst tragen.

Der Besteller muss dem Unternehmer ferner **erfolglos eine angemessene Frist zur Nacherfüllung** gesetzt hat (§ 637 Abs. 1). Sie ist nach § 637 Abs. 2 S. 1 entbehrlich, wenn ein Fall des § 323 Abs. 2 vorliegt, also insbesondere bei ernsthafter und endgültiger **Leistungsverweigerung** durch den Unternehmer (§ 323 Abs. 2 Nr. 1) und wenn eine Interessenabwägung eine sofortige Selbstvornahme rechtfertigt (§ 323 Abs. 2 Nr. 3). Eine Entbehrlichkeit der Nachfristsetzung nach § 323 Abs. 2 Nr. 3 liegt insbesondere bei schweren Pflichtverletzungen nahe.

> **Beispiel:**
> Kurz nach Abnahme stellt der Mitarbeiter M des Bestellers B einen Mangel fest. Als M den Unternehmer U zur Beseitigung auffordert, bietet U dem M einen „Dankeschönbetrag" von 500 € an, falls dieser über den Mangel hinwegsieht. M lässt sich nicht darauf ein, sondern berichtet dem B. Aufgrund dieses Bestechungsversuchs verliert B jedes Vertrauen in U. Er darf sofort eine Selbstvornahme in die Wege leiten, wobei die Nachfristsetzung nach § 323 Abs. 2 Nr. 3 entbehrlich ist.

Die erfolglose Nachfristsetzung ist auch dann entbehrlich, wenn die Nacherfüllung **fehlgeschlagen** ist (§ 637 Abs. 2 S. 2). Die Nacherfüllung ist dann fehlgeschlagen, wenn kein Gelingen der Nacherfüllung in angemessener Frist mehr zu erwarten ist.

> **Beispiel:**
> Unternehmer U versucht zweimal vergeblich einen Mangel zu beseitigen. Hier liegt ein Fehlschlagen nahe (vgl. als Anhaltspunkt § 440, S. 2). Allerdings sind die Umstände des Einzelfalls maßgebend. Ein Fehlschlagen kann schon nach einem erfolglosen Nachbesserungsversuch vorliegen, aber auch erst nach drei bis vier.

Schließlich darf dem Unternehmer **kein Recht auf Verweigerung der Nacherfüllung** zustehen (§ 637 Abs. 1). Ein solches Recht ergibt sich wiederum aus § 635 Abs. 3.

> **Beispiel:**
> Das Malerunternehmen M wird beauftragt, 50 Räume in drei Stockwerken eines großen Verwaltungsgebäude frisch zu streichen (vereinbarte Vergütung 10.000 €). Vereinbart wurde eine Einheitsfarbe für alle Räume. Die Mitarbeiter des M verwenden aus Nachlässigkeit Farben, die nicht genau den gleichen Ton haben. Ein neuer Teilanstrich würde 5.000 € kosten. Die verwendete Farbe ist für alle Räume eines Stockwerks jeweils gleich. Die Abweichungen betreffen nur Räume aus verschiedenen Stockwerken. Wenn der Besteller hier keinen Neuanstrich nach § 635 Abs. 3 verlangen kann, weil dies unverhältnismäßig wäre, dann kann er auch nicht verlangen, dass der Unternehmer ihm die Kosten für die Beauftragung eines anderen Malerunternehmens erstattet. Das wäre ebenfalls unverhältnismäßig.

bb) Mietvertrag

Wie beim Werkvertrag muss zunächst ein Mangel vorliegen (§ 536a Abs. 2 „...den Mangel...").

> **Beispiel (in Anknüpfung an Beispiel unter a):**
> Nach Durchführung der Selbstvornahme stellt sich heraus, dass der Schimmel tatsächlich darauf zurückzuführen war, dass M nicht häufig genug gelüftet hat. Er hat daher keinen Anspruch und muss die Kosten selbst tragen.

Der Vermieter muss ferner mit der Beseitigung des Mangels in **Verzug** sein oder die umgehende Beseitigung des Mangels muss zur Erhaltung oder Wiederherstellung des Bestands der Mietsache notwendig sein (§ 536a Abs. 2). Der Verzug ist in § 286 geregelt und wird weiter hinten in diesem Lehrbuch abgehandelt (Kap. 5 II 6 b bb i). Einstweilen soll der Hinweis genügen, dass Verzug in der Regel erst nach einer Mahnung eintritt und dass die Voraussetzung des Verzugs damit in etwa der Voraussetzung einer erfolglosen Nachfristsetzung entspricht.

> **Beispiele:**
> Infolge eines Rohrbruchs wird die Wohnung des Mieters M überschwemmt. M beauftragt sofort ein Unternehmen, das das Wasser abpumpt. Hier ist die umgehende Beseitigung des Mangels (Überschwemmung) zur Erhaltung der Mietsache notwendig. M kann nicht zwei Tage warten, bis der beim Vermieter V zuständige Mitarbeiter X das Abpumpen selbst veranlasst.
>
> Infolge falscher Bauplanung entstehen in der von M angemieteten Gewerbeeinheit so genannte Wärmebrücken, die zu Schimmelbildung führen. M verlangt von V die Beseitigung des Schimmels. V lehnt dies mit der Behauptung ab, die Schimmelbildung beruhe auf unzureichender Lüftung durch den M. V gerät durch seine Weigerung nach § 286 Abs. 2 Nr. 3 in Verzug. M kann den Schimmel durch einen Fachmann beseitigen lassen und dem V die Kosten in Rechnung stellen.

c) Rechtsfolge

Rechtsfolge ist beim Werk- und beim Mietvertrag das Recht des Bestellers bzw. des Mieters auf Beseitigung des Mangels und auf Ersatz der dadurch entstehenden Aufwendungen verlangen.

3. Recht auf Verweigerung der eigenen Leistung

In aller Regel ist ein Gläubiger in einem Vertrag zugleich Schuldner. In einem solchen Fall kann er die Schlecht- oder Nichtleistung des anderen Teils zum Anlass nehmen, die eigene Leistung solange zu verweigern, bis der andere Teil bei Nichtleistung seine Leistung nachholt bzw. bei Schlechtleistung seine Leistung in einen vertragsmäßigen Zustand versetzt. Das Gesetz kennt zwei Formen des Leistungsverweigerungsrechts, die in § 273 und in § 320 Abs. 1 S.1 geregelt sind. Die praktischen Unterschiede sind nur graduell, daher wird hier nur § 320 Abs. 1 S.1 abgehandelt.

Das Leistungsverweigerungsrecht aus § 320 Abs. 1 S. 1 wird vom Gesetz als „Einrede des nicht erfüllten Vertrags" bezeichnet. § 320 Abs. 1 S. 1 verknüpft die einem Vertragspartner obliegende Leistung mit einer „Gegenleistung" aus dem Vertrag.

Beispiele:
Der Käufer zahlt den Kaufpreis nicht. Der Verkäufer kann die Lieferung der Sache verweigern.

Der Vermieter repariert die ausgefallene Heizung nicht. Der Mieter kann die Mietzahlung nach § 320 Abs. 1 S. 1 verweigern, bis die Heizung repariert ist.

Der Unternehmer beseitigt am Werk vorhandene Mängel nicht. Der Besteller kann die Abnahme und die Zahlung des Werklohns verweigern, bis die Mängel beseitigt sind.

Im Einzelnen ist das Leistungsverweigerungsrecht aus § 320 Abs. 1 S. 1 von folgenden Voraussetzungen abhängig:

- Der **Gegenanspruch**, der zur vorläufigen Abwehr der eigenen Verpflichtung dienen soll, muss **existieren**. Daran scheitert das Leistungsverweigerungsrecht in der Praxis häufig. Die Existenz des Gegenanspruchs muss mit der gleichen Sorgfalt ermittelt werden wie die Existenz des Hauptanspruchs.

- Der Gegenanspruch muss **fällig** sein. Daran fehlt es, wenn derjenige, der das Leistungsverweigerungsrecht in Anspruch nehmen will, zur Vorleistung verpflichtet ist (s. § 320 Abs. 1 S. 1, letzter Halbsatz). Eine Vorleistungspflicht kann sich aus Vertrag oder Gesetz ergeben. Wichtigstes Beispiel für eine gesetzliche Vorleistungspflicht ist die Vorleistungspflicht des Unternehmers beim Werkvertrag aus § 641 Abs. 1 S. 1.

    Beispiel für eine vertragliche Vorleistungspflicht:
    Käufer und Verkäufer vereinbaren, dass die Ware sofort geliefert wird, dem Verkäufer aber ein Zahlungsziel von vier Wochen eingeräumt wird. Hier kann sich der Verkäufer nicht auf § 320 Abs. 1 S. 1 berufen und die Ware bis zur Zahlung des Kaufpreises zurückhalten, da dies der vertraglichen Vereinbarung widersprechen würde.

- Die Verweigerung der eigenen Leistung darf nicht gegen Treu und Glauben verstoßen (§ 320 Abs. 2); als Beispielsfall nennt das Gesetz die **verhältnismäßige Geringfügigkeit** des Gegenanspruchs. In solchen Fällen darf der Gläubiger nur einen Teil seiner eigenen Leistung zurückbehalten: Dieser Teil darf werthaltiger sein als der wirtschaftliche Nachteil, der durch die Pflichtverletzung des Schuldners droht. Er darf aber nicht völlig außer Verhältnis stehen. Für den **Werkvertrag** bestimmt der praktisch sehr bedeutsame § 641 Abs. 3, dass der zurückbehaltene Werklohn in der Regel das Doppelte **der voraussichtlichen Mängelbeseitigungskosten** sein darf.

    Beispiele:
    V hat dem K eine Sache für 5.000 € geliefert. Wenn die Sache einen kleinen Mangel aufweist, den V mit einem Sach- und Personalaufwand von 50 € beheben kann, darf K den Mangel nicht zum Anlass nehmen, die Zahlung des gesamten Kaufpreises zu verweigern. Je nach Sachlage wird er nur zwischen 100 € und 200 € zurückhalten dürfen.

Die Ausübung des Leistungsverweigerungsrechts führt dazu, dass die Leistungen Zug um Zug, d.h. gleichzeitig zu erbringen sind (vgl. § 322 Abs. 1). Eine völlig zeitgleiche Erfüllung ist allerdings häufig kaum möglich. Probleme ergeben sich daraus aber meist nicht, weil sich die Beteiligten in der Regel auf praktikable Lösungen einigen.

Beispiel:
Bauherr B und Bauunternehmer U einigen sich darauf, dass U gewisse Nacharbeiten durchführt und B die noch offene Vergütung entsprechend dem Fortschritt der Nacharbeiten in drei Raten zahlt.

4. Rücktritt und außerordentliche Kündigung

Eine Leistungsstörung des Schuldners kann das Vertrauen des Gläubigers in die Leistungsfähigkeit oder Leistungswilligkeit des Schuldners beeinträchtigen. Aus diesem Grund gewährt das Gesetz dem Gläubiger unter bestimmten Voraussetzungen ein Recht, sich vom Vertrag zu lösen. Als Grundsatz gilt hierbei: Zur Beendigung eines **Dauerschuldverhältnisses** ist eine **Kündigung** auszusprechen. Dauerschuldverhältnisse zeichnen sich dadurch aus, dass beide Vertragspartner über einen bestimmten Zeitraum wiederkehrende Leistungen erbringen sollen (näher Kap. 1 V).

Beispiele:
Mietvertrag, Arbeitsvertrag, Vertrag über Dauerbezug von Leistungen (z.B. Strom, Wasser, Mobilfunkleistungen, Zeitung), Darlehensvertrag, Leasingvertrag

Verträge, die dagegen nur eine einzige, zeitlich nicht messbare Handlung zum Gegenstand haben, sind durch **Rücktritt** zu beenden.

Beispiele:
Kaufvertrag (nicht im Abonnement), Werkvertrag

Rücktritt und Kündigung sind einschneidende Maßnahmen, die das Vertrauen des Schuldners in den Bestand des Vertrags enttäuschen und ihn wirtschaftlich schwer belasten können. Aus diesem Grund hat sich der Gesetzgeber bei der Ausgestaltung dieser Instrumente um eine angemessene Berücksichtigung der Schuldnerinteressen bemüht.

Rücktritts- und Kündigungsrecht geben dem Gläubiger die Möglichkeit, den Vertrag aufzulösen. Ob er von dieser Möglichkeit Gebrauch macht, steht in seinem Belieben. Damit der Schuldner weiß woran er ist, muss der Gläubiger einen Rücktritt oder eine Kündigung ausdrücklich erklären. Rücktritt und Kündigung sind **einseitige Rechtsgeschäfte**, die aus einer empfangsbedürftigen Willenserklärung bestehen. Für den Rücktritt ist dies ausdrücklich in § 349 geregelt. Für die Kündigung gilt trotz fehlender gesetzlicher Vorschrift nichts anderes.

a) Rücktrittsrecht

Das gesetzliche Rücktrittsrecht des Gläubigers infolge einer Pflichtverletzung des Schuldners ist in § 323 geregelt. Grundtatbestand ist § 323 Abs. 1. Er formuliert die drei Rücktrittsvoraussetzungen, die im Folgenden zu erörtern sind.

aa) Rücktrittsvoraussetzungen

(i) Gegenseitiger Vertrag

Grundvoraussetzung ist, dass ein wirksamer gegenseitiger Vertrag vorliegt.

Gegenbeispiel:
Der zwischen V und K geschlossene Vertrag ist sittenwidrig und damit nichtig.

(ii) Pflichtverletzung

§323 Abs. 1 räumt dem Gläubiger ein Rücktrittsrecht ein, wenn der Schuldner eine fällige Leistung nicht (Nichtleistung) oder nicht vertragsgemäß (Schlechtleistung) erbringt. Es muss mithin eine Pflichtverletzung des Schuldners vorliegen. Dabei muss die Pflichtverletzung ein gewisses Gewicht haben. Bei **unerheblichen Pflichtverletzungen** scheidet ein Rücktritt aus (§ 323 Abs. 5 S. 2). Unerheblich ist eine Pflichtverletzung, wenn sie im Verhältnis zum Leistungswert unbedeutend ist.

Beispiel:
B hat den U mit dem Bau eines Gebäudes zum Festpreis von 2 Mio. € beauftragt. Kurz nach Baubeginn geraten B und U darüber in Streit, ob der Festpreis die Verlegung bestimmter Telekommunikationskabel (Einzelwert dieser Leistungen insgesamt 10.000 €) umfasst. U weigert sich standhaft, diese Arbeiten ohne Zuzahlung auszuführen. B kann selbst dann nicht vom Vertrag zurücktreten, wenn er im Recht ist. Die Pflichtverletzung macht nur 0,5 % des Leistungswerts aus.

(iii) Nachfristsetzung

(1) Allgemeines Recht

Ein Rücktritt ist nach § 323 Abs. 1 nur möglich, wenn der Gläubiger dem Schuldner eine angemessene Frist zur Erfüllung (bei Nichtleistung) oder Nacherfüllung (bei Schlechtleistung) gesetzt hat und diese Frist erfolglos verstrichen ist. Bevor der Gläubiger den ganzen Vertrag zu Fall bringen kann, soll der Schuldner also eine **zweite Chance** erhalten. Wann eine Frist angemessen ist, richtet sich nach den Umständen des Einzelfalls. Nach der Rechtsprechung des BGH setzt eine zu kurze Frist den Lauf einer angemessenen Frist in Gang.

Beispiel:
Angemessen wäre eine Frist von zwei Wochen, der Gläubiger setzt eine Frist von einer Woche. Nach Ablauf von zwei Wochen kann der Gläubiger vom Vertrag zurücktreten.

Allerdings gibt es Fälle, in denen es nicht gerechtfertigt wäre, dem Schuldner eine zweite Chance in Form einer Nachfristsetzung zu geben. § 323 Abs. 2 zählt sie auf:

- Der Schuldner hat die Leistung **ernsthaft** und **endgültig verweigert**, will also nicht leisten (§ 323 Abs. 2 Nr. 1). Dann wird er eine zweite Chance ohnehin nicht nutzen.

  Beispiel:
  V hat dem K eine mangelhafte Sache verkauft. Als K Neulieferung verlangt, bestreitet V die Existenz eines Mangels und lehnt eine Neulieferung ab.

- Die Leistung war **termingebunden** und der Gläubiger hat im Vertrag zu erkennen gegeben, dass er bei **Verzögerung kein Interesse** an der Leistung mehr hat (§ 323 Abs. 2 Nr. 2).

  Beispiel:
  Die Stadt S richtet für den 15.6. eine Tagung aus und beauftragt das Cateringunternehmen C mit der Bereitstellung eines Mittagsbuffets um 12:30 Uhr. C erscheint bis 14:00 Uhr nicht, sodass sich die Tagungsteilnehmer anders versorgen müssen. S kann sofort zurücktreten, auch wenn sie C vorher nicht erreichen konnte, um ihm eine Nachfrist zu setzen. S hat durch Bestellung eines Mittagsbuffets vertraglich zu erkennen gegeben, dass ihr das Buffet nach der Mittagszeit nichts mehr nützt.

- Es liegen besondere Umstände vor, die bei Abwägung der beteiligten Interessen einen sofortigen Rücktritt rechtfertigen (§ 323 Abs. 2 Nr. 3). Das ist insbesondere bei einer **schweren Pflichtverletzung** zu bejahen, die das **Vertrauen** des Gläubigers in den Schuldner bereits **zerstört** hat.

  Beispiel:
  Großhändler H schuldet der Gemeinde G 100 Feuerlöscher von Typ Brandvernichter II zum Preis von 10.000 €. Er liefert 100 Feuerlöscher mit Beschriftungen, die sie als Typ Brandvernichter II ausweisen. Ein anonymer Informant teilt G kurz nach Lieferung mit, dass die Beschriftungen nachträglich angebracht worden seien und es sich in Wahrheit um Exemplare des veralteten Modells Brandvernichter I (Kaufpreis maximal 60 € pro Exemplar) handele. So werde bei H systematisch verfahren. Die Richtigkeit der anonym gemachten Angaben unterstellt läge hier ein Betrugsversuch und damit eine schwere Pflichtverletzung vor, die zum sofortigen Rücktritt berechtigen dürfe.

(2) Mangelhafte Kaufsache oder Werkleistung als Pflichtverletzung

Als Besonderheit gilt für den Kaufvertrag bzw. für den Werkvertrag, dass eine **Nachfristsetzung** auch dann **entbehrlich** ist, wenn die Nacherfüllung fehlgeschlagen ist (§§ 440, S. 1, 636). Das ist beim Kaufvertrag in der Regel nach dem **zweiten erfolglosen Nacherfüllungsversuch** der Fall (§ 440, S. 2). Auf einen dritten Versuch muss sich der Käufer dann nicht mehr einlassen. Beim Werkvertrag ist dies einzelfallabhängig, auch wenn die zwei Versuche beim Kaufvertrag auch für den Werkvertrag eine gewisse Richtgröße darstellen dürften.

Eine Nachfristsetzung ist ferner entbehrlich, wenn der Verkäufer bzw. der Unternehmer die Nacherfüllung insgesamt verweigern kann (§§ 439 Abs. 3 S. 3. 2. HS, 440, S. 1 für den Kaufvertrag, §§ 635 Abs. 3, 636 für den Werkvertrag). Die Nachfristsetzung soll dem Verkäufer bzw. Unternehmer die Chance zur Nacherfüllung geben. Sie macht jedoch keinen Sinn, wenn der Verkäufer bzw. Unternehmer die Nacherfüllung zulässigerweise verweigert.

bb) Folgen des Rücktritts

Durch den Rücktritt wird der Vertrag aufgelöst. Sofern die vertraglich geschuldeten Leistungen schon erbracht worden sind, sind sie nach § 346 Abs. 1 zurückzugewähren.

> **Beispiel:**
> Käufer K hat den Kaufpreis schon gezahlt und die Ware erhalten. Nach seinem Rücktritt kann er von V den Kaufpreis zurückfordern. Er muss im Gegenzug die Ware zurückgeben.

b) Außerordentliches Kündigungsrecht

Das außerordentliche Kündigungsrecht des Gläubigers infolge einer Pflichtverletzung des Schuldners ist in § 314 geregelt (zur Abgrenzung des außerordentlichem vom ordentlichen Kündigungsrecht Kap. 7 III 2). Es existieren wichtige Spezialvorschriften zum § 314, insbesondere für den Mietvertrag (z.B. § 543) und für den Arbeitsvertrag (§ 626)[4]. Obwohl § 314 in Aufbau und Formulierungen vom § 323 abweicht, existieren in der Sache keine nennenswerten Unterschiede.

Von besonderer Bedeutung ist § 314 bei **Rahmenverträgen** (näher hierzu), für die keine Spezialvorschrift existiert.

aa) Voraussetzungen

(i) Allgemeines Recht

(1) Dauerschuldverhältnis

Ein Kündigungsrecht setzt voraus, dass ein zu kündigendes Dauerschuldverhältnis existiert.

> **Gegenbeispiel:**
> Mangels Annahme ist kein Vertrag zustande gekommen.

(2) Wichtiger Grund

Die außerordentliche Kündigung ist nur bei wichtigem Grund möglich (§ 314 Abs. 1 S. 1). Dieser liegt vor, wenn die Interessen des Gläubigers an einer sofortigen Vertrags-

---

[4] Die außerordentliche Kündigung von Arbeitsverhältnissen wird hier nicht vertieft, da sie dem Arbeitsrecht zuzuordnen ist. Hier ist auf die arbeitsrechtliche Literatur zu verweisen. An der FHöV NRW ist das Arbeitsrecht Teil des Moduls „Personalrecht", dessen Curriculum die Kündigung von Arbeitsverhältnissen beinhaltet.

beendigung deutlich höher wiegen als die Interessen des Schuldners an einer Weiterführung des Vertrags bis zum vereinbarten Ende oder bis zum Ende der Kündigungsfrist nach ordentlicher Kündigung (§ 314 Abs. 1 S. 2). Hauptbeispiel für den wichtigen Grund ist die **Pflichtverletzung**, die allerdings im konkreten Einzelfall die nach § 314 Abs. 1 S. 2 vorzunehmende **Interessenabwägung zugunsten des Gläubigers** ausgehen lassen muss. Je schwerer die Pflichtverletzung, desto höher sind die Interessen des Gläubigers zu gewichten.

> **Beispiel:**
> Die Gemeinde G hat sich per Rahmenvertrag über drei Jahre verpflichtet das Toilettenpapier für ihre Schulen ausschließlich beim Händler U zu beziehen. Zwischen G und U ist vereinbart, dass das Toilettenpapier auf Anforderung innerhalb von einer Woche zu liefern ist. Seit zwei Monaten kommt es aber zu Verzögerungen von teils einer Woche. Zudem stimmen die Liefermengen mit den Bestellmengen häufig nicht überein. Häufigkeit und Grad der Pflichtverletzungen (Länge der Verzögerungen, Umfang der Fehllieferung) bestimmen hier, ob G den Vertrag kündigen kann.

(3) Abmahnung oder Nachfristsetzung

Der Gläubiger muss den Schuldner erfolglos abgemahnt bzw. ihm erfolglos eine Nachfrist gesetzt haben (§ 314 Abs. 2 S. 1). Wie beim Rücktritt räumt das Gesetz dem Schuldner eine **zweite Chance** ein. Die Abmahnung unterscheidet sich von der Nachfristsetzung dadurch, dass sie zukünftiges Verhalten betrifft. Hier wäre eine Nachfristsetzung sinnlos.

> **Beispiel (in Anknüpfung an vorheriges Beispiel):**
> G muss U vor Vertragskündigung abmahnen. Die Abmahnung bezieht sich darauf, dass U zukünftig frist- und mengengerecht liefert.

Wie beim Rücktritt kann es unbillig sein, dem Schuldner eine zweite Chance zu geben. In den Fällen, in denen die Nachfristsetzung beim Rücktritt nach § 323 Abs. 2 entbehrlich ist, sind auch Abmahnung und Nachfristsetzung bei der Kündigung entbehrlich (§ 314 Abs. 2 S. 2).

> **Beispiel (in Anknüpfung an vorheriges Beispiel):**
> Eine sehr schwere Pflichtverletzung (z.B. ein Bestechungsversuch) kann eine sofortige Kündigung ohne Abmahnung rechtfertigen (§§ 314 Abs. 2 S. 2, 323 Abs. 2 Nr. 3).

(ii) Besonderheiten beim Mietvertrag

Für den Mietvertrag stellt das Gesetz Spezialvorschriften zur Verfügung, die den § 314 verdrängen. Zu nennen ist hier in erster Linie § 543. § 543 Abs. 1 greift allerdings lediglich den § 314 Abs. 1 unverändert auf, hat also keine eigenständige Bedeutung. Kernstück des § 543 ist vielmehr der 2. Absatz, der das Tatbestandsmerkmal „wichtiger Grund" konkretisiert und dabei in Nr. 3 insbesondere regelt, welchem Umfang ein **Zahlungsverzug** des Mieters haben muss, damit der Vermieter ein Recht zur außerordentlichen Kündigung hat.

Weitere Beispiele für wichtigen Grund, der ein Kündigungsrecht begründet:
Wenn der Mieter mit dem Mietgegenstand unsachgemäß umgeht und ihn dadurch gefährdet, steht dem Vermieter ein außerordentliches Kündigungsrecht nach § 543 Abs. 2 Nr. 2 zu.

Wenn der Aufenthalt in der Mietwohnung mit Gesundheitsgefahren verbunden ist, steht dem Mieter ein außerordentliches Kündigungsrecht nach § 569 Abs. 1 S.1 zu.

Der außerordentlichen Kündigung hat grundsätzlich eine **Abmahnung** vorauszugehen (§ 543 Abs. 3 S. 1). Der Vertragspartner soll dadurch eine zweite Chance erhalten, seine Verpflichtungen zu erfüllen.

Beispiel:
Bevor der Mieter wegen einer Gesundheitsgefährdung kündigt, muss er dem Vermieter die Gelegenheit geben, die Gründe für die Gefährdung zu beseitigen.

Beim Zahlungsverzug i.S.d. § 543 Abs. 2 Nr. 3 ist eine Abmahnung allerdings entbehrlich (§ 543 Abs. 3 S. 2 Nr. 3).

bb) Rechtsfolgen

Durch die Kündigung wird der Vertrag aufgelöst. Anders als der Rücktritt wirkt die Kündigung nur für die Zukunft. Eine Rückabwicklung findet nicht statt.

5. Minderung beim Kauf-, Werk- und Mietvertrag

Die Minderung ist ein Gewährleistungsrecht, das der Gesetzgeber nur für bestimmte Verträge vorsieht.

a) Minderung beim Kauf- und beim Werkvertrag

Beim Kauf- und beim Werkvertrag soll die Minderung die Zahlungsverpflichtung zur Abgeltung des Mangels reduzieren. Das bedeutet, dass sich der Käufer/Besteller mit dem Mangel abfindet und im Gegenzug weniger zahlt.

Beispiele:
Das Land L hat 400 Polizeifahrzeuge gekauft, die einen vertraglich zugesicherten Verbrauch von maximal 6 Litern auf 100 Kilometer aufweisen. Wenige Monate nach dem Kauf stellt sich heraus, dass der Verbrauch bei 6,2 Litern pro 100 Kilometer liegt. Wenn L diesen Mangel hinnehmen will, könnte es den Kaufpreis mindern und so verbilligte Fahrzeuge mit einem kleinen Mangel bekommen.

B lässt von U Büroräume streichen. Bei der Abnahme stellt er fest, dass an etlichen Stellen auch über die Holzleisten gestrichen worden ist. Unterstellt, dass dies ein Mangel ist, den B aber hinnehmen würde, könnte er den Werklohn mindern und so seine Kosten senken, wenn er im Gegenzug die überstrichenen Leisten akzeptiert.

Geregelt ist die Minderung für den Kaufvertrag in §§ 437 Nr. 2, 441 und für den Werkvertrag in §§ 634 Nr. 3, 638. Die Regelungen sind identisch, sodass sie für beide Verträge gemeinsam besprochen werden können.

Das Gesetz spricht davon, dass der Besteller/Käufer „statt zurückzutreten..." mindern kann (§§ 441 Abs. 1 S. 1, 638 Abs. 1 S. 1). Das ist so zu verstehen, dass der Besteller/Käufer auch zum **Rücktritt berechtigt** wäre und mithin dessen Voraussetzungen erfüllt sein müssen. Für eine Minderung müssen daher vorliegen:

- Ein gegenseitiger Vertrag (hier der Kauf- bzw. Werkvertrag)
- Eine Pflichtverletzung (hier der Mangel)
- Eine Nachfristsetzung, die nach §§ 323 Abs. 2 entbehrlich sein kann.

Der Besteller/Käufer führt die Minderung durch Abgabe einer empfangsbedürftigen **Willenserklärung** gegenüber dem Unternehmer/Verkäufer herbei (§§ 441 Abs. 1 S. 1, 638 Abs. 1 S. 1). Die Minderung bewirkt, dass der Besteller/Käufer sein Nacherfüllungsrecht aus dem Mangel verliert. Er muss sich entscheiden, ob er die Beseitigung des Mangels verlangen oder stattdessen mindern will. Diese Entscheidung bringt er durch die Minderungserklärung zum Ausdruck.

Die Höhe des Minderungsbetrags errechnet sich nach §§ 441 Abs. 3 S. 1, 638 Abs. 3 S. 1. Maßgebend ist das Verhältnis zwischen dem Wert der Sache in mangelfreiem Zustand im Verhältnis zum wirklichen Wert, d.h. zum Wert der mangelhaften Sache.

> **Beispiel:**
> Besteller B beauftragt den Maler M mit Malerarbeiten zu marktüblichen Preisen. M stellt dem B eine Rechnung über 900 €, was auch den vereinbarten marktüblichen Preisen entspricht. Die Malerarbeiten weisen geringfügige Farbabweichungen auf, die den Wert der geleisteten Arbeit um 45 €, mithin um 5 % reduzieren. Dieser Prozentsatz drückt das in § 638 Abs. 3 S. 1 beschriebene Verhältnis aus. Um ihn ist die vereinbarte Vergütung zu reduzieren. Der Minderungsbetrag beträgt mithin 5 % von 900 €, also 45 €. B muss nur noch 855 € zahlen oder erhält 45 € zurück, falls er die 900 € schon gezahlt hat.

Dabei ist zu beachten, dass das Gesetz durch die Minderung nur den mangelbedingten Wertunterschied ausgleichen, nicht aber den Unterschied zwischen Wert und Kaufpreis bzw. Werklohn, der darauf beruht, dass der Käufer bzw. Besteller besonders geschickt war und für sich gute Konditionen ausgehandelt hat oder dass diese Geschicklichkeit auf Seiten des Verkäufers bzw. Unternehmers lag.

> **Beispiel (in Anknüpfung an vorheriges Beispiel):**
> B und M vereinbaren ein Festpreis von 1.000 €. Die übliche Vergütung hätte unter Berücksichtigung des geleisteten Zeitaufwands, des durchschnittlichen Stundenlohns der Materialkosten usw. bei 900 € gelegen (vgl. § 632 Abs. 2). Diese 900 € sind der Wert des Werks i.S.d. § 638 Abs. 3. Die Malerarbeiten weisen geringfügige Farbabweichungen auf, die diesen Wert um 5 % reduzieren. Dieser Prozentsatz drückt das in § 638 Abs. 3 S. 1 beschriebene Verhältnis aus. Um ihn ist die vereinbarte Vergütung zu reduzieren. Der Minderungsbetrag beträgt mithin 5 % von 1.000 €, also 50 €. B muss nur noch 950 € zahlen oder er erhält 50 € zurück, falls er die 1.000 € schon gezahlt hat. Letztlich zahlt B also immer noch 50 € mehr als er bei Zugrundelegen eines marktüblichen Preises hätte zahlen müs-

sen. Die Minderung bewirkt hier, dass er nicht mehr 100 € über den Durchschnitt zahlen muss, sondern nur noch 50 €.

Eine genaue Bestimmung des Minderungsbetrags ist in der Praxis häufig schwierig. Er wird daher meist **geschätzt**, was das Gesetz, soweit erforderlich, gestattet (§§ 441 Abs. 3 S. 2, 638 Abs. 3 S.1).

Hat der Käufer mehr als den geminderten Kaufpreis gezahlt, so kann er vom Verkäufer die Erstattung des Mehrbetrags verlangen (§§ 441 Abs. 4 S. 1, 638 Abs. 4 S. 1).

b) **Minderung beim Mietvertrag**

Die Mietminderung nach § 536 hat in erster Linie bei der Vermietung von Immobilien eine große praktische Bedeutung. Wie beim Kauf- und beim Werkvertrag **reduziert** die Minderung den Zahlungsanspruch. Während die Minderung jedoch beim Kauf- und beim Werkvertrag durch entsprechende Willenserklärung herbeigeführt werden muss, tritt die Minderung beim Mietvertrag **kraft Gesetzes** ein. Anders als beim Kauf- und Werkvertrag muss der Mieter also keine Minderungserklärung abgeben. Denn die Minderung soll die Nacherfüllung anders als beim Kauf- und Werkvertrag nicht ersetzen, sondern nur als Ausgleich für die Nutzungsbeeinträchtigung bis zur Mangelbeseitigung dienen.

Ist die Sache durch den Mangel ganz oder weitgehend unbrauchbar, reduziert sich die Miete auf null (§ 536 Abs. 1 S. 1). Ist der Gebrauch der Mietsache durch den Mangel nur beeinträchtigt, ist eine der Schwere des Mangels entsprechende **Minderungsquote** zu bilden (§ 536 Abs. 1 S. 2).

> **Beispiel:**
> Fällt die Heizung im Winter für zwei Tage völlig aus und liegt die Wohnungstemperatur als Folge hiervon nur bei 10 °, liegt für diese zwei Tage eine Minderungsquote von mindestens 50 % nahe. Fällt die Heizung dagegen im Spätherbst aus und sinkt die Wohnungstemperatur auf 18 °, erscheint eine Minderungsquote von 10 – 15 % gerechtfertigt.

Ein geringfügiger Mangel berechtigt nicht zu Minderung (§ 536 Abs. 1 S. 3).

Zu beachten ist in diesem Zusammenhang, dass der Mieter verpflichtet ist, dem Vermieter jeden Mangel unverzüglich **anzuzeigen** (§ 536c Abs. 1 S. 1). Unterlässt er dies, tritt die Mietminderung nicht ein, soweit der Vermieter den Mangel infolge des Versäumnisses nicht beseitigen konnte (§ 536c Abs. 2 S. 2 Nr. 1), insbesondere, weil er keine Kenntnis von dem Mangel hatte.

> **Beispiel:**
> Die Heizung fällt am 3.12. aus. Erst am 9.12. informiert der Mieter M den Vermieter V. M kann die Miete erst ab dem 9.12. mindern, es sei denn, dass V schon vorher Kenntnis vom Ausfall der Heizung hatte (z.B. weil ein anderer Mieter im gleichen Objekt ihn informiert hat).

6. Schadensersatz

Die allgemeine Vorschrift für den vertraglichen Schadensersatzanspruch ist § 280 Abs. 1. Daneben ist aber noch eine Reihe von anderen Vorschriften zu beachten. Das hängt zum einen damit zusammen, dass der Schadensersatzanspruch in der Regel ein schuldhaftes Verhalten des Schuldners (vom Gesetz in § 280 Abs. 1 S. 2 „Vertretenmüssen" genannt) voraussetzt. Bei den bislang abgehandelten Rechten spielt Schuld dagegen keine Rolle. Was unter Vertretenmüssen zu verstehen ist, bestimmt sich nach §§ 276, 278. Zum anderen existieren Fallkonstellationen, in denen das Gesetz den Schadensersatzanspruch von einer weiteren Voraussetzung abhängig macht, die im § 280 Abs. 1 nicht verankert ist (nach §§ 280 Abs. 2, 286 Verzug beim „Verzögerungsschaden", nach § 281 eine Nachfristsetzung beim „Schadensersatz statt der Leistung"). Schließlich stellt sich die Frage, welchen Inhalt der Schadensersatzanspruch hat, also was der Gläubiger konkret verlangen kann, wenn ein Schadensersatzanspruch existiert. Dies ist in §§ 249 – 254 geregelt.

a) Grundvoraussetzungen für den Schadensersatzanspruch nach § 280 Abs. 1

Die drei Anspruchsvoraussetzungen aus § 280 Abs. 1 ergeben sich aus einer Zusammenschau des § 280 Abs. 1 S. 1 und des § 280 Abs. 1 S. 2.

aa) Schuldverhältnis

Grundvoraussetzung für eine vertragsbezogene Schadensersatzhaftung ist, dass ein Schuldverhältnis (§ 280 Abs. 1 S. 1), mithin ein Vertrag vorliegt. Ohne Vertrag existieren keine vertraglichen Pflichten, die verletzt werden könnten.

> **Gegenbeispiele:**
> Der Vertrag ist nicht zustande gekommen, weil der K das Angebot des V nicht angenommen hat. Der Vertrag ist unwirksam, weil er sittenwidrig ist oder gegen ein gesetzliches Verbot verstößt.

Von diesem Grundsatz existieren zwei bedeutsame Ausnahmen:

- Wird ein Vertrag durch **Rücktritt** oder **außerordentliche Kündigung** beendet, so bleiben Schadensersatzansprüche davon unberührt (§§ 325, 314 Abs. 4). Das ist insbesondere dann bedeutsam, wenn die Beendigung des Vertrags auf eine Pflichtverletzung des Schuldners zurückzuführen wäre. Gerade dann wäre es nicht sachgerecht, wenn dem Gläubiger durch den Rücktritt die Möglichkeit genommen werden würde, die durch die Pflichtverletzung entstandenen Schäden geltend zu machen.

> **Beispiel:**
> Trotz mehrfacher Aufforderungen tauscht der Verkäufer die defekte Ware nicht aus, obwohl der Käufer einen Anspruch darauf hätte. Schließlich tritt der Käufer vom Vertrag zurück. Obwohl der Vertrag damit aufgelöst ist, kann der Käufer die Kosten für die Aufforderungen aus § 280 Abs. 1 geltend machen. Der nunmehr aufgelöste Vertrag bleibt als Schuldverhältnis Basis für den Schadensersatzanspruch.

- Auch ohne Vertragsschluss kann es durch **geschäftlichen Kontakt** zu einem vertragsähnlichen Schuldverhältnis kommen, das eine gegenseitige Pflicht zur Rücksichtnahme begründet. Wer diese Pflicht verletzt, haftet dem anderen ggf. auf Schadensersatz aus § 280 Abs. 1. Von besonderer Bedeutung ist dies im **Vergabeverfahren**.

bb) Pflichtverletzung

Weitere Voraussetzung nach § 280 Abs. 1 S. 1 ist die Verletzung einer Pflicht aus dem Schuldverhältnis, kurz eine Pflichtverletzung. Pflichtverletzung kann eine Nichtleistung, eine Schlechtleistung oder eine verspätete Leistung sein, sie kann eine Haupt- oder eine Nebenpflicht betreffen.

> **Beispiele für Verletzung vertraglicher Pflichten:**
> Eine Pflichtverletzung liegt vor, wenn der Käufer den vereinbarten Kaufpreis überhaupt nicht zahlt (Nichterfüllung einer Hauptpflicht) oder wenn er ihn verspätet zahlt (verspätete Erfüllung einer Hauptpflicht). Der Verkäufer begeht eine Pflichtverletzung, wenn der Kaufgegenstand Mängel aufweist (schlechte Erfüllung einer Hauptpflicht). Der Klempner, der ein Rohr reparieren soll, verletzt seine Pflichten, wenn er unachtsam ist und den Teppich in der Räumen seines Auftraggebers verunreinigt (schlechte Erfüllung einer Nebenpflicht).

> **Beispiel für Pflichtverletzung im vertragsähnlichen Schuldverhältnis:**
> Die Gemeinde G hat ein großes Bauvorhaben ausgeschrieben. Mehrere Bauunternehmen haben sich um den Zuschlag beworben. B ist ein geeigneter Bewerber und legt das wirtschaftlichste Angebot vor. Die Gemeinde G ist aus § 97 V GWB verpflichtet, ihm den Auftrag zu erteilen. Sie erteilt dennoch dem X den Auftrag.

Zweifel über Art und Umfang der vertraglichen Pflichten sind ggf. im Wege der Auslegung zu klären.

> **Beispiel:**
> K hat den Kaufpreis am 30.7. gezahlt. Es ist nicht klar, ob K zur Kaufpreiszahlung am 1.7. oder am 1.8. verpflichtet war. Dies ist durch Auslegung zu klären. Vom Ergebnis hängt ab, ob K eine Pflichtverletzung begangen hat.

cc) Vertretenmüssen

§ 280 Abs. 1 S. 2 bestimmt, dass ein Anspruch aus § 280 Abs. 1 S. 1 entfällt, wenn der Schuldner die Pflichtverletzung nicht zu vertreten hat. Im Streitfall muss der Schuldner beweisen, dass er die Pflichtverletzung nicht zu vertreten hat. Vertreten muss der Schuldner eigenes Verschulden (§ 276) und Verschulden seines Erfüllungsgehilfen bzw. seines gesetzlichen Vertreters (§ 278).

(i) Eigenes Verschulden

§ 276 Abs. 1 S. 1 bestimmt, dass der Schuldner **Vorsatz** und **Fahrlässigkeit** zu vertreten hat, sofern nicht ein anderes bestimmt ist. Als **Oberbegriff** für diese beiden Formen der Verantwortung hat sich der Begriff „**Verschulden**" eingebürgert, den der Gesetzgeber an zahlreichen Stellen selbst verwendet (z.B. in § 278).

Eine **anderweitige Bestimmung** kann sich aus **Gesetz** oder aus **Vertrag** ergeben. Die anderweitige Bestimmung kann dabei eine strengere oder eine mildere Haftung begründen. Praktisch besonders bedeutsam ist dabei die **Haftungsbeschränkung** auf **Vorsatz** und **grobe Fahrlässigkeit**.

> **Beispiele:**
> Der Verkäufer beschränkt seine Haftung vertraglich auf Vorsatz und grobe Fahrlässigkeit.
>
> Der Verkäufer erklärt, für die Funktionstüchtigkeit der Ware eine umfassende Garantie übernehmen zu wollen. Diese Erklärung wird in der Regel so auszulegen sein, dass der Erklärende eine verschuldensunabhängige Schadensersatzhaftung übernehmen will (s. auch § 276 Abs. 1 S. 1, 2. HS).
>
> § 599 beschränkt die Haftung des Verleihers auf Vorsatz und grobe Fahrlässigkeit.

Bei Anwendung des § 276 Abs. 1 S. 1 ist eine Abgrenzung zwischen Vorsatz und Fahrlässigkeit entbehrlich, weil das Gesetz an beide Verschuldensformen die gleiche Rechtsfolge, nämlich das Vertretenmüssen knüpft. Bei anderweitiger Bestimmung kann es dagegen entscheidend sein, ob Vorsatz, grobe Fahrlässigkeit oder einfache Fahrlässigkeit vorliegt.

> **Beispiel:**
> Hat der Verkäufer seine Haftung auf Vorsatz und grobe Fahrlässigkeit beschränkt, ist es entscheidend, ob dem Verkäufer gewöhnliche oder grobe Fahrlässigkeit vorgeworfen werden kann.

(1) Vorsatz

Vorsatz liegt vor, wenn der Schuldner die Pflichtverletzung bewusst begeht.

> **Beispiel:**
> K ist Großkunde bei V. Er zahlt den Kaufpreis bewusst mit einer vierwöchigen Verspätung. Er geht davon aus, dass V es nicht wagen wird, ihn deswegen in Anspruch zu nehmen.

Entscheidend ist dabei nicht, ob der Schuldner bewusst gehandelt hat, sondern ob er sich bewusst war, dass er durch seine Handlung eine Pflichtverletzung begeht.

> **Beispiel:**
> K schuldet dem V einen Kaufpreis in Höhe von 500 €, meint jedoch, nur 400 € zu schulden. K zahlt nur 400 €. Er handelt nicht vorsätzlich, da er zwar bewusst auf die Zahlung der restlichen 100 € verzichtet, sich aber nicht darüber im Klaren ist, dass er dadurch eine Pflichtverletzung begeht.

Vorsätzliches Handeln setzt nicht voraus, dass sich der Schuldner die Pflichtverletzung wünscht. Vielmehr reicht es aus, dass er die Möglichkeit einer Pflichtverletzung als möglich erkennt und billigend in Kauf nimmt (sog. bedingter Vorsatz).

> **Beispiel:**
> Autowerkstattbesitzer W sichert seinen Kunden vertraglich zu, bei Reparaturen immer Originalersatzteile zu verwenden. Tatsächlich verwendet er seit einiger Zeit sehr preiswerte, importierte Ersatzteile, die angeblich vom Originalhersteller stammen sollen. W ahnt, dass es sich um qualitativ schlechte Fälschungen handeln könnte. Es ihm jedoch letztendlich egal, da ihm Profitmaximierung über alles geht. W handelt bedingt vorsätzlich.

(2) Fahrlässigkeit

Fahrlässigkeit definiert der Gesetzgeber in § 276 Abs. 2 als das Außerachtlassen der **im Verkehr erforderliche Sorgfalt**. Dabei sind zwei Aspekte zu unterscheiden. Zum einen geht es um die Frage, ob der Schuldner die erforderliche Sorgfalt aufgewendet hat, um bestimmte **Risiken** für den Vertragspartner **zu erkennen**.

> **Beispiel (in Anknüpfung an vorheriges Beispiel):**
> Autowerkstattbesitzer W sichert seinen Kunden vertraglich zu, bei Reparaturen immer Originalersatzteile zu verwenden. Er verwendet bei seinen Reparaturen importierte Ersatzteile, die 10 % unter dem deutschen Listenpreis liegen. Die Preisdifferenz erklärt der Importeur damit, dass die Autohersteller ihre Produkte im Ausland um bis zu 20 % billiger verkaufen würden und der Importeur einen Teil dieses Preisvorteils an seine Kunden weiterreiche. In Wahrheit handelt es sich jedoch um qualitativ schlechte Fälschungen, was allerdings auch für einen Fachmann nur schwer erkennbar ist. In den Medien und insbesondere in der Fachpresse wird immer wieder vor der Fälschungsgefahr bei Importersatzteilen gewarnt. W glaubt dem Importeur und geht fest davon aus, dass er Originalersatzteile verwendet. Er erkennt das Risiko überhaupt nicht. Das dürfte eine Missachtung der im Verkehr erforderlichen Sorgfalt sein, denn dieses Risiko wird breit thematisiert und man kann von einem Fachmann erwarten, dass er hiervon Kenntnis nimmt.

Bei der Frage, ob der Schuldner die nötige Sorgfalt aufgewendet hat, um ein bestimmtes Risiko zu erkennen, kommt es nicht auf die individuellen Fähigkeiten des Betroffenen an. Entscheidend ist vielmehr, was der Rechtsverkehr von einer Person in einer bestimmten sozialen Rolle an Wissen und Sorgfalt erwarten kann. Es gilt somit ein **objektiver Sorgfaltsmaßstab**.

> **Beispiele:**
> (In Anknüpfung an vorheriges Beispiel) W kann sich nicht darauf berufen, dass er die Fachpresse nicht lese, weil ihm die Zeit dazu fehle. Er wird wie ein durchschnittlicher Werkstattinhaber behandelt, von dem man erwarten kann, dass er sich über neue Entwicklungen in seinem Berufsfeld wie auch immer informiert.
> P wird im Krankenhaus vom Berufsanfänger B ärztlich behandelt. Der Berufsanfänger muss sich haftungsrechtlich so behandeln lassen, als sei er ein durchschnittlich erfahrener Arzt. Verkennt B, dass in den zwei Tagen nach der durchgeführten Behandlung ein erhöhtes Risiko eines Herzinfarkts existiert, kommt es darauf an, ob ein durchschnittlich erfahrener Arzt dieses Risiko bei Anwendung der erforderlichen Sorgfalt hätte erkennen können und erforderliche Gegenmaßnahmen ergriffen hätte (z.B. Veranlassung regelmäßiger Kontrollgänge durch das Pflegepersonal).

Besteller B beauftragt den Unternehmer U mit der Aushebung einer Baugrube und dem Gießen eines Fundaments für ein großes Gebäude. Es besteht die Gefahr, dass die U bei diesen Arbeiten auf unbekannte Grundwasseradern stößt, was zu Überflutungen, erheblichen Bauverzögerungen und damit zu erheblich Kosten für den B führen würde. Bei der Frage, ob dieses Risiko erkannt werden muss, gilt der durchschnittlich erfahrene und qualifizierte Fachmann als Maßstab. Es ist unerheblich, ob B Seiteneinsteiger ist und die technischen Herausforderungen einer solchen Bautätigkeit noch nicht voll verinnerlicht hat.

Der zweite Aspekt der Fahrlässigkeit dreht sich um die Frage, ob der Schuldner bestimmte **Risiken bewusst eingehen** darf. Das ist im Wege der **Interessenabwägung** zu ermitteln. In Abwägung zu bringen sind die wirtschaftlichen Interessen des Schuldners mit dem Interesse des Gläubigers, dass kein Schaden entsteht. Dabei kann folgende Faustregel als gedankliche Hilfe verwendet werden: Fahrlässigkeit liegt dann vor, wenn ein **Aufwand für die Risikovermeidung** unterlassen wurde, der kleiner war als das **Risiko einer Schadensverwirklichung** multipliziert mit der **Schwere des potenziellen Schadens**[5]. Auch für die Interessenabwägung gilt ein **objektiver Sorgfaltsmaßstab**: Im Rahmen der Abwägung wird vom Schuldner die Fachkunde erwartet, die für einen durchschnittlichen Schuldner in der konkreten sozialen Rolle erwartet werden kann.

> **Beispiel:**
> Das kommunale Abwasserunternehmen A beauftragt das Bauunternehmen B mit umfangreichen Grabungsarbeiten für die Verlegung von Abwasserleitungen. Es besteht ein Risiko von ca. 1 %, dass es im Zuge dieser Grabungsarbeiten zu einem plötzlichen Grundwassereinbruch kommt, der einen Ausfall der Abwasserentsorgung von 100 Haushalten für ca. 1 Woche nach sich ziehen würde. Um das Risiko eines Grundwassereinbruchs auf 0,01 % zu reduzieren, müsste das Bauunternehmen zusätzlich 80.000 € aufwenden. Hier wird die Abwägung ohne Zweifel zu dem Ergebnis führen, dass der Bauunternehmer dieses Risiko eingehen kann. Wenn sich das Risiko realisieren würde, wäre dies für die betroffenen Haushalte zwar sehr ärgerlich, bliebe aber ohne dauerhafte negative Folgen. Dagegen kann die Abwägung schon anders ausfallen, wenn nicht 100, sondern 2.000 Haushalte betroffen wären oder wenn das Risiko nicht bei 1 %, sondern bei 50 % läge. Bei einem Risiko von 50 % könnte sich B auch nicht darauf berufen, das Risiko unterschätzt und fälschlicherweise mit 1 % angesetzt zu haben, weil es neu am Markt sei und zu wenig Erfahrung mit Grabungsarbeiten habe. Er muss sich das Urteilsvermögen eines Bauunternehmens zurechnen lassen, der über umfangreiche Erfahrungen mit Grabungsarbeiten verfügt.

Da sich die drei relevanten Variabeln in der Regel nicht alle exakt beziffern lassen[6], sollte man diese Faustregel weniger als mathematisch anzuwendende Formel, sondern mehr als Erinnerungsstütze dafür ansehen, dass alle genannten Variablen in die Interessenabwägung Einfang finden muss. Eine mathematische Betrachtungsweise bereitet insbesondere dann Schwierigkeiten, wenn Risiken für Leib oder Leben im Raum stehen, denn der Wert dieser Rechtsgüter lässt sich kaum beziffern.

---

5 Diese Regel wird auch als „Learned-Hand-Formel" bezeichnet. Learned Hand war ein berühmter US-Richter, der diesen seit jeher geltenden Grundsatz wie beschrieben auf den Punkt gebracht hat.
6 Am ehesten lässt sich bei Sachschäden noch die Höhe des potenziellen Schadens ermitteln, mit Abstrichen vielleicht auch noch der Aufwand für die Risikovermeidung. Das Risiko der Schadensverwirklichung ist dagegen nur selten halbwegs bestimmbar.

Wie hoch ist der „potenzielle Schaden", wenn ein Mensch stirbt oder sich schwer verletzt? Er kann nicht unendlich hoch sein, denn sonst dürften solche Risiken nie eingegangen werden, wie klein das Risiko der Schadensverwirklichung auch sein mag.

§ 276 differenziert nicht zwischen verschiedenen Formen der Fahrlässigkeit. An zahlreichen anderen Stellen führt das Gesetz jedoch den Begriff der groben Fahrlässigkeit ein und macht damit deutlich, dass zwischen einfacher und grober Fahrlässigkeit zu unterscheiden ist.

Beispiele:
§§ 199 Abs. 1 Nr. 2, 309 Nr. 7b, 932 Abs. 2

Die einfache Fahrlässigkeit ist im schon erwähnten § 276 Abs. 2 definiert. **Grobe Fahrlässigkeit** liegt nach der Rechtsprechung vor, wenn der Schuldner die verkehrsübliche Sorgfaltspflicht in besonders hohem Maße verletzt hat.

Beispiele:
Autowerkstattbesitzer W verwendet bei seinen Autoreparaturen statt hochwertiger Originalersatzteile qualitativ schlechte Fälschungen. Diese Fälschungen hat er für 30 % des Listenpreises als angebliche Originalersatzteile importiert. Er geht wider jede Vernunft davon aus, dass es sich tatsächlich um Originalersatzteile handelt.

Spediteur S verursacht mit 1,5 o/oo Alkohol im Blut einen Verkehrsunfall und beschädigt das Frachtgut.

Für den praktisch wichtigsten Fall der Pflichtverletzung, der Nichtbegleichung einer Geldforderung, schränkt die Rechtsprechung die Anwendbarkeit des § 276 stark ein. Der zahlungsunfähige Schuldner kann sich generell nicht darauf berufen, dass seine Zahlungsunfähigkeit unverschuldet ist. Es gilt das Prinzip: **„Geld muss man haben."**

Beispiel:
Unternehmer U wird trotz äußerster Aufmerksamkeit von seinem Geschäftspartner betrogen und erleidet schwere finanzielle Verluste. Infolgedessen kann wird er zahlungsunfähig und kann offene Verbindlichkeiten nicht mehr bezahlen. Er handelt schuldhaft.

(ii) Verschulden des Erfüllungsgehilfen

Im Rahmen eines Schuldverhältnisses darf der Schuldner zur Erfüllung seiner Pflichten grundsätzlich Hilfspersonen heranziehen. In der Praxis hat dies eine sehr große Bedeutung.

Beispiele:
Bei einem Vertrag mit der Bank erfolgt die geschuldete Beratung und Aufklärung nicht durch den Vorstand, sondern durch einen nachgeordneten Mitarbeiter.

Der Bauunternehmer U führt bestimmte Arbeiten, die er dem Bauherren B schuldet, nicht selbst aus, sondern beauftragt hierfür den Subunternehmer S.
Die Gemeinde lässt das Vergabeverfahren durch ihrem Mitarbeiter M durchführen.

Der Schuldner kann durch den Einsatz von Hilfspersonen seinen Aktionsradius erweitern. Im Gegenzug muss er aber für das Verschulden seiner Hilfspersonen nach § 278, S. 1 einstehen. Das Verschulden bestimmt sich wiederum nach § 276. Im Einzelnen setzt die Zurechnung des Verschuldens nach § 278, S. 1 voraus:

- Zwischen dem Schuldner und dem Gläubiger muss im Zeitpunkt der Pflichtverletzung ein **Schuldverhältnis existieren**, insbesondere ein Vertrag oder ein vertragsähnliches Schuldverhältnis[7].

    Beispiele: (in Anknüpfung an vorherige Beispiele)
    Der Bankangestellte A berät den Kunden K falsch und verletzt dadurch die Pflichten der Bank B aus dem laufenden Beratungsvertrag mit K.

    Subunternehmer S erbringt eine mangelhafte Bauleistung und verletzt dadurch die dem Bauunternehmer U gegenüber dem Bauherren B obliegenden vertraglichen Pflichten.

    Die Gemeinde G beauftragt ihren Mitarbeiter M mit der Ausformulierung einer Leistungsbeschreibung für ein Vergabeverfahren. Die Leistungsbeschreibung ist sehr missverständlich, sodass sich ungeeignete Interessenten bewerben.

    Gegenbeispiel:
    Der bei der Gemeinde G angestellte Hausmeister H streut im Winter nicht ordnungsgemäß vor dem Rathaus der G. Rathausbesucher B rutscht aus und verletzt sich schwer. G muss gegenüber X nicht nach § 278 für ein Verschulden des F einstehen, weil G und X zum Zeitpunkt des Unfalls nicht durch ein Schuldverhältnis verbunden waren. Allerdings haftet G im Ergebnis doch für das Fehlverhalten des H, wenn auch aus anderer Vorschrift (näher hierzu Kap. 8 II 3).

- Der Dritte muss **Erfüllungsgehilfe** sein, d.h. er muss vom Schuldner zur Erfüllung seiner Pflichten eingesetzt worden sein. Hauptbeispiel für den Erfüllungsgehilfen ist der **Mitarbeiter** des Schuldners. Der Schuldner kann auch einen **Außenstehenden** zum Erfüllungsgehilfen machen. Nach ständiger Rechtsprechung ist der **Hersteller** allerdings **kein Erfüllungsgehilfe des Händlers** mit der Folge, dass der Händler bei reinen Fabrikationsfehlern zwar zur Nacherfüllung verpflichtet ist bzw. eine Minderung und einen Rücktritt hinnehmen muss, aber keinen Schadensersatz schuldet.

    Beispiele:
    Der Bauunternehmer U führt bestimmte Arbeiten, die er dem Bauherren B schuldet, nicht selbst aus, sondern beauftragt hierfür den Subunternehmer S. S ist Erfüllungsgehilfe.

    A lässt sich bei der Abwicklung seines Vertrags mit B durch den Rechtsanwalt R beraten. R ist Erfüllungsgehilfe. Wenn A aufgrund falscher Beratung des R seine Pflichten gegenüber B verletzt, muss er für etwaiges Verschulden des R einstehen.

    Baumarktbetreiber B verkauft dem K eine Bohrmaschine des Herstellers H. Aufgrund eines Fabrikationsfehlers kommt es zu einem Kurzschluss, der einen Brand verursacht, bei dem K erheblich verletzt wird. B schuldet dem K keinen Schadensersatz, da allenfalls H schuldhaft gehandelt hat und H kein Erfüllungsgehilfe des B ist. Wenn B oder einer seiner Mitarbeiter allerdings selbst schuldhaft gehandelt hat, ist er u.U. doch zum Schadensersatz verpflichtet. Das wäre z.B. dann der

---

[7] Diese Voraussetzung für eine Zurechnung nach § 278 S. 1 ergibt sich nicht klar aus dem Gesetzeswortlaut, Sie sollten sie daher sorgfältig in Erinnerung behalten.

Fall, wenn die Produkte des H in der Branche allgemein als sehr unzuverlässig und gefährlich gelten und sich der zuständige Einkäufer bei B darüber hinweggesetzt hätte. B müsste dann für das Verschulden seines Einkäufers als Erfüllungsgehilfen haften.

- Es muss ein **innerer Zusammenhang** zwischen schuldhafter Handlung und übertragener Aufgabe existieren. Die Verantwortlichkeit für eine fremde Person soll nur so weit gehen, wie der Schuldner durch seinen Einsatz profitiert. Bricht jemand aus der ihm zugedachten Rolle völlig aus, wäre eine Haftung zu weitgehend. Der innere Zusammenhang wird in aller Regel zu bejahen sein. Klassisches Gegenbeispiel ist der Diebstahl, der bei Gelegenheit der Leistungserbringung begangen wird.

Beispiele:
Die Falschberatung des Rechtsanwalts R oder des Bankangestellten A, die durch den Subunternehmer U zu verantwortenden Baumängel weisen einen inneren Zusammenhang zu der ihnen vom Schuldner übertragenen Aufgabe auf.

Gegenbeispiel:
Der vom Bauunternehmen U eingesetzte Mitarbeiter M stiehlt Baumaterialen, die im Eigentum des Bauherren B stehen. Ein innerer Zusammenhang fehlt, U muss für das Verschulden des M nicht einstehen.

(iii) Verschulden des gesetzlichen Vertreters

Wer nicht selbst handeln kann, sondern hierfür einen gesetzlichen Vertreter benötigt, hat das Verschulden seines gesetzlichen Vertreters zu vertreten (§§ 278, S. 1, 276). § 278, S. 1 verhindert, dass eine Haftung des Schuldners stets daran scheitert, dass er überhaupt nicht gehandelt hat.

Beispiele:
Die GmbH muss für das Verschulden ihres Geschäftsführers, die Gemeinde für das Verschulden ihres Bürgermeisters einstehen.

Die Zurechnung des Verschuldens des gesetzlichen Vertreters setzt wie die Zurechnung des Verschuldens des Erfüllungsgehilfen ein Schuldverhältnis voraus.

Beispiel:
Der Geschäftsführer G vertritt die V GmbH beim Vertragsschluss und betrügt dabei den Käufer K. Der Kaufvertrag ist das Schuldverhältnis zwischen der V GmbH und K. Die V GmbH muss daher für das Verschulden des G nach § 278 einstehen.

Gegenbeispiel:
G ist Geschäftsführer der V GmbH. Er verursacht auf einer beruflich bedingten Fahrt mit seinem eigenen Wagen einen Verkehrsunfall und verletzt dabei den Passanten X schwer. Die V GmbH muss gegenüber X nicht nach § 278 für ein Verschulden des F einstehen, weil S und X zum Zeitpunkt des Unfalls nicht durch ein Schuldverhältnis verbunden waren.

b) Zusatzvoraussetzung je nach Auswirkung der Pflichtverletzung

Je nach Auswirkung der Pflichtverletzung macht der Gesetzgeber den Schadensersatzanspruch von einer zusätzlichen Voraussetzung abhängig oder nicht. Zentrale Leitidee des nunmehr vorzustellenden Konzepts ist es, dem Schuldner vor Eintritt der Schadensersatzpflicht eine **zweite Chance** zur Erfüllung zu geben, wenn dies sachgerecht ist. Ausgehend von diesem Gedanken unterscheidet das Gesetz drei Fälle, die im Folgenden zu erörtern sind.

aa) Auswirkung der Pflichtverletzung: Leistung nicht werthaltig

Die Pflichtverletzung kann den Wert der geschuldeten Leistung beeinträchtigen.

> **Beispiele:**
> Trotz vertraglicher Verpflichtung und schon geleisteter Vergütung erstellt der Steuerberater die geschuldete Steuererklärung nicht. Die Beauftragung eines zweiten Steuerberaters zwecks Erstellung der Steuererklärung würde 3.000 € kosten. Die Pflichtverletzung (hier eine Nichtleistung) beeinträchtigt den Wert der Leistung in Höhe von 3.000 €.
>
> Der Dachdecker dämmt das Dach falsch. Die Nacharbeiten durch einen zweiten Dachdecker würden 1.000 € kosten. Die Pflichtverletzung (hier eine Schlechtleistung) beeinträchtigt den Wert der Leistung in Höhe von 1.000 €.
>
> Der Käufer einer mangelhaften Sache könnte die Sache mit einem Gewinn in Höhe von 400 € weiterverkaufen, wenn sie mangelfrei wäre.

In einem solchen Fall hat der Gläubiger zunächst einen (Nach)erfüllungs-anspruch.

> **Beispiele:**
> In den obigen Beispielen muss der Dachdecker die Nacharbeiten am Dach durchführen, der Steuerberater die Steuererklärung anfertigen und der Verkäufer den Mangel beseitigen.

Zusätzlich hat der Gläubiger die Möglichkeit, den (Nach)erfüllungs-anspruch in einen Schadensersatzanspruch umzuwandeln. Das Gesetz bezeichnet diesen Schadensersatzanspruch als **Schadensersatz statt der Leistung** (s. Überschrift des § 281). Für den Gläubiger hat dies den Vorteil, dass er sich nicht länger auf eine Nach(erfüllung) durch den Schuldner einlassen muss. Vielmehr verzichtet er darauf und fordert stattdessen Geld. Dieses Geld dient entweder dazu, den durch die Pflichtverletzung entstandenen Nachteil finanziell auszugleichen, oder dazu, einen anderen mit der (Nach)erfüllung zu beauftragen.

> **Beispiele:**
> In den obigen Beispielen verzichtet der Gläubiger auf die Nacharbeiten am Dach, die Anfertigung der Steuererklärung oder die Beseitigung des Mangels. Stattdessen verlangt er Ausgleich des Nachteils in Geld (3.000 €, 1.000 € bzw. 400 €). Mit diesem Geld kann er entweder einen Dritten mit den Nacharbeiten, der Steuererklärung oder der Mängelbeseitigung beauftragen oder er kann alles so lassen, wie es ist und das Geld behalten.

Die Beanspruchung von Schadensersatz statt der Leistung ähnelt dem Rücktritt. In beiden Fällen wird der Vertrag für den Schuldner wirtschaftlich zu einem Ende gebracht[8], was eine einschneidende Maßnahme ist. Wegen dieser Parallele hat der Gesetzgeber das Recht auf Beanspruchung von Schadensersatz statt der Leistung in § 281 weitgehend so ausgestaltet wie das Rücktrittsrecht. Insbesondere kann der Gläubiger den Schadensersatz erst verlangen, wenn er dem Schuldner erfolglos eine angemessene **Frist** zur Leistung oder Nacherfüllung bestimmt hat (§ 281 Abs. 1 S.1)[9]. Der Schuldner erhält so eine zweite Chance. Hiervon macht das Gesetz in § 281 Abs. 2 zwei Ausnahmen:

- Der Schuldner hat die Leistung **ernsthaft** und **endgültig verweigert**, will also nicht leisten[10].

    Beispiel:
    Der Dachdecker im obigen Beispiel bestreitet, dass die Dachdämmung Mängel aufweist.

- Es liegen besondere Umstände vor, die bei Abwägung der beteiligten Interessen einen sofortigen Rücktritt rechtfertigen[11]. Das ist insbesondere bei einer **schweren Pflichtverletzung** zu bejahen, die das **Vertrauen** des Gläubigers in den Schuldner bereits **zerstört** hat.

    Beispiel:
    Das Unternehmen B hat beim Unternehmen U die Einrichtung eines EDV-Netzwerks für seinen Geschäftsbetrieb in Auftrag gegeben. Von Anfang an gibt es massive Probleme, die sich U nicht erklären kann. Daraufhin beauftragt B den Netzwerkspezialisten S mit einer Begutachtung. Dieser stellt nach kurzer Zeit fest, dass das Netzwerk so viele Installationsfehler aufweist, dass daraus nur der Schluss zu ziehen ist, dass bei U grundlegende Kenntnisse über die Installation von Netzwerken fehlen. Die Fülle an Installationsfehler summiert sich zu einer schweren Pflichtverletzung, die eine Nachfristsetzung auch angesichts der offenkundigen Inkompetenz des U entbehrlich macht.

Wenn der Schuldner die Leistung überhaupt nicht erbringt, besteht der Schaden im Betrag, den der Gläubiger dafür zahlen müsste, dass ein Dritter die Leistung anstelle des Schuldners erbringt **(großer Schadensersatz)**.

Beispiel:
Im obigen Beispiel, in dem der Steuerberater die Steuererklärung nicht anfertigt, kann der Auftraggeber im Wege des großen Schadensersatzes 3.000 € verlangen.

Wenn der Schuldner die Leistung zwar erbringt, die Leistung jedoch nicht ordnungsgemäß ist, kann der Gläubiger die Leistung behalten und vom Schuldner als Schadensersatz den **Differenzbetrag** zwischen dem Wert der mangelhaften Leistung und dem Wert verlangen, den die mangelfreie Leistung für ihn gehabt hätte **(kleiner Schadensersatz)**.

---

[8] Beim Rücktritt ist der ganze Vertrag hinfällig. Beim Schadensersatz statt der Leistung verzichtet der Gläubiger entweder auf eine Weiterführung oder er beauftragt hierfür einen Dritten.
[9] Parallelvorschrift beim Rücktritt: § 323 Abs. 1.
[10] Parallelvorschrift beim Rücktritt: § 323 Abs. 2 Nr.1.
[11] Parallelvorschrift beim Rücktritt: § 323 Abs. 2 Nr. 3.

Beispiele:
In dem obigen Dachdämmungsbeispiel sind dies die Kosten für die Nacharbeiten, im Kaufvertragsbeispiel der entgangene Gewinn, im Netzwerkbeispiel die Kosten für die Beseitigung der Installationsfehler.

Der Mangel der erbrachten Leistung kann das **Vertrauen** des Gläubigers in die Leistungsfähigkeit des Schuldners aber auch so schwer **beeinträchtigen**, dass dieser unentdeckte weitere Mängel oder sonstige Probleme befürchtet und deshalb einen Dritten mit der erneuten Erbringung der **gesamten Leistung** betrauen will. In diesem Fall müsste er die bereits erbrachte Leistung zurückweisen und vom Schuldner den Ersatz des Betrags verlangen, den er dafür zahlen müsste, dass ein Dritter die Leistung anstelle des Schuldners erbringt (**großer Schadensersatz**). Der Schuldner kann vom Gläubiger dann die bereits erbrachte Leistung zurückfordern (§ 281 V, das Gesetz bezeichnet den großen Schadensersatz als „Schadensersatz statt der ganzen Leistung").

Beispiele:
In dem obigen Dachdämmungsbeispiel könnte der Gläubiger die Kosten für eine Entfernung der alten Dämmung und für die Anbringung einer neuen Dämmung verlangen, im Netzwerkbeispiel die Kosten für eine Deinstallation des alten Netzwerks und die Installation eines neuen Netzwerks. Das Dämmmaterial bzw. die Netzwerkkomponenten kann der Schuldner zurückverlangen.

Für den Schuldner stellt die Geltendmachung des großen Schadensersatzes trotz Leistungserbringung (auch wenn sie nicht ordnungsmäßig ist) eine besonders schwere Belastung dar. Denn die eigene Leistung verliert damit jeden wirtschaftlichen Wert und die Beseitigung der Leistung u.U. kann sogar noch zusätzliche Kosten verursachen. Daher schränkt das Gesetz das Recht des Gläubigers auf Geltendmachung des großen Schadensersatzes bei nicht ordnungsgemäßer Leistungserbringung ein. Großer Schadensersatz ist ausgeschlossen, wenn die **Pflichtverletzung unerheblich** ist (§ 281 Abs. 1 S. 3[12]). Bei der Bestimmung der Erheblichkeit ist die Schwere der Pflichtverletzung im Verhältnis zum Leistungswert zu setzen.

Beispiel:
Beträgt der Wert der vereinbarten Dachdämmung 20.000 €, ist ein für 1.000 € zu beseitigender Mangel unerheblich. Der Gläubiger muss die erbrachte Leistung akzeptieren und hat nur Anspruch auf Ersatz der Mängelbeseitigungskosten. Beträgt der Wert der vereinbarten Leistung dagegen 3.000 €, ist der Mangel erheblich. Der Gläubiger kann vom Schuldner die Kosten für die Entfernung der mangelhaften Dämmung und die Anbringung einer neuen Dämmung durch einen Dritten verlangen.

Sind **in sich abgeschlossene Teile** der Leistung ordnungsgemäß, kann der Gläubiger großen Schadensersatz (Schadensersatz statt der *ganzen* Leistung) für den Gesamtvertrag nur verlangen, wenn er an der Teilleistung kein Interesse hat (§ 281 Abs. 1 S. 2[13]). Ansonsten bezieht sich der Anspruch auf großen Schadensersatz nur auf den von der Pflichtverletzung erfassten Teil.

---

[12] Parallelvorschrift beim Rücktritt: § 323 V 2.
[13] Parallelvorschrift beim Rücktritt: § 323 V 1.

> **Beispiel:**
> Gegenstand des Netzwerkvertrags im obigen Beispiel war auch die Lieferung von Hardwareteilen. Diese Teile sind technisch in Ordnung und könnten von einem anderen Unternehmen für die Installation des Netzwerks verwendet werden. B muss die Hardwareteile behalten und kann großen Schadensersatz nur für die eigentliche Installation verlangen.

Der Gläubiger kann seine Entscheidung, den (Nach)erfüllungsanspruch durch einen Anspruch auf Schadensersatz statt der Leistung zu ersetzen, nicht revidieren (§ 281 Abs. 4). Für den Schuldner sollen klare Verhältnisse herrschen[14].

bb) Auswirkung der Pflichtverletzung: weitergehende Nachteile

Eine Pflichtverletzung kann auch zu einem weitergehenden Schaden führen, der mit der Leistung selbst nicht unmittelbar zusammenhängt. In diesen Fällen ist danach zu unterscheiden, ob die bislang nicht oder nicht ordnungsgemäße Leistung nachholbar ist oder nicht.

(i) Nachteil durch Beseitigung der Pflichtverletzung noch zu verhindern

Wenn durch die Pflichtverletzung ein Schaden droht, die Leistung aber noch nachholbar ist, ein Schaden dadurch zu vermeiden wäre und der Schuldner dennoch nicht handelt, dann ist ein später entstehender Schaden auf eine **Verzögerung der Leistung** zurückzuführen. Das ist der Ansatzpunkt des Gesetzes: § 280 Abs. 2 bestimmt, dass Schadensersatz wegen Verzögerung der Leistung nur unter den zusätzlichen Voraussetzungen des § 286 verlangt werden kann. § 286 regelt den **Verzug**. Zusatzvoraussetzung neben dem Schuldverhältnis, der Pflichtverletzung und dem Vertretenmüssen nach § 280 Abs. 1 ist mithin der Verzug nach §§ 280 Abs. 2, 286. Der Schadensersatz wegen Verzögerung der Leistung wird gemeinhin als **Verzugsschaden** oder auch als Verzögerungsschaden bezeichnet. Das wichtigste Beispiel in der Praxis sind die **Kosten der Rechtsverfolgung**.

> **Beispiele** für Kosten der Rechtsverfolgung:
> Da K den Kaufpreis trotz mehrfacher Aufforderung nicht zahlt, muss V einen Rechtsanwalt einschalten, der dem V ein Honorar von 100 € in Rechnung stellt. K muss dem V dieses Honorar ersetzen. Der Schuldner hätte diese Kosten vermeiden können, wenn er nach der ersten Aufforderung gezahlt hätte.
>
> K zahlt den Kaufpreis erst nach etlichen schriftlichen und mündlichen Mahnungen. V hat Anspruch auf Erstattung der Material-, Telefon- und Portokosten, die üblicherweise als Pauschale (z.B. 2,50 € pro Mahnung) in Rechnung gestellt werden. Der Erstattungsbetrag wäre niedriger ausgefallen, wenn K nach der ersten Mahnung gezahlt hätte.
>
> **Weitere Beispiele** für Verzugsschaden:
> Das Dach wurde falsch gedämmt. Im bevorstehenden Winter drohen erhöhte Heizkosten. Eine schnelle Durchführung von Nacharbeiten kann dies verhindern.
>
> Bei Auszug beauftragen die Mieter eine Reinigungsfirma mit der Durchführung der geschuldeten Endreinigung. Die Reinigungsfirma führt die Endreinigung nicht oder

---

[14] Das entspricht der Rechtslage beim Rücktritt, der ebenfalls endgültig ist.

nur mangelhaft durch. Der Vermieter kann die Wohnung infolgedessen nicht weitervermieten und droht den Mietern mit einer Geltendmachung der Miete, bis die Endreinigung so wie geschuldet erbracht ist. Je schneller die Reinigungsfirma handelt, desto geringer wird der Schaden für die Mieter sein.

Verzug setzt grundsätzlich eine **Mahnung** des Gläubigers nach Eintritt der Fälligkeit voraus (§ 286 Abs. 1 S. 1). Mit der Mahnung fordert der Gläubiger den Schuldner noch einmal zur Leistung auf und gibt ihm damit eine **zweite Chance**, zumindest einen Teil des Schadens zu verhindern. Anders als die Nachfristsetzung muss die Mahnung nicht mit einer Frist versehen werden.

In einigen Fällen tritt Verzug auch aber **ohne Mahnung** ein. Praxisrelevant sind vor allen Dingen die folgenden drei Fälle:

- Der Schuldner **verweigert** die Leistung **ernsthaft** und **endgültig** (§ 286 Abs. 2 Nr. 3).

   Beispiel:
   Käufer K stellt sich von vornherein auf den Standpunkt, dass er keinen Kaufpreis schulde, weil kein Vertrag zustande gekommen sei. Er gerät dadurch in Verzug, ohne dass der Verkäufer V ihn mahnen muss.

- Für die Leistung ist eine Zeit nach dem Kalender bestimmt (§ 286 Abs. 2 Nr. 1). Dies ist bei Dauerschuldverhältnissen regelmäßig der Fall.

   Beispiele:
   Beim Mietvertrag ist die Monatsmiete spätestens zum dritten Werktag des Monats fällig (§ 556b Abs. 1).

   Der Arbeitsvertrag sieht eine Gehaltszahlung zum Monatsende vor.

   Nach Erledigung seiner Arbeit schickt Handwerker H dem Hauseigentümer E eine Rechnung, in der es heißt: „Bitte zahlen Sie den Rechnungsbetrag bis zum 30.6." Ab 1.7. ist E bei Nichtzahlung ohne weiteres in Verzug.

- Seit der **Fälligkeit** der Forderung und dem Zugang der Rechnung sind **30 Tage** vergangen (§ 286 Abs. 3 S. 1, 1. HS). Ist der Schuldner ein Verbraucher, muss auf diese Rechtsfolge besonders hingewiesen werden (§ 286 Abs. 3 S. 1, 2. HS).

   Beispiel:
   Handwerker H stellt der Gemeinde G eine Rechnung, fällig zum 1.4. G zahlt erst am 1.7. H hatte G aus Rücksicht zur guten Kundenbeziehung nicht gemahnt. Dennoch war G ab 1.5. im Verzug.

(ii) Nachteil bereits irreparabel eingetreten

Wenn die Leistung nicht mehr nachholbar ist, weil der Schaden bereits eingetreten und irreparabel ist, macht es keinen Sinn, dem Schuldner eine zweite Chance durch Mahnung oder Fristsetzung zu geben. In diesem Fall ist der Schadensersatzanspruch nur von den in § 280 Abs. 1 genannten Voraussetzungen Schuldverhältnis, Pflichtverletzung und Vertretenmüssen abhängig.

Beispiele:
Der Arzt behandelt Patienten falsch. Es bleibt eine dauerhafte Gesundheitsbeeinträchtigung zurück.

Das mangelhafte Aquarium bricht und beschädigt die Wohnungseinrichtung des Käufers.

c) Pflichtverletzung mit mehreren Schäden als Folge

Eine Pflichtverletzung kann gleichzeitig einen von vornherein irreparablen Schaden und noch vermeidbare Schäden verursachen. In einem solchen Fall müssen für einen Ersatz der einzelnen Schadenspositionen die jeweiligen Voraussetzungen (wie unter a) und b) erörtert) vorliegen.

Beispiel:
Dachdecker D soll für A ein kaputtes Dach sanieren. Er führt die Arbeiten mangelhaft aus, sodass es weiter durchregnet. A bemerkt dies, als er durchfeuchtetes Mobiliar vorfindet, das er wegwerfen muss. Der so entstandene Schaden ist irreparabel. A kann daher von D Schadensersatz unter den Voraussetzungen des § 280 Abs. 1 verlangen. Will er Ersatz der Anwaltskosten für die Durchsetzung seiner diversen Ansprüche bekommen, muss Verzug nach § 286 vorliegen, d.h. im Regelfall eine Mahnung (§ 286 Abs. 1 S.1).

d) Anspruchshöhe

aa) Grundsätze

Grundnorm für den Umfang der Schadensersatzpflicht ist § 249 Abs. 1. Sie greift immer dann, wenn die einschlägige Anspruchsgrundlage den zu erstattenden Schaden nicht näher konkretisiert.

Beispiele:
§ 280 Abs. 1 („Ersatz des hierdurch entstehenden Schadens"), § 536a Abs. 1 („kann der Mieter...Schadensersatz verlangen").

§ 249 Abs. 1 ist nicht anwendbar, wenn die einschlägige Anspruchsgrundlage den zu erstattenden Schaden näher beschreibt. Dann geht die Anspruchsgrundlage dem § 249 Abs. 1 als speziellere Vorschrift vor.

Beispiel: § 179 Abs. 2

Nach § 249 Abs. 1 hat der zum Schadensersatz Verpflichtete den Zustand herzustellen, der bestehen würde, wenn der zum Ersatz verpflichtende Umstand nicht eingetreten wäre. Dieser zum Ersatz verpflichtende Umstand ist beim Vertrag die Verletzung einer vertraglichen Pflicht.

Die Bestimmung des zu ersetzenden Schadens erfolgt durch einen **Soll-Ist-Vergleich**. Bei der Verletzung vertraglicher Pflichten ist der Gläubiger so zu stellen, als wäre der Vertrag ordnungsgemäß erfüllt worden.

Beispiele:
Da Schuldner S nicht rechzeitig zahlt, schaltet Gläubiger G nach mehrfachen Mahnungen den Rechtsanwalt R ein. Hätte G sofort bezahlt, wäre die Beauftragung des R nicht notwendig geworden; G hätte dem R kein Honorar zahlen müssen. S muss dem G daher das Honorar für R ersetzen.

Arzt A behandelt den Patienten P fehlerhaft, sodass dieser zwei Wochen arbeitsunfähig erkrankt. P ist selbständig und kann in diesen zwei Wochen keinen Umsatz erwirtschaften. Wäre P nicht krank geworden, hätte er den Umsatz erzielen können. A muss dem P daher den ausgefallenen Umsatz ersetzen.

Bei der Verletzung der Rücksichtnahmepflichten im vertragsähnlichen Schuldverhältnis, insbesondere im Vergabeverfahren, ist der Gläubiger so zu stellen, als hätte der Schuldner in gebotener Weise auf ihn Rücksicht genommen.

Beispiel:
Ein öffentlicher Auftraggeber ist verpflichtet, nur dann ein Vergabeverfahren einzuleiten, wenn er sich eine bestimmte Leistung auch tatsächlich beschaffen will und hierfür auch die rechtlichen Voraussetzungen vorliegen. Eine Aufhebung eines Vergabeverfahrens ist nur unter engen Voraussetzungen möglich. Hebt ein öffentlicher Auftraggeber ein Vergabeverfahren auf, ohne dass die rechtlichen Voraussetzungen hierfür vorliegen, muss er alle Bewerber so stellen, als hätte er seine Rücksichtnahmepflicht erfüllt. In diesem Fall hätte der öffentliche Auftraggeber gar kein Vergabeverfahren eingeleitet. Der Soll-Ist-Vergleich ergibt mithin, dass allen Bewerbern die Bewerbungskosten erstattet werden müssen.

Der nach § 249 Abs. 1 zu ersetzende Schaden umfasst auch den entgangenen Gewinn (§ 252, S. 1). Diese Vorschrift hat in der Praxis eine große Bedeutung. Der entgangene Gewinn ist im Rahmen einer wirtschaftlichen Gesamtbetrachtung zu ermitteln.

Beispiel:
das vorherige Beispiel mit A und P

Weitere Beispiele:
Die Gemeinde G beauftragt einen Architekten A mit der Erstellung einer Bauplanung für ein Honorar von 10.000 €. Wenige Wochen tritt G vom Vertrag zurück, weil A angeblich in einen Korruptionsskandal verwickelt sein soll. G kann diesen Vorwurf später nicht beweisen, sodass der Rücktritt unwirksam ist. Bei Erstellung der Bauplanung hätte A insgesamt Kosten in Höhe von 300 € gehabt. In der Zeit, in der er die Bauplanung hätte durchführen müssen, konnte er andere Arbeiten verrichten, für die er einen Gewinn in Höhe von 1.900 € (Honorar 2.000 € ./. Kosten 100 € = 1.900 €) gemacht hat. Der entgangene Gewinn beträgt 10.000 € ./. 1.900 ./. 300 € = 7.600 €.

Der Hersteller liefert dem Einzelhändler mangelhafte Ware. Trotz mehrfacher Aufforderung sieht sich der Hersteller nicht in der Lage, mangelfreie Ware zu liefern. Schließlich tritt der Einzelhändler vom Vertrag zurück. Hätte der Einzelhändler mangelfreie Ware bekommen, hätte er sie mit einem Gewinn in Höhe von 1.000 € weiterverkaufen können. So entgeht ihm das Geschäft. Schuldet der Hersteller dem Einzelhändler wegen des Mangels Schadensersatz, kann der Einzelhändler vom Hersteller die Zahlung der Gewinnmarge verlangen. Dass der Einzelhändler vom Vertrag zurückgetreten ist, steht dem Schadensersatzanspruch nicht im Weg (§ 325).

Die Gemeinde G hat ein großes Bauvorhaben ausgeschrieben. Mehrere Bauunternehmen haben sich um den Zuschlag beworben. B ist ein geeigneter Bewerber und legt das wirtschaftlichste Angebot vor. Die Gemeinde G ist verpflichtet, ihm den Auftrag zu erteilen. Sie erteilt dennoch dem X den Auftrag. G hat damit ihre

Rücksichtnahmepflicht gegenüber B verletzt. Sie muss ihn so stellen, als hätte sie ihre Rücksichtnahmepflicht erfüllt. In diesem Fall hätte sie dem B den Auftrag erteilt und B hätte einen Gewinn realisieren können. Der Soll-Ist-Vergleich ergibt mithin, dass dem B die entgangene Gewinnmarge zu erstatten ist.

Häufig kann der Anspruchsinhaber nicht mit letzter Sicherheit nachweisen, ob er tatsächlich einen Gewinn gemacht hätte und wie hoch dieser gewesen wäre. Um diesen Nachweisschwierigkeiten zu begegnen, lässt es das Gesetz genügen, dass ein Gewinn mit **einiger Wahrscheinlichkeit** zu erwarten war (§ 252, S. 2).

bb) Kausalität

Ersetzbar ist nur der Schaden, der Folge der Pflichtverletzung ist. Konkret bedeutet dies:

- Die Handlung muss eine nicht hinwegdenkbare Bedingung für den entstandenen Schaden gewesen sein (**Äquivalenz**).

    Beispiel (in Anknüpfung an vorheriges Beispiel):
    Es steht zwar fest, dass die Auftragsvergabe an X fehlerhaft war. Aufgrund des Beurteilungsspielraums des G ist aber unklar, ob der Auftrag an Bewerber A oder an Bewerber B hätte vergeben werden müssen. Wenn der Auftrag auch an A hätte vergeben werden können, läge keine Kausalität zwischen Pflichtverletzung (Auftragsvergabe an X) und Schaden des B (entgangener Gewinn) vor. Daher muss B im Zweifel beweisen, dass nur eine Auftragsvergabe an ihn rechtmäßig gewesen wäre. Gelingt dies nicht, scheitert ein Anspruch am Nachweis der Kausalität. Dies ist in der Praxis sehr häufig der Fall.

    Weitere Beispiele:
    B beauftragt den H mit Dachdeckerarbeiten. Da H die Arbeiten nachlässig ausführt, lösen sich Dachziegel, die das Auto des B beschädigen, das auf dem Grundstück abgeparkt ist. B muss das Fahrzeug in Reparatur geben. Da er auf das Auto dringend angewiesen ist, mietet er für die zwei Tage, die die Reparatur dauert, ein Ersatzfahrzeug an. Neben den Reparaturkosten sind auch die Kosten für das Ersatzfahrzeug äquivalente Folge der nachlässigen Dachdeckarbeiten.

    Das Catering-Unternehmen C versorgt seit vielen Jahren die Kindergärten in der Gemeinde G mit Mittagessen. C steht in Verhandlungen mit G, ob C nicht auch die Verpflegung der Horte in G übernehmen soll. Im Rahmen dieser Verhandlungen versucht der neu ernannte Geschäftsführer der C, Herr X, einen Mitarbeiter der G zu bestechen. Als dies ans Licht kommt, bricht G alle Kontakte zu C ab und kündigt auch den laufenden Catering-Vertrag für die Kindergärten fristlos und das obwohl C den X sofort entlässt und wahrheitsgemäß beteuert, dass die Gesellschafterin der GmbH, ein großer Konzern, nicht in den Bestechungsversuch verstrickt sei und der X gerade neu ernannt worden sei. Die versuchte Bestechung ist eine Pflichtverletzung der C gegenüber G. Sie ist gleichzeitig auch eine Pflichtverletzung des Geschäftsführers X gegenüber seiner GmbH, der C. Im Verhältnis zwischen X und C ist der entstandene Schaden nach Maßgabe des § 252 hier auf jeden Fall der entgangene Gewinn aus dem Kindergarten-Vertrag, darüber hinaus ggf. auch der Gewinn, der mit dem Hort-Vertrag gemacht worden wäre. Diese Schäden wären ohne den Bestechungsversuch nicht entstanden (Äquivalenz).

    Die G GmbH beauftragt den Installateur I mit der Instandsetzung eines Wasserrohrs in einer ihrer Fabrikhallen. Als Werklohn werden 200 € vereinbart. Da I die Instandhaltung aus Nachlässigkeit mangelhaft durchführt, kommt es während der laufenden Produktion in der Fabrikhalle zu einem Rohrbruch. Dadurch wird eine hochkomplexe Maschine, die das Kernstück der Produktionslinie der G ist, zerstört. Dies löst eine Kettenreaktion aus, in deren Folge vier weitere Maschinen beschädigt werden und die Produktion für eine ganze Woche stillsteht. Der Maschinenschaden beläuft sich bei G auf 150.000 €, der Schaden durch den Ausfall der Produktion bei 200.000 €. Diese Schäden wären ohne Rohrbruch nicht entstanden (Äquivalenz).

- Der Schaden darf nicht das Ergebnis eines besonders eigenartigen und ganz unwahrscheinlichen Geschehensablaufs sein (**Adäquanz**).

   Beispiele (in Anknüpfung an vorherige Beispiele):
   Dass ein Autofahrer auf sein Fahrzeug dringend angewiesen ist, ist eher die Regel als die Ausnahme. Im Hinblick auf die Kosten für die Anmietung eines Ersatzfahrzeugs ist Adäquanz daher zu bejahen.

   Dass ein Geschäftspartner einen Bestechungsversuch des eigenen Geschäftsführers zum Anlass nimmt, alle Geschäftsbeziehungen abzubrechen und das obwohl dieser Geschäftsführer sofort abberufen wird, ist vielleicht nicht unbedingt nahe liegend, andererseits aber auch nicht völlig unwahrscheinlich. Adäquanz dürfte daher zu bejahen sein.

   Dass ein einfacher Rohrbruch zu einer Kettenreaktion führt, die einen Schaden von insgesamt 350.000 € verursacht, ist ein ganz ungewöhnlicher Geschehensablauf. Adäquanz dürfte hier daher eher zu verneinen sein, wobei hier aber die Umstände des Einzelfalls maßgebend sind.

cc) Haftungsreduzierung durch Mitverschulden

Ein Mitverschulden des Gläubigers führt dazu, dass der Gläubiger einen Teil des Schadens selbst tragen muss (§ 254 Abs. 1). § 254 hat erhebliche praktische Bedeutung. Mitverschulden liegt in Anlehnung an § 276 Abs. 2 vor, wenn der Gläubiger die im Verkehr **gebotene Sorgfalt zur Abwendung eigener Schäden** unterlässt. Man kann insoweit von einem „Verschulden gegen sich selbst" sprechen.

   Beispiele:
   Besteller B hat den U trotz ohne weiteres erkennbarer fachlicher Defizite mit einer Leistungserbringung beauftragt. U führt die Leistung mangelhaft aus, sodass dem B ein Schaden entsteht. Da die fachlichen Defizite des U ohne weiteres erkennbar waren, hat B fahrlässig i.S.d. § 276 Abs. 2 gehandelt.

   Durch nachlässige Arbeit des EDV-Dienstleistungsunternehmen E geht eine große Anzahl von Datensätzen beim Gläubiger G verloren, die allerdings auch keine Datensicherung betrieben hatte. Mangelnde Datensicherung ist fahrlässig i.S.d. § 276 Abs. 2.

Für die Bestimmung des Mitverschuldens gilt das zum Verschulden und insbesondere zur Fahrlässigkeit Gesagte (objektiver Sorgfaltsmaßstab beim Erkennen von Risiken, Interessenabwägung bei Eingehen von Risiken). Mitverschulden liegt auch dann vor, wenn sich das Verschulden des Geschädigten darauf beschränkt, dass er es unterlassen hat, den Schuldner auf die Gefahr eines ungewöhnlich hohen Schadens aufmerksam zu machen, oder dass er es unterlassen hat, den Schaden abzuwenden oder zu mindern (§ 254 Abs. 2 S. 1).

Beispiele:
Die G GmbH beauftragt H mit Schweißerarbeiten direkt neben einer unscheinbar aussehenden Maschine. Sie macht H nicht darauf aufmerksam, dass die Maschine extrem wertvoll ist und 500.000 € gekostet hat. Weil H die Schweißerarbeiten nachlässig ausführt, kommt es zu einem kleinen Brand, bei dem die Maschine vollständig zerstört wird. H muss zwar für den Schaden grundsätzlich aufkommen, doch trifft die G eine Mitschuld, weil sie den H im Hinblick auf den hohen Wert der Maschine zu besonderer Vorsicht hätte anhalten müssen. Von Fahrlässigkeit nach § 276 Abs. 2 kann hier ausgegangen werden, da G den Wert ihrer eigenen Maschinen kennen muss.

Die B GmbH beauftragt den H mit Dachdeckerarbeiten. Da H die Arbeiten nachlässig ausführt, lösen sich Dachziegel, die das Auto der B GmbH beschädigen, das auf dem Grundstück steht. Die B GmbH muss das Fahrzeug in Reparatur geben. Da sie auf das Auto angewiesen ist, mietet sie für die zwei Tage, die die Reparatur dauert, ein Ersatzfahrzeug an. Die Kosten für die Anmietung eines Ersatzfahrzeugs sind zwar grundsätzlich zu erstatten, da sowohl Äquivalenz wie auch Adäquanz vorliegen. Wenn die B GmbH das Ersatzfahrzeug aber ohne weiteres Nachdenken bei einem besonders teuren Anbieter oder zu einem besonders teuren Tarif anmietet, ist ihr die Differenz zur marktüblichen Miete im Zweifel als Mitverschulden anzulasten, mit der Folge, dass sie diese Differenz selbst tragen muss.

Die Höhe des vom Gläubiger zu tragenden Schadensanteils hängt von den Umständen des Einzelfalls ab. Er kann bei 5 %, aber auch bei 95 % liegen.

§ 254 Abs. 2 S. 2 legt fest, dass der Gläubiger auch für das Mitverschulden seiner Erfüllungsgehilfen oder gesetzlichen Vertreter im Rahmen vertraglicher Beziehungen einzustehen hat. Dies gilt nicht nur für die in § 254 Abs. 2 S. 1 genannten Konkretisierungen, sondern für alle Fälle des Mitverschuldens nach § 254.

Beispiele (in Anknüpfung an vorherige Beispiele):
Die Schweißerarbeiten bei der G GmbH hat der Mitarbeiter M in Auftrag gegeben. Er hätte den H auf den hohen Wert der Maschine hinweisen müssen. Da er als Mitarbeiter der G GmbH ihr Erfüllungsgehilfe ist, haftet die G GmbH für sein Mitverschulden nach §§ 254 Abs. 2 S. 2, 278 S. 1.

Für die B GmbH hat sich ihr Geschäftsführer um die Anmietung eines Ersatzfahrzeugs gekümmert. Sie muss für sein Mitverschulden nach §§ 254 Abs. 2 S. 2, 278 S. 1 einstehen, da er ihr gesetzlicher Vertreter ist.

7. Verzugszins

Eine Geldschuld ist während des Verzugs zu verzinsen. Anspruchsgrundlage für den Verzugszins ist § 288 Abs. 1 S.1. Der Verzugszins setzt **Verzug** nach § 286 voraus.

Die Höhe des Verzugszinses beträgt im Regelfall **5 % über dem Basiszinssatz** (§ 288 Abs. 1 S. 2). Der Basiszinssatz wird halbjährlich von der Europäischen Zentralbank neu festgelegt. Er beträgt für die 2. Jahreshälfte 2016 - 0,88 %[15].

---

[15] Quelle: www.basiszinssatz.de.

Wenn an dem Rechtsgeschäft **kein Verbraucher** beteiligt ist, beträgt der Verzugszins bei Entgeltforderungen **8 % über dem Basiszinssatz** (§ 288 Abs. 2). Den Begriff „Verbraucher" definiert das Gesetz in § 13. Entgeltforderungen sind Forderungen, mit denen der Gläubiger das Entgelt für eine aufgrund eines gegenseitigen Vertrags erbrachte Leistung verlangt. Schadensersatzforderungen fallen nicht darunter.

8. Verhältnis der Gläubigerrechte untereinander

Der Gläubiger kann im Grundsatz **mehrere Rechte** gleichzeitig geltend machen (vgl. hierzu ausdrücklich §§ 325, 288 Abs. 4, 314 Abs. 4), sofern die jeweiligen gesetzlichen Voraussetzungen erfüllt sind. Etwas anderes gilt nur, wenn die einzelnen Rechte in ihrer Zielsetzung miteinander unvereinbar sind. Das betrifft den Rücktritt, der nicht parallel zur (Nach)erfüllung und zur Leistungsverweigerung geltend gemacht werden kann. Rücktritt auf der einen Seite und Nacherfüllung bzw. Leistungsverweigerung auf der anderen Seite passen nicht zusammen, weil der Gläubiger beim Rücktritt auf eine Erfüllung verzichtet, während er sie in den beiden anderen Fällen weiter wünscht.

> **Beispiel für parallele Geltendmachung:**
> Da Bauherr B den Bauunternehmer U nicht wie vereinbart für den 1. Bauabschnitt bezahlt, stellt U seine weitere Tätigkeit ein (Leistungsverweigerung). Nach mehrfacher Mahnung beauftragt U den Rechtsanwalt R, der von B im Namen des U Zahlung (Erfüllung), Ersatz der Anwaltskosten (Schadensersatz) und Verzugszinsen verlangt.

Für die Geltendmachung gibt es grundsätzlich **keine besondere Reihenfolge**. Eine Ausnahme gilt allerdings dann, wenn das Gesetz dem Gläubiger vorschreibt, dem Schuldner eine zweite Chance zu geben. Bevor der Gläubiger zurücktritt, muss er dem Schuldner nach § 323 Abs. 1 in der Regel eine Nachfrist setzen und damit Erfüllung verlangen. Gleiches gilt für den Schadensersatzanspruch nach § 281. Bevor der Gläubiger Verzugsschaden geltend machen kann, muss der den Schuldner nach § 286 Abs. 1 S.1 im Regelfall mahnen, was ebenfalls einer Aufforderung zur Erfüllung gleichkommt.

III. Sonderfall: Unmöglichkeit als Pflichtverletzung

Besonderheiten gelten, wenn die Pflichtverletzung darauf beruht, dass dem Schuldner die Erfüllung seiner Schuld unmöglich geworden ist.

1. Begriff

Unmöglichkeit liegt vor, wenn der Schuldner nicht imstande ist, seine Verpflichtungen aus dem Schuldverhältnis zu erfüllen. Es macht keinen Unterschied, ob die Unmöglichkeit von vornherein bestand oder erst nachträglich eingetreten ist und ob ein Dritter zur Leistung imstande wäre (vgl. § 275 Abs. 1 „...soweit diese für den Schuldner oder für jedermann unmöglich ist").

Beispiele:
Der Betrüger V verkauft dem K über Ebay eine Perlenkette, die in Wahrheit nicht existiert. Dem V ist es unmöglich, seine Lieferpflicht zu erfüllen.

Rechtsanwalt R soll für seinen Mandanten M einen Vertragsentwurf erstellen. Der Entwurf ist unvollständig. Als M den R um Vervollständigung bittet, stellt sich heraus, dass R inzwischen seine Rechtsanwaltszulassung entzogen bekommen hat. R darf keinen Rechtsrat mehr erteilen und kann daher seiner (Nach)erfüllungspflicht nicht mehr nachkommen. Es liegt Unmöglichkeit vor, obwohl ein anderer Rechtsanwalt den Rat erteilen könnte.

V verkauft dem K ein Gebrauchtfahrzeug, das vor der geplanten Übergabe von einem unbekannten Dieb gestohlen wird. Der Dieb könnte zwar erfüllen, nicht jedoch der Schuldner V, dem die Erfüllung seiner Lieferpflicht mithin unmöglich wird.

Bei **Gattungsschulden** liegt Unmöglichkeit nur vor, wenn der Schuldner auf kein Gattungsexemplar zugreifen kann oder wenn **Konkretisierung** eingetreten ist.

Beispiel:
Die Verkäuferin V GmbH und die Käuferin K GmbH haben vereinbart, dass die V GmbH der K GmbH die Kaufsache per Post schickt. Im Regelfall ist dies eine Schickschuld. Konkretisierung tritt ein, sobald die V GmbH die Sache bei der Post abgegeben hat. Geht die Sache auf dem Postweg verloren, tritt Unmöglichkeit ein.

Gegenbeispiel:
Verkäufer V hat die Ware bei Abschluss des Kaufvertrags nicht vorrätig und muss sie bestellen. V und K vereinbaren, dass V den K über den Eingang der bestellten Ware informiert, damit K sie abholen kann (Holschuld). Als die Ware bei V eintrifft, wird sie durch eine Unachtsamkeit des Lehrlings zerstört. Es ist noch keine Konkretisierung eingetreten, da K noch nicht darüber informiert worden ist, dass er die Ware abholen kann. V könnte ein neues Exemplar beim Hersteller bestellen.

Da auch **Geldschulden** Gattungsschulden sind und Geld immer vorhanden sein wird, kann sich der Geldschuldner nur dann auf Unmöglichkeit berufen, wenn bei vereinbarter Barzahlung bereits Konkretisierung eingetreten ist. Das wird in der Praxis nur selten der Fall sein. Die bloße **Zahlungsunfähigkeit** ist also kein Fall der Unmöglichkeit.

Beispiel:
V und K haben vereinbart, dass K dem V den geschuldeten Kaufpreis in bar vorbeibringt (Bringschuld). K trifft zum vereinbarten Termin niemanden an. Es ist Konkretisierung eingetreten. Wenn K auf dem Rückweg ausgeraubt wird, tritt Unmöglichkeit ein.

Als Folge der Unmöglichkeit wird der Schuldner von seiner Leistungspflicht frei (§ 275 Abs. 1), d.h. der **Erfüllungsanspruch** des Gläubigers **geht unter**.

Der Unmöglichkeit gleichgestellt sind die Fälle, in denen der Schuldner seine Leistung zwar theoretisch noch erbringen könnte, dies für ihn aber einen **Aufwand** bedeuten würde, der im **groben Missverhältnis** zum Leistungsinteresse des Schuldners stände. Gemäß § 275 Abs. 2, Abs. 3 kann der Schuldner in diesen Fällen die Leistung verweigern, wird also auch hier von der Leistung frei, wenn er von diesem Recht Gebrauch macht. Der wichtigste Praxisfall ist die Erkrankung des Arbeitnehmers, die nicht so gravierend ist, dass der Arbeitnehmer auf gar keinen Fall arbeiten könnte, bei der die

Erfüllung der Arbeitspflicht aber den Genesungsprozess gefährden würde (Fall des § 275 Abs. 3). Hiervon abgesehen kommt § 275 Abs. 2, Abs. 3 nur in seltenen Ausnahmefällen zur Anwendung. Denn grundsätzlich muss jeder Schuldner das Risiko, dass der Aufwand höher ist als zunächst angenommen, selbst tragen.

> **Beispiel:**
> M hat Geschäftsräume im Haus des V angemietet. Im Rahmen einer Hochwasserüberschwemmung wird das Haus so schwer beschädigt, dass es komplett abgerissen werden muss. Da für das Gebiet, in dem sich das Haus befindet, für die nächsten Jahre weitere Überschwemmungen zu erwarten sind, will V auf eine Neuerrichtung verzichten. Hier dürfte V gemäß § 275 Abs. 2 das Recht haben, sich seiner Pflicht aus § 535 Abs. 1 S. 2 zu entziehen.

2. Rechte des Gläubigers bei Unmöglichkeit

§ 275 Abs. 1 bis Abs. 3 bezieht sich nur auf die einzelne Leistungspflicht. Die Unmöglichkeit führt also nicht dazu, dass das ganze Schuldverhältnis hinfällig ist. § 311a Abs. 1 stellt dies für den Fall klar, dass die Unmöglichkeit von Anfang an bestand, doch gilt dies genauso für den Fall, dass die Unmöglichkeit später eintritt. Auf Grundlage des weiter bestehenden Vertrags gewährt der Gesetzgeber dem Gläubiger in § 275 Abs. 4 die nachfolgend vorgestellten Rechte.

a) Herausgabe des Ersatzgegenstands

Erlangt der Schuldner infolge des Umstands, auf Grund dessen er die Leistung nach § 275 nicht zu erbringen braucht, für den geschuldeten Gegenstand einen Ersatz oder einen Ersatzanspruch, so kann der Gläubiger Herausgabe des als Ersatz Empfangenen oder Abtretung des Ersatzanspruchs verlangen (§ 285 Abs. 1).

> **Beispiele:**
> V verkauft dem K eine gebrauchte Sache, die vor der Übergabe gestohlen wird. Wenn V gegen Diebstahl versichert war, muss V dem K auf Wunsch den Anspruch auf die Versicherungssumme abtreten bzw. die schon ausgezahlte Versicherungssumme an K weiterleiten. K muss im Gegenzug dann allerdings auch den Kaufpreis zahlen.
>
> V verkauft dem K eine gebrauchte Sache, die vor der Übergabe vom Dritten D zerstört wird. V muss dem K seine Schadensersatzansprüche gegen D auf Wunsch abtreten. Bei Begleichung des Schadens durch D muss K dem V den Kaufpreis zahlen.

b) Recht zur Verweigerung der eigenen Leistung

Braucht der Schuldner gemäß § 275 Abs. 1 bis Abs. 3 nicht zu leisten, entfällt auch die Gegenleistung (§ 326 Abs. 1 S. 1, 1. HS). Der Gläubiger wird damit **dauerhaft** von seiner **Leistungspflicht frei**.

Beispiel:
V verkauft dem K ein wertvolles Gemälde, das kurz vor der vereinbarten Übergabe zerstört wird. V muss das Gemälde nach § 275 Abs. 1 nicht mehr übergeben, K den Kaufpreis nach § 326 Abs. 1 nicht zahlen.

Abweichend hiervon bleibt die Leistungspflicht bestehen, wenn der Gläubiger für die Unmöglichkeit verantwortlich ist (§ 326 Abs. 2 S. 1 1, 1. HS). Mit Verantwortlichkeit in diesem Sinne ist **Vertretenmüssen** nach §§ 276, 278 gemeint.

Beispiel:
V hat dem M eine Sache vermietet. M zerstört den von ihm genutzten Mietgegenstand aus Unachtsamkeit. V kann weiter den Mietzins verlangen.

c) Rücktritt

Der Gläubiger kann die Unmöglichkeit auf Schuldnerseite zum Anlass nehmen, **ohne Fristsetzung** vom Vertrag zurückzutreten (§ 326 Abs. 5). Die Einräumung einer zweiten Chance ergäbe hier keinen Sinn, da der Schuldner sie ohnehin nicht nutzen könnte. Der Verweis auf § 323 macht deutlich, dass -von der Fristsetzung abgesehen- der Rücktritt nur möglich ist, wenn die Voraussetzungen des § 323 erfüllt sind.

Beispiel:
U schuldet dem B die Errichtung der Gebäude x und y. Nach Fertigstellung des Gebäudes x wird die Errichtung des Gebäudes y unmöglich. B kann vom gesamten Vertrag nur zurücktreten, wenn er am Gebäude x kein Interesse hat (§§ 326 Abs. 5, 323 Abs. 5 S. 1). Ansonsten ist nur ein Teilrücktritt in Bezug auf das Gebäude y möglich.

d) Schadensersatz

Unter welchen Voraussetzungen der Gläubiger einen Schadensersatzanspruch hat, hängt davon ab, ob die Unmöglichkeit bereits bei Vertragsschluss bestand oder erst später eingetreten ist.

aa) Nachträgliche Unmöglichkeit

Bei nachträglicher Unmöglichkeit bestimmt sich der Schadensersatzanspruch nach §§ 280, 283. Die drei folgenden Voraussetzungen müssen dabei auf jeden Fall erfüllt sein:

- Es muss ein Schuldverhältnis existieren (§ 280 Abs. 1 S. 1).

- Der Schuldner muss seine Pflichten aus dem Schuldverhältnis verletzt haben (§ 280 Abs. 1 S. 1). **Pflichtverletzung** ist hier die Nicht- oder Schlechtleistung infolge der **Unmöglichkeit**.

- Der Schuldner muss seine Pflichtverletzung, d.h. die Unmöglichkeit, zu vertreten haben (§§ 280 Abs. 1 S. 2, 276, 278).

Das entspricht den Grundvoraussetzungen für den Schadensersatzanspruch nach allgemeinem Recht. Bei den Zusatzvoraussetzungen gibt es Besonderheiten, die damit zusammenhängen, dass der Schuldner die Leistung nicht mehr erfüllen kann. Das ebnet den Unterschied zwischen dem weitergehenden vermeidbaren und dem weitergehenden irreparablen Schaden ein. Bei der Unmöglichkeit ist jeder Schaden irreparabel, §§ 280 Abs. 2, 286 spielen somit keine Rolle. Will der Gläubiger **Schadensersatz statt der Leistung** geltend machen, weil die Unmöglichkeit die Leistung selbst beeinträchtigt, ist nach allgemeinem Recht § 281 zu beachten. § 283 modifiziert dies, indem er nur § 281 Abs. 1 S. 2 und 3, Abs. 5 für anwendbar erklärt, § 281 Abs. 1 S. 1, Abs.2 bis Abs. 4 mithin ausschließt. Die ausgeschlossenen Vorschriften betreffen die Problematik der **Nachfristsetzung**. Bei der Unmöglichkeit ist sie **entbehrlich**, weil der Schuldner die mit ihr verbundene zweite Chance ohnehin nicht nutzen könnte.

> **Beispiel:**
> U schuldet dem B die Errichtung der Gebäude x und y. Nach Fertigstellung des Gebäudes x wird die Errichtung des Gebäudes y unmöglich. Wenn die Voraussetzungen des § 280 Abs. 1 vorliegen, kann B ohne Nachfristsetzung Schadensersatz statt der Leistung verlangen (§§ 275 Abs. 4, 280 Abs. 1, 283). Auf die Errichtung der beiden Gebäude bezieht sich dieser Schadensersatz aber nur, wenn B an dem fertig gestellten Gebäude allein kein Interesse hat (§§ 275 Abs. 4, 283 S. 2, 281 Abs. 1 S. 2).

bb) Anfängliche Unmöglichkeit

Bei anfänglicher Unmöglichkeit bestimmt sich der Schadensersatzanspruch nach § 311a Abs. 2. Diese Vorschrift ist eine Anspruchsgrundlage und im Verhältnis zu § 280 speziell. Im Einzelnen setzt der Anspruch dreierlei voraus:

- Es muss ein Vertrag existieren. Der Vertrag wird als Voraussetzung zwar nur im § 311a Abs. 1 und nicht im § 311a Abs. 2 erwähnt, doch bezieht sich Abs. 2 auf Abs. 1.

- Die Leistungserfüllung muss von Anfang an unmöglich gewesen sein. Auch dies geht nicht direkt aus § 311a Abs. 2 hervor, sondern aus § 311a Abs. 1.

- Der Schuldner muss die Unmöglichkeit gekannt haben oder seine diesbezügliche Unkenntnis nach §§ 276, 278 zu vertreten haben (§ 311a Abs. 2 S. 2). Im Unterschied zur nachträglichen Unmöglichkeit bezieht sich das Vertretenmüssen also nicht auf die Unmöglichkeit, sondern auf die Kenntnis der Unmöglichkeit.

> **Beispiel:**
> Verkauft V eine Perlenkette, die in Wahrheit nicht existiert, kommt es nicht darauf an, ob V das Nichtexistieren zu vertreten hat. Entscheidend ist vielmehr, ob er weiß, dass sie nicht existiert bzw. ob er seine diesbezügliche Unkenntnis zu vertreten hat.

Wie bei der nachträglichen Unmöglichkeit spielt Verzug nach §§ 280 Abs. 2, 286 keine Rolle, da der entstandene Schaden in jedem Fall irreparabel ist. Macht der Gläubiger Schadensersatz statt der Leistung geltend, wäre eine an sich erforderliche Nachfristsetzung sinnlos, da der Schuldner ohnehin nicht leisten kann. Daher verweist § 311a Abs. 2 S. 3 nur auf die Teile des § 281, die nichts mit der Nachfristsetzung zu tun haben. Auch das entspricht der Rechtslage bei der nachträglichen Unmöglichkeit (§ 283 S. 2 und § 311a Abs. 2 S. 3 sind wortgleich).

Übungsfälle

Übungsfall 1 (Nacherfüllung)

Sachverhalt

Der Händler Heller hat der Gemeinde Goderberg 500 höhenverstellbare Kinderstühle für die Ausstattung ihrer Kindergärten verkauft. Die Höhenverstellbarkeit wird durch eine druckluftbetriebene Feder bewirkt. Drei Monate nach dem Kauf verletzt sich ein auf einem solchen Stuhl sitzendes Kind in einem der Kindergärten der Gemeinde am Bein, als die Feder plötzlich nachgibt und aus ihrer Halterung herausbricht. Es stellt sich heraus, dass der Unfall auf einen konstruktionsbedingten Mangel zurückzuführen ist, der allen 500 Stühlen anhaftet. Da es weltweit mit ähnlichen Konstruktionen schon mehrfach Unfälle dieser Art gegeben habe, haben die Hersteller ihre Konstruktionsweise inzwischen angepasst und den Fehler beseitigt. Daraufhin verlangt die Gemeinde von Heller die Lieferung von 500 neuen Stühlen nach neuer Konstruktionsweise. Heller lehnt dies mit dem Hinweis ab, für einen Konstruktionsfehler könne er nicht verantwortlich gemacht werden. Ihn treffe keine Schuld. Die Gemeinde solle sich mit seinem Anliegen an den Hersteller wenden. Ist das Verlangen der Gemeinde berechtigt?

Lösungsvorschlag

Das Verlangen der Gemeinde ist auf § 439 Abs. 1 zu stützen. Voraussetzung für einen Nacherfüllungsanspruch ist das Vorliegen eines Mangels. Hier ist § 434 Abs. 1 S. 2 Nr. 2 einschlägig. Von einem Kinderstuhl kann man als Käufer erwarten, dass von ihm keine Gefahr für auf ihm sitzende Kinder ausgeht. Ein Mangel liegt daher vor. Heller kann sich nicht damit entlasten, dass der Mangel auf einen Konstruktionsfehler zurückzuführen ist, für den primär der Hersteller verantwortlich ist. Einzige Tatbestandsvoraussetzung für den Anspruch aus § 439 Abs. 1 ist das Vorliegen eines Sachmangels. Verschulden oder eine andere Form der Verantwortung verlangt das Gesetz dagegen nicht.

Übungsfall 2 (Leistungsverweigerungsrecht)

Sachverhalt

Die Gemeinde Goderberg hat beim Großhändler Heller 100 Feuerlöscher vom Typ *Brandvernichter II* für insgesamt 10.000 € bestellt. Aufgrund eines Versehens liefert H 100 Feuerlöscher vom Typ *Brandvernichter I*. Die Gemeinde verweigert die Zahlung des vereinbarten Kaufpreises unter Berufung auf § 434 Abs. 3. Kann Heller von der Gemeinde die Zahlung der 10.000 € verlangen, ohne die Feuerlöscher vom Typ *Brandvernichter II* nachliefern zu müssen?

Lösungsvorschlag

Heller könnte von G Zahlung von 10.000 € aus § 433 Abs. 2 verlangen. Ein entsprechender Anspruch des Heller besteht. Seiner Geltendmachung könnte jedoch § 320 Abs. 1 S. 1 entgegenstehen. Voraussetzung hierfür wäre ein Gegenanspruch der Gemeinde aus § 439 Abs. 1 auf Nachlieferung der Feuerlöscher vom Typ II.

Voraussetzung für einen Anspruch aus § 439 Abs. 1 ist, dass die tatsächlich gelieferten Feuerlöscher mangelhaft sind. Ein Sachmangel und damit auch ein Mangel liegt auch vor, wenn eine andere Sache als die vertraglich vereinbarte geliefert wird (§ 434 Abs. 3), auch wenn die tatsächlich gelieferte Sache für sich gesehen mangelfrei ist. H hat hier Feuerlöscher vom Typ *Brandvernichter I* und nicht wie vertraglich vereinbart vom Typ *Brandvernichter II* geliefert. Ein Mangel ist daher zu bejahen.

H schuldet G somit weiterhin die Lieferung von Feuerlöschern vom Typ *Brandvernichter II*. Es besteht ein Gegenanspruch der G. Der Anspruch auf Zahlung der 10.000 € besteht daher nur Zug um Zug gegen Lieferung der richtigen Feuerlöscher (§ 322 Abs. 1). H kann keine Zahlung verlangen, ohne die richtigen Feuerlöscher nachliefern zu müssen.

Übungsfall 3 (Minderung)

Sachverhalt

Das Land Nordrhein-Westfalen hat beim Hersteller Haller GmbH 20.000 Polizeiuniformen gekauft. Normalerweise verkauft die Haller GmbH ihre Uniformen für 100 €. Durch die große Bestellmenge konnte das Land einen Sonderrabatt bei der Haller GmbH erwirken, sodass es für die Uniformen nur 95 € zahlen muss. 100 dieser Uniformen weisen am linken unteren Hosenbein einen Webfehler auf. Auf Anfrage erklärt sich die Haller GmbH außerstande, den Webfehler zu beseitigen. Daraufhin erklärt das Land, dass es den Kaufpreis für die 100 Uniformen reduzieren wolle. Es soll unterstellt werden, dass der Marktwert der Uniformen durch den Webfehler um 10 % reduziert ist. Kann das Land einen Teil des bereits gezahlten Kaufpreises von der Haller GmbH zurückverlangen und wenn ja wie viel?

Lösungsvorschlag

Das Land könnte einen Rückzahlungsanspruch auf § 441 Abs. 4 S. 1 stützen. Voraussetzung hierfür wäre eine wirksame Minderung.

Das Gesetz knüpft das Minderungsrecht an die gleichen Voraussetzungen wie den Rücktritt (§ 441 Abs. 1 S. 1 „statt des Rücktritts"). Demnach müssen die Voraussetzungen des § 323 Abs. 1 erfüllt sein.

Ein Vertrag liegt in Gestalt des Kaufvertrags über die Uniformen vor. Auch eine Pflichtverletzung ist zu bejahen. 100 Uniformen weisen am linken unteren Hosenbein einen

Webfehler auf. Das erfolglose Verstreichen einer angemessenen Nachfrist ist gemäß § 323 Abs. 2 Nr. 1 entbehrlich. Die Haller GmbH hat sich außerstande erklärt, den Webfehler zu beseitigen. Die Rücktrittsvoraussetzungen liegen vor. Somit hat das Land ein Recht auf Minderung.

Das Land hat die Minderung auch erklärt. Es hat der Haller GmbH mitgeteilt, dass es den Kaufpreis für die Uniformen reduzieren wolle.

Die Höhe der Minderung bestimmt sich nach § 441 Abs. 3 S. 1. Der gezahlte Kaufpreis in Höhe von 95 € ist um 10 % zu reduzieren. Dies ergibt einen Reduzierungsbetrag von 9,50 € X 100 = 950 €.

Das Land kann von der Haller GmbH Zahlung von 950 € verlangen.

Übungsfall 4 (Schadensersatz)

Grundfall:

Der Landkreis Läppisches Land beauftragt das Unternehmen Unterberg GmbH damit, ein Verwaltungsgebäude mit einem EDV-Netzwerk auszustatten. Der Vertrag sieht vor, dass die Unterberg GmbH dem Landkreis für insgesamt 80.000 € Netzwerkkabel verkauft und diese im Verwaltungsgebäude einbaut. Bereits wenige Wochen nach dem Einbau treten massive Probleme auf, das System bricht regelmäßig zusammen. Der Landkreis fordert die Unterberg GmbH zur Beseitigung der Probleme auf. Die Unterberg GmbH macht sich sofort an die Arbeit und kann den Fehler nach einer Woche intensiver Untersuchungen orten und beseitigen. Um einen ordnungsgemäßen Fortgang der Verwaltungsgeschäfte zu gewährleisten, musste der Landkreis in dieser Woche eine drahtlose Netzwerkarchitektur (WLAN) für einen Preis von 1.000 € bei der IT-Vermietung GmbH anmieten. Die Unterberg GmbH selbst war nicht in der Lage, ein solches System selbst zur Verfügung zu stellen und hatte dies dem Landkreis zuvor auch so mitgeteilt. Mithilfe des WLAN-Systems war ein Zugang zum Inter- und zum Intranet von den 500 Computer-Arbeitsplätzen weiterhin möglich. Es stellt sich heraus, dass die Probleme auf einen nachlässig fehlerhaften Einbau durch die Monteure der Unterberg GmbH zurückzuführen sind. Kann der Landkreis von der Unterberg GmbH Ersatz der Miete in Höhe von 1.000 € verlangen?

Hinweis: Wenden Sie auf den Vertrag insgesamt Kauf- und nicht Werkvertragsrecht an.

Lösungsvorschlag:

Der Anspruch des Landkreises könnte sich aus §§ 280 Abs. 1, 437 Nr. 3 ergeben.

Ein Schuldverhältnis in Gestalt des Vertrags über die Netzwerkkabel liegt vor.

Eine Pflichtverletzung liegt ebenfalls vor. Die Unterberg GmbH hatte die Verpflichtung, die Netzwerkkabel so im Verwaltungsgebäude einzubauen, dass ein funktionierendes Netzwerk entsteht. Diese Verpflichtung hat sie verletzt.

Fraglich ist, ob sie die Pflichtverletzung nach §§ 276 Abs. 2, 278 S. 1 zu vertreten hat. Die Monteure haben die Kabel aus Nachlässigkeit fehlerhaft eingebaut. Sie haben mithin fahrlässig im Sinne des § 276 Abs. 2 gehandelt. Dies ist der Unterberg GmbH gemäß § 278 S. 1 zuzurechnen, da die Monteure Mitarbeiter der Unterberg GmbH und damit Erfüllungsgehilfen sind. Die Unterberg GmbH hat die Pflichtverletzung zu vertreten.

Die Höhe des Schadensersatzanspruchs ist nach § 249 Abs. 1 zu ermitteln. Der Landkreis ist so zu stellen, als wäre die Pflichtverletzung unterblieben. Ohne Einbaufehler hätte der Landkreis keine drahtlose Netzwerkarchitektur für 1.000 € anmieten müssen. Diesen Betrag muss die Unterberg GmbH ihm ersetzen.

Abwandlung I:

Die Probleme sind nicht auf einen nachlässig fehlerhaften Einbau, sondern auf Materialfehler zurückzuführen. Mit dieser Begründung verweigert die Unterberg GmbH die Zahlung. Der Landkreis solle sich an den Hersteller halten. Kann der Landkreis Zahlung der 1.000 € verlangen?

Lösungsvorschlag:

Der Anspruch aus §§ 280 Abs. 1, 437 Nr. 3 könnte daran scheitern, dass die Unterberg GmbH die Pflichtverletzung nicht zu vertreten hat. Die Netzwerkprobleme sind auf Materialfehler zurückzuführen. Die Unterberg GmbH selbst trifft hier kein Verschulden. Ein etwaiges Verschulden des Herstellers ist der Unterberg GmbH nicht zuzurechnen, da der Hersteller kein Erfüllungsgehilfe des Händlers ist. Die Unterberg GmbH hat die Pflichtverletzung nicht zu vertreten. Ein Anspruch scheidet aus.

Abwandlung II (Fortsetzung des Grundfalls):

Mitte März zahlt der Landkreis die Miete für die drahtlose Netzwerkarchitektur. Im Anschluss daran fordert der Landkreis die Unterberg GmbH zur Erstattung dieses Betrags bis zum 15.4. auf. Die Unterberg GmbH zahlt nicht und lässt auch eine weitere Zahlungsaufforderung des Landkreises vom 22.4. unbeachtet, weil sie die Rechtslage nicht sorgfältig prüft und daher der Auffassung ist, dass die Forderung unberechtigt sei. Daraufhin beauftragt der Landkreis Rechtsanwältin Renner mit der Wahrnehmung seiner Interessen. Diese berät ihn über die Rechtslage und fordert die Unterberg GmbH dann selbst am 2.5. schriftlich zur Zahlung auf. Hierfür stellt Renner dem Landkreis 200 € in Rechnung. Kann der Landkreis von der Unterberg GmbH Erstattung der 200 € verlangen, die er an Renner zahlen muss?

Hinweis: Gehen Sie davon aus, dass Renner Ihre Leistungen für den Landkreis ordnungsgemäß abgerechnet hat.

Lösungsvorschlag:

Dem Landkreis könnte ein Ersatzanspruch aus § 280 Abs. 1 zustehen.

Ein Schuldverhältnis in Gestalt des Vertrags zwischen dem Landkreis und der Unterberg GmbH liegt vor.

Die Unterberg GmbH verletzt ihre Pflichten, indem sie die begründete Schadensersatzforderung des Landkreises nicht begleicht.

Die Unterberg hat die Pflichtverletzung auch gemäß §§ 280 Abs. 1 S. 2, 276 Abs. 2 zu vertreten. Sie hat die Rechtslage nicht sorgfältig geprüft.

Schließlich liegt Verzug nach §§ 280 Abs. 2, 286 Abs. 1 S. 1 vor. L hat U vor Beauftragung der Anwältin R zweimal zur Zahlung aufgefordert. Dabei hat die erste Zahlungsaufforderung die Fälligkeit begründet, die zweite Zahlungsaufforderung ist als Mahnung nach Eintritt der Fälligkeit i.S.d. § 286 Abs. 1 S. 1 zu qualifizieren.

Der Landkreis ist nach § 249 Abs. 1 so zu stellen, als ob die Unterberg GmbH bei erster Anforderung sofort gezahlt hätte. Dann hätte L die Renner nicht beauftragen müssen und ihr kein Honorar in Höhe von 200 € zahlen müssen. Der ersatzfähige Schaden beträgt 200 €.

Ein Anspruch besteht.

Übungsfall 5 (Schadensersatz und Verzugszins)

Die *Krankenhaus Stadt Sunderhausen GmbH* hatte durch ihren vertretungsberechtigten Geschäftsführer Genz die Firma *Fuchs GmbH* mit der Modernisierung der Heizung des Krankenhauses beauftragt. Vor Abnahme der Arbeiten stellte sich heraus, dass sich an den neu eingebauten Heizungsteilen Rost bildete, der, wie anschließend ein Sachverständigengutachten ergab, von Kältemitteldämpfen herrührte, die bei der unsachgemäßen Demontage von Kältemaschinen entwichen waren.

Daraufhin kam es zu einem Gespräch zwischen der Fuchs GmbH und dem Geschäftsführer Genz. Genz erklärte bei diesem Gespräch, die Firma *Messtechnik GmbH* sei mit der Demontage der Kältemaschinen beauftragt gewesen. In Wirklichkeit war aber nicht die Messtechnik GmbH, sondern die *Entsorgung Bull GmbH* mit der Demontage beauftragt worden. Die falsche Auskunft des Genz war darauf zurückzuführen, dass die Messtechnik GmbH in ähnlichen Fällen meist beauftragt worden war. Genz hatte es nicht für nötig erachtet, seine Vermutung noch einmal durch Rücksprache mit seiner Verwaltungsabteilung zu verifizieren. Aufgrund dieses Fehlers schloss die Krankenhaus Stadt Sunderhausen GmbH mit der Fuchs GmbH eine schriftliche Vereinbarung, in der es hieß: „Die Fuchs GmbH beseitigt die Rostschäden, für die allein die Messtechnik GmbH verantwortlich ist. Erstattung hierfür soll sie direkt von der Messtechnik GmbH erhalten.

Zu diesem Zweck tritt die Krankenhaus Stadt Sunderhausen GmbH der Fuchs GmbH ihre Schadensersatzansprüche gegen die Messtechnik GmbH ab." Die Fuchs GmbH beseitigte daraufhin die Rostschäden, sodass es zur Abnahme der Arbeiten kam. Die klageweise Geltendmachung des Anspruchs durch die Fuchs GmbH gegen die Messtechnik GmbH scheiterte, weil sich erst im gerichtlichen Verfahren der wirkliche Sachverhalt herausstellte, dass nämlich die Entsorgung Bull GmbH verantwortlich war.

Die Fuchs GmbH verlangt von der Krankenhaus Stadt Sunderhausen GmbH Ersatz der vergeblich aufgewendeten Gerichts- und Anwaltskosten. Die Krankenhaus Stadt Sunderhausen GmbH lehnt dies mit Schreiben vom 5.6., das der Fuchs GmbH am gleichen Tag zugeht, kategorisch ab.

Kann die Fuchs GmbH von der Krankenhaus Stadt Sunderhausen GmbH Ersatz der aufgewandten Gerichts- und Anwaltskosten nebst Zinsen (Zinsen ab wann und in welcher Höhe) verlangen?

Lösungsvorschlag:

1. Ersatz der Gerichts- und Anwaltskosten

Mögliche Anspruchsgrundlage für den Ersatz der Gerichts- und Anwaltskosten ist § 280 Abs. 1.

Das Schuldverhältnis ist der zwischen der Fuchs GmbH und der Krankenhaus Stadt Sunderhausen GmbH geschlossene Werkvertrag[16].

Eine Pflichtverletzung liegt möglicherweise darin, dass die Krankenhaus Stadt Sunderhausen GmbH die Fuchs GmbH falsch unterrichtet hatte und dadurch zu einem Rechtsstreit veranlasst hatte, den sie ansonsten nicht geführt hätte. Hierzu müsste die Krankenhaus Stadt Sunderhausen GmbH gegenüber der Fuchs GmbH zur richtigen Auskunftserteilung verpflichtet gewesen sein. Nach § 241 Abs. 2 i.V.m. § 242 sind Vertragspartner verpflichtet, auf die Interessen des jeweils anderen in angemessener Weise Rücksicht zu nehmen. Hierzu gehört auch, dass sie ihnen richtige Auskünfte erteilen, wenn diese vertragsrelevant und wirtschaftlich bedeutend sind. Das ist hier der Fall. Die Falschauskunft hatte einen unmittelbaren Bezug zum Vertrag und war für die Fuchs GmbH auch wirtschaftlich bedeutend, da sie die Grundlage für eine spätere Geltendmachung der Ersatzansprüche für die Beseitigung der Rostschäden bilden sollte. Die Krankenhaus Stadt Sunderhausen GmbH hat somit eine vertragliche Nebenpflicht verletzt.

---

[16] Es ließe sich auch vertreten, die schriftliche Vereinbarung über die Schadensbeseitigung und die Abtretung der Ansprüche als eigenständigen Vertrag zu qualifizieren und diesen zur Grundlage des Schadensersatzanspruchs zu machen. Denkbar wäre dann hier auch ein ganz anderer Ansatz. Hauptpflicht aus dem Vertrag wäre die Abtretung der Forderung, die in Wahrheit nicht existiert. Es läge dann ein Fall anfänglicher Unmöglichkeit vor, der einen Schadensersatzanspruch aus § 311a nach sich ziehen könnte. Die Verästelungen dieses Lösungsansatzes sollen hier nicht weiter vertieft werden. Unterschiede im Ergebnis gäbe es wohl nicht.

Im nächsten Schritt ist zu untersuchen, ob die Krankenhaus Stadt Sunderhausen GmbH die Pflichtverletzung zu vertreten hat (§ 280 Abs. 1 S. 2).

Hierzu müsste zum einen Genz fahrlässig gehandelt haben (§§ 276 Abs. 1 S. 1), indem er die im Verkehr erforderliche Sorgfaltspflicht verletzte (§ 276 Abs. 2). Das ist hier zu bejahen. Genz konnte sich nicht darauf verlassen, dass die Messtechnik GmbH für die Rostschäden verantwortlich war. Er hatte dies lediglich vermutet, weil dieses Unternehmen zuvor meist beauftragt worden war. Auf diese Vermutung allein hätte er seine Auskunft nicht stützen dürfen, die für die Fuchs GmbH erkennbar wichtig war. Es hätte ihm vielmehr oblegen, sich bei der Verwaltungsabteilung zu vergewissern. Zumindest hätte er aber gegenüber der Fuchs GmbH offenlegen müssen, dass er lediglich vermute, die Messtechnik GmbH sei verantwortlich. Auch dies hat Genz unterlassen. Er handelte fahrlässig.

Das Verhalten von Genz müsste der Krankenhaus Stadt Sunderhausen GmbH zum anderen gemäß § 278 S. 1 zurechenbar sein. Das ist hier zu bejahen, da Genz als Geschäftsführer der Krankenhaus Stadt Sunderhausen GmbH nach § 35 Abs. 1 S. 1 GmbHG ihr gesetzlicher Vertreter ist.

Die Höhe des Ersatzanspruchs ergibt sich aus § 249 Abs. 1. Ohne Falschauskunft wären die Kosten für die erfolglose Klage gegen die Messtechnik GmbH nicht entstanden. Sie sind daher der ersatzfähige Schaden.

2. Zinsen

Ein möglicher Zinsanspruch wäre auf § 288 Abs. 1 S. 1 zu stützen.

Geldschuld ist hier die Schadensersatzverpflichtung der Krankenhaus Stadt Sunderhausen GmbH gegenüber der Messtechnik GmbH.

Ob Verzug vorliegt, bestimmt sich hier nach § 286 Abs. 2 Nr. 3. Die Krankenhaus Stadt Sunderhausen GmbH lehnt die Zahlung mit Schreiben vom 5.6. kategorisch ab. Dies ist als ernsthafte und endgültige Leistungsverweigerung zu qualifizieren. Verzug liegt vor.

Die Zinshöhe beträgt gemäß § 288 Abs. 1 S. 2 5 % über dem Basiszinssatz. § 288 Abs. 2 ist nicht anwendbar, weil hier keine Entgeltforderung vorliegt. Entgeltforderungen sind Forderungen, mit denen der Gläubiger das Entgelt für eine aufgrund eines gegenseitigen Vertrags erbrachte Leistung verlangt. Schadensersatzforderungen fallen nicht darunter.

Der Fristlauf beginnt gemäß § 187 Abs. 1 am 6.6.

Kapitel 6: Gläubigerverzug

I. Begriff

Gläubigerverzug liegt vor, wenn der Schuldner seine Leistung erbringen möchte, der Gläubiger die angebotene Leistung aber nicht annimmt (§ 293). Dem Schuldner ist es dann aufgrund mangelnder Kooperation des Gläubigers nicht möglich, sich von seiner Schuld durch Erfüllung zu befreien. Im Gegenzug bringt der Annahmeverzug für den Gläubiger eine Reihe von Nachteilen mit sich.

II. Voraussetzungen

1. Fälligkeit

Der Gläubigerverzug setzt die **Fälligkeit** der Leistung voraus. Diese Voraussetzung wird wegen § 271 Abs. 1 und Abs. 2 in aller Regel erfüllt sein.

2. Angebot zur Leistung

Der Schuldner muss die Leistung anbieten (§ 293). Wie dieses Angebot genau ausgestaltet werden muss, hängt in erster Linie vom Leistungsort ab. Bei **Bring- und Schickschulden** muss das Angebot **tatsächlich** sein (§ 294). Damit ist gemeint, dass der Schuldner seine Leistungserbringung so vorzubereiten hat, dass der Gläubiger nur noch zugreifen muss.

> **Beispiele:**
> V verkauft dem K eine Einbauküche. Sie vereinbaren, dass V die Einbauküche anliefert und im Haus des K aufbaut (Bringschuld). Ein tatsächliches Angebot liegt vor, sobald V mit seinem Lieferwagen samt Küche bei K auftaucht und sich zum Aufbau der Küche bereit erklärt.
>
> Die V GmbH verkauft der K GmbH Ware, wobei eine Übersendung auf dem Postweg vereinbart wird (in der Regel Schickschuld). Die V GmbH hat die Leistungserbringung tatsächlich angeboten, sobald sie die Ware der Post übergeben hat.

Bei **Holschulden** hat der Gläubiger die Leistungserbringung vorzubereiten, indem er sich zum Ort des Schuldners begibt. Der Schuldner muss daher nur ein **wörtliches Angebot** machen (§ 295 S. 1 2. Alt. „...oder wenn zur Bewirkung der Leistung eine Handlung des Gläubigers erforderlich ist...")

> **Beispiel:**
> B lässt ein defektes Gerät bei U reparieren. Es ist vereinbart, dass B das Gerät wieder abholen kann, nachdem U ihn per SMS über die Durchführung der Reparatur informiert hat (Holschuld). Mit der SMS liegt ein tatsächliches Angebot vor.

Bei Bring- und Schickschulden reicht ein wörtliches Angebot aus, wenn der Gläubiger im Vorfeld erklärt hat, dass er zur Annahme nicht bereit sei (§ 295 S. 1 1. Alt.).

Beispiel:
Im obigen Küchenbeispiel bestreitet K die Existenz eines Kaufvertrags und erklärt, dass er den V nicht in sein Haus lassen werde. K gerät in Annahmeverzug, sobald V ihm telefonisch oder schriftlich Lieferung und Aufbau der Küche anbietet.

Ganz **entbehrlich** ist ein Angebot, wenn der Gläubiger an der Leistungserbringung mitwirken muss und seine Mitwirkungshandlung zeitlich genau bestimmt ist (§ 296).

Beispiel:
Arbeitgeber AG hat dem Arbeitnehmer AN fristlos gekündigt und ihm Hausverbot erteilt. AN hält die Kündigung für unwirksam und hat Kündigungsschutzklage erhoben. Er möchte gerne weiter arbeiten. AG muss insofern mitwirken, als er AN täglich Einlass gewähren und ihm Arbeit zuteilen muss. Solange das Hausverbot besteht und AG die Kündigung für wirksam hält, unterlässt er diese Tag für Tag notwendige Mitwirkungshandlung. Er gerät in Annahmeverzug, ohne dass AN sich mit ihm in Verbindung setzen muss und ihm seine Arbeitskraft anbieten muss. Dieses Beispiel ist der Hauptanwendungsfall des § 296 in der Praxis.

3. Nichtannahme durch den Gläubiger

Die Nichtannahme muss nicht ausdrücklich erklärt werden. Es genügt, dass der Gläubiger die Ware tatsächlich nicht annimmt, weil er z.B. verhindert ist.

Beispiel:
Im obigen Küchenbeispiel ist K zum vereinbarten Liefertermin nicht zu Hause, sodass V die Küche nicht ausliefern und aufbauen kann. K gerät ohne weiteres in Annahmeverzug.

Die Annahme ist für den Gläubiger häufig mit einem gewissen organisatorischen Vorlauf verbunden. Bei der Holschuld muss sich der Gläubiger zum Schuldner begeben, bei der Schick- oder Bringschuld je nach Art der Leistung an seinem Ort (Wohn- oder Geschäftssitz) sein, um dem Schuldner Zutritt zu gewähren. Aus diesem Grund bestimmt § 299, dass eine vorübergehende Verhinderung der Annahme nur dann zum Annahmeverzug führt, wenn die Leistungszeit entweder genau bestimmt war oder der Schuldner die Leistung eine angemessene Zeit vorher angekündigt hat.

Beispiele:
Die Gemeinde G hat für eine Veranstaltung am 15.6. ein Mittagsbuffet beim Cateringunternehmen C für genau 12:30 Uhr bestellt. Ist um diese Zeit niemand in der Tagungsstätte, weil die Veranstaltung kurzfristig ausgefallen ist und niemand C informiert hat, gerät G in Annahmeverzug, sobald C sich zur verabredeten Zeit in der Tagungsstätte einfindet.

U lässt sich von der Spedition S sein Gepäck von seinem Urlaubsort nach Hause transportieren. Am 15.6. informiert S schriftlich, dass er das Gepäck am 19.6. am Urlaubsort abholen und am 23.6. zwischen 12:00 und 16:00 Uhr bei U abgeben werde. U gerät in Annahmeverzug, wenn S am 23.6. zwischen 12:00 und 16:00 Uhr vor verschlossener Tür steht.

B lässt ein defektes Gerät bei U reparieren, wobei U ihm eine Bearbeitungsdauer von 2 bis 4 Wochen in Aussicht stellt. Nach 3 Wochen informiert U den B telefonisch, dass das Gerät repariert zur Abholung bei U bereitstehe. B gerät nicht sofort in Annahmeverzug, sondern erst nach Ablauf einer angemessenen Zeit i.S.d. § 299, in der Regel also nach einigen Tagen.

III. Rechtsfolgen

1. Gefahrübergang

Nach Leistungsannahme durch den Gläubiger geht die Gefahr einer zufälligen Verschlechterung oder eines zufälligen Untergangs der Leistung auf den Gläubiger über.

Beispiel:
V verkauft dem K ein Auto. Wird das Auto kurz vor der Übergabe in einem Sturm beschädigt, muss V für die Schäden einstehen. Wird das Auto dagegen erst kurz nach der Übergabe beschädigt, hat V mit den Schäden nichts zu tun.

Diese Risikoverlagerung soll nach dem Willen des Gesetzes auch dann eintreten, wenn der Gläubiger in Annahmeverzug gerät. Konkret bedeutet dies:

- Bei Gattungsschulden beschränkt sich die Leistungspflicht des Schuldners auf die angebotene Sache, sobald der Gläubiger in Annahmeverzug gerät (§ 300 Abs. 2)[1]. Geht die konkret angebotene Sache unter, muss der Schuldner kein anderes Gattungsexemplar liefern.

    Beispiel:
    Im obigen Küchenbeispiel ist gerät V auf dem Rückweg unverschuldet in einen Verkehrsunfall, bei dem die Küche zerstört wird. V muss kein zweite Küche liefern, sondern wird vielmehr von der Leistung frei (§ 275 Abs. 1).

- Bei Ausschluss der Leistungspflicht nach § 275 Abs. 1 bis Abs. 3 wegen Unmöglichkeit entfällt grundsätzlich der Anspruch auf Gegenleistung (§ 326 Abs. 1 S. 1). Gemäß § 326 Abs. 2 S. 1, 2. Alt. bleibt der Anspruch aber erhalten, wenn sich der Gläubiger zum Zeitpunkt des Unmöglichwerdens im Annahmeverzug befand. Seiner Leistungspflicht kann sich der Gläubiger dann auch nicht durch Rücktritt entziehen (§ 323 Abs. 6, 2. Alt.).

    Beispiel:
    Im obigen Küchenbeispiel muss K den Kaufpreis bezahlen, obwohl V infolge der Zerstörung der Küche nicht mehr zur Lieferung einer Küche verpflichtet ist. K kann vom Vertrag nicht mit dem Argument zurücktreten, V verletzte seine vertraglichen Pflichten dadurch, dass er die Küche nicht liefere.

2. Haftungserleichterung

Grundsätzlich muss der Schuldner nach §§ 276, 278 Vorsatz und Fahrlässigkeit vertreten. Während des Annahmeverzugs haftet der Schuldner dagegen nur für Vorsatz und grobe Fahrlässigkeit (§ 300 Abs. 1).

---

[1] Das gleiche Ergebnis lässt sich alternativ auch über § 243 Abs. 2 begründen (näher Kap.4 I 2 c). Durch Konkretisierung wird die Leistungspflicht auf einen bestimmten Gegenstand beschränkt. Die Konkretisierung erfolgt in der Regel zeitgleich mit dem Annahmeverzug oder geht ihm sogar zeitlich vor.

Beispiel:
Im obigen Küchenbeispiel wäre V auch dann von seiner Leistungspflicht frei und müsste K den Kaufpreis auch dann zahlen, wenn V den Verkehrsunfall aufgrund leichter Fahrlässigkeit verursacht hat.

3. Ersatz von Mehraufwendungen

Der Schuldner kann gemäß § 304 vom Gläubiger Ersatz der Mehraufwendungen verlangen, die er für das erfolglose Angebot sowie für die Aufbewahrung und Erhaltung des geschuldeten Gegenstands machen musste. § 304 ist eine Anspruchsgrundlage.

Beispiele:
Fahrtkosten, Lagerkosten

Kapitel 7: Erlöschen von vertraglichen Verpflichtungen und Verträgen

I. Erfüllung

Die vertragliche Pflicht erlischt, wenn der Schuldner seine Leistung erbringt (§ 362 Abs. 1).

Beispiel:
V liefert die Kaufsache. Der Lieferanspruch erlischt.

Die Erfüllung durch Leistung bezieht sich natürlich immer nur auf den Anspruch, der durch Erfüllung befriedigt worden ist.

Beispiel:
Nach Lieferung der Kaufsache schuldet K weiterhin die Zahlung des Kaufpreises.
Wenn die Kaufsache mangelhaft ist, schuldet V Neulieferung oder Reparatur.

II. Aufrechnung

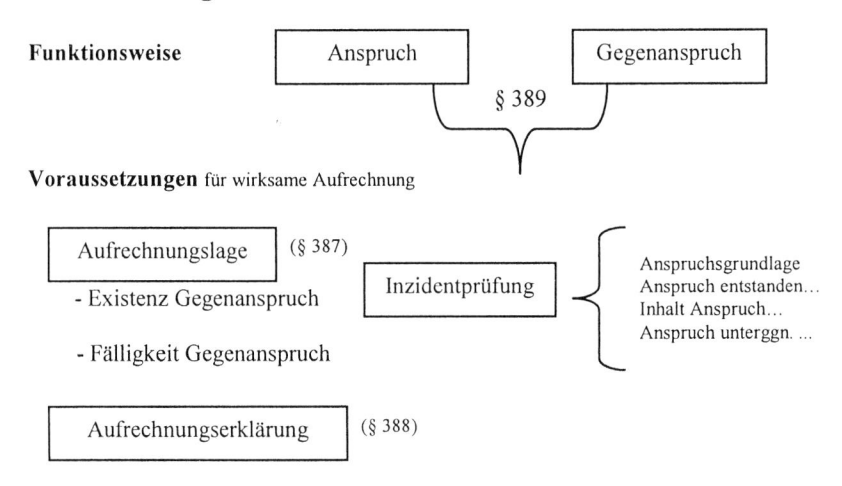

Funktionsweise | Anspruch | Gegenanspruch
§ 389

Voraussetzungen für wirksame Aufrechnung

| Aufrechnungslage | (§ 387) |
- Existenz Gegenanspruch
- Fälligkeit Gegenanspruch

Inzidentprüfung
- Anspruchsgrundlage
- Anspruch entstanden...
- Inhalt Anspruch...
- Anspruch untergg. ...

| Aufrechnungserklärung | (§ 388) |

Rechtsfolge Erlöschen beider Forderungen (§ 389)

Die Aufrechnung (§§ 387 ff.) ist die wechselseitige Verrechnung zweier Forderungen (d.h. zweier Ansprüche). Sie führt dazu, dass beide Forderungen erlöschen (§ 389). Neben der Erfüllung ist die Aufrechnung der in der Praxis häufigste Erlöschensgrund. Wie die Erfüllung bezieht sie sich immer nur auf die konkrete Forderung, mit der verrechnet wird.

Beispiel:
Der Mieter hat einen Mangel selbst beseitigen müssen, weil der Vermieter sich geweigert hat. Seinen Aufwendungsersatzanspruch in Höhe von 500 € aus § 536a Abs. 2 kann der Mieter gegen die laufende Miete aufrechnen. Die Mietforderung ist damit in Höhe von 500 € erloschen. Andere Ansprüche aus dem Vertrag (z.B. Anspruch des Vermieters auf Restmiete und auf Miete der Folgemonate, Anspruch des Mieters auf Beseitigung etwaiger weiterer Mängel) bleiben dagegen erhalten.

Im Einzelnen setzt die Aufrechnung voraus:

- Die **Gegenforderung**, mit der verrechnet werden soll, muss **existieren**. Daran scheitern Aufrechnungen in der Praxis meistens. Zahlungsunwillige Schuldner versuchen eine Zahlung dadurch zu vermeiden oder hinauszuzögern, dass sie die Aufrechnung mit Ansprüchen erklären, die in Wahrheit nicht existieren. Die Existenz der Gegenforderung muss mit der gleichen Sorgfalt ermittelt werden wie die Existenz der Hauptforderung.

- Die Gegenforderung muss fällig sein. Das ergibt sich aus der Formulierung „...sobald er die ihm gebührende Leistung fordern...kann." im § 387. Die Fälligkeit bestimmt sich wiederum nach § 271 (s.o.).

Gegenbeispiele:
Der Schuldner darf nicht mit einer gestundeten Forderung oder mit einer Mietforderung aufrechnen, die erst in den kommenden Monaten fällig wird.

- Die Aufrechnung muss schließlich ausdrücklich erklärt werden. Die **Aufrechnungserklärung** ist eine empfangsbedürftige Willenserklärung (§ 388 S. 1).

Die Aufrechnung mit einer nicht existierenden Forderung geht ins Leere, entfaltet also keinerlei rechtliche Wirkung.

Beispiel:
A macht gegen B eine Forderung geltend, B rechnet mit einer Gegenforderung auf. Später stellt sich heraus, dass die Forderung des B nie existiert hat. Trotz Aufrechnung besteht die Forderung des A weiter.

Gleiches gilt, wenn die Hauptforderung nicht existiert.

Beispiel:
A macht gegen B eine Forderung geltend, B rechnet mit einer Gegenforderung auf. Später stellt sich heraus, dass die Forderung des A nie existiert hat. Trotz Aufrechnung besteht die Forderung des B weiter.

III. Rücktritt und Kündigung

Rücktritt	Kündigung
	(Beendigung von Dauerschuldverhältnissen)
Voraussetzungen für wirksamen Rücktritt:	**Voraussetzungen** für wirksame Kündigung:
Rücktrittsgrund	Kündigungsgrund
	bei außerordentlicher Kündigung
Rücktrittserklärung (§ 349)	Kündigungserklärung
Rechtsfolge: Vertrag rückwirkend aufgelöst, ggf. Rückabwicklung (§ 346 Abs. 1)	**Rechtsfolge:** Vertrag für die Zukunft aufgelöst

Rücktritt und Kündigung sind eine außerplanmäßige Beendigung eines Vertrags durch einen der Beteiligten. Anders als die Aufrechnung und die Erfüllung erfassen Rücktritt und Kündigung nicht einen einzelnen Anspruch, sondern den gesamten Vertrag.

Beispiel:
Der Arbeitgeber kann nicht seine Verpflichtung zur Lohnzahlung, sondern nur das Arbeitsverhältnis insgesamt kündigen.

Dauerschuldverhältnisse sind zu kündigen. Andere Verträge sind durch Rücktritt zu beenden.

1. Rücktritt

Ein wirksamer Rücktritt setzt zweierlei voraus:

- Der Rücktrittswillige muss zum **Rücktritt berechtigt** sein. Eine Rücktrittsberechtigung kann sich daraus ergeben, dass der **Vertrag** ein Rücktrittsrecht vorsieht oder dass sich ein solches Recht kraft Gesetzes ergibt (vgl. § 346 Abs. 1). Ein **gesetzliches Rücktrittsrecht** kann sich insbesondere aus § 323 ergeben, also in den Fällen, in denen der **Vertragspartner** des Rücktrittswilligen seine vertraglichen **Pflichten verletzt**.

- Der Rücktritt muss erklärt werden. Die **Rücktrittserklärung** ist eine einseitige, empfangsbedürftige Willenserklärung (§ 349). Das Wort „Rücktritt" muss in der Erklärung nicht auftauchen. Es genügt, dass sich der Rücktrittswille im Wege der Auslegung ermitteln lässt.

Als Folge des Rücktritts ist das Rechtsgeschäft rückabzuwickeln. Wenn also schon geleistet worden ist, sind die empfangenen Leistungen zurückzugewähren (§ 346 Abs. 1).

Beispiel:
K macht nach 3 Wochen vom vertraglichen Rücktrittsrecht Gebrauch, das ihm das Möbelhaus I eingeräumt hat. K muss die Ware zurückbringen, I den Kaufpreis erstatten.

Es gibt allerdings Fälle, in denen dies nicht möglich ist. § 346 Abs. 2 zählt sie auf und bestimmt gleichzeitig, dass dann Wertersatz zu leisten ist. Mit Wertersatz ist die Erstattung des Marktwerts gemeint.

Beispiele:
B beauftragt den G mit der Erstellung eines Gutachtens. Da G seine vertraglichen Pflichten verletzt, tritt B vom Vertrag zurück. B hat von G schon einige fachliche Einschätzungen erhalten, die er auch verwertet hat. Da B dies nicht zurückgeben kann, muss er dem G den Marktwert der schon verwerteten Einschätzungen vergüten (Fall des § 346 Abs. 2 Nr. 1).

K zahlt nach Lieferung der Sache den Kaufpreis nicht. V tritt daraufhin vom Vertrag zurück. Der K hat die Kaufsache jedoch zwischenzeitlich verbraucht (Fall des § 346 Abs. 2 Nr. 2) bzw. versehentlich zerstört (Fall des § 346 Abs. 2 Nr. 3). Er schuldet dem V den Marktwert der Kaufsache.

2. Kündigung

Die Kündigung eines Vertrags entfaltet nur **Wirkung für die Zukunft**. Anders als beim Rücktritt findet mithin **keine Rückabwicklung** des Vertrags statt. Eine solche Rückabwicklung wäre zwar theoretisch möglich (über Wertersatz), aber weitgehend unpraktikabel und in der großen Mehrheit aller Fälle auch nicht sachgerecht.

Die Kündigung muss erklärt werden. Die **Kündigungserklärung** ist eine einseitige, empfangsbedürftige Willenserklärung. Das Wort „Kündigung" muss in der Erklärung nicht auftauchen. Es genügt, dass sich der Kündigungswille im Wege der Auslegung ermitteln lässt.

Es gibt zwei Formen der Kündigung: die ordentliche und die außerordentliche Kündigung. Sie sollen im Folgenden kurz vorgestellt werden.

ordentliche Kündigung	außerordentliche Kündigung
Auch ohne besonderen Grund möglich (Wichtige Ausnahmen z.B. im Arbeitsrecht)	Nur möglich bei wichtigem Grund
Nicht möglich bei befristeten Verträgen, wenn nicht anders vereinbart	Bei allen Verträgen möglich
Wirkt erst mit zeitlicher Verzögerung (Kündigungsfrist).	Wirkt sofort („fristlos").

a) Ordentliche Kündigung

Die ordentliche Kündigung kann in der Regel **ohne besonderen Grund** erfolgen.

Beispiele:
Der Mieter kann das Mietverhältnis kündigen. Die Bank kann den Kontovertrag mit ihrem Kunden kündigen.

Wichtige Ausnahmebeispiele:
Die ordentliche Kündigung durch den Vermieter von Wohnraum bedarf in der Regel eines gesetzlich geregelten Kündigungsgrunds (s. § 573), Gleiches gilt für die Kündigung durch den Arbeitgeber, falls das Kündigungsschutzgesetz (KSchG) Anwendung findet. In beiden Fällen dient diese Einschränkung dem Schutz des schwächeren Vertragspartners.

Die ordentliche Kündigung ist im Grundsatz nur bei **unbefristeten Dauerschuldverhältnissen** möglich. Ist ein Dauerschuldverhältnis unbefristet, muss es (unter Beachtung der Einschränkungen im Arbeits- und Mietrecht) jedem Vertragspartner möglich sein, den Vertrag zu kündigen. Sonst wäre er ewig gebunden, sofern der andere Teil ihm nicht die Möglichkeit gibt, den Vertrag außerordentlich zu kündigen, oder aber selbst kündigt. Bei befristeten Dauerschuldverhältnissen besteht die Gefahr einer unbegrenzten Laufzeit wegen der Befristung dagegen nicht. Hier würde die Einräumung eines ordentlichen Kündigungsrechts dem Grundsatz der Vertragsbindung zuwiderlaufen. Daher können die Vertragspartner eines befristeten Dauerschuldverhältnisses nur dann ordentlich kündigen, wenn dies vertraglich vorgesehen ist.

Beispiele:
Wenn AN und AG einen befristeten Arbeitsvertrag für ein Jahr abschließen, darf keine Seite ordentlich kündigen, es sei denn, dass der Arbeitsvertrag dem Kündigungswilligen dieses Recht einräumt. Gleiches gilt für befristete Mietverträge.

Die Gemeinde G hat sich über drei Jahre verpflichtet das Toilettenpapier für ihre Schulen ausschließlich beim Händler U zu beziehen. Selbst wenn sie inzwischen eine günstigere Bezugsquelle entdeckt hat, kann sie den Vertrag nicht vorzeitig kündigen, wenn der Vertrag dieses vorzeitige Kündigungsrecht nicht vorsieht.

Die ordentliche Kündigung unterliegt in der Regel einer **Kündigungsfrist**. Sie dient dazu, dem anderen Teil die Möglichkeit zu geben, sich auf die neue Situation einzustellen.

b) Außerordentliche Kündigung

Die außerordentliche Kündigung muss auf einen **wichtigen Grund** gestützt werden, wobei hier insbesondere eine **Pflichtverletzung** des Vertragspartners in Betracht kommt (näher Kap. 5 I 4 b). Die außerordentliche Kündigung ist bei **allen Dauerschuldverhältnissen** möglich. Ein befristetes Dauerschuldverhältnis kann somit zwar nicht ordentlich, wohl aber außerordentlich gekündigt werden. Denn ein wichtiger Grund, der das Festhalten am Vertrag für einen der Beteiligten unzumutbar machen würde, kann auch beim befristeten Dauerschuldverhältnis auftauchen.

Bei der außerordentlichen Kündigung ist **keine Kündigungsfrist** einzuhalten (§ 314 Abs. 1). Es kann also sofort gekündigt werden. Auch diesem Grund wird die außerordentliche Kündigung häufig auch als „**fristlose Kündigung**" bezeichnet.

Kapitel 8: Verantwortung aus deliktischem Handeln

Durch einen Vertrag schaffen Teilnehmer im Rechtsverkehr zueinander eine besondere Nähe, die zu einer Vielzahl von Interessenkonflikten führen kann. Die wichtigsten Regeln, die diese Konflikte in den Griff bekommen sollen, wurde in den vorherigen Kapiteln vorgestellt. Wo **kein Vertrag** existiert, gibt es weniger Berührungspunkte zwischen den Teilnehmern im Rechtsverkehr. Doch auch hier kann es zu **Interessenkonflikten** kommen und zwar vor allen Dingen dann, wenn jemand einen Schaden bei einem anderen verursacht.

> **Beispiel:**
> A verletzt B bei einem Verkehrsunfall.

Auch diese Interessenkonflikte muss der Gesetzgeber in den Griff bekommen. Als Instrument dient ihm hierzu das **gesetzliche Schuldverhältnis**. In diesem Kapitel sollen die gesetzlichen Schuldverhältnisse besprochen werden, die als Folge eines rechtlich unerlaubten Handelns entstehen. Dieses Rechtsgebiet wird auch als **Deliktsrecht** oder in Anlehnung an die Überschrift über §§ 823 – 853[1] als **Recht der unerlaubten Handlung** bezeichnet.

I. Allgemeine Grundsätze zu gesetzlichen Schuldverhältnissen aus unerlaubter Handlung

1. Entstehen

Die **Voraussetzungen** für die Begründung eines gesetzlichen Schuldverhältnisses bzw. eines gesetzlichen Anspruchs daraus finden sich in einer **gesetzlichen Vorschrift**. Ansprüche aus unerlaubter Handlung entfalten ihre besondere Bedeutung, wenn zwischen den Beteiligten kein Vertrag existiert.

> **Beispiele:**
> Dachdecker D beauftragt seinen Gesellen G Dachdeckerarbeiten bei einem Kunden auszuführen. Während dieser Arbeiten lässt G einen Ziegel fallen, der den Passanten P verletzt. Hier steht die Frage im Raum, ob P von G Ersatz der Behandlungskosten und ggf. Schmerzensgeld und Verdienstausfall verlangen kann. Aus Vertrag ist dies nicht möglich, weil P kein Vertragsverhältnis zu G hat. Hier hilft § 823 Abs. 1 als einschlägige Norm weiter: „Wer vorsätzlich oder fahrlässig das Leben, den Körper, die Gesundheit, die Freiheit, das Eigentum oder ein sonstiges Recht eines anderen widerrechtlich verletzt, ist dem anderen zum Ersatz des daraus entstehenden Schadens verpflichtet."
>
> Produkthersteller P verkauft ein technisches Gerät an den Händler H, der dieses wiederum an den Endabnehmer E verkauft. Aufgrund eines Herstellungsfehlers an diesem Gerät kommt es zu einem Kurzschluss, der in einer Immobilie des E einen Brandschaden in Höhe von 50.000 € verursacht. Von seinem Vertragspartner H wird E Schadensersatz nach §§ 280 I, 437 Nr. 3 nur bei Verschulden verlangen können, das bei einem Herstellungsfehler nur dem Hersteller P anzulasten ist.

---

[1] Überschrift des 27. Titels des 8. Abschnitts des 2. Buchs des BGB.

Dessen Verschulden kann wiederum nicht nach § 278 dem H zugerechnet werden, weil der Hersteller nach ständiger Rechtsprechung kein Erfüllungsgehilfe des Händlers ist. Gegen P hat E keine vertraglichen Ansprüche, weil zwischen beiden kein Vertrag existiert. Die einzige Chance auf Ersatz ist daher ein gesetzliches Schuldverhältnis zwischen P und E. Hier hilft § 1 Abs. 1 S. 1 ProdHG weiter:
„Wird durch den Fehler eines Produkts jemand getötet, sein Körper oder seine Gesundheit verletzt oder eine Sache beschädigt, so ist der Hersteller des Produkts verpflichtet, dem Geschädigten den daraus entstehenden Schaden zu ersetzen."

Um die Tatbestandsvoraussetzungen dieser Vorschrift im Einzelnen zu untersuchen, muss man allerdings häufig auf **andere Normen** zurückgreifen. Das ist im Vertragsrecht nicht anders.

Beispiel (in Anknüpfung an vorheriges Beispiel):
Um festzustellen, ob Geselle G fahrlässig i.S.d. § 823 Abs. 1 gearbeitet hat, ist § 276 Abs. 2 heranzuziehen.

Wie beim Vertrag gibt es auch beim gesetzlichen Schuldverhältnis **Gläubiger** und **Schuldner**. Während beim Vertrag aber jeder Beteiligter in aller Regel Gläubiger und Schuldner zugleich ist, ist es für die gesetzlichen Schuldverhältnisse typisch, dass einer der Beteiligten Schuldner, während der andere Beteiligte Gläubiger ist.

Beispiele:
In den vorherigen Beispielen sind G und Produkthersteller P Schuldner, Passant P und Endabnehmer E dagegen nur Gläubiger.

Beim Kaufvertrag ist der Käufer Gläubiger des Lieferanspruchs und Schuldner des Kaufpreisanspruchs. Der Verkäufer ist Gläubiger des Kaufpreisanspruchs und Schuldner des Lieferanspruchs.

2. Inhalt

Die Ansprüche aus unerlaubter Handlung sind in aller Regel Schadensersatzansprüche. Erkennbar ist dies an einer entsprechend formulierten Rechtsfolge.

Beispiel:
§ 823 Abs. 1 „...ist dem anderen zum Ersatz des daraus entstehenden Schadens verpflichtet."

a) Geltung der §§ 249 ff.

Für Schadensersatzansprüche, die im Abschnitt §§ 823 – 853 zu finden sind, gelten §§ **249 ff.**. Das ergibt sich daraus, dass §§ 249 ff. als Teil des Allgemeinen Schuldrechts für alle im Besonderen Schuldrecht geregelten Schuldverhältnisse gelten und §§ 823 – 853 Teil des Besonderen Schuldrechts sind.

Beispiel:
Entgangenen Gewinn nach § 252 gewährt auch der Anspruch aus § 823 Abs. 1. Mitverschulden kann den Anspruch gemäß § 254 reduzieren.

Für Schadensersatzansprüche aus gesetzlichen Schuldverhältnissen außerhalb des BGB finden die §§ 249 ff. teilweise analoge Anwendung, wobei Einzelheiten hier nicht vertieft werden können. In einigen Fällen ordnet das Gesetz eine ausdrückliche Geltung einzelner Normen des BGB an.

> **Beispiel:**
> § 6 Abs. 1 ProdHG bestimmt: „Hat bei der Entstehung des Schadens ein Verschulden des Geschädigten mitgewirkt, so gilt § 254 des Bürgerlichen Gesetzbuchs..."

b) Kausalzusammenhang und Schadensberechnung

Für die Schadensberechnung gelten die zur vertraglichen Haftung dargelegten Grundsätze zur Kausalität und zur Berechnung des Schadens durch einen Soll-Ist-Vergleich. Hier gibt es mithin keinen Unterschied zwischen den Schadensersatzansprüchen aus Vertrag und aus unerlaubter Handlung.

Konkret setzt der Schadensersatz aus gesetzlichem Schuldverhältnis voraus, dass es einen **ursächlichen Zusammenhang** zwischen der Beeinträchtigung des Anspruchstellers und dem Verhalten des in Anspruch Genommenen gibt.

> **Beispiel:**
> Die Mülldeponie des Betreibers B gibt giftige Stoffe an die Umwelt ab. Anwohner A erleidet dadurch eine Vergiftung und wird dauerhaft berufsunfähig. Die Berufsunfähigkeit ist auf die Vergiftung zurückzuführen.

Die Schadenshöhe ist durch Soll-Ist-Vergleich zu ermitteln. Der Anspruchsteller ist so zu stellen, als wäre es nie zu der Beeinträchtigung gekommen.

> **Beispiel (in Anknüpfung an vorheriges Beispiel):**
> A ist dauerhaft berufsunfähig und kann den Ursachenzusammenhang zwischen seinen Gesundheitsproblemen und den durch die Mülldeponie abgegebenen Stoffen mithilfe eines Sachverständigengutachtens nachweisen. Er wird mit 55 Jahren berufsunfähig und hätte sonst mutmaßlich bis 65 Jahre arbeiten können. Er hätte bis zum Eintritt in den Ruhestand im Schnitt 2.000 € netto verdienen können. So erhält er nur eine staatliche Berufsunfähigkeitsrente in Höhe von 1.000 €. A kann von B die Differenz zwischen mutmaßlichem Erwerbseinkommen und Rente in Höhe von 1.000 € (2.000 € ./. 1.000 € = 1.000 €) für einen Zeitraum von 10 Jahren, also insgesamt 1.000 € X 12 X 10 = 120.000 € verlangen. Hinzu kommen ggf. Ausfälle wegen einer niedrigeren Rente.

c) Schmerzensgeld bei immateriellen Schäden

Manchmal verursacht eine Handlung einen immateriellen Schaden. Immaterielle Schäden sind Schäden, die wirtschaftlich nicht unmittelbar zu fassen sind.

> **Beispiele:**
> Physische Schmerzen, seelische Belastung, Schädigung des Rufs einer Person durch Verunglimpfung, Preisgabe von persönlichen Details

Einen Ausgleich für immaterielle Schäden gibt es nur in den **gesetzlich bestimmten Fällen** (§ 253 Abs. 1). Einen solchen Ausgleich, der als **Schmerzensgeld** bezeichnet wird, gewährt das Gesetz für im geregelte Ansprüche insbesondere bei einer Verletzung des Körpers, der Gesundheit, der Freiheit oder der sexuellen Selbstbestimmung (§ 253 Abs. 2).

Beispiele:
Schmerzensgeld als Ausgleich für Schmerzen nach einem Beinbruch oder für Angstzustände nach einer Vergewaltigung

Auch in anderen Gesetzen finden sich häufig ähnliche Regelungen.

Beispiel:
§ 8 ProdHG bestimmt: „Im Falle der Verletzung des Körpers oder der Gesundheit...Wegen des Schadens, der nicht Vermögensschaden ist, kann auch eine billige Entschädigung in Geld gefordert werden."

Die Höhe des Schmerzensgeldes ist nach **billigem Ermessen** zu bestimmen (§ 253 Abs. 2, 8 ProdHG: „billige Entschädigung in Geld").

3. Abwicklung

Das gesetzliche Schuldverhältnis begründet Ansprüche, die abgewickelt werden müssen. Diese Abwicklung gleicht mehr oder weniger der Abwicklung vertraglicher Ansprüche, sodass die in diesem Zusammenhang geltenden Regeln für vertragliche wie für gesetzliche Ansprüche gleichermaßen gelten. Insbesondere gilt:

- Gesetzliche Schuldverhältnisse können nach ihrem Entstehen **durch Vertrag modifiziert** werden.

  Beispiel:
  Wegen der unsicheren Beweislage gibt sich der verletzte Gläubiger in einem Vergleich mit einer Zahlung von 2.000 € zufrieden, obwohl der entstandene Schaden 5.000 € beträgt. Der Vergleich ist ein Vertrag, der einen Rechtsstreit durch gütliche Einigung beendet.

- Die Nichterfüllung von Ansprüchen aus gesetzlichen Schuldverhältnissen kann einen Anspruch auf **Schadensersatz** aus § 280 Abs. 1 und auf **Verzugszins** aus § 288 Abs. 1 S. 1 begründen. Für gesetzliche Ansprüche aus dem 2. Buch des BGB gelten §§ 280, 288 unmittelbar, für andere gesetzliche Ansprüche analog.

  Beispiel:
  S schuldet dem G aus § 823 Abs. 1 Schadensersatz in Höhe von 5.000 €. Da S nicht zahlt, muss G einen Rechtsanwalt einschalten, der dem G ein Honorar in Höhe von 200 € in Rechnung stellt. Diese 200 € sind ein Verzugsschaden, den G dem S nach §§ 280, 286 in Rechnung stellen kann. Ab Verzug i.S.d. § 286 kann er zudem Verzugszinsen nach § 288 verlangen. Die Vorschriften sind unmittelbar anwendbar, weil § 823 Abs. 1 Teil des Besonderen Schuldrechts ist, auf das die Regeln aus dem Allgemeinen Schuldrecht anwendbar sind.

- Ansprüche aus gesetzlichen Schuldverhältnissen unterliegen der **Verjährung**. Für die meisten gesetzlichen Ansprüche aus dem BGB gilt die dreijährige Verjährungsfrist aus dem BGB. Für Ansprüche aus anderen Gesetzen findet sich immer eine Verjährungsvorschrift in dem jeweiligen Gesetz, wobei häufig auf die Verjährungsregeln des BGB verwiesen wird.

    Beispiele:
    Der Anspruch aus § 823 Abs. 1 verjährt gemäß § 195 nach drei Jahren. Der Beginn der Verjährungsfrist bestimmt sich nach § 199.

    Für Schadensersatzansprüche bei der Haftung für Industrieanlagen schreibt § 17 UmweltHG eine entsprechende Anwendung der Vorschriften des BGB vor.

4. Verschuldens- und Gefährdungshaftung im Deliktsrecht

Zum Abschluss dieser allgemeinen Ausführungen soll noch einmal kurz auf die Anspruchsvoraussetzungen bei **Schadensersatzansprüchen** aus **Deliktsrecht** eingegangen werden. Die Mehrzahl der Schadensersatzansprüche aus Deliktsrecht setzt ein Verschulden des Verursachers voraus. Man spricht in diesem Zusammenhang von **Verschuldenshaftung**. Erscheinungsformen des Verschuldens sind **Vorsatz** und **Fahrlässigkeit** i.S.d. § 276.

Beispiele:
Anspruchsvoraussetzung bei § 823 Abs. 1 ist Vorsatz oder Fahrlässigkeit, mithin Verschulden.

Die Haftung aus § 823 Abs. 2 S. 1 setzt gemäß § 823 Abs. 2 S. 2 Verschulden voraus.

In bestimmten Fällen sieht der Gesetzgeber aber eine Haftung für verursachte Schäden **unabhängig** vom **Verschulden** vor. Dies ist die **Gefährdungshaftung**. Hintergrund ist durchweg, dass die Rechtsordnung bestimmten Personen unter gewissen Voraussetzungen die Schaffung von Gefahren oder Risiken gestattet. Im Gegenzug soll die so privilegierte Person aber für alle Schäden haften, die daraus erwachsen können, selbst wenn sie die gebotene Sorgfalt an den Tag gelegt hat.

Beispiele:
Wer eine Industrieanlage betreibt, schafft eine Gefahrenquelle für seine Umwelt. Daher ordnet das Umwelthaftungsgesetz eine Gefährdungshaftung an.

Für Schäden aus Flugzeugunfällen ordnet das Luftverkehrsgesetz eine Gefährdungshaftung an. Flugzeugverkehr ist eine Gefahrenquelle, die unsere Rechtsordnung aber aus übergeordneten Gründen des Gemeinwohls akzeptiert.

Ob das Gesetz im konkreten Fall eine Verschuldens- oder eine Gefährdungshaftung vorschreibt, ist durch Tatbestandsanalyse zu ermitteln. Weist der Tatbestand der Anspruchsgrundlage das Verschulden als Tatbestandsmerkmal auf, liegt Verschuldenshaftung vor. Bleibt das Verschulden unerwähnt, ordnet das Gesetz eine Gefährdungshaftung an.

Beispiele:
In § 823 Abs. 1 werden die Verschuldensformen Vorsatz und Fahrlässigkeit ausdrücklich genannt.

In § 1 UmweltHG werden Verschulden oder die Verschuldensformen nicht erwähnt.

In manchen Fällen schließt das Gesetz allerdings die Haftung bei **höherer Gewalt** oder völliger Unvermeidbarkeit des Schadens wieder aus und nimmt dem reinen Gefährdungsgedanken so einen Teil seiner Wirkung. Wann ein solcher Fall vorliegt, ist teilweise schwer zu bestimmen. Einzelheiten sollen nicht interessieren. Man muss nur wissen, dass die Rechtsprechung die Anwendbarkeit dieser Haftungsausschlüsse nur selten bejaht. Im Ergebnis bleibt es also dabei, dass die Gefährdungshaftung deutlich strenger als die Verschuldenshaftung ist.

Beispiel:
§ 4 UmweltHG schließt eine Haftung bei höherer Gewalt aus. Dennoch ist der Betreiber der Industrieanlage einem deutlich höheren Haftungsrisiko ausgesetzt, als wenn die Haftung aus UmweltHG als Verschuldenshaftung ausgestaltet worden wäre.

II. Ausgewählte gesetzliche Schuldverhältnisse aus unerlaubter Handlung

1. Verletzung der allgemeinen Sorgfaltspflicht

Das Gesetz formuliert an keiner Stelle eine Pflicht, bei seinen Handlungen die gebotene Vorsicht an den Tag zu legen, um so eine Beeinträchtigung der Interessen anderer möglichst zu vermeiden. Mittelbar existiert eine solche Pflicht aber dadurch, dass das Gesetz dem Beeinträchtigten unter bestimmten Voraussetzungen einen Schadensersatzanspruch gegen den Handelnden oder seinen Auftraggeber einräumt. Diese Voraussetzungen sollen nachfolgend erläutert werden.

Wird jemand durch das Verhalten eines anderen in seinen Interessen beeinträchtigt, kann ihm ein **Schadensersatzanspruch aus § 823 Abs. 1** zustehen. Die Voraussetzungen für diesen Anspruch sind allerdings strenger, als es bei einem ersten Blick auf den Tatbestand des § 823 Abs. 1 scheinen mag.

a) Verletzung eines in § 823 Abs. 1 genannten Rechts

Die in § 823 Abs. 1 aufgezählten Rechtspositionen werden in Rechtsgüter und Rechte eingeteilt. Geschützt werden zunächst **das Leben, den Körper und die Gesundheit**. Das Leben ist das höchste Rechtsgut, daher wird es an erster Stelle genannt. Verletzung des Lebens bedeutet Tötung eines Menschen.[2] Dem Getöteten stehen keine Ansprüche zu; Ersatzansprüche Hinterbliebener werden in §§ 844 ff. geregelt. Unter einer **Körperver-**

---
[2] Jauernig/*Teichmann*, § 823, Rdnr. 2.

letzung ist jeder Eingriff in die Integrität der körperlichen Befindlichkeit, einschließlich der Schmerzzufügung zu verstehen.[3] Eine **Gesundheitsverletzung** ist die Beeinträchtigung der inneren Funktionen.[4]

> **Beispiele, in denen eine Körper- bzw. Gesundheitsverletzung vorliegt:**
> Der Dachdecker lässt einen Ziegel fallen, der den Passanten P verletzt.
>
> A mobbt seinen Kollegen K so lange, bis dieser einen Nervenzusammenbruch erleidet.
>
> HIV-Infektion, auch wenn die Erkrankung noch nicht ausgebrochen ist.[5]
>
> Die Beschädigung abgetrennter Körperteile, wenn die abgetrennten Körperteile dazu bestimmt sind, in den Körper wieder eingegliedert zu werden. So ist die Vernichtung einer Eigenblutspende keine Eigentumsverletzung, sondern eine Körperverletzung.

§ 823 Abs. 1 schützt ferner das **Eigentum**. Eigentum ist nur an Sachen, also an körperlichen Gegenständen, möglich (näher hierzu Kap. 12 I).

> **Beispiele für Eigentumsverletzungen:**
> S verschüttet Limonade auf einem Computer des G, der daraufhin irreparabel beschädigt wird.
>
> S verletzt den Hund (vgl. § 90a) des G mit einem Regenschirm.
>
> **Gegenbeispiel:**
> K führt sein Konto online. Mithilfe eines Computervirus späht X Passwort und TAN-Nummer des K aus und führt eine Überweisung vom Konto des K auf sein eigenes Konto in Höhe von 2.000 € aus. Eine Eigentumsverletzung liegt nicht vor, da Kontoguthaben kein körperlicher Gegenstand ist.

Schutzgut des § 823 Abs. 1 sind auch „sonstige Rechte". Die Formulierung „ein sonstiges Recht" suggeriert, dass § 823 Abs. 1 alle Fälle erfasst, in denen jemand einem anderen Schaden zufügt. Die Rechtsprechung ist bei der Auslegung dieses Begriffs jedoch restriktiver. Einzelheiten sollen hier unerwähnt bleiben. Wichtig ist nur, dass das **Vermögen** als solches **kein sonstiges Recht** i.S.d. § 823 Abs. 1 ist.

> **Beispiel (in Anknüpfung an vorheriges Gegenbeispiel):**
> K kann seinen Anspruch gegen X also nicht auf die Verletzung eines sonstigen Rechts stützen. Ein Anspruch aus § 823 Abs. 1 besteht nicht.

Das bedeutet insbesondere, dass **Hilfspersonen eines Vertragspartners**, die an Vertragsverletzungen mitwirken, nur dann belangt werden können, wenn ihr Verhalten Gesundheit, Eigentum oder ein sonst von § 823 Abs. 1 erfasstes Recht verletzen. Die **Mitwirkung** an einer **bloßen Vermögensschädigung** begründet dagegen **keine Haftung**, da das Vermögen als solches kein von § 823 Abs. 1 erfasstes Recht ist. Das ist ein wesentlicher Unterschied zur vertraglichen Haftung nach § 280 Abs. 1, die auch reine Vermögensschäden abdeckt. Die Haftung des Vertragspartners reicht damit weiter als die seiner Hilfspersonen, was auch einleuchtet: Nur er profitiert vom Vertrag. Also soll auch

---

[3] Jauernig/*Teichmann*, § 823, Rdnr. 3.
[4] Die Unterscheidung zwischen Körper- und Gesundheitsverletzung ist zweifelhaft, in den meisten Fällen jedoch ohne praktische Relevanz.
[5] BGHZ 114, 284 ff.

nur er dem erhöhten Risiko ausgesetzt sein, das mit einer vertraglichen Bindung einhergeht.

> **Beispiele:**
> Käufer K weist seinen Buchhalter B an, eine Mahnung über den noch nicht bezahlten Kaufpreis zu ignorieren. B tut dies, obwohl er genau weiß, dass K das Geld schuldet. Verkäufer V beauftragt einen Rechtsanwalt mit der Wahrnehmung seiner Interessen. Das Anwaltshonorar kann V von K nach §§ 280, 286 ersetzt verlangen. Schuldverhältnis i.S.d. § 280 ist der Kaufvertrag zwischen V und K. Dagegen hat V keinen Anspruch gegen B, da er nicht sein Vertragspartner ist. Aus § 823 Abs. 1 hat V ebenfalls keinen Anspruch, weil die Verpflichtung zur Zahlung des Anwaltshonorars nur sein Vermögen schädigt, nicht jedoch sein Eigentum an einem konkreten körperlichen Gegenstand.
>
> Glasermeister G beauftragt seinen Gesellen M mit Glasarbeiten am Haus seines Kunden K. Aufgrund einer Nachlässigkeit des M wird K dabei durch Glassplitter verletzt. G haftet gegenüber K auf Schadensersatz aus § 280 Abs. 1 (Verletzung einer Nebenpflicht, Haftung für die Nachlässigkeit des M nach § 278). Daneben kommt aber auch eine Haftung des M aus § 823 Abs. 1 in Betracht. K hat durch das nachlässige Handeln des M eine Körperverletzung erlitten.
>
> Die V GmbH verkauft der K GmbH eine Maschine. Dabei macht der Geschäftsführer G, der die V GmbH bei Vertragsschluss vertritt, aus Nachlässigkeit falsche Angaben über die maximale Laufzeit der Maschine. Die K GmbH plant ihren Produktionsablauf auf Grundlage dieser falschen Angaben. Dadurch kommt es zu Verzögerungen, die die K GmbH insgesamt zwei Tagesproduktionen im Wert von insgesamt 40.000 € kosten. Die Angaben des G sind vereinbarte Beschaffenheit i.S.d. § 434 Abs. 1 S. 1. Die V GmbH haftet für den entstandenen Schaden aus §§ 280 Abs. 1, 437 Nr. 3, wobei sie für die Nachlässigkeit ihres Geschäftsführers nach § 278 einstehen muss. G selbst haftet allerdings nicht. Er ist nicht Vertragspartner und eine Haftung aus § 823 Abs. 1 kommt nicht in Betracht. Die Verzögerungen führen nur zu einem Produktionsausfall, zerstören oder beschädigen aber nichts.
>
> Die V GmbH verkauft der K GmbH eine Maschine. Dabei macht der Geschäftsführer G, der die V GmbH bei Vertragsschluss vertritt, aus Nachlässigkeit falsche Angaben über die Bedienung der Maschine. Infolge dieser falschen Angaben kommt es zu einem Brand, dem neben der verkauften Maschine noch ein Fließband (Wert 4.000 €) zum Opfer fällt. Die V GmbH haftet für den entstandenen Schaden am Fließband aus §§ 280 Abs. 1, 437 Nr. 3, 278. Daneben kommt aber auch eine Haftung des G in Betracht. Denn seine falschen Angaben haben das Eigentum der K GmbH am Fließband verletzt.

Führt die Verletzung von Gesundheit, Eigentum oder eines sonst von § 823 Abs. 1 erfassten Rechts zu weitergehenden Schäden, so haftet der Verursacher nach § 823 Abs. 1 auch für diese, selbst wenn diese Schäden bloße Vermögensschäden sind. Anders ausgedrückt: Führt eine Handlung zu einer Kette von Schadensereignissen, reicht es aus, dass das **erste Glied der Kette** ein **Recht i.S.d. § 823 Abs. 1** betrifft. Die **Folgeschäden** können **reine Vermögensschäden** sein. Die Grenze bildet dabei wie in allen anderen Schadensersatzfällen auch nur die Adäquanz.

> **Beispiele (in Anknüpfung an vorherige Beispiele):**
> Aufgrund seiner Verletzungen durch die Glassplitter muss der selbständige K eine Woche ins Krankenhaus. Er erleidet in dieser Woche einen Verdienstausfall in Höhe von 3.000 €. Obwohl es sich bei dem Verdienstausfall um einen reinen Vermögensschaden handelt haftet M auch für diesen. Denn das erste Glied der Kette war die Körperverletzung des K.

Aufgrund der Zerstörung des Fließbands fällt eine Tagesproduktion im Wert von 20.000 € bei der K GmbH aus. Obwohl es sich dabei um einen reinen Vermögensschaden handelt, haftet G auch für diesen. Denn das erste Glied der Kette y < war die Verletzung des Eigentums der V GmbH an dem Fließband. Führt das zerstörte Fließband dagegen dazu, dass der K GmbH ein Millionenauftrag entgeht, weil bestimmte Muster nicht rechtzeitig für eine Kundenpräsentation erstellt werden können, dürfte eine Haftung wegen fehlender Adäquanz eher zu verneinen sein.

b) Rechtswidrigkeit

Die Rechtsverletzung muss nach dem Wortlaut des § 823 Abs. 1 „widerrechtlich" sein, um eine Schadensersatzpflicht zu begründen. Im juristischen Sprachgebrauch üblicher ist hier die Bezeichnung „rechtswidrig" bzw. „Rechtswidrigkeit". Rechtswidrigkeit ist eine Rechtshandlung, wenn sie von der Rechtsordnung missbilligt wird. In der Regel ist eine Rechtsverletzung nach § 823 Abs. 1 zugleich auch rechtswidrig. Sie kann daher unterstellt werden und muss nur dann problematisiert werden, wenn der Sachverhalt Zweifel an der Rechtswidrigkeit aufkommen lässt.

Ein wichtiger Fall, in dem eine Rechtsverletzung fehlt, ist die **Einwilligung** des Rechtsträgers. Dies ist insbesondere bei **ärztlichen Behandlungen** relevant. So ist der operative Eingriff eine Körperverletzung, die durch die Einwilligung des Patienten aber gerechtfertigt ist.

Weiteres Beispiel für fehlende Rechtswidrigkeit:
Die Rechtswidrigkeit entfällt ferner, wenn die Rechtsverletzung in Notwehr erfolgt. Beispiel: Der frustrierte Falschparker greift die Politesse tätlich an, die sich mit Pfefferspray wehrt. Die Gesundheitsverletzung des Falschparkers verpflichtet nicht zum Schadensersatz nach § 823 Abs. 1, weil die Politesse in Notwehr handelte.

c) Vorsatz und Fahrlässigkeit

Im Rahmen des § 823 Abs. 1 hat der Handelnde für Vorsatz und Fahrlässigkeit nach § 276 einzustehen.

Beispiel (in Anknüpfung an vorheriges Beispiel):
Die falschen Angaben des Geschäftsführers G über die Bedienung einer Maschine beruhen auf Fehlinformationen, die der Hersteller der Maschine bei einer Schulung verbreitet hatte. G hatte sich darauf verlassen und dies nicht noch einmal nachgeprüft. Hier dürfte Fahrlässigkeit eher zu verneinen sein. Waren jedoch alle Schulungen fehlerfrei und beruhen die falschen Angaben des G darauf, dass G aus Kostengründen nicht an den Schulungen teilgenommen hat, ist Fahrlässigkeit tendenziell eher zu bejahen. Entscheidend ist aber der Einzelfall: Hätte ein umsichtiger Geschäftsführer an der Schulung teilgenommen? War der Aufwand hierfür niedriger einzustufen als die Wahrscheinlichkeit, wichtige Informationen für die Kunden der V GmbH zu erhalten? Wenn ja, handelte G fahrlässig.

2. Verantwortung für Gefahrenquellen

Das Leben hält eine Fülle potentieller Gefahren bereit. Der Staat ist einerseits verpflichtet, das Nötige zu unternehmen, um diese Gefahren unter Kontrolle zu halten (Prävention). Andererseits muss er bestimmen, was passieren soll, wenn sich eine Gefahr realisiert und es zum Schadensfall kommt. Prävention erreicht der Staat in erster Linie über öffentlich-rechtliche Gebote und Verbote. Einen gerechten Schadensausgleich organisiert unsere Rechtsordnung dagegen überwiegend über das Zivilrecht, konkret über das Recht der unerlaubten Handlungen. Im Folgenden sollen zwei Fallgruppen vorgestellt werden.

a) Haftung für durch Strom- oder Rohrleitungssysteme und Schienenfahrzeuge verursachte Schäden

Zur Regelung der Haftung für Betreiber von Strom- oder Rohrleitungssystemen und von Schienenfahrzeugen gilt das **Haftpflichtgesetz**. Das Haftpflichtgesetz erfasst insbesondere **Straßenbahnen**, das **Abwassernetz (Kanalisation)** sowie **Wasser, - Strom-, Gas- und Fernwärmeversorgungsleitungen**. Dies hat für die Kommunen eine große Bedeutung, weil solche Anlagen häufig von **kommunalen Unternehmen** betrieben werden.

Zentrale Anspruchsgrundlagen sind § 1 Abs. 1 HPflG für Schienenfahrzeuge und § 2 Abs. 1 S. 1 HPflG für Strom- und Rohrleitungssysteme. Wie § 823 Abs. 1 ordnen diese Vorschriften eine Ersatzpflicht bei Verletzungen von **Leben, Körper, Gesundheit** und **Eigentum** an. Dass § 823 Abs. 1 von „Eigentum" spricht, während sich in §§ 1 Abs. 1, 2 Abs. 1 S. 1 HPflG die Formulierung „eine Sache beschädigt" findet, ist irrelevant. Wie bei § 823 Abs. 1 gilt also, dass **reine Vermögensschäden keine Ersatzpflicht** begründen.

> **Beispiele:**
> Bei einem Straßenbahnunfall werden zwei Menschen verletzt. Sie können von der kommunalen Verkehrsgesellschaft Ersatz der Behandlungskosten verlangen. Gleichzeitig kommt es zu Verkehrsbehinderungen, wodurch insgesamt 10 Personen ihr Flugzeug verpassen und hohe Mehrkosten für die Buchung eines Ersatzflugs haben. Hierfür besteht keine Ersatzpflicht, weil es sich um reine Vermögensschäden handelt.
>
> Durch den Bruch eines Kanalrohrs wird das Grundstück des E stark verunreinigt. Es liegt eine Verletzung des Eigentums am Grundstück vor. E kann daher von der Kommune K, die die Kanalisation betreibt, die Erstattung der Reinigungskosten verlangen.

Führt die Verletzung eines der in §§ 1 Abs. 1, 2 Abs. 1 S. 1 HPflG genannten Rechte aber zu **Folgeschäden**, so haftet der Betreiber auch für diese, selbst wenn diese Schäden bloße Vermögensschäden sind. Wie bei § 823 Abs. 1 gilt also, dass nur das **erste Glied der Schadenskette** eines der in den zitierten Vorschriften genannten Rechte betreffen muss.

> **Beispiel (in Anknüpfung an vorheriges Beispiel):**
> E betreibt auf dem Grundstück, das durch einen Rohrbruch verunreinigt worden ist, ein Hotel. Wegen der starken Geruchsbelästigung reisen 8 Gäste vorzeitig ab. Dem E entgehen dadurch Einnahmen in Höhe von 2.000 € (nach Abzug der Kos-

ten). Dieses Geld kann E von K ersetzt verlangen, weil das erste Glied der Kette die Beschädigung der Sache ist.

§§ 1 Abs. 1, 2 Abs. 1 S. 1 HPflG erwähnen Verschulden als Tatbestandsvoraussetzung nicht: Die Haftung aus HPflG ist demnach als **Gefährdungshaftung** ausgestaltet. Das bedeutet, dass es unerheblich ist, wer das Schadensereignis verschuldet hat und ob überhaupt jemand Schuld trägt. Der Betreiber haftet also für Fehlverhalten seiner Mitarbeiter, seiner Lieferanten oder des Anlagenbauers.

Beispiele:
Durch den Bruch eines Kanalrohrs wird das Grundstück des E stark verunreinigt. Der Bruch des Abwasserrohrs ist auf Materialermüdung zurückzuführen. Die Gemeinde, die das Kanalnetz betreibt, ist für den Schaden verantwortlich.

Beruht das schadensauslösende Ereignis allerdings auf **höherer Gewalt**, scheidet eine Haftung aus (§§ 1 Abs. 3, 2 Abs. 3 Nr. 3 HPflG).

Beispiele:
Erdbeben, Terrorangriff

Der **Umfang des Schadensersatzanspruchs** ist in §§ 5 – 10 HPflG geregelt. Einzelheiten sollen nicht vertieft werden.

Für die **Verjährung** verweist 11 HPflG auf die Vorschriften des BGB. Hier gilt demnach eine dreijährige Verjährungsfrist nach §§ 195, 199.

b) Allgemeine Verkehrssicherungspflicht

Neben den Gefahrenquellen, für die der Gesetzgeber spezielle Vorschriften geschaffen hat, gibt es zahlreiche weitere Gefahrenherde, bei denen das Entstehen unnötig großer und unkontrollierter Risiken verhindert werden muss. Sofern eine spezielle Regelung hierzu fehlt, ist auf **§ 823 Abs. 1 als allgemeine Vorschrift** zurückzugreifen. Gedanklicher Ausgangspunkt ist dabei die selbstverständliche Notwendigkeit eines ursächlichen Zusammenhangs (Kausalität) zwischen der Verletzung von Leben, Körper usw. und einem Verhalten desjenigen, der Schadensersatz leisten soll. Kausalität liegt zum einen vor, wenn jemand durch aktives Handeln eines der in § 823 Abs. 1 genannten Rechte verletzt.

Beispiel:
Durch eine unachtsame Bewegung lässt S ein Notebook des G fallen.

Gegenbeispiel:
Das Notebook des G fällt zu Boden, weil der Tisch unter ihm zusammenbricht. S steht zufällig daneben. S haftet natürlich nicht, weil kein Kausalzusammenhang zwischen seinem Verhalten und der Beschädigung des Notebooks besteht.

Kausalität kann zum anderen aber auch dann vorliegen, wenn jemand nicht handelt, um eine Rechtsgutverletzung zu verhindern, mithin durch **Unterlassen**. Daran knüpft das Konzept der Verkehrssicherungspflicht an: Die Verkehrssicherungspflicht ist die Pflicht einer Person, dafür zu sorgen, dass von einem von ihm verantworteten Bereich möglichst geringe Gefahren für die Allgemeinheit ausgehen. Sie ist insbesondere für Gemeinden von großer praktischer Bedeutung.

Beispiele:
Der Hauseigentümer ist dafür verantwortlich, dass der Fahrstuhl regelmäßig gewartet und kontrolliert wird. Das gilt auch für eine Kommune im Hinblick auf alle kommunalen Gebäude (Verwaltungsgebäude, Kindergärten).
Der Bauunternehmer und u.U. auch der Bauherr sind dafür verantwortlich, dass eine Baustelle ordnungsgemäß abgesichert wird.

Die Gemeinde ist dafür verantwortlich, dass Spielplatzgeräte, Schwimmbäder und Straßen sicher sind. Hierfür sind regelmäßige Kontrollen und Wartungen nötig.

Der Anlieger ist verpflichtet, bei Glatteis zu streuen, soweit ihm diese Pflicht, die nach Straßen- und Wegerecht zunächst den Gemeinden obliegt, durch Satzung übertragen worden ist. In der Praxis ist dies regelmäßig der Fall.

Wer die Verantwortung für eine Gefahrenquelle innehat, hat mithin eine **Rechtspflicht zum Handeln**. Er muss nicht nur jegliche Handlung vermeiden, die eine Rechtsgutsverletzung auslösen könnte. Er muss darüber hinaus Handlungen vornehmen, um Rechtsgutsverletzungen zu vermeiden.

Beispiele:
siehe die vier vorhergehenden Beispiele. In allen vier Fällen muss der Betroffene aktiv werden (streuen, kontrollieren, absichern), um einer Haftung zu entgehen.

Es kann sogar vorkommen, dass mehrere Personen verkehrssicherungspflichtig sind.

Beispiel : Verkehrssicherungspflichten bei einem Kinderfußballturnier.[6]
Überlässt der Eigentümer seine Sporthalle dem Veranstalter eines Jugendfußballturniers, so hat er dafür Sorge zu tragen, dass die stählerne Unterkonstruktion der Tribüne nicht für spielende Kinder zugänglich ist. Neben dem Veranstalter des in der Turnhalle durchgeführten Sportereignisses ist auch der Eigentümer und Betreiber einer Turnhalle, der den Verkehr durch die Bereitstellung der Einrichtung eröffnet und fördert, verpflichtet, einen gefahrlosen Zustand der Halle und deren Einrichtungen zu gewährleisten.[7]

Die Verkehrssicherungspflicht hat allerdings ihre Grenzen. Nach allgemeiner Auffassung bestimmt sich der Umfang der Verkehrssicherungspflicht nach den berechtigten Sicherheitserwartungen des Verkehrs.[8]

Beispiel: Verkehrssicherungspflicht eines Theaterbetreibers[9]
Ein Theaterbetreiber ist nicht verpflichtet, beim künstlerischen Einsatz von Schusswaffen während einer Aufführung das Publikum vor möglichen Knalleffekten zu warnen. Nach Auffassung des Gerichts ist der Eintritt eines Gehörschadens durch den Schuss während der Vorstellung unwahrscheinlich gewesen. Eine Verletzung von Verkehrssicherungspflichten ist wegen der mangelnden Vorsehbarkeit eines Schadenseintritts daher nicht festzustellen.

---

[6] OLG Saarbrücken NJW-RR 2006, 1165.
[7] OLG Saarbrücken NJW-RR 2006, 1165, 1166.
[8] *Rotermund/Krafft,* Haftungsrecht in der kommunalen Praxis, S. 172..
[9] BGH NJW 2006, 610.

Im Einzelfall sind dabei **Risiko, Höhe des drohenden Schadens bei Verwirklichung des Risikos** und **Aufwand** gegeneinander **abzuwägen**: Je höher das Risiko und je schwerer die drohenden Schäden bei Verwirklichung des Risikos, desto mehr Aufwand zur Risikovermeidung kann verlangt werden und umgekehrt.

Beispiele:
Die Gemeinde G lässt jeden Spielplatz einmal im Monat durch einen Mitarbeiter auf potentielle Gefahrenquellen inspizieren. Der Mitarbeiter ist qualifiziert und nimmt sich für eine Inspektion 2 Stunden Zeit. Hier wird man wohl im Regelfall davon ausgehen können, dass G ihrer Verkehrssicherungspflicht genügt. Melden besorgte Eltern jedoch potentielle Gefahrenquellen kurz nach Durchführung der letzten Inspektion und wird die G dann nicht aktiv, kann eine Verletzung der Verkehrssicherungspflicht vorliegen. Denn hier wird man davon ausgehen können, dass es der G zuzumuten ist, einem konkreten Hinweis nachzugehen.

Der Landkreis L muss den Zugang zu seinem Hauptverwaltungsgebäude bei Glatteis streuen und dies zur Not auch mehr als einmal am Tag. Tut es dies nicht, handelt es fahrlässig i.S.d. § 276 Abs. 2. Bildet sich jedoch ständig sog. „Blitzeis" wenige Minuten nach dem letzten Streuvorgang, ist die Zumutbarkeitsgrenze erreicht. Es stände außer Verhältnis von L zu verlangen, einen Mitarbeiter abzustellen, der den ganzen Tag vor dem Gebäude streut und dafür große Mengen Streugut verwendet.

Der Verkehrssicherungspflichtige kann die ihm obliegenden Arbeiten auf einen Dritten **übertragen**. Dann hat er nur noch die Pflicht, den Dritten mit der im Verkehr gebotenen Sorgfalt **auszuwählen** und zu **überwachen**. Verletzt er diese Pflicht, handelt er schuldhaft i.S.d. § 823 Abs. 1. Auch hier sind Risiko, potentielle Schadenshöhe und Aufwand gegeneinander abzuwägen.

Beispiel:
Die Gemeinde G will die ihr obliegenden Schneeräumarbeiten vor ihrem Rathaus auf ein privates Unternehmen übertragen. Sie muss das Unternehmen im Hinblick auf Leistungsfähigkeit, Fachkunde und Zuverlässigkeit sorgfältig auswählen und die von dem ausgewählten Unternehmen geleistete Arbeit in regelmäßigen Abständen zumindest stichprobenartig kontrollieren. Konkreten Hinweisen auf mangelhafte Aufgabenerledigung hat G nachzugehen.

Kein Dritter ist allerdings der eigene Mitarbeiter. Für das Fehlverhalten eigener Mitarbeiter haftet der Verkehrssicherungspflichtige nach ständiger Rechtsprechung selbst. Das entspricht im Ergebnis dem § 278, der hier aber nicht anwendbar ist. Denn § 278 gilt nur für die vertragliche Haftung.

3. Die Haftung für den Verrichtungsgehilfen

§ 831 begründet eine Haftung eines Geschäftsherrn für widerrechtliche Handlungen seines Verrichtungsgehilfen. In seiner Ausrichtung ähnelt § 831 dem § 278 (näher Kap. 5 II 6 a cc ii). Beim § 831 wie beim § 278 geht es darum, dass jemand für das Handeln eines anderen haftungsrechtlich zur Verantwortung gezogen wird. Der Unterschied liegt im Ausgangspunkt für diese Haftung: § 831 kommt zur Anwendung, wenn eine **Handlung im Sinne der §§ 823 ff.** die Haftung begründet. Kennzeichnend für eine solche Haftung ist, dass sie **kein bestehendes Schuldverhältnis** voraussetzt oder anders formuliert, dass Schuldner und Gläubiger vor der haftungsbegründenden Handlung nichts miteinander zu tun hatten.

Beispiele:
Die Gemeinde G kommt ihrer Verkehrssicherungspflicht auf einem Spielplatz nicht nach, sodass das Kind K sich verletzt. Zwischen G und K besteht zum Zeitpunkt der Verletzung kein Schuldverhältnis, da der Spielplatzbesuch keinen Vertrag begründet.

Die Gemeinde G hat vor ihrem Verwaltungsgebäude nicht ordnungsgemäß gestreut. Besucher B rutscht aus und verletzt sich. Zwischen G und B besteht zum Unfallzeitpunkt kein Schuldverhältnis.

§ 278 lässt dagegen den Schuldner eines **bestehenden Schuldverhältnisses**, in der Regel eines Vertrags, für das Verhalten Dritter haften. Zwingende Voraussetzung für eine Haftung nach § 278 ist mithin, dass Schuldner und Gläubiger zum Zeitpunkt der haftungsbegründenden Handlung bereits miteinander rechtlich verbunden waren.

Beispiele:
Die Gemeinde G beauftragt den Bauunternehmer U mit der Durchführung von Reparaturarbeiten an einem Gebäude. Mitarbeiter M beschädigt bei Durchführung dieser Bauarbeiten ein Wasserrohr, was zu einer Überschwemmung zweier Räume im Gebäude führt. Im Zeitpunkt der haftungsbegründenden Handlung bestand ein Schuldverhältnis in Gestalt eines Werkvertrags. Die Haftung des U richtet sich nach § 280, die Verantwortung für den Mitarbeiter nach § 278.

Die Gemeinde G hat vor ihrem Rathaus nicht ordnungsgemäß gestreut. Besucher B rutscht aus und verletzt sich. Das begründet ein Schuldverhältnis zwischen G und B aus § 823 Abs. 1. Danach ist G dem B zum Ersatz des entstanden Schadens verpflichtet. Da G sich weigert Schadensersatz zu zahlen, schaltet B Rechtsanwalt R ein. Für die Anwaltskosten haftet G nach §§ 280, 286. Haftungsbegründende Handlung ist die Zahlungsverweigerung. Und zu diesem Zeitpunkt bestand bereits ein gesetzliches Schuldverhältnis aus § 823 Abs. 1. Beruht die Weigerung der G auf eine nachlässige Prüfung der Sach- und Rechtslage durch den Rechtsamtsmitarbeiter R, trägt G hierfür nach § 278 die Verantwortung.

a) Anspruchsvoraussetzungen

Aus der Formulierung des § 831 wird allgemein geschlossen, dass die Vorschrift -anders als § 278- eine Anspruchsgrundlage ist. § 831 Abs. 1 macht den Anspruch von folgenden Voraussetzungen abhängig:

- Der Verrichtungsgehilfe (zum Begriff s. nächster Spiegelstrich) muss eine **Handlung i.S.d. § 823 ff.** begangen haben. Diese Voraussetzung erschließt sich nicht unmittelbar aus dem Wortlaut des § 831. Im Rahmen des § 823 Abs. 1 bedeutet dies, dass der Verrichtungsgehilfe die Verletzung eines dort genannten Rechts zu verantworten haben muss. Das Verhalten des Verrichtungsgehilfen muss widerrechtlich (vgl. § 831 Abs. 1 „...widerrechtlich zufügt."), nicht jedoch schuldhaft gewesen sein.

Beispiel (in Anknüpfung an vorheriges Beispiel) und Gegenbeispiel:
Für die Einhaltung der Streupflicht vor dem Rathausgebäudes ist Hausmeister H zuständig. Er streut am besagten Morgen nicht, sodass Besucher B sich verletzt. Durch sein nachlässiges Handeln hat H die Gesundheit des B i.S.d. § 823 Abs. 1 verletzt.

Besucher B fragt beim Verlassen des Rathauses den Mitarbeiter M in einem herrischen Ton, wie er möglichst schnell zum Bahnhof kommen könne. M, der sich über die Art des B ärgert, gibt ihm eine bewusst falsche Antwort, sodass B in der Folgezeit seinen Zug und einen Anschlussflug verpasst. B ist durch die Falschauskunft nicht in einem Recht nach § 823 Abs. 1 verletzt worden. Nur sein Vermögen ist tangiert. § 823 Abs. 1 ist daher nicht einschlägig, sodass auch keine Haftung aus § 831 i.V.m. § 823 Abs. 1 in Betracht kommt.

- Der Handelnde muss **Verrichtungsgehilfe** des in Anspruch Genommenen sein (§ 831 Abs. 1 S. 1). Verrichtungsgehilfe ist derjenige, der weisungsabhängig im Auftrag des in Anspruch Genommenen gehandelt und dabei den Schaden verursacht hat. Wichtigstes Beispiel ist der **Arbeitnehmer** im Verhältnis zum Arbeitgeber. Der weisungsbefugte Auftraggeber wird im Rahmen des § 831 als **Geschäftsherr** bezeichnet.

- Der Verrichtungsgehilfe handelte **in Ausführung** der Verrichtung. Diese Voraussetzung wird in aller Regel zu bejahen sein.

Gegenbeispiel:
Diebstahl bei Gelegenheit der Auftragsausführung im Haus des Geschädigten

- Der in Anspruch Genommene war bei der **Auswahl** oder **Leitung** des Verrichtungsgehilfen **unsorgfältig** (§ 831 Abs. 1 S. 2), wobei unter Leitung auch die im konkreten Einzelfall gebotene **Überwachung** fällt. Dies ist der eigentlich wichtige Unterschied zwischen § 831 und § 278. Im Vertragsrecht haftet der Schuldner nach § 278 unabhängig davon, ob er sich persönlich etwas vorwerfen lassen muss. Verschulden der Hilfsperson genügt. Im Recht der unerlaubten Handlung haftet jemand für eine Hilfsperson dagegen nur, wenn er sich Versäumnisse bei Auswahl, Leitung und Überwachung vorhalten lassen muss. Maßstab für die nach § 831 Abs. 1 S. 2 verlangte Sorgfalt ist § 276 und hier insbesondere § 276 Abs. 2. Im Einzelfall ist durch Abwägung von Risiko und Aufwand zu ermitteln, ob der Geschäftsherr die gebotene Sorgfalt beachtet hat.

Beispiele (in Anknüpfung an vorheriges Beispiel):
Der Verwaltungsleiter des Rathauses V hat H zum Hausmeister gemacht, obwohl dieser erkennbar ein Alkoholproblem hat und gerade in den Morgenstunden häufig kaum ansprechbar ist. Eine solche Person darf man nicht mit Streuaufgaben betrauen, die gerade am Morgen anfallen. V hat den H unsorgfältig ausgewählt und haftet aus § 831.

H verrichtet seine Arbeit als Hausmeister seit 4 Jahren ohne größere Beanstandung. Der Verwaltungsleiter V hält sich im Schnitt zwei- bis dreimal die Woche im Eingangsbereich des Rathauses auf. Immer war dort gestreut, wenn dies nötig war. V kommt seiner Überwachungspflicht in hinreichender Weise nach. An dieser Beurteilung ändert sich nichts, wenn H an einem Morgen stark betrunken zur Arbeit kommt, weil seine Frau ihn in der Nacht zuvor verlassen hat, und infolgedessen nicht streut. Anders wäre zu entscheiden, wenn V dem H am frühen Morgen begegnet und dieser erkennbar betrunken ist.

b) Verhältnis zu anderen Ansprüchen

Neben einem Anspruch aus § 831 kann auch ein Anspruch aus § 280 bestehen. Derr Gläubiger kann frei wählen, auf welche Anspruchsgrundlage er zurückgreifen will. Bedeutsam wird die Möglichkeit, auf einen vertraglichen Anspruch auszuweichen, insbesondere dann, wenn dem Geschäftsherrn im Rahmen des § 831 der Entlastungsbeweis gelingt.

> **Beispiel:**
> Die Gemeinde G beauftragt den Unternehmer U mit der Durchführung von Reparaturarbeiten in einem Kindergarten. U setzt hierfür seinen Mitarbeiter M ein. Aufgrund einer Unachtsamkeit des M kommt es zu einem Unfall, bei dem die Kindergärtnerin K und die zufällig anwesende Besucherin B verletzt werden. K ist eine Woche arbeitsunfähig krank. G muss ihr trotzdem weiter ihr Gehalt zahlen. Das gezahlte Gehalt ist ein ersatzfähiger Schaden. Als Anspruchsgrundlagen für G gegen U kommen § 280 und § 831 in Betracht. U kann nachweisen, dass er M sorgfältig ausgewählt, geleitet und überwacht hat. Ein Anspruch aus § 831 scheitert damit daran, dass dem U der Entlastungsbeweis nach § 831 Abs. 1 S. 2 gelingt. Dagegen greift der Anspruch aus § 280. U verletzt eine ihm gegenüber G obliegende Nebenpflicht aus § 241 Abs. 2, wenn er einen ihrer Mitarbeiter verletzt. Für das Verschulden des M haftet U nach § 278 ohne Möglichkeit des Entlastungsbeweises. B kann ihren Anspruch dagegen nur auf § 831 stützen, da zwischen ihr und G keine vertraglichen Beziehungen existieren. Wegen des erfolgreichen Entlastungsbeweises kann sie von U nichts verlangen.

Neben dem Anspruch gegen den Geschäftsherrn kommt auch ein Anspruch gegen den Verrichtungsgehilfen in Betracht. Hierzu müssen die Anspruchsvoraussetzungen der jeweiligen Norm erfüllt sein.

> **Beispiele (in Anknüpfung an vorherige Beispiele):**
> Besucher B hat gegen den Hausmeister H, der nicht gestreut hat, einen Anspruch aus § 823 Abs. 1, sofern H widerrechtlich und schuldhaft gehandelt hat.
>
> Besucherin B hat gegen den Mitarbeiter M, der bei den Reparaturarbeiten im Kindergarten unachtsam war, einen Anspruch aus § 823 Abs. 1, sofern M widerrechtlich und schuldhaft gehandelt hat. Die Entlastung aus § 831 Abs. 1 S. 2 kommt dem M natürlich nicht zugute.

Handelt es sich beim Verrichtungsgehilfen um einen Arbeitnehmer des Geschäftsherrn (was der Regelfall ist), kann die Haftung des Verrichtungsgehilfen jedoch wieder zu einer Haftung des Geschäftsherren führen. Denn der Arbeitnehmer hat zumindest bei leichter Fahrlässigkeit im Innenverhältnis zu seinem Arbeitgeber einen Anspruch auf Freistellung von der Haftung.

> **Beispiel (in Anknüpfung an obiges Beispiel):**
> Sofern Mitarbeiter M bei der Verletzung der Kindergartenbesucherin B nur leicht fahrlässig gehandelt hat, ist sein Arbeitgeber U gegenüber M verpflichtet, der B ihren Schaden zu ersetzen, damit M von vornherein nicht von B in Anspruch genommen werden kann.

c) Haftung aus § 831 in größeren Organisationen

In einem größeren Unternehmen bzw. einer größeren Verwaltungseinheit ist es häufig nicht die Führungsspitze gewesen, die mit der Auswahl und Überwachung des Verrichtungsgehilfen betraut war.

> **Beispiel:**
> Im großen Bauunternehmen U GmbH hat der Vorarbeiter V den Bauarbeiter B ausgewählt und überwacht ihn. B hat bei Bauarbeiten den X verletzt.

In solchen Fällen bestimmt § 831 Abs. 2, dass die Haftung aus § 831 Abs. 1 denjenigen trifft, der dem Geschäftsherrn gegenüber aufgrund Vertrags mit der Auswahl und Überwachung des Verrichtungsgehilfen betraut war. Das führt dazu, dass der Geschäftsherr nur haftet, wenn er die Überwachungsperson selbst nicht ordnungsgemäß ausgewählt und überwacht hat.

> **Beispiel:**
> Im obigen Fall hat V den B nicht sorgfältig überwacht. Er haftet demnach selbst. Die U GmbH haftet nur, wenn V selbst wiederum nicht ordnungsgemäß ausgewählt und überwacht worden ist. Allerdings muss die Haftungskette dann bis zur Geschäftsführung der U GmbH führen, dessen Haftung die U GmbH dann gemäß § 31 ohne Entlastungsmöglichkeit trifft[10].

Durch § 831 Abs. 2 wird der Entlastungsbeweis zugunsten des Geschäftsherrn **dezentralisiert**. Es reicht aus, dass nur einem Glied in der Haftungskette der Entlastungsbeweis gelingt, um die Haftung des Geschäftsherrn auszuschließen. Aus diesem Grund betrachtet die Rechtsprechung den § 831 Abs. 2 mit Skepsis. Um seine Wirkung zu beschränken, hat sie daher die Haftung aus **Organisationsverschulden** entwickelt. Danach ist die Leitung einer größeren Einheit verpflichtet, die Auswahl- und Überwachungsabläufe so zu organisieren, dass schädigende Pflichtverletzungen nach Möglichkeit unterbleiben. Kommt die Leitung dieser Pflicht schuldhaft nicht nach, begründet dieses Versäumnis selbst eine unmittelbare Haftung.

> **Beispiel (in Anknüpfung an vorheriges Beispiel):**
> Die Geschäftsführung der U GmbH muss durch intelligente Organisation des Geschäftsbetriebs möglichst sicherstellen, dass ihre Mitarbeiter hinreichend qualifiziert sind und die notwendige Vorsicht walten lassen. Ist sie dieser Pflicht aus Fahrlässigkeit nicht nachgekommen, haften die verantwortlichen Geschäftsführer der U GmbH dem X unmittelbar aus § 823 Abs. 1. Diese Haftung wird auch der U GmbH gemäß § 31 ohne Entlastungsmöglichkeit zugerechnet.

---

[10] Auf eine Darstellung des § 31 wird hier verzichtet.

Übungsfall

Sachverhalt

Die kleine Gemeinde Goderberg unterhält einen Spielplatz. Auf diesem Spielplatz steht ein Kletterturm aus Holz. Da Holz mit der Zeit morsch wird, schreiben die einschlägigen DIN-Normen vor, dass auf Spielplätzen befindliche Holzkonstruktionen alle drei Jahre mit Schutzfarbe gestrichen werden müssen.

Die Gemeinde unterhält mit dem Malerunternehmen Müller langjährige Geschäftsbeziehungen, in dessen Rahmen Müller alle im Zuständigkeitsbereich der Gemeinde anfallenden Malerarbeiten erledigt, so auch die Malerarbeiten auf ihrem Spielplatz. Die Nachbargemeinde Hadenhausen beendet nunmehr ihre ebenfalls langjährigen Geschäftsbeziehungen mit Müller, weil Müller bei Malerarbeiten sehr häufig völlig unqualifiziertes Personal eingesetzt hatte und daher in zahlreichen Fällen mangelhafte Arbeit abgeliefert hatte. Außerdem gab es zwei Fälle, in denen Müller vertragswidrig minderwertige Farbe verwendet hatte, um Kosten zu sparen. Die Gemeinden Hadenhausen informiert die Gemeinde Goderberg schriftlich über das Ende der Geschäftsbeziehungen mit Müller, gibt als Grund für die Beendigung nur allgemein „Unzufriedenheit mit unserem Vertragspartner" an und erklärt sich bereit, bei Bedarf nähere Auskünfte zu erteilen. Der Bürgermeister der Gemeinde Goderberg spricht Müller kurze Zeit später darauf an und fragt ihn, wie es hierzu gekommen sei. Müller erklärt dem Bürgermeister, dass dies alles auf Missverständnissen beruhe. Er teilt ihm ferner wahrheitswidrig mit, dass er im Augenblick mit der Gemeinde Hadenhausen über eine Wiederaufnahme der Geschäftsbeziehungen verhandle und er sich sicher sei, in spätestens zwei Monaten wieder mit der Gemeinde Hadenhausen wieder im Geschäft zu sein. Müller bittet den Bürgermeister inständig, die Geschäftsbeziehungen der Gemeinde Goderberg mit ihm nicht auch noch zu beenden, da er sonst Insolvenz anmelden müsse. Der Bürgermeister gibt sich mit dieser Erklärung zufrieden und holt keine weiteren Erkundigungen bei der Gemeinde Hadenhausen ein. Er will dem Müller, den er persönlich kennt, das Leben nicht unnötig schwer machen und auch die Arbeitsplätze beim in Goderberg ansässigen Malerunternehmen Müller nicht gefährden.

Einige Monate später streicht Müller nach Beauftragung durch die Gemeinde Goderberg den Kletterturm auf dem Spielplatz der Gemeinde Goderberg. Die Dreijahresfrist war abgelaufen. Er verwendet jedoch keine Schutzfarbe, sondern gewöhnliche Farbe. Müller, dem es finanziell nicht gut geht, will auf diese Weise Kosten sparen und hofft, dass dies niemandem auffallen wird.

Kurz danach bricht das Kind Kai Kühl beim Spielen auf dem Kletterturm an einer morschen Stelle ein und verletzt sich schwer. Dieser Unfall wäre nicht passiert, wenn Müller die Schutzfarbe verwendet hätte. Kann Kühl von der Gemeinde Goderberg Ersatz der Behandlungskosten und die Zahlung eines angemessenen Schmerzensgeldes verlangen? Ausführungen zur Höhe des Schmerzensgeldes sind entbehrlich.

Lösungsvorschlag

Kühl könnte seien Anspruch auf § 823 Abs. 1 stützen.

Kühl ist in seinem Rechtsgut Körper (alternativ: Gesundheit) verletzt worden. Ursächlich hierfür ist, dass G einen Kletterturm auf ihren Spielplatz gestellt hat, ihn aber nicht mit der erforderlichen Schutzfarbe versehen hat. Widerrechtlichkeit ist ebenfalls zu bejahen, da es an einem Rechtfertigungsgrund fehlt.

Die Gemeinde könnte hier fahrlässig gehandelt haben, weil sie die im Verkehr erforderliche Sorgfalt (§ 276 Abs. 2) dadurch verletzt hat, dass sie ihrer Verkehrssicherungspflicht nicht nachgekommen ist. Eine solche besteht, weil die Gemeinde durch das Betreiben des Spielplatzes eine Gefahrenquelle für Dritte schafft. Sie ist daher verpflichtet, dafür zu sorgen, dass die Nutzer des Spielplatzes möglichst geringen Gefahren ausgesetzt sind. Demnach ist sie verpflichtet, den Kletterturm mit Schutzfarbe zu streichen, wenn eine DIN-Norm dies vorschreibt. Die Gemeinde wollte dieser Verpflichtung nicht selbst nachkommen, sondern hat den Müller damit betraut. Das ist grundsätzlich zulässig. Der Verkehrssicherungspflichtige kann die ihm obliegenden Arbeiten auf einen Dritten übertragen. Dann hat er nur noch die Pflicht, den Dritten mit der im Verkehr gebotenen Sorgfalt auszuwählen und zu überwachen.

Im vorliegenden Fall hat die Gemeinde fahrlässig gehandelt und ihre Auswahlpflicht verletzt[11]. Ihr Bürgermeister hatte die Information bekommen, dass die Gemeinde Hadenhausen die Geschäftsbeziehungen mit Müller beendet hatte, weil diese mit ihm unzufrieden war. In dieser Situation wäre der Bürgermeister verpflichtet gewesen, bei in Hadenhausen die genauen Hintergründe zu erfragen, um auf dieser Grundlage zu entscheiden, ob Müller weiterhin mit Malerarbeiten für die Gemeinde Goderberg betraut werden kann. Hierzu wäre die Gemeinde Hadenhausen laut ihrem Schreiben an die Gemeinde Goderberg auch ausdrücklich bereit gewesen. Die Informationen, die die Gemeinde Goderberg erhalten hätte (Einsatz unqualifizierten Personals, Verwendung minderwertiger Farbe) hätten sie veranlassen müssen, Müller zumindest nicht mehr in einem sicherheitssensiblen Bereich wie die Instandhaltung eines Kinderspielplatzes einzusetzen. Weder die Sorge um die Arbeitsplätze bei Müller noch die persönliche Bekanntschaft des Bürgermeisters mit Müller rechtfertigen Abstriche bei der Sicherheit.

Kühl muss nach § 249 Abs. 1 so gestellt werden, als wäre es nie zur Verletzung der Verkehrssicherungspflicht und damit zum Unfall gekommen. Ohne den Unfall wären keine Behandlungskosten angefallen, sodass diese ersatzfähiger Schaden sind. Zudem steht dem Kühl nach § 253 Abs. 2 ein Schmerzensgeld in angemessener Höhe zu.

---

[11] Der Bürgermeister hat fahrlässig gehandelt, was der G nach § 31 zuzurechnen ist. In der Rechtsprechung wird diese dogmatische Feinheit regelmäßig ausgespart. Sie soll daher hier nicht näher vertieft werden.

Kapitel 9: Ungerechtfertigte Bereicherung

Tatbestand: Voraussetzungen Anspruch § 812 Abs. 1 S. 1 1. Alt.:

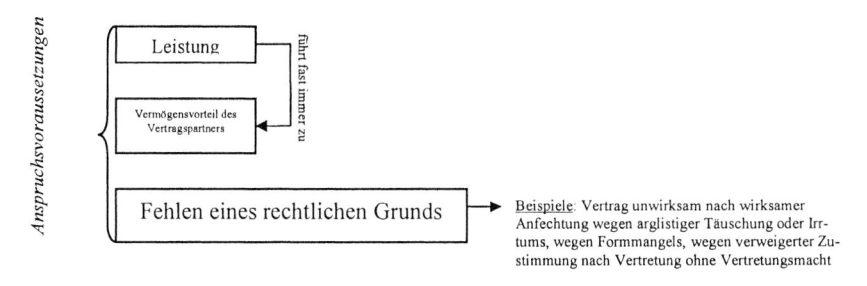

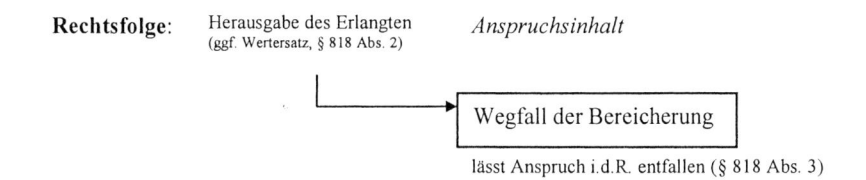

Anspruchsvoraussetzungen {
- Leistung
  - Vermögensvorteil des Vertragspartners
  - führt fast immer zu
- Fehlen eines rechtlichen Grunds → Beispiele: Vertrag unwirksam nach wirksamer Anfechtung wegen arglistiger Täuschung oder Irrtums, wegen Formmangels, wegen verweigerter Zustimmung nach Vertretung ohne Vertretungsmacht

Rechtsfolge: Herausgabe des Erlangten (ggf. Wertersatz, § 818 Abs. 2)

Anspruchsinhalt

→ Wegfall der Bereicherung

lässt Anspruch i.d.R. entfallen (§ 818 Abs. 3)

I. Einführung

Das Bereicherungsrecht (§§ 812 – 822) befasst sich mit der Rückabwicklung von Vermögensverschiebungen, für die **kein Rechtsgrund** existiert.

> **Beispiele:**
> S hält X irrigerweise für seinen Gläubiger und zahlt ihm 100 €. In Wahrheit war G der Gläubiger.
>
> S will seinem Gläubiger G 100 € überweisen. Aufgrund eines Zahlendrehers wird das Geld dem Konto des X gutgeschrieben.
>
> K und V schließen einen Kaufvertrag, der sich später als unwirksam herausstellt. K hat den Kaufpreis schon gezahlt.

Die rechtsgrundlose Vermögensverschiebung begründet ein **gesetzliches Schuldverhältnis**, das dem Entreicherten einen Ausgleichs- oder Rückgabeanspruch gegen den Bereicherten einräumt. Das Bereicherungsrecht ist Teil des Besonderen Schuldrechts. Die Regeln aus dem Allgemeinen Teil des BGB und aus dem Allgemeinen Schuldrecht finden damit Anwendung, sofern sich in §§ 812 ff. keine Spezialvorschriften finden. Von Bedeutung sind insbesondere:

- die Vorschriften über die Verjährung (§§ 195, 199)
- die Vorschriften über Verzugsschaden und Verzugszins (§§ 280, 286, 288)

Beispiel:
Kommt der Bereicherte seiner Ausgleichspflicht trotz Mahnung nicht nach, schuldet er dem Geschädigten Verzugszinsen und Ersatz der Anwaltskosten.

II. Anwendungsbereich

Das Bereicherungsrecht hat einen weiten Anwendungsbereich. In diesem Lehrbuch soll exemplarisch der Schwerpunkt auf folgende Fallkonstellation gelegt werden: Ein Vertrag hat keinen Bestand, aber die vertraglichen Leistungen sind schon erbracht worden. Nun geht es darum, die Rückabwicklung vorzunehmen.

Beispiele:
A schließt einen Vertrag mit dem Minderjährigen M. Die gesetzlichen Vertreter des M verweigern die Zustimmung (§ 108 Abs. 1).

Mitarbeiter M schließt für die Gemeinde G einen Vertrag, ohne vertretungsbefugt zu sein. G verweigert die Zustimmung (§ 177 Abs. 1).

K ficht einen Vertrag wegen Irrtums (§§ 119 f.), arglistiger Täuschung oder widerrechtlicher Drohung (§ 123) an.

Ein Vertrag verstößt gegen ein gesetzliches Verbot (§ 134), ist sittenwidrig (§ 138) oder leidet an einem Formmangel (§ 125).

In folgenden Fällen findet das Bereicherungsrecht dagegen keine Anwendung:

- **Rücktritt** vom Vertrag. Die Rückabwicklung vollzieht sich nach §§ 346 ff (näher Kap. 7 III 1).

- **Minderung** beim Kaufvertrag und beim Werkvertrag. Die Rückabwicklung vollzieht sich nach § 441 Abs. 4 S. 1 und § 638 Abs. 4 (näher Kap. 5 II 5).

- **Kündigung** eines Vertrags (z.B. Miet- oder Arbeitsvertrag). Die Kündigung wirkt nur für die Zukunft. Hier findet daher keine Rückabwicklung statt.

- Unwirksamer Arbeitsvertrag. Bis zur Geltendmachung der Unwirksamkeit existiert ein faktisches Arbeitsverhältnis. Es findet keine Rückabwicklung statt (näher hierzu in der einschlägigen arbeitsrechtlichen Literatur).

III. Der Bereicherungstatbestand

Grundtatbestand des Bereicherungsrechts ist § 812 Abs. 1 S. 1. Er wird gemeinhin in zwei Varianten unterteilt:

- Ausgleich von Bereicherungen „durch die Leistung"

- Ausgleich von Bereicherungen „in sonstiger Weise"

Die Rechtsfolge ist in beiden Fällen ein Anspruch auf Herausgabe des Erlangten. § 812 Abs. 1 S. 1 ist damit eine Anspruchsgrundlage.

Kapitel 9 - Ungerechtfertigte Bereicherung

1. Bereicherungsausgleich bei Leistung (§ 812 Abs. 1 S. 1, 1. Alt.)

Der Anspruch aus § 812 Abs. 1 S. 1, 1. Alt. weist folgende Voraussetzungen auf:

a) Leistung

Leistung ist die bewusste, zweckgerichtete Mehrung fremden Vermögens. Hierunter fallen insbesondere alle freiwilligen Erfüllungshandlungen im Rahmen von Verträgen.

Beispiele:
Zahlung des Kaufpreises, Lieferung einer Sache

Die Mehrung fremden Vermögens muss nicht gegenständlich sein. Maßgeblich ist hier eine wirtschaftliche Betrachtungsweise. Damit können auch **Dienstleistungen** oder **Gebrauchsvorteile** ein Vermögen mehren.

Beispiele:
Eine Beratungsleistung, Unterricht, Haushaltsarbeit oder die Nutzung einer Sache aufgrund eines Mietvertrags wirken vermögensmehrend.

Bei der Frage, ob eine Mehrung des Vermögens vorliegt oder nicht, ist jeweils auf die einzelne Transaktion abzustellen. Es ist also keine wirtschaftliche Gesamtbetrachtung vorzunehmen.

Beispiel:
V verkauft dem K einen PKW im Wert von 10.000 € zum Preis von 2.000 €. Durch die Übergabe des PKW mehrt V das Vermögen des K und erbringt eine Leistung. Durch die Zahlung des Kaufpreises mehrt K das Vermögen des V und erbringt damit eine Leistung. Dass sich das Vermögen des V durch den Vertrag wirtschaftlich um 8.000 € gemindert hat, bleibt außer Betracht. Jede Transaktion ist isoliert zu betrachten.

b) Vermögensvorteil des anderen („etwas erlangt")

Der Leistungsempfänger erlangt zugleich immer einen Vermögensvorteil, sodass dieses Tatbestandsmerkmal bei Vorliegen einer Leistung ohne weiteres zu bejahen ist[1].

c) Fehlen eines rechtlichen Grundes

Typischerweise erfolgt eine Leistung in Erfüllung eines bestimmten Vertrags, der sich später als unwirksam herausstellt (s. die Beispiele oben II).

---

[1] Bedeutung erlangt dieses Tatbestandsmerkmal beim Bereicherungsausgleich in sonstigen Fällen (hierzu sogleich mehr unter 2).

2. Die Bereicherungsausgleich in sonstigen Fällen (§ 812 Abs. 1 S. 1, 2. Alt.)

§ 812 Abs. 1 S. 1, 2. Alt. betrifft Fälle, in denen jemand einen Vermögensvorteil erlangt, ohne dass der andere geleistet hätte.

> **Beispiele:**
> Mitarbeiter M wechselt von der Gemeinde G zum Landkreis H. Aufgrund eines Versehens gibt er seine Tankkarte für Dienstfahrten im Auftrag der G nicht zurück, sondern verwendet sie für Fahrten im Auftrag des H. Erst nach einem Jahr fällt dies bei G auf.
>
> A verwendet das Bild des B zu Reklamezwecken, ohne ihn um Erlaubnis zu fragen

Tatbestandsvoraussetzungen bei der Nichtleistungskondiktion sind der „auf sonstige Weise" erlangte Vermögensvorteil und das Fehlen eines Rechtsgrunds.

IV. Umfang des Bereicherungsanspruchs

1. Herausgabe des Leistungsgegenstands

Die Verpflichtung zur Herausgabe des geleisteten Gegenstands ergibt sich direkt aus § 812 Abs. 1 S. 1. Auch die Pflicht zur Rückübertragung des Eigentums am erhaltenen Gegenstand ergibt sich aus § 812 Abs. 1 S. 1 (Abstraktionsprinzip, näher Kap. 1 III 4).

2. Herausgabe eines Ersatzgegenstands

Ist die Herausgabe des Leistungsgegenstands unmöglich, ist ein Ersatzgegenstand herauszugeben.

Das betrifft zum einen die Leistungen, die wegen ihrer Beschaffenheit nicht herausgegeben werden können, was insbesondere bei einer **Dienstleistung** oder einer **Gebrauchsnutzung** der Fall ist. In diesen Fällen schuldet der Bereicherungsschuldner **Wertersatz** (§ 818 Abs. 2). Darunter versteht man die **übliche Vergütung**. Falls eine solche nicht ermittelbar ist, ist eine angemessene Vergütung zu zahlen.

> **Beispiele:**
> Erweist sich ein Mietvertrag als nichtig, hat der Mieter die für den Mietgegenstand übliche Miete für den Zeitraum zu entrichten, in der er die Sache nutzen konnte.
>
> Befördert der Taxifahrer einen Geschäftsunfähigen, kann er vom Gast die hierfür übliche Vergütung verlangen.

Zum anderen geht es um die Fälle, in denen die Sache, die herausgegeben werden muss, inzwischen **untergegangen** ist. Auch in diesem Fall ist Wertersatz nach § 818 Abs. 2 zu leisten. Hat der Bereicherte als Kompensation für den Untergang der Sache etwas anderes erhalten, ist dieser Ersatzgegenstand herauszugeben (§ 818 Abs. 1).

Beispiele:
Der Bereicherte erwirbt einen Schadensersatzanspruch gegen den, der die Sache zerstört hat. Der Anspruch ist abzutreten.

Der Bereicherte erhält von seiner Hausratversicherung Geld, weil der Gegenstand gestohlen worden ist. Das Geld ist herauszugeben.

3. Wegfall der Bereicherung

Ein Herausgabeanspruch entfällt, wenn der Begünstigte nicht mehr bereichert ist (§ 818 Abs. 3). Ein Wegfall der Bereicherung liegt insbesondere dann vor, wenn der Begünstigte den Leistungsgegenstand für eine **Luxusaufwendung** oder für eine **verlorene Investition** verbraucht hat, auf die er sonst verzichtet hätte.

Beispiele:
A erhält als Leistung aus einem Vertrag 1.000 €. Der Vertrag stellt sich als unwirksam heraus. A hat die 1.000 € aber schon für einen Urlaub ausgegeben, den er sich so sonst nicht geleistet hätte.

A erhält als Leistung aus einem Vertrag 1.000 €. Der Vertrag stellt sich als unwirksam heraus. A hat die 1.000 € in sein Unternehmen investiert, das aber inzwischen insolvent ist. Ohne Erhalt der 1.000 € hätte er die Investition nicht getätigt, da er in massiven finanziellen Schwierigkeiten steckte.

4. Herausgabeverpflichtung des unredlichen Bereicherungsschuldners

Die Möglichkeit, sich auf den Wegfall der Bereicherung zu berufen, privilegiert den Bereicherten[2]. Für eine solche Privilegierung besteht kein Anlass, wenn der Bereicherungsschuldner ahnen kann, dass er den Bereicherungsgegenstand womöglich wird wieder herausgeben müssen. Aus diesem Grund ordnet § 818 Abs. 4 an, dass der Bereicherte ab Eintritt der **Rechtshängigkeit** nach allgemeinen Regeln haftet. Die Rechtshängigkeit tritt ein, sobald der Bereicherungsanspruch gerichtlich eingeklagt wird. Bei den in § 818 Abs. 4 genannten allgemeinen Regeln handelt es sich um §§ 292 Abs. 1, 989, 990 Abs. 1[3]. Danach kann sich der Bereicherte insbesondere **nicht** auf den **Wegfall der Bereicherung** berufen. Gleiches gilt ab dem Zeitpunkt, von dem an der Bereicherte den Mangel des rechtlichen Grundes kennt (§ 819 Abs. 1).

Beispiele:
V hat dem geschäftsunfähigen K einen PKW für 5.000 € verkauft. Der Betreuer des K tritt an den V heran und fordert ihn zur Rückzahlung des Kaufpreises auf. V weigert sich, worauf der Betreuer im Namen des K Klage auf Rückzahlung beim Amtsgericht erhebt. Ab Klageerhebung kann sich V nicht mehr auf den Wegfall der Bereicherung berufen.

A hat den B durch arglistige Täuschung zum Vertragsschluss bestimmt. Das hierfür erhaltene Geld hat er für Luxusaufwendungen verbraucht. Hier weiß A schon ab Vertragsschluss, dass der Vertrag einen Mangel hat, der zu einer Anfechtung führen könnte. Diese Kenntnis steht der Kenntnis über die Anfechtung gleich (§ 142 Abs. 2). Er haftet daher ab Vertragsschluss nach allgemeinen Vorschrif-

---

[2] Eine Privilegierung, die z.B. bei den Ansprüchen aus § 346 Abs. 1 oder § 441 Abs. 4 fehlt.
[3] Diese Vorschriften sollen hier nicht näher besprochen werden.

ten. Er kann sich in Bezug auf das erhaltene Geld nicht auf den Wegfall der Bereicherung berufen.

Übungsfall

Sachverhalt:

Die Stadt Burgdorf hält in ihren Schulen eine größere Anzahl tragbarer Beamer des Typs *Buzz Lightyear 100* vor. Als einer dieser Beamer zerstört wird, wird der Mitarbeiter Meier mit der Beschaffung eines neuen Beamers dieses Typs beauftragt. Die Stadt Burgdorf betreibt für ihr gesamtes Beschaffungswesen eine elektronische Handelsplattform, über die Meier online bestellen kann. Nach Eingabe des gewünschten Kaufobjekts zeigt das System ihm die Angebote verschiedener Händler. Herr Meier hat die Vorgabe, den Beamer beim preislich günstigsten Anbieter zu kaufen. Das System zeigt den Händler Harry Haller als preislich günstigsten Anbieter an (Preis pro Beamer 800 €). Daraufhin entschließt sich Meier zum Kauf. Bei der Eingabe in das elektronische Bestellformular klickt Meier versehentlich auf das falsche Kästchen und bestellt dadurch einen Beamer des Typs *Buzz Lightyear 200* für 2.500 €. Er schickt die Bestellung online ab, ohne diesen Fehler zu bemerken. Die automatisch generierte Bestätigungsmail von Haller liest er sich nicht durch. Zwei Tage später trifft der falsche Beamer in der Schule ein, die Meier sofort informiert. Meier ruft Haller umgehend an und erklärt ihm, dass der Vertrag wegen des Eintippfehlers „storniert" werden müsse. Der Preis für den *Buzz Lightyear 200* in Höhe von 2.500 € ist bereits an Haller überwiesen worden.

Kann die Stadt von Haller die Rückzahlung der 2.500 € verlangen, wenn sie im Gegenzug die Rückgabe des Beamers anbietet.

Lösungsvorschlag:

Anspruchsgrundlage ist § 812 Abs. 1 S. 1.

Die Stadt hat durch die Zahlung der 2.500 € eine Leistung erbracht. Hierdurch hat Haller als Zahlungsempfänger einen Vermögensvorteil erworben. Problematisch ist, ob die Leistung ohne Rechtsgrund erfolgt ist. Rechtsgrund war ursprünglich der zwischen der Stadt und Haller abgeschlossene Kaufvertrag. Dieser könnte jedoch gemäß § 142 Abs. 1 durch eine wirksame Anfechtung vernichtet worden sein. Dann würde ein Rechtsgrund fehlen.

Eine wirksame Anfechtung setzt zunächst einen Anfechtungsgrund voraus. Als Grundlage hierfür kommt § 119 Abs. 1 in Betracht. Herr Meier wollte einen Beamer *Buzz Lightyear 100* kaufen. Sein Bestellformular weist als Bestellgegenstand aber den Beamer *Buzz Lightyear 200* aus. Er wollte eine Erklärung dieses Inhalts überhaupt nicht abgeben. Ihm unterlief mithin ein Erklärungsirrtum.

Ebenso liegt eine Anfechtungserklärung nach § 143 Abs. 1, 2 vor. Herr Meier hat den Vertrag gegenüber Herrn Haller „storniert".

Schließlich hat Herr Meier unverzüglich im Sinne des § 121 Abs. 1 Satz 1 angefochten. Die Schule hat Herr Meier nach Eintreffen des falschen Beamers umgehend informiert. Herr Meier hat den Haller daraufhin sofort angerufen.

Der Vertrag ist wirksam angefochten worden. Ein Rechtsgrund fehlt. Der Anspruch aus § 812 Abs. 1 S. 1 besteht.

Kapitel 10: Verjährung von Ansprüchen

Nach § 194 Abs. 1 unterliegen Ansprüche der Verjährung. Im Interesse des Rechtsfriedens sollen Ansprüche nicht zeitlich unbegrenzt geltend gemacht werden können. Je länger ein Ereignis zurückliegt, desto schwerer lässt sich meist im Prozess feststellen, welche Partei im Recht ist, und desto größer wird die Gefahr, dass die Partei, die eigentlich im Recht ist, den Prozess verliert. Die Verjährung bietet demjenigen Schutz, der erst nach langer Zeit - gleichgültig ob zu Recht oder Unrecht - in Anspruch genommen wird. Nach Ablauf der Verjährungsfrist ist der Schuldner berechtigt, die Erbringung der Leistung zu verweigern.

I. Voraussetzung für Verjährung

Eintritt der Verjährung wird bestimmt durch

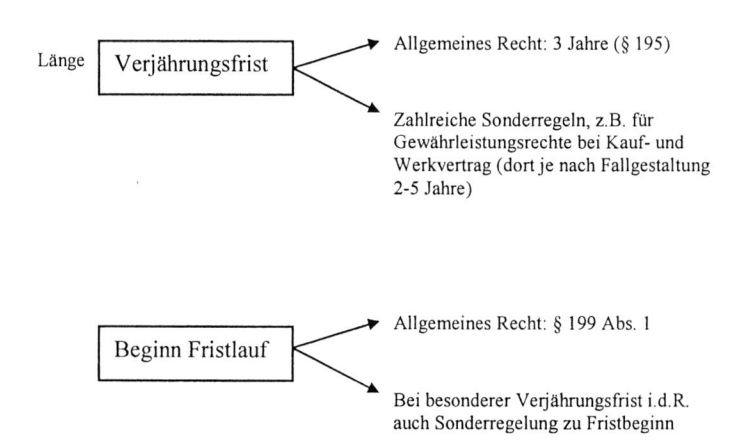

Länge **Verjährungsfrist**
- Allgemeines Recht: 3 Jahre (§ 195)
- Zahlreiche Sonderregeln, z.B. für Gewährleistungsrechte bei Kauf- und Werkvertrag (dort je nach Fallgestaltung 2-5 Jahre)

Beginn Fristlauf
- Allgemeines Recht: § 199 Abs. 1
- Bei besonderer Verjährungsfrist i.d.R. auch Sonderregelung zu Fristbeginn

Einzige Voraussetzung der Verjährung ist der Ablauf einer bestimmten Zeitspanne, der **Verjährungsfrist**.

1. Allgemeines Recht

Die Verjährungsfrist beträgt nach § 195 in der Regel **drei Jahre**. Es gibt allerdings zahlreiche Ausnahmen, von denen die Verjährungsfristen für Gewährleistungsansprüche aus Kauf- und Werkvertrag besonders bedeutend sind (s. näher nächster Abschnitt). Daneben ist der Fall zu nennen, dass das **Bestehen eines Anspruchs gerichtlich festgestellt** („tituliert") worden ist. Hier verjährt der Anspruch gemäß § 197 Abs. 1 Nr. 3 erst nach **30 Jahren**, selbst wenn eigentlich eine der kürzeren Verjährungsfristen anwendbar wäre.

Beispiel:
Bauunternehmer U ist wegen eines Baumangels rechtskräftig zur Zahlung von Schadensersatz verurteilt worden. Der Schadensersatzanspruch verjährt erst nach 30 Jahren.

Der Lauf der dreijährigen Verjährungsfrist nach § 195 **beginnt** gemäß § 199 Abs. 1 erst mit dem **Schluss des Jahres**, in dem **Anspruch entstanden** ist und der Gläubiger von den anspruchsbegründenden Umständen **Kenntnis** erlangt oder ohne grobe Fahrlässigkeit hätte erlangen müssen. Grobe Fahrlässigkeit liegt vor, wenn die im Verkehr erforderliche **Sorgfalt** (vgl. § 276 Abs. 2) in **ungewöhnlich hohem Maße verletzt** worden ist.

Beispiel:
S will seinem Gläubiger G 1.000 € überweisen. Da er die falsche Kontonummer auf dem Überweisungsträger einträgt, wird die Überweisung fehlgeleitet und stattdessen am 01.04.2016 dem X gutgeschrieben. Der Anspruch des S gegen den X auf Rücküberweisung des Geldes entsteht am 01.04.2016, mithin im Jahre 2016 (§ 199 Abs. 1 Nr. 1). Als G sein Geld im Mai 2016 anmahnt, kommt S nicht auf die Idee, den Überweisungsvorgang mithilfe seiner Bank zu überprüfen. Er holt dies erst nach, nachdem er verklagt und Mitte 2017 zur Zahlung der 1.000 € an G rechtskräftig verurteilt worden ist. Erst in 2017 erfährt er somit, dass der Anspruch entstanden ist. Es liegt jedoch nahe, dass S grob fahrlässig war, als er nicht schon im Mai 2016 aktiv wurde. Bejaht man grobe Fahrlässigkeit würde der Fristlauf schon Ende 2016 beginnen, verneint man sie, wäre auf Kenntnis abzustellen, sodass der Fristlauf erst Ende 2017 einsetzen würde.

2. Besonderheiten bei Gewährleistungsansprüchen beim Kauf- und Werkvertrag

Für Gewährleistungsansprüche des Käufers und des Bestellers gelten Sondervorschriften sowohl für die **Länge der Verjährungsfrist** wie auch für den **Beginn des Fristlaufs**.

Gewährleistungsansprüche des Käufers verjähren grundsätzlich in **zwei Jahren** (§ 438 Abs. 1 Nr. 3). Die gilt insbesondere für den Kauf von Gütern aller Art.

Beispiele:
Möbel, Kraftfahrzeuge, Kleidung, Lebensmittel, Maschinen, Gebrauchsgegenstände aller Art.

Gegenbeispiel:
Immobilien; hier gilt eine fünfjährige Verjährungsfrist (§ 438 Abs. 1 Nr. 2)

Ebenfalls in **zwei Jahren** verjähren die **Gewährleistungsansprüche des Bestellers**, wenn Gegenstand des Werkvertrags die Herstellung, Wartung oder Veränderung einer Sache ist (§ 634a Abs. 1 Nr. 1).

Beispiele:
Reparatur einer Maschine, Erstellen eines EDV-Programms

In dem praktisch wichtigen Fall, dass der Unternehmer die **Erstellung eines Bauwerks** schuldet, beträgt die Verjährungsfrist für werkvertragliche Gewährleistungsansprüche dagegen **fünf Jahre** (§ 634a Abs. 1 Nr. 2).

Beispiel:
Errichtung eines Einfamilienhauses

Besondere Schwierigkeiten bereitet dabei die Einordnung **handwerklicher Leistungen an Immobilien**. Es stellt sich die Frage, ob es sich um die Wartung bzw. Veränderung einer Sache handelt, sodass die Verjährungsfrist nach § 634a Abs. 1 Nr. 1 zwei Jahre beträgt, oder ob man von der Erstellung eines Bauwerkteils sprechen kann, sodass Gewährleistungsansprüche gemäß § 634a Abs. 1 Nr. 2 erst nach fünf Jahren verjähren. Die Rechtsprechung ordnet solche Leistungen nur dann dem § 634a Abs. 1 Nr. 2 zu, wenn die Leistung auf die Substanz des bereits bestehenden Bauwerks nachhaltig einwirkt. Damit fallen insbesondere reine **Reparatur- oder Wartungsarbeiten** unter die zweijährige Verjährungsfrist.

Beispiele:
Bejaht wurde eine solche nachhaltige Einwirkung mit der Folge einer fünfjährigen Verjährungsfrist bei Putzarbeiten, dem nachträglichem Einbau eines Kachelofens, dem Verlegen von Parkettboden.

Gegenbeispiele:
Malerarbeiten, das Anbringung einer Lichtreklame an einem Geschäftshaus sind in der Rechtsprechung als bloße Veränderung einer Sache qualifiziert worden mit der Folge, dass die hier eine zweijährige Verjährungsfrist gilt.

Der **Lauf der Verjährungsfrist** beginnt abweichend von § 199 Abs. 1 für kaufrechtliche Gewährleistungsansprüche mit **Ablieferung der Sache** (§ 438 Abs. 2) und für werkvertragliche Gewährleistungsansprüche mit **Abnahme** (§ 634a Abs. 2).

Beispiele:
K kauft am 17.05.2016 einen Computer im Kaufhaus des V und nimmt ihn direkt mit. Seine Gewährleistungsansprüche verjähren am 17.05.2018.

K kauft am 17.05.2016 große Gartenmöbel in den Verkaufsräumen des V und lässt sich diese am 23.05.2016 nach Hause liefern. Seine Gewährleistungsansprüche verjähren am 23.05.2018.

U streicht am 05.05.2016 die Wohnung des B, aus der dieser am 01.05. ausgezogen ist. Am 12.05.2016 nimmt B die gestrichene Wohnung gemeinsam mit M in Augenschein und unterzeichnet das Abnahmeprotokoll. Die Gewährleistungsansprüche des B verjähren am 12.05.2018 (zweijährige Verjährungsfrist, da keine nachhaltige Substanzeinwirkung).

U baut am 03.03.2016 eine neue Dusche im Einfamilienhaus des B ein. B unterschreibt am 04.03.2016 das Abnahmeprotokoll. Die Gewährleistungsansprüche des B verjähren am 04.03.2021 (fünfjährige Verjährungsfrist, da nachhaltige Substanzeinwirkung).

II. Wirkung der Verjährung

Gemäß § 214 Abs. 1 ist nach Eintritt der Verjährung der zur Leistung Verpflichtete **berechtigt, die Leistung zu verweigern**.

Die Verjährung führt **nicht** zum **Erlöschen des Anspruchs**; sie gibt vielmehr nur ein Leistungsverweigerungsrecht, eine Einrede. Das bedeutet: Wer zur Leistung verpflichtet ist, bleibt auch nach Ablauf der Verjährungsfrist zur Leistung verpflichtet. Die Verjährung tritt nicht „automatisch" ein. Der in Anspruch Genommene muss sich vielmehr im Prozess auf Verjährung berufen (anders ausgedrückt: er muss die **Einrede der Verjährung** erheben), um den Prozess zu gewinnen. Beruft er sich nicht auf Verjährung, so spielt die Verjährung keine Rolle, mag auch noch so viel Zeit vergangen sein. Das bedeutet, dass auch ein verjährter Anspruch Grundlage für eine erfolgreiche Klage sein kann.

Beispiel:
G klagt einen sieben Jahre alten Anspruch ein, von dem er auch sofort Kenntnis hatte. Der Beklagte S beruft sich aus Rechtsunkenntnis nicht auf Verjährung. Das Gericht wird den S zur Zahlung verurteilen, ohne ihn auf die Verjährung aufmerksam zu machen.

Die Verjährung hilft nicht, wenn der zur Leistung Verpflichtete seine Leistung erbracht - also z. B. schon gezahlt - hat, auch wenn dies auch nach Ablauf der Verjährungsfrist geschehen ist. § 214 Abs. 2 S. 1 schließt ausdrücklich aus, dass das Geleistete wegen Verjährung zurückgefordert werden kann.

Beispiel (in Anknüpfung an vorheriges Beispiel):
Nach der Zahlung erfährt S durch seinen Freund F, dass er hätte die Einrede der Verjährung erheben können. S kann das Geld nicht von G zurückverlangen.

III. Hinausschieben des Verjährungseintritts

Das Gesetz regelt in §§ 203 - 213 zahlreiche Fälle, in denen der Verjährungseintritt nach hinten hinausgeschoben werden kann. Der praktisch wichtigste Fall ist die **Hemmung** der Verjährungsfrist mit **Klageerhebung** und Zustellung eines **Mahnbescheid** (§ 204 Abs. 1 Nr. 1, Nr. 3). Hemmung bedeutet gemäß § 209, dass ein bestimmter Zeitraum in die Verjährungsfrist nicht eingerechnet wird. Sobald der Gläubiger seine Auseinandersetzung mit dem Schuldner vor Gericht getragen hat, hat er seinen Anspruch somit vor einer Verjährung gesichert. Stellt das Gericht das Bestehen des Anspruchs gerichtlich fest, gilt nunmehr die 30-jährige Verjährungsfrist des § 197 Abs. 1 Nr. 3.

Beispiel:
Ansprüche des Vermieters gegen den Mieter wegen Beschädigung des Mietgegenstands verjähren 6 Monate nach Rückgabe der Mietsache (§ 548l 1). Verklagt der Vermieter den Mieter 5 Monate nach dessen Auszug aus der Wohnung, hemmt er die Verjährung. Nunmehr ist es unerheblich, wie lange der Prozess dauert. Erwirkt er nach drei Jahren ein Gerichtsurteil, das ihm Recht gibt, kann er aus diesem Urteil 30 Jahre gegen den Mieter vorgehen.

Wenn der Schuldner die Schuld anerkennt, beginnt der Fristlauf sogar ganz neu, so als wäre die Forderung gerade entstanden (§ 212 Abs. 1 Nr. 1). Als Beispiele für eine Anerkennungshandlung nennt das Gesetz die Abschlagszahlung (d.h. die Zahlung einer Rate), die Zahlung von Zinsen oder die Sicherheitsleistung.

Beispiel:
S schuldet dem G seit 2013 5.000 €. Die Forderung würde normalerweise Ende 2016 verjähren. Zahlt S in 2016 eine Rate in Höhe von 100 €, verjährt die Restforderung in Höhe von 4.900 € samt aller Zinsen erst Ende 2019.

Kapitel 11: Mehrheit von Schuldnern in Form einer Gesamtschuld

Nicht selten kommt es vor, dass mehrere Personen auf Schuldnerseite in die Begründung eines Schuldverhältnisses in irgendeiner Form verwickelt sind. In solchen Fällen stellt sich die Frage, nach welchen Regeln der Gläubiger auf die einzelnen Personen auf Schuldnerseite zugreifen kann und wie diese Personen untereinander etwaige Zahlungen an den Gläubiger ausgleichen müssen. In der Praxis bedeutsam ist in erster Linie die **Gesamtschuld**. Nur sie soll hier behandelt werden.

I. Begriff der Gesamtschuld

Eine Gesamtschuld liegt nach der Legaldefinition des § 421 vor, wenn für einen Anspruch mehrere Schuldner existieren und jeder für sich in vollem Umfang für die Anspruchserfüllung einstehen muss (hierzu sogleich mehr).

II. Entstehen

§ 421 selbst enthält keine Informationen darüber, wann eine Gesamtschuld vorliegt. Diese Vorschrift definiert lediglich die Gesamtschuld und bestimmt, welche Rechte der Gläubiger einer Gesamtschuld hat. Wann eine Gesamtschuld vorliegt, ist vielmehr anderen Vorschriften zu entnehmen. Zwei wichtige Fallgruppen sollen nachfolgend vorgestellt werden.

1. Gemeinsame vertragliche Verpflichtung

Übernehmen mehrere Personen gemeinsam eine vertragliche Verpflichtung, so haften sie im Zweifel als Gesamtschuldner (§ 427).

> **Beispiele:**
> Zwei Eheleute unterschreiben gemeinsam einen Mietvertrag oder einen Darlehensvertrag.

Abweichend hiervon können die Parteien eine Teilschuld nach § 420 vereinbaren (s. § 427 „im Zweifel"), doch kommt dies so gut wie nie vor[1].

§ 427 ist nicht einschlägig, wenn nach außen hin nur eine Person auftritt, die für andere mithandelt. Denn Gesamtschuldner nach §§ 421, 427 kann nur sein, wer Vertragspartner ist. Wer sich aber im Hintergrund hält und andere handeln lässt, ist kein Vertragspartner.

---

[1] Bei einer Teilschuld könnte der Gläubiger nach § 420 jeden Schuldner im Zweifel nur auf gleich große Teilbeträge in Anspruch nehmen.

Beispiel:
A mietet für sich und seine Freundin F eine Wohnung an. Nur er unterschreibt den Vertrag. F ist nicht Vertragspartnerin und damit auch nicht Gesamtschuldnerin. Das gilt selbst dann, wenn A mit F vereinbart hat, dass F die Hälfte der Miete zu tragen hat.

2. Gemeinsames rechtswidriges Verhalten außerhalb von Vertragsverhältnissen

Wirken mehrere Personen außerhalb von Vertragsverhältnissen bewusst oder unbewusst gemeinsam an der Entstehung eines Schadens mit, so haften sie in der Regel als Gesamtschuldner. Für die Fälle einer Haftung nach §§ 823 ff stellt § 840 Abs. 1 dies klar.

Beispiel:
Die Gemeinde G betreibt einen Spielplatz. Sie lässt ihn regelmäßig vom Unternehmer U auf seine Sicherheit überprüfen, obwohl U bekanntermaßen unzuverlässig ist. Da U seinen Aufgaben nur mangelhaft nachkommt, wird das Kind K verletzt. K hat einen Anspruch auf Schadensersatz gegen U aus § 823 Abs. 1 wegen Verletzung der allgemeinen Sorgfaltspflicht und gegen G auf Verletzung der Verkehrssicherungspflicht, weil G seine Pflicht zur sorgfältigen Auswahl verletzt hat. G und U haften gegenüber dem K als Gesamtschuldner.

Für außerhalb des BGB geregelte Fälle der unerlaubten Handlung gilt § 840 Abs. 1 analog.

Beispiel:
Die Gemeinden G1 und G2 betreiben zusammen eine Abwasserkanalisation. Wegen eines Rohrbruchs wird das Grundstück des E verunreinigt. Für die daraus entstehenden Schäden haften G1 und G2 als Gesamtschuldner nach HPflG.

III. Wirkung der Gesamtschuld

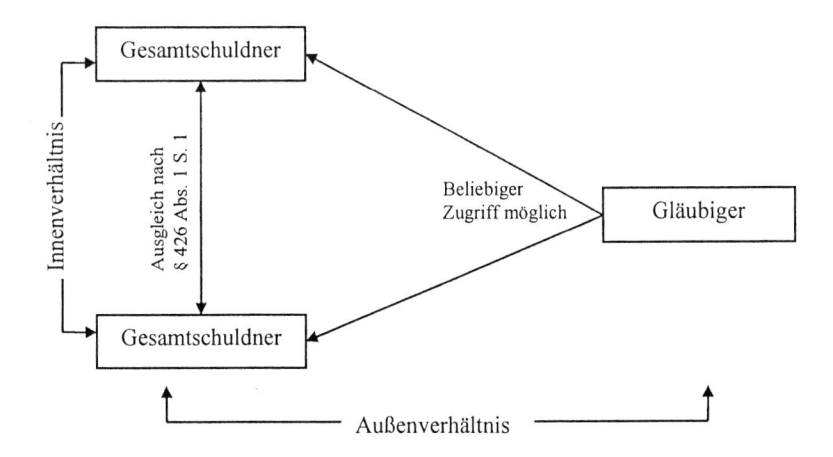

Sind mehrere Schuldner Gesamtschuldner, hat dies sowohl Auswirkungen auf das Verhältnis der Schuldner zum Gläubiger (Außenverhältnis) als auch auf das Verhältnis der Schuldner untereinander (Innenverhältnis).

1. Außenverhältnis

Das Außenverhältnis ist in §§ 421 – 425 geregelt. Die zentrale Bestimmung ist dabei § 421: Danach kann der Gläubiger **von jedem** die **gesamte Leistung einfordern.** Er hat also ein umfassendes Wahlrecht. Er kann sich nur einen Schuldner herausgreifen und zur Zahlung der gesamten Summe verpflichten. Er kann aber auch auf mehrere Gesamtschuldner zugehen und von ihnen nach Belieben anteilige Zahlungen verlangen. In der Regel wird sich ein Gläubiger an den zahlungskräftigsten Gesamtschuldner halten. Das muss nicht derjenige sein, der die Schuld maßgeblich zu verantworten oder von ihr am meisten profitiert hat.

Beispiele:
A will ein Auto leasen, kann dies wegen finanzieller Probleme aber nicht allein. Er bittet seine Lebensgefährtin L, den Vertrag mitzuunterzeichnen und sichert ihr zu, dass er die Raten pünktlich zahlt. Wenn es Probleme gibt, wird sich die Leasingbank im Zweifel an die zahlungskräftige L halten, auch wenn sie das Auto nie benutzt hat.

(In Anknüpfung an vorheriges Beispiel): Die Gemeinde G hat den erkennbar unzuverlässigen U mit der Überwachung ihres Spielplatzes betraut. Ein Kind hat sich verletzt, weil U nur mangelhaft überwacht hat. Obwohl U das wohl größere Maß an Verantwortung trägt, wird das Kind eher G in Anspruch nehmen, weil diese auf jeden Fall zahlungskräftig ist.

Wenn einer der Gesamtschuldner erfüllt, dann wirkt dies zugunsten aller (§ 422 Abs. 1 S. 1). Der Gläubiger soll die Leistung insgesamt nur einmal beanspruchen können. Aus dem gleichen Grund wirkt auch die Aufrechnung durch einen Gesamtschuldner zugunsten der anderen Gesamtschuldner (§ 422 Abs. 1 S. 2). Hiervon abgesehen sind die einzelnen Beziehungen, die der Gläubiger zu den Gesamtschuldnern hat, separat zu behandeln (§ 425 Abs. 1, s. die Aufzählung in § 425 Abs. 2).

Beispiele:
S1 und S2 haften als Gesamtschuldner. G verlangt von S1 Zahlung der gesamten Geldsumme. S1 weigert sich und gerät so mit der Zahlung in Verzug. G muss einen Rechtsanwalt einschalten. Die Anwaltskosten muss nur S1 erstatten, nicht aber S2 (s. § 425 Abs. 2 „Das gilt insbesondere...von dem Verzug..."). S1 und S2 haften als Gesamtschuldner. G verlangt von S1 Zahlung der gesamten Geldsumme und erwirkt gegen ihn ein rechtskräftiges Urteil. Dieses Urteil wirkt nicht gegen S2 (s. § 425 Abs. 2 „Das gilt insbesondere...von dem rechtskräftigen Urteil...").

2. Innenverhältnis

Im Verhältnis der Gesamtschuldner untereinander bestimmt § 426 Abs. 1 S. 1, dass jeder Gesamtschuldner im Grundsatz den **gleichen Anteil** an der Begleichung der Schuld tragen muss.

Beispiel:
Zwei Freunde mieten gemeinsam Büroräume an. Sie wollen dort jeder für sich ihre Geschäftsräume betreiben. Jeder ist dem Vermieter gegenüber zur Zahlung des vollständigen Mietpreises verpflichtet. Gegenüber dem anderen ist jeder zur Zahlung der Hälfte verpflichtet.

Nach § 426 Abs. 1 S. 1 ist vom Grundsatz der gleichmäßigen Aufteilung der Schuld aber abzuweichen, wenn ein anderes bestimmt ist. Eine **abweichende Bestimmung** kann sich zum einen aus den **Rechtsbeziehungen** zwischen den Gesamtschuldnern und hier insbesondere aus **Vertrag** ergeben.

Beispiele:
(In Anknüpfung an vorheriges Beispiel) Einer der beiden Freunde nutzt -wie von vornherein vereinbart- 70 qm, der andere nur 30 qm. Hier ist in von einer stillschweigenden vertraglichen Vereinbarung zwischen den zwei Freunden auszugehen, dass die Miete im Verhältnis 70-30 aufgeteilt wird.

Die Eheleute M und F haben gemeinsam einen Mietvertrag geschlossen. Da nur F verdient, zahlt sie die Miete allein. Während die Ehe intakt ist, hat sie im Zweifel keinen Ausgleichsanspruch gegen M, da der eheliche Solidaritätsgedanke den § 426 Abs. 1 S. 1 überlagert.

Eine abweichende Bestimmung kann sich auch aus dem Gesetz, also einer gegenüber § 426 ABs. 1 S. 1 spezielleren Vorschrift ergeben.

Beispiel:
Wer für die Schuld eines anderen bürgt, haftet neben ihm als Gesamtschuldner. Im Verhältnis zwischen Hauptschuldner und Bürge wäre es aber nicht sachgerecht, wenn der Bürge bei Inanspruchnahme durch den Gläubiger nur die Hälfte des gezahlten Betrags vom Hauptschuldner zurückbekommen könnte. Dies ist nicht der Sinn einer Bürgschaft. Sie soll nur absichern und nicht zu einer Übernahme eines Teils der Schuld führen. Daher ordnet § 774 Abs. 1 S. 1 an, dass die Forderung des Gläubigers auf den Bürgen übergeht, soweit er sie befriedigt. Zahlt der Bürge also die gesamte Forderung an den Gläubiger, kann er in Abweichung von § 426 Abs. 1 S. 1 den gesamten Betrag vom Schuldner zurückverlangen. Im Innenverhältnis mit dem Bürgen trägt der Schuldner die Schuld mithin allein.

Anspruchsgrundlage für den Ausgleich im Innenverhältnis ist der § 426 Abs. 1 S. 1. Fällt ein Gesamtschuldner wegen Nichterreichbarkeit oder Zahlungsunfähigkeit aus, so haben die übrigen Gesamtschuldner ihren Anteil entsprechend ihrer eigenen Anteile zu übernehmen (§ 426 Abs. 1 S. 2).

Beispiel:
Die drei Gesellschaften A, B und C haften aufgrund gemeinsamer vertraglicher Verpflichtung als Gesamtschuldner nach § 427. A geht in Vorleistung und zahlt 300.000 €. Kurz danach muss B Insolvenz anmelden und kann gar nichts mehr zum Ausgleich beisteuern. A kann von C 150.000 € verlangen.

Kapitel 11 - Mehrheit von Schuldnern in Form einer Gesamtschuld

Übungsfall

Sachverhalt

Die Gemeinde Goderberg verkauft altes Inventar über eine Internetplattform. Über diese Plattform schließen Stefan Schneider und seine Lebensgefährtin Laura Lechner im Juli 2013 einen Kaufvertrag über eine Waschmaschine für 150 €. Kurz darauf trennt sich das Paar. Der Kaufpreis für die Waschmaschine ist noch nicht gezahlt. Schneider und Lechner einigen sich darauf, dass Schneider die Waschmaschine behält und den Kaufpreis zahlt. Beide schreiben an die Gemeinde: „Wir haben uns entschieden, dass Stefan Schneider die Waschmaschine allein übernimmt und den Kaufpreis zahlt. Bitte ändern Sie den Vertrag entsprechend." Die Gemeinde reagiert auf den Brief nicht. Weder Schneider noch Lechner zahlen den Kaufpreis. Die Gemeinde kann ihren Wohnsitz über einen längeren Zeitraum nicht ermitteln, was Voraussetzung für ein Gerichtsverfahren ist. Erst im August 2016 erhebt die Gemeinde gegen Klage gegen Lechner und im Januar 2017 gegen Schneider. Beide erheben die Einrede der Verjährung. Lechner verwahrt sich darüber hinaus unter Verweis auf das Schreiben an die Gemeinde gegen jegliche Zahlung und fordert die Gemeinde auf, sich ausschließlich an Schneider zu halten. Die Gemeinde hält beide Ansprüche nicht für verjährt und ist der Auffassung, dass sie auch gegen Lechner vorgehen kann. Kann die Gemeinde den gesamten Kaufpreis je von Schneider oder wahlweise von Lechner verlangen?

Hinweis: Außer § 535 kommt Mietrecht hier nicht zur Anwendung.

Lösungsvorschlag

<u>1 Anspruch gegen Schneider</u>

Die Gemeinde könnte Zahlung aus § 433 Abs. 2 verlangen

Schneider und die Gemeinde haben einen Kaufvertrag über eine Wachmaschine zu einem Kaufpreis von 150 € geschlossen. Ob der Änderungsvertrag wirksam war, ist hier unerheblich, da jedenfalls Schneider weiterhin zur Zahlung verpflichtet blieb.

Fraglich ist aber, ob Schneider sich darauf berufen kann, seine Verpflichtung gemäß § 214 Abs. 1 nicht erfüllen zu müssen. Hierzu müsste die Forderung verjährt sein. Die Verjährungsfrist beträgt 3 Jahre (§ 195). Die Frist beginnt am 31.12.2013 zu laufen (§ 199 Abs. 1). Die Verjährung ist daher Ende 2016 eingetreten. Der Anspruch war zum Zeitpunkt der Klageerhebung im Januar verjährt. Dass die Gemeinde noch im Jahr 2016 Klage gegen Lechner erhoben hat, ist für den Schneider gemäß § 425 Abs. 2 ohne Belang.

Die Gemeinde kann keine Zahlung von Schneider verlangen.

<u>2. Anspruch gegen Lechner</u>

Die Gemeinde könnte Zahlung aus § 433 Abs. 2 verlangen.

Ein Vertrag liegt unzweifelhaft vor.

Fraglich ist, ob das Schreiben an die Gemeinde den Vertrag dahingehend geändert hat, dass Lechner nicht mehr Vertragspartei ist. Die von Schneider und Lechner angestrebte Vertragsänderung ist ebenfalls ein Vertrag, der zwei übereinstimmende Willenserklärungen voraussetzt.

Ein Angebot von Lechner und Schneider liegt zwar vor. Das Schweigen der Gemeinde ist jedoch nicht als Annahme zu werden. Eine Vertragsänderung liegt daher nicht vor.

Lechner schuldet gemäß §§ 421, 427 Zahlung des gesamten Kaufpreises. Aufgrund gemeinschaftlicher Verpflichtung liegt eine Gesamtschuld vor. Eine abweichende Vereinbarung ist nicht ersichtlich.

Abschließend ist zu prüfen, ob sich Lechner zu Recht auf Verjährung beruft. Hierzu müsste die Forderung der Gemeinde verjährt sein. Verjährung wäre erst Ende 2016 eingetreten (s.o.). Bei Lechner wurde die Verjährung aber durch Klageeinreichung im August 2016 gemäß § 204 Abs. 1 Nr. 1 gehemmt. Der Anspruch ist somit nicht verjährt. Die Verjährung des Anspruchs gegen Schneider ist gemäß § 425 Abs. 2 belanglos.

Die Gemeinde kann von Lechner Zahlung verlangen.

Kapitel 12: Rechtsverhältnisse an beweglichen Sachen und Grundstücken

I. Gegenstand und allgemeine Prinzipien des Sachenrechts

Das Sachenrecht ist im dritten Buch des BGB (§§ 854-1296) enthalten. Das Sachenrecht regelt die dinglichen Rechte; das sind Rechte, die eine bewegliche oder unbewegliche Sache zum Gegenstand haben.[1] Aus systematischer Sicht kann das Sachenrecht in zwei große Bereiche unterteilt werden: das Mobiliarsachenrecht und das Immobiliarsachenrecht. Das Mobiliarsachenrecht betrifft dingliche Rechte an beweglichen Sachen, während das Immobiliarachenrecht die Regelungen über die Grundstücke enthält.

Das Sachenrecht ist von fünf Grundprinzipien geprägt. Dabei handelt es sich um ungeschriebene Grundsätze, worauf die Vorschriften der §§ 854 ff beruhen.[2]

Im Sachenrecht gibt es nur eine begrenzte Zahl dinglicher Rechte; die Parteien können also keine neuen dinglichen Rechte kreieren (**numerus clausus** der dinglichen Rechte).[3] Ferner können die Parteien den Inhalt der vorhandenen dinglichen Rechte nicht modifizieren (**Typenfixierung**). Insofern wird die Vertragsfreiheit eingeschränkt, da sie eher als Abschlussfreiheit in Betracht kommt. Das umfassendste und unbeschränkte dingliche Recht ist das Eigentum. Daher wird das Eigentum auch als **Vollrecht** bezeichnet. Dem Eigentum werden die beschränkten dinglichen Rechte gegenübergestellt. Im Vergleich zum Eigentum gewähren diese Rechte nur eine beschränkte Rechtsmacht, d.h. die Inhaber solcher Rechte haben nur Teilbefugnisse.

Beispiel:
Der Eigentümer kann mit seiner Sache nach Belieben verfahren, während eine Grunddienstbarkeit nur zu einer bestimmten Nutzung des dienenden Grundstücks berechtigt.

Zu den beschränkten dinglichen Rechte zählen Nutzungsrechte (z.B. Dienstbarkeiten, Nießbrauch) und Verwertungsrechte (z.B. Pfandrecht, Grundpfandrechte).

Die dinglichen Rechte sind **absolut (Absolutheitsprinzip)**. Dies bedeutet, dass die dinglichen Rechte gegenüber jedermann wirken und somit von jedermann zu achten sind.

Beispiel:
Der Eigentümer einer Sache kann **alle anderen** von der Einwirkung auf die Sache ausschließen. Schuldrechtliche Ansprüche sind relative Rechte. Sie wirken also nur zwischen Schuldner und Gläubiger. So kann ein Dritter keine Leistungsstörung begehen, auch wenn er z.B. die Unmöglichkeit der Leistung verursacht und somit das Erlöschen des Anspruchs des Gläubigers herbeiführt.

Der **Bestimmtheitsgrundsatz** im Sachenrecht besagt, dass dingliche Rechte nur an einzelnen bestimmten Sachen bestehen und begründet werden können.[4]

---

[1] Jaurnig/*Berger*, Vor § 854, Rdnr. 1.
[2] *Schreiber*, Jura 2010, S. 272.
[3] Man spricht auch vom „Typenzwang".
[4] Schulze/*Schulte-Nölke*, Vor §§ 854-1296, Rdnr. 18.

Beispiel:
Eine Einigung über die Übertragung des Eigentumsrechtes an Waren bis 50.000 € ist ungültig.

Das **Publizitätsprinzip** besagt, dass dingliche Rechte nach außen erkennbar sein müssen. Dies wird im Mobiliarsachenrecht durch den Besitz und im Immobiliarsachenrecht durch das Grundbuch erreicht.

Das letzte Prinzip ist das **Abstraktionsprinzip** und betrifft das Verhältnis zwischen der dinglichen Verfügung und dem zugrundeliegenden Verpflichtungsgeschäft.

II. Eigentum: Begriff und Anspruch

Eigentum ist das umfassende Herrschaftsrecht über eine Sache. Der Eigentümer einer Sache kann, soweit nicht das Gesetz oder Rechte Dritter entgegenstehen, mit der Sache nach Belieben verfahren und andere von jeder Einwirkung ausschließen (§ 903 S. 1).

Beispiele:
Der Eigentümer eines Kleidungsstücks kann es nach Belieben benutzen oder nicht benutzen, zerstören oder verschenken.

Der Eigentümer eines Atomkraftwerks unterliegt einer Fülle von strengen Sicherheitsvorschriften. Diese Gesetze schränken sein Recht zur freien Nutzung seines Eigentums stark ein.

Der Eigentümer einer Wohnung kann nicht nach Belieben in die Wohnung eindringen, wenn er sie vermietet hat. Das Nutzungsrecht des Vermieters als Dritten steht dem entgegen.

Sache ist jeder körperliche Gegenstand (§ 90). Insbesondere Rechte sind mithin keine Sachen.

Die zentrale **Anspruchsgrundlage** zugunsten des Eigentümers ist § 985. Sie gewährt einen Herausgabeanspruch unter folgenden Voraussetzungen:

Eigentum des Begehrenden

Der Begehrende muss Eigentümer sein. In der Regel wird dieser Gegenstand der rechtlichen Auseinandersetzung sein.

Beispiel:
G hat dem S Ware unter sog. „Eigentumsvorbehalt" geliefert. Erst mit Zahlung der Ware soll S Eigentümer werden. S überträgt das Eigentum an der Ware zur Absicherung eines Darlehens auf die Bank B. S muss Insolvenz anmelden. B und G streiten sich darüber, wer Eigentümer ist.

Besitz des Anspruchsgegners

Der Anspruchsgegner muss Besitzer sein. Besitzer ist derjenige, der die tatsächliche Sachherrschaft über die Sache ausübt (vgl. § 854 Abs. 1).

Beispiele:
Jeder Mensch ist Besitzer der Kleidungsstücke, die er trägt.

Die Gemeinde G ist Besitzerin der Verwaltungsgebäude, die sie selbst nutzt.

G hat eines ihrer Gebäude an M vermietet. M und nicht G übt die tatsächliche Sachherrschaft über das Gebäude aus. M ist Besitzer.

Dabei spielt es keine Rolle, ob der Besitz berechtigt oder unberechtigt ist.

Beispiel:
Auch der Dieb ist ein Besitzer.

Durch eine ihrer Natur nach **vorübergehende Verhinderung** in der Ausübung der Gewalt wird der Besitz nicht beendet (§ 856 Abs. 2).

Beispiele:
Der im Urlaub befindliche Wohnungsmieter bleibt Besitzer seiner Wohnung.

E parkt seinen PKW und begibt sich in seine 1 km entfernte Wohnung. Er bleibt Besitzer des PKW.

Keine Besitzberechtigung des Anspruchsgegners

Letzte Anspruchsvoraussetzung ist schließlich, dass der Gegner nicht besitzberechtigt ist (§ 986 Abs. 1 S. 1). Maßgebend ist dabei nur eine Besitzberechtigung aufgrund einer Überlassungsverpflichtung des Eigentümers selbst.

Beispiel:
Eigentümer E hat dem M eine Wohnung vermietet. M kann die Herausgabe der Mietsache an den E verweigern, solange er nach Mietvertrag besitzberechtigt ist.

Gegenbeispiel:
Hochstapler H hat sich als Eigentümer der Wohnung des E ausgegeben und diese an M vermietet. M muss die Wohnung auf Verlangen an E herausgeben.

III. Übertragung von Eigentum

1. Allgemeines zur Eigentumsübertragung

Die Eigentumsübertragung (auch Übereignung genannt) vollzieht sich in der Regel dadurch, dass der Eigentümer das Eigentum willentlich auf einen anderen überträgt. Dabei sind das **Trennungs-** und das **Abstraktionsprinzip** zu beachten (näher Kap. 1 III 4). Die Eigentumsübertragung ist als Verfügungsgeschäft vom Verpflichtungsgeschäft zu trennen.

Diese Trennung gewinnt dann an Bedeutung, wenn mehrere auf die gleiche Sache gerichtete Verpflichtungsgeschäfte vorliegen. Diese Verpflichtungsgeschäfte sind alle wirksam.

Beispiel:
V schließt mit dem in Köln ansässigen K1 und dem in Frankfurt ansässigen K2 Kaufverträge, in dem er sich zur Übergabe seines in Hamburg befindlichen gebrauchten LKW verpflichtet. Beiden ist er zur Lieferung des LKW verpflichtet. Kommt er dieser Pflicht nicht nach, macht er sich nach §§ 280, 281 schadensersatzpflichtig.

Da im Grundsatz aber nicht mehrere Personen gleichzeitig Eigentümer einer Sache sein können, erwirbt derjenige Eigentum, zu dessen Gunsten das Verfügungsgeschäft, also die Eigentumsübertragung, als erstes vollzogen wurde (**Prioritätsprinzip**).

Beispiel (in Anknüpfung an vorheriges Beispiel):
Nach seiner Rückkehr nach Hamburg verkauft V dem in Hamburg ansässigen K3 den LKW noch einmal. K3 fährt ihn sofort vom Hof des V und meldet ihn auf seinen Namen um. K3 ist Eigentümer geworden.

Mit Vollzug der Eigentumsübertragung kann der Schuldner seiner Übertragungspflicht zugunsten seiner anderen Gläubiger nicht mehr nachkommen. Es liegt Unmöglichkeit vor (§ 275 Abs. 1). Die anderen Gläubiger können nunmehr Schadensersatz nach § 280 Abs. 1 verlangen (§ 275 Abs. 4). Wenn der Schuldner jedoch zahlungsunfähig ist, ist der Schadensersatzanspruch wirtschaftlich wertlos. Derjenige, zu dessen Gunsten das Prioritätsprinzip greift, wird also durch die Rechtsordnung begünstigt. Er erhält das, was ihm vertraglich zusteht, ohne dem Risiko einer Insolvenz des Schuldners ausgesetzt zu werden.

Beispiel (in Anknüpfung an vorheriges Beispiel):
V kann seine Lieferpflicht gegenüber K1 und K2 nicht mehr erfüllen. Aufgrund der von V verschuldeten Unmöglichkeit verlangen K1 und K2 V Schadensersatz nach § 280. Da V jedoch Insolvenz angemeldet hat, erhalten K1 und K2 im Ergebnis nichts.

Die Eigentumsübertragung besteht in aller Regel aus zwei Elementen:

- Erstes Element ist die **Einigung über die Eigentumsübertragung**. Diese Einigung ist rechtlich als Vertrag zu qualifizieren. Da dieser Vertrag sich unmittelbar auf eine Sache bezieht, wird er als **dinglicher Vertrag** bezeichnet. Der dingliche Vertrag besteht aus zwei übereinstimmenden Willenserklärungen. Es sind die Vorschriften über Willenserklärungen und Verträge aus dem Allgemeinen Teil des BGB anwendbar.

- Das zweite Element der Eigentumsübertragung soll den Eigentumswechsel auch nach außen dokumentieren.

Beispiele:
Bei beweglichen Sachen wird der Eigentumswechsel durch Übergabe, bei unbeweglichen Sachen durch Eintragung in das Grundbuch dokumentiert.

2. Rechtsgeschäftlicher Eigentumserwerb an beweglichen Sachen

a) Grundfall

Der Eigentumserwerb an beweglichen Sachen (also das Erfüllungsgeschäft) vollzieht sich in der Regel nach § 929 S. 1. Hierzu müssen drei Voraussetzungen vorliegen:

- Der Übertragende muss **Eigentümer** sein. Allerdings ist der Eigentümer nicht zur Übertragung befugt, wenn über sein Vermögen das **Insolvenzverfahren** eröffnet worden ist. Verfügungsbefugt ist dann allein der Insolvenzverwalter. Bedeutsam ist dies z.B. in den Fällen, in denen der Eigentümer zur Rückübertragung des Eigentums verpflichtet ist, weil das der Eigentumsübertragung zugrunde liegende Rechtsgeschäft unwirksam ist (Abstraktionsprinzip, näher Kap. 1 III 4). Ist das Insolvenzverfahren über das Vermögen des Rückübertragungspflichtigen eröffnet, ist eine Rückübertragung ausgeschlossen. Der Insolvenzverwalter wird die Sache vielmehr wirtschaftlich verwerten und den Erlös zur allgemeinen Schuldentilgung nutzen.

   Beispiele:
   Verkäufer V hat dem Käufer K Ware verkauft. Die Ware wurde geliefert, der Kaufpreis bezahlt. Der Kaufvertrag wird später wegen eines Irrtums wirksam angefochten. K bleibt nach Anfechtung zunächst Eigentümer der Ware, muss das Eigentum nach § 812 Abs. 1 S. 1 aber zurückübertragen. Ist über sein Vermögen aber inzwischen das Insolvenzverfahren eröffnet worden, ist eine Rückübertragung des Eigentums nicht mehr möglich.

- Veräußerer und Erwerber müssen sich über den Eigentumswechsel **einig** sein. Es muss also ein wirksamer dinglicher Vertrag vorliegen.

- Die Sache muss **übergeben** werden. Unter Übergabe ist ein Besitzwechsel zu verstehen. Die Eigentumsübertragung soll auch nach außen sichtbar werden.

   Beispiele:
   K geht ins Kaufhaus V, entnimmt Ware aus dem Regal, zahlt sie und nimmt sie mit. K und V haben einen Kaufvertrag geschlossen, der V zur Übergabe der Sache und Verschaffung des Eigentums verpflichtet (§ 433 Abs. 1 S. 1). Gleichzeitig hat auch ein Eigentumserwerb nach § 929 S. 1 stattgefunden. V ist Eigentümer der Ware. Er ist sich mit K einig, dass K neuer Eigentümer werden soll. V's Mitarbeiter übergibt dem K die Ware.

   K bestellt bei V Ware über das Internet. Nach Absenden der Bestellung, erhält er die Nachricht: „Vielen Dank für Ihre Bestellung, die wir so schnell wie möglich ausführen werden." Damit ist ein Kaufvertrag zustande gekommen. Eine Woche später trifft die Ware bei K per Post ein. Mit Entgegennahme der Ware wird K gemäß § 929 S. 1 Eigentümer.

b) Gutgläubiger Erwerb

Ist der Übertragende kein Eigentümer, ist ein Eigentumserwerb nach § 929, S. 1 an sich nicht möglich. Aus Gründen des Verkehrsschutzes macht § 932 Abs. 1 S. 1 hiervon aber eine Ausnahme, wenn sich der Erwerber im **guten Glauben** befindet. § 932 Abs. 2 definiert den guten Glauben in negativer Weise: **Grobe Fahrlässigkeit** und Vorsatz schließen guten Glauben aus (§ 932 Abs. 2). Grobe Fahrlässigkeit liegt vor, wenn die im Verkehr erforderliche Sorgfalt (vgl. § 276 Abs. 2) in **ungewöhnlich hohem Maße verletzt** worden ist. Guter Glaube ist also zu bejahen, wenn der Erwerber davon ausging, dass der Veräußerer Eigentümer ist und diese Überzeugung allenfalls auf normaler Fahrlässigkeit i.S.d. § 276 Abs. 2 beruhte.

> **Beispiel:**
> V hat dem K Ware unter Eigentumsvorbehalt verkauft. Erst mit Zahlung des Kaufpreises soll K Eigentümer werden. Ohne den Kaufpreis gezahlt zu haben, verkauft K die Ware weiter an X und gibt sich als Eigentümer aus. X wird im Zweifel gutgläubig gehandelt haben. In der Regel kann man nicht unterstellen, dass Ware unzulässig verkauft wird, weil sie noch unter Eigentumsvorbehalt steht.
>
> **Gegenbeispiel:**
> Kein guter Glaube liegt vor, wenn jemand einen gebrauchten PKW ohne Fahrzeugbrief erwirbt. Die Übergabe eines Fahrzeugbriefs beim Autoverkauf ist so üblich, dass ein Verzicht hierauf den Argwohn des Käufers wecken muss.

Ein gutgläubiger Erwerb scheidet aus, wenn dem Eigentümer die Sache abhanden gekommen ist (§ 935 Abs. 1 S. 1). Unter **Abhandenkommen** ist jeder **unfreiwillige Besitzverlust**, d.h. der Verlust der tatsächlichen Sachherrschaft zu verstehen. Darunter fallen insbesondere der Diebstahl oder Verlust der Sache, nicht jedoch dessen Vermietung.

> **Beispiel:**
> D ist bei E eingebrochen und hat ihm ein Notebook gestohlen. Er verkauft es über Ebay an K. K kann nicht Eigentümer werden, egal ob es für ihn erkennbar war, dass es sich um Diebesgut handelte.
>
> **Gegenbeispiel:**
> M hat ein Notebook von E gemietet und verkauft es an den K. Das Notebook ist dem E nicht abhanden gekommen. Er hat es im Zuge des Mietvertrags freiwillig an M übergeben und den Besitz damit an M verloren. Dass er die Übergabe an K nicht billigt, spielt keine Rolle. Denn da ist er schon kein Besitzer mehr.

Trotz Abhandenkommens ist gutgläubiger Erwerb aber an **Bargeld** und im Wege öffentlicher Versteigerung möglich (§ 935 Abs. 2). Der Rechtsverkehr soll sich in diesen Fällen darauf verlassen können, dass ein Eigentumserwerb unabhängig von der Herkunft auf jeden Fall möglich ist.

> **Beispiele:**
> Der Dieb D kauft ein und zahlt mit gestohlenem Bargeld. Der gutgläubige Verkäufer wird Eigentümer des Bargelds.
>
> Das Fundbüro der Stadt S versteigert ein aufgefundenes und nie reklamiertes Fahrrad. Der gutgläubige Ersteigerer wird Eigentümer, auch wenn das Fahrrad gestohlen worden war.

c) Bereicherungsrechtlicher Ausgleich bei gutgläubigem Erwerb

Im Falle eines gutgläubigen Erwerbs einer Sache kann der Berechtigte (Eigentümer der Sache oder Inhaber des Rechts) vom unberechtigt Verfügenden die Herausgabe des **Veräußerungserlöses** verlangen (§ 816 Abs. 1 S. 1).

Beispiel:
L verkauft die ihm von E geliehene Sache an den gutgläubigen D und erhält dafür 100 €. E verliert zwar sein Eigentum, kann aber die gezahlten 100 € von L herausverlangen.

Bei unentgeltlicher Verfügung (z.b. bei einer Schenkung) kann der Berechtigte den verfügten Gegenstand vom Erwerber herausverlangen (§ 816 Abs. 1 S. 2).

Beispiel:
L verschenkt die ihm von E geliehene Sache an den gutgläubigen D. D wird zwar Eigentümer, doch kann E von D die Rückübertragung des Eigentums verlangen.

3. Rechtsgeschäftlicher Eigentumserwerb an Grundstücken

Der Eigentumserwerb an Grundstücken schließt immer die mit dem Grund und Boden fest verbundenen Sachen, insbesondere die Gebäude, mit ein (§§ 94 Abs. 1, 93). Das einem solchen Eigentumserwerb zugrunde liegende Verpflichtungsgeschäft ist in aller Regel ein Kaufvertrag. Er bedarf der **notariellen Beurkundung** (§ 311b Abs. 1 S. 1).

Der Eigentumserwerb an unbeweglichen Sachen (also das Erfüllungsgeschäft) vollzieht sich in der Regel nach §§ 873 Abs. 1, 925 Abs. 1. Hierzu müssen drei Voraussetzungen vorliegen:

- Der Übertragende muss zur Eigentumsübertragung berechtigt sein. Das geht aus der Formulierung „Einigung des *Berechtigten* und des anderen Teils..." in § 873 Abs. 1 hervor. Die **Berechtigung** liegt in der Regel beim Eigentümer. Sie fehlt ihm nur dann, wenn er in **Insolvenz** fällt.

- Veräußerer und Erwerber müssen sich über den Eigentumswechsel einig sein (s. das obige Zitat aus § 873 Abs. 1). Es muss also ein wirksamer **dinglicher Vertrag** vorliegen. Das Gesetz bezeichnet diese Einigung in § 925 Abs. 1 S. 1 als **Auflassung**. Die Auflassung ist vor dem Notar zu erklären (§ 925 Abs. 1 S. 1, S. 2).

- Der Eigentumswechsel ist im **Grundbuch eingetragen** (§ 873 Abs. 1). Die Eigentumsübertragung soll auch nach außen sichtbar werden.

Werden mehrere Eigentumsübertragungen vorgenommen, die auf einen Gegenstand zielen, führt nur die zum Erfolg, die als erste vollendet ist (**Prioritätsprinzip**).

Beispiel:
V schließt mit dem K1 einen notariellen Kaufvertrag am 15.6. und mit dem K2 am 19.6. Am 19.9. wird K2 als neuer Eigentümer in das Grundbuch eingetragen. K2 wird damit Eigentümer, ein Eigentumserwerb durch K1 ist nicht mehr möglich.

IV. Grundbuch

Das Grundbuch gibt Auskunft über die dinglichen Rechtsverhältnisse an Grundstücken. Aus ihm geht hervor, wer Eigentümer des Grundstücks ist und ob es belastet ist. Das Grundbuch besteht aus dem Bestandsverzeichnis und drei Abteilungen. Das Bestandsverzeichnis enthält eine Beschreibung der tatsächlichen Verhältnisse des Grundstücks (Lage, Größe, Wirtschaftsart). Aus der ersten Abteilung gehen die **Eigentumsverhältnisse** hervor. Die zweite und die dritte Abteilung weisen die Belastungen des Grundstücks durch **Dienstbarkeiten** und Grundpfandrechte (**Grundschulden** und Hypotheken) aus.

> **Beispiele für Dienstbarkeiten:**
> Wegerecht, lebenslanges Wohnrecht

Zur Einsicht in das Grundbuch ist jeder befugt, der hierfür ein **berechtigtes Interesse** darlegt (§ 12 Abs. 1 S. 1 GBO). Wenn es im Rahmen von **Verwaltungshandeln** um die **Vermögensverhältnisse** eines Bürgers geht, hat die zuständige Behörde ein berechtigtes Interesse an der Einsicht.

> **Beispiele:**
> Die Gemeinde G erhält die Mitteilung, dass E, der Arbeitslosengeld II bezieht, Eigentümer eines bestimmten Mehrfamilienhauses sein soll, was einem Anspruch auf Arbeitslosengeld II im Wege stehen würde. Durch Einblick in das Grundbuch kann sie klären, ob dies tatsächlich der Fall ist.
>
> Die Gemeinde G hat den betagten A in einem Pflegeheim untergebracht und überlegt nun, ob sie für die Pflegekosten Rückgriff auf den Sohn S nehmen kann. Sie darf das Grundbuch einsehen um festzustellen, über welches Grundvermögen der S verfügt.
>
> V steht in konkreten Verkaufsverhandlungen mit K, der behauptet, von sich Eigentümer zu sein. V darf das Grundbuch einsehen, um zu erfahren, ob K tatsächlich Eigentümer ist. Bei Grundstückskäufen nimmt in der Regel allerdings der Notar die Einsicht in das Grundbuch vor.
>
> **Gegenbeispiel:**
> V möchte ein bestimmtes Grundstück erwerben. Er will den Namen des Eigentümers durch eine Einsicht in das Grundbuch erfahren, um an ihn heranzutreten. Hier liegt noch kein berechtigtes Interesse vor, da der Eigentümer noch überhaupt nicht zu erkennen gegeben hat, ob er tatsächlich verkaufen will.

Der Rechtsverkehr soll sich auf den Inhalt des Grundbuchs verlassen können. Daher gilt zugunsten desjenigen, der ein Recht an einem Grundstück oder ein Recht an einem solchen Recht durch Rechtsgeschäft erwirbt, der **Inhalt** des Grundbuchs grundsätzlich als **richtig** (§ 892 Abs. 1 S. 1).

> **Beispiele:**
> Der Erwerb eines Grundstücks oder einer Grundschuld ist auch dann möglich, wenn der Veräußerer, der im Grundbuch als Eigentümer eingetragen ist, in Wahrheit nicht der Eigentümer ist (gutgläubiger Erwerb). Zu einer solchen Situation kann es z.B. beim Tod des bisherigen Eigentümers kommen. Hat dieser das Grundstück in einem Testament seinem Freund F vermacht, wird dieses Testament aber zunächst nicht aufgefunden, so wird zuerst sein Sohn S als gesetzlicher Erbe als neuer Eigentümer in das Grundbuch eingetragen. Das Grundbuch ist dann falsch, da F aufgrund des Testaments kraft Gesetzes Eigentümer geworden

ist, auch wenn niemand dies weiß. S könnte das Grundstück wegen § 892 Abs. 1 S. 1 aber dennoch verkaufen.

Eigentümer E einigt sich mit den Gläubigern G1 und G2 jeweils auf die Eintragung einer Grundschuld. Aufgrund eines Irrtums des zuständigen Grundbuchbeamten werden beide Grundschulden zugunsten des G2 eingetragen. Das Grundbuch ist in Bezug auf die ursprünglich für G1 bestimmte Grundschuld falsch. Diese Grundschuld existiert nicht, da es an den Voraussetzungen des § 873 Abs. 1 fehlt. Die Einigung hierüber wurde zwischen E und G1 getroffen, die Eintragung erfolgte dagegen zugunsten des G2. Dennoch kann G2 die angebliche Grundschuld auf G3 gemäß § 892 Abs. 1 S. 1 wirksam übertragen.

V. Grundpfandrechte

1. Grundschuld

a) Einführung

Die Grundschuld belastet ein Grundstück in der Weise, dass aus dem Grundstück eine bestimmte Summe Geld zu zahlen ist (§ 1191 Abs. 1). Das BGB enthält nur wenige Vorschriften zur Grundschuld (§§ 1191 – 1198) und verweist im Übrigen auf die wesentlich umfangreichere Regelung zur Hypothek (§ 1192 Abs. 1). Die Grundschuld hat entgegen der ursprünglichen Vorstellung des Gesetzgebers eine viel bedeutendere Rolle im Wirtschaftsleben erlangt als die Hypothek. Die Unterschiede zwischen Grundschuld und Hypothek sollen hier nicht vertieft werden.

Zur Bestellung einer Grundschuld ist eine diesbezügliche **Einigung** zwischen dem **Berechtigten** und dem Erwerber der Grundschuld sowie die **Eintragung** der Grundschuld in das **Grundbuch** erforderlich (§ 873 Abs. 1).

b) Wirtschaftlicher Hintergrund

§ 1191 Abs. 1 enthält keine Informationen darüber, aus welchem Grund sich ein Grundstückseigentümer auf die Eintragung einer Grundschuld einlässt. Die Grundschuld dient in aller Regel als Sicherheit für ein Darlehen. Die Regeln über den Darlehensvertrag sind Teil des 2. Buch des BGB, also des Schuldrechts. Wie bei der Eigentumsübertragung von Sachen kommt hier somit wieder das **Abstraktionsprinzip** zum Tragen. Es ist also zwischen Verpflichtungs- und Erfüllungsgeschäft zu unterscheiden:

- Das **Verpflichtungsgeschäft** hat zwei Komponenten: Es besteht zum einen aus dem **Darlehensvertrag** und zum anderen aus der **Sicherungsabrede**. Im Rahmen einer Sicherungsabrede vereinbaren die Parteien, dass der Darlehensnehmer eine Grundschuld einzutragen hat, unter welchen Voraussetzungen der Darlehensgeber das Recht zur Verwertung der Grundschuld hat und was mit der Grundschuld nach vollständiger Rückzahlung des Darlehens passieren soll.

- Das **Erfüllungsgeschäft** hat ebenfalls mehrere Komponenten: Ein wichtiger Teil des Erfüllungsgeschäfts ist die **Eintragung der Grundschuld** ins Grundbuch, daneben sind die Darlehensausreichung, die Darlehensrückzahlung und im Regelfall die Löschung der Grundschuld zu nennen.

c) Der Rang einer Grundschuld

aa) Verhältnis zu anderen Grundschulden

Der Rang einer Grundschuld bestimmt im Verhältnis zu anderen Grundschulden, welche Grundschuld bei einer Verwertung des belasteten Grundstücks **vorrangig befriedigt** wird. Im Rahmen einer Verwertung ist aus einer nachrangigen Grundschuld nur ein Erlös zu erzielen, soweit die vorrangigen Grundschulden vollständig befriedigt worden sind.

> **Beispiel:**
> Ein Grundstück ist mit einer erstrangigen Grundschuld des G1 über 40.000 € und einer zweitrangigen Grundschuld des G2 über 20.000 € belastet. Im Rahmen einer Zwangsversteigerung wird das Grundstück für 50.000 € verkauft. G1 erhält 40.000 €, G2 10.000 €.

Der Rang einer Grundschuld bestimmt sich wiederum nach der **Reihenfolge** der Eintragungen (§ 879 Abs. 1 S. 1). Das Grundbuchamt ist verpflichtet, die Grundschulden in der Reihenfolge des zeitlichen Eingangs der Eintragungsanträge einzutragen (§ 17 GBO, § 45 Abs. 1, 1. HS GBO stellt dies ebenfalls klar). So wird sichergestellt, dass derjenige, der seinen Antrag als erster gestellt hat, im Verwertungsfall auch vorrangig Geld bekommt.

bb) Verhältnis zu Dienstbarkeiten

Der Rang einer Grundschuld bestimmt im Verhältnis zu Dienstbarkeiten (näher unten V), ob die Dienstbarkeit nach einer Verwertung des Grundstücks zur Befriedigung der Grundschuld noch **Bestand** hat (vgl. hierzu §§ 44 Abs. 1, 52 Abs. 1 ZVG).

> **Beispiele:**
> Eine Grundschuld wird 2016 eingetragen, ein Wegerecht im Jahr 2017. Wird das Grundstück zur Befriedigung der Grundschuld versteigert, so geht das Wegerecht mit dem Erwerb im Wege der Versteigerung unter.
>
> Eine Grundschuld wird 2017 eingetragen, ein Wegerecht war schon im Jahr 2016 eingetragen worden. Wird das Grundstück zur Befriedigung der Grundschuld versteigert, so bleibt das Wegerecht erhalten. Das reduziert den Grundstückswert und damit auch den potenziellen Veräußerungserlös.

Der Rang einer Grundschuld bestimmt sich im Verhältnis zu Dienstbarkeiten nach dem **Datum der Eintragung** (§ 879 Abs. 1 S. 2). Das Grundbuchamt ist verpflichtet, entsprechende Eintragungsanträge nach Eingang chronologisch abzuarbeiten (§ 17 GBO).

d) Verwertung einer Grundschuld

Die Verwertung einer Grundschuld erfolgt im Wege der Zwangsvollstreckung (§ 1147). Der Gläubiger kann dabei zwischen der **Zwangsversteigerung** und der **Zwangsverwaltung** wählen. Bei der Zwangsversteigerung wird das Grundstück versteigert. Aus dem Versteigerungserlös wird der Gläubiger befriedigt. Bei der Zwangsverwaltung sorgt ein Zwangsverwalter dafür, dass dem Gläubiger die Erträge aus dem Grundstück bis zur Befriedigung der Forderung zufließen.

2. Hypothek

Praktische Bedeutung hat die Hypothek in erster Linie als **Zwangshypothek** nach § 866 ZPO. Sie dient der Vorbereitung einer Zwangsversteigerung oder Zwangsverwaltung. Beide Maßnahmen müssen bei Gericht beantragt werden. Je nach Komplexität des Falls kann die Antragsbearbeitung eine gewisse Zeit dauern. Die Zwangshypothek dient der Überbrückung dieses Zeitraums. Die Eintragung einer Zwangshypothek ist in aller Regel innerhalb einer kurzen Frist zu erreichen. Die Zwangshypothek übernimmt bis zur Eintragung der gerichtlichen Entscheidung über die beantragte Zwangsversteigerung bzw. -verwaltung **rangsichernde Funktion** zugunsten des Gläubigers (vgl. § 879 Abs. 1). Wenn die beantragte Zwangsversteigerung bzw. -verwaltung angeordnet worden ist, wird hierüber ein Vermerk im Grundbuch eingetragen. Dieser Vermerk übernimmt dann den Rang der Zwangshypothek. Die Zwangshypothek kann dann gelöscht werden.

Beispiel:
Gläubiger G stellt bei Gericht einen Antrag auf Durchführung der Zwangsversteigerung und gleichzeitig einen Antrag auf Zwangshypothek. Die Zwangshypothek wird am 14.5. in das Grundbuch eingetragen. Am 28.5. verkauft E sein Grundstück an D. D stellt am 1.6. einen Antrag auf Eintragung auf Auflassung. Am 1.7. gibt das Gericht dem Antrag auf Durchführung der Zwangsversteigerung statt. Der Versteigerungsvermerk erhält den Rang der Zwangshypothek mit der Folge, dass eine Eigentumsumschreibung zugunsten des D nicht mehr stattfinden kann.

VI. Dienstbarkeiten

Dienstbarkeiten sind Rechte an Grundstücken, die im Grundbuch eingetragen werden können und die das Eigentum mehr oder weniger stark beeinträchtigen. Neben dem hier nicht näher zu erörternden Nießbrauch zählen hierzu die **Grunddienstbarkeit** und die **beschränkte persönliche Dienstbarkeit**.

Zur Bestellung einer Dienstbarkeit ist eine diesbezügliche **Einigung** zwischen dem **Berechtigten** und dem Erwerber der Grundschuld sowie die **Eintragung** der Grundschuld in das **Grundbuch** erforderlich (§ 873 Abs. 1).

1. Inhalt

Inhalt einer Grunddienstbarkeit oder einer beschränkten persönlichen Dienstbarkeit kann nach §§ 1018, 1090 Abs. 1 das Recht zur Nutzung eines Grundstücks, das Recht vom Grundstückseigentümer ein bestimmtes Unterlassen zu verlangen, oder die Ausschließung eines Rechts des Grundstückseigentümers sein. In der Praxis hat die Dienstbarkeit in der Regel ein bestimmtes **Nutzungsrecht** zum Gegenstand.

Beispiele:
Das Grundstück des E2 liegt hinter dem Grundstück des E1. Ein Zugang von der Straße ist nur über das Grundstück des E1 möglich. Mithilfe eines **Wegerechts** kann sich E2 das Recht sichern, das Grundstück des E1 passieren zu dürfen, um auf sein Grundstück zu gelangen.

Versorgungsunternehmen verfügen häufig über **Leitungsrechte**, die ihnen die unterirdische Verlegung von Kabeln und Rohren unter Privatgrundstücke gestatten.

Die Eheleute E1 und E2 übertragen das Eigentum an ihrem Haus auf den Sohn S. Um sicherzustellen, dass S sie bis zu ihrem Lebensende in dem Haus wohnen lässt, lassen sie sich zu ihren Gunsten ein **lebenslanges Wohnungsrecht** eintragen (näher § 1093 Abs. 1).

Bei der Grunddienstbarkeit ist Berechtigter derjenige, der Eigentümer eines bestimmten Grundstücks ist (vgl. § 1018). Die Grunddienstbarkeit geht mit Übereignung des Grundstücks auf den neuen Eigentümer über. Die Grunddienstbarkeit ist also **grundstücksbezogen**.

Beispiele:
Wegerechte sind typischerweise Grunddienstbarkeiten. Jeder potentielle neue Eigentümer des begünstigten Grundstücks soll das Wegerecht in Anspruch nehmen können.

Die beschränkte persönliche Dienstbarkeit ist dagegen **personenbezogen** (vgl. §§ 1090, 1092 Abs. 1). Die Dienstbarkeit erlischt mit dem Tod des Begünstigten.

Beispiel:
Das Wohnungsrecht ist immer eine beschränkte persönliche Dienstbarkeit (s. ausdrücklich § 1093 Abs. 1 S. 1).

Abweichend hiervon lässt das Gesetz eine Übertragbarkeit der beschränkten persönlichen Dienstbarkeit bei Leitungsrechten zu (§ 1092 Abs. 3).

Beispiel:
Die Stadtwerke X verkaufen ihr Leitungsnetz an das Versorgungsunternehmen Y. Durch Übertragung ihrer Rechtsstellung aus den Leitungsrechten kann X das Unternehmen Y zum neuen Berechtigten machen.

2. Wirtschaftlicher Hintergrund

Eine Dienstbarkeit wird nicht ohne eine bestimmte vertragliche Abrede bestellt. Es gilt insoweit das **Abstraktionsprinzip**. Die vertragliche Abrede ist das Verpflichtungsgeschäft, die Bestellung der Dienstbarkeit Teil des Erfüllungsgeschäfts.

Beispiele:

Der Eigentümer stimmt der Eintragung eines Wegerechts gegen Entschädigung zu. Die Einigung über die Zahlung einer Entschädigung gegen Eintragung des Wegerechts ist das Verpflichtungsgeschäft.

Der Sohn wird nur dann Eigentümer des Grundstücks, wenn er seinen Eltern ein lebenslanges Wohnungsrecht einräumt. Die Einigung über die Eigentumsübertragung gegen Einräumung eines lebenslangen Wohnungsrechts ist das Verpflichtungsgeschäft.

Ein Bauunternehmen kauft Bauland und parzelliert es anschließend, um darauf Einfamilienhäuser zu errichten. Bevor es die einzelnen Parzellen verkauft, belastet das Bauunternehmen sie mit Leitungs- und Wegerechten, um eine ordnungsgemäße Erschließung aller Grundstücke zu gewährleisten. Die zukünftigen Eigenheimbesitzer erwerben Grundstücke, die von vornherein mit Leitungs- und Wegerechten belastet sind.

3. Rang einer Dienstbarkeit

Der Rang der Dienstbarkeit bestimmt sich nach der Reihenfolge bzw. dem Datum der Eintragung (§ 879 Abs. 1). Der Rang der Dienstbarkeit ist im Verhältnis zu Grundschulden und zu anderen Dienstbarkeiten von Belang.

Übungsfall

Sachverhalt

Im Archiv eines Museums der Gemeinde Soderhausen befinden sich drei wenig bekannte Zeichnungen eines Soderhausener Künstlers, die im Eigentum der Gemeinde Soderhausen stehen. Die Gemeinde Soderhausen hat diese Zeichnungen auf Anfrage dem bekannten und sehr angesehenen Kunstsammler König für eine Privatausstellung geliehen, die König angeblich organisieren will. In Wahrheit hat König diese Absicht nicht. Er steckt in erheblichen finanziellen Schwierigkeiten und will die Zeichnungen über eine Kunsthandelsplattform im Internet an den Meistbietenden verkaufen. Es melden sich die Interessenten Arndt und Beyer bei König. Nunmehr entschließt sich König, auch einen der beiden Interessenten zu hintergehen und schließt am 1.5. mit Arndt (Kaufpreis 600 €) und am 2.5. mit Beyer einen Kaufvertrag (Kaufpreis 500 €) über die Zeichnungen. König vereinbart mit Arndt Vorkasse. Am 3.5. wird der von Arndt überwiesene Kaufpreis dem Konto des König gutgeschrieben. Anstatt ihm nun die Zeichnungen zu geben, vereinbart König einen Termin mit Beyer für den 4.5. Er lässt sich am 4.5. den Kaufpreis von 500 € in bar aushändigen und übergibt ihm die Zeichnungen. Sodann räumt er sein Konto leer und setzt sich mit dem Geld ins Ausland ab. Die Gemeinde, Arndt und Beyer, die bislang nichts voneinander wussten, beanspruchen nunmehr jeder die Zeichnungen für sich.

Kann die Gemeinde oder kann Arndt von Beyer die Herausgabe der Zeichnungen verlangen?

Lösungsvorschlag:

1. Herausgabeanspruch Arndt

Da zwischen Arndt und Beyer keine vertraglichen Beziehungen existieren, kommt allenfalls ein Herausgabeanspruch aus § 985 in Betracht.

Hierzu müsste Arndt Eigentümer sein. Arndt ist nicht der ursprüngliche Eigentümer.

Ein Eigentumsübergang nach § 929, S. 1 zugunsten des Arndt würde eine Übergabe voraussetzen. Übergabe ist die Verschaffung des Besitzes, d.h. der tatsächlichen Sachherrschaft. Arndt hat die Zeichnungen nie erhalten. Es ist vielmehr Beyer, der sie mitgenommen hat. Arndt wurden die Zeichnungen nicht übergeben. Er ist damit nicht Eigentümer geworden.

Ein Anspruch besteht nicht.

2. Herausgabeanspruch der Stadt

Da zwischen der Stadt und Beyer keine vertraglichen Beziehungen existieren, kommt allenfalls ein Herausgabeanspruch aus § 985 in Betracht.

Hierzu müsste die Stadt Eigentümerin sein. Sie ist die ursprüngliche Eigentümerin, könnte das Eigentum jedoch durch Eigentumsübergang auf Beyer nach § 929, S. 1 verloren haben.

Eine diesbezügliche Einigung zwischen König und Beyer liegt vor.

Eine Übergabe an Beyer ist ebenfalls zu bejahen. Beyer hat die Zeichnungen von König erhalten.

Allerdings war König nicht Eigentümer der Zeichnungen. Das könnte aber unter den Voraussetzungen des § 932 Abs. 1 S. 1 entbehrlich sein. Guter Glaube nach § 932 Abs. 2 ist zu bejahen. Grobe Fahrlässigkeit ist zu verneinen. Die Bilder waren wenig bekannt und waren zudem nicht ausgestellt. Beyer hatte keine Anhaltspunkte dafür, dass König nicht der Eigentümer sein könnte.

Abschließend ist zu prüfen, ob gutgläubiger Erwerb nach § 935 Abs. 1 ausgeschlossen ist. Hierzu müssten der Stadt die Zeichnungen abhanden gekommen sein. Abhandenkommen ist der unfreiwillige Verlust der tatsächlichen Sachherrschaft. Das ist hier zu verneinen, da die Stadt die Zeichnungen freiwillig an König übergeben hat. Dass die Weitergabe an Beyer gegen ihren Willen erfolgte, ist unerheblich.

Gutgläubiger Erwerb ist somit zu bejahen. Beyer ist neuer Eigentümer, die Stadt hat ihr Eigentum verloren. Ein Anspruch scheidet aus.

Kapitel 13: Familienrecht

I. Einführung

1. Die Begriffe „Familie" und „Familienrecht"

Das Familienrecht ist im vierten Buch des BGB geregelt. Es umfasst die §§ 1297-1921. Man kann drei Regelungsbereiche unterscheiden: das Eherecht (§§ 1297 ff.), das Kindschaftsrecht („Verwandtschaft", §§ 1589 ff.) sowie die Vorschriften über Vormundschaft, Betreuung und Pflegschaft (§§ 1773 ff).

Das Familienrecht knüpft an den Begriff der „Familie" an. Es fragt sich somit, was im Rechtssinne darunter zu verstehen ist. Eine Definition ist im BGB nicht zu finden. Oft greift man auf die beliebte Formulierung zurück: „Familie ist dort, wo Kinder sind"; damit bringt man zum Ausdruck, dass es im BGB hauptsächlich um die Kleinfamilie geht, also um Eltern und Kinder.[1]

2. Bedeutung des Familienrechts für die kommunale Verwaltungspraxis

Das Familienrecht spielt in der kommunalen Praxis eine wichtige Rolle und hier vor allen Dingen in den Bereichen Soziales und Jugend. Von besonderer Bedeutung ist dabei das Unterhaltsrecht. Die Kommunen können als Beistände von Kindern fungieren und als solche verpflichtet sein, Unterhaltsansprüche gegen den Kindesvater durchzusetzen. Darüber hinaus hat die Kommune, die Sozialleistungen erbringt, unter bestimmten Voraussetzungen Rückgriffsansprüche gegen den Unterhaltspflichtigen. Dieses Thema wird im Sozialrecht ausführlich besprochen.

3. Die Rechtsquellen des Familienrechts

Die wichtigste Rechtsquelle des Familienrechts ist das BGB. Daneben gibt es eine große Anzahl von anderen Gesetzen, die für das Familienrecht relevant sind.

a) Familienrecht und Grundgesetz

Das Grundgesetz für die Bundesrepublik Deutschland enthält im Wesentlichen fünf zentrale Bestimmungen, die für das Familienrecht von besonderer Bedeutung sind:

Art. 6 Abs. 1:   Schutz von Ehe und Familie
Art. 6 Abs. 2:   Schutz des Elternrechts
Art. 6 Abs. 4:   Mutterschutz
Art. 6 Abs. 5:   Gleichberechtigung von nichtehelichen und ehelichen Kindern
Art. 3 Abs. 2:   Gleichberechtigung von Mann und Frau

---

[1] *Dethloff*, Familienrecht, § 1, Rdnr. 61; *Schwab*, Familienrecht, § 1, Rdnr. 2 ff. Zum Begriff der Großfamilie s. *Schlüter*, Familienrecht, § 1, Rdnr. 1.

Die Vorschrift des Art. 6 Abs. 1 GG bestimmt, dass Ehe und Familie unter dem „besonderen Schutz der staatlichen Ordnung" stehen. Dies bedeutet vor allem, dass Art. 6 Abs. 1 als Grund- und Freiheitsrecht ein Abwehrrecht gegenüber staatlichen Beeinträchtigungen von Ehe und Familie bietet.[2] Des Weiteren enthält diese Vorschrift eine verbindliche Wertentscheidung für die gesamte Rechtsordnung; der Staat wird verpflichtet, Ehe und Familie vor Beeinträchtigungen zu bewahren (Beeinträchtigungsverbot) und darüber hinaus durch geeignete Maßnahmen zu fördern (Förderungsgebot).[3]

Von fundamentaler Bedeutung ist ferner Art. 6 Abs. 2 GG. Nach Satz 1 dieser Vorschrift sind Pflege und Erziehung der Kinder „zuvörderst" Recht und Pflicht der Eltern. Über die Betätigung dieses verfassungsrechtlich geschützten Elternrechts kommt dem Staat das Wächteramt zu.[4] So wird Art. 6 Abs. 2 S. 1 durch den Satz 2 ergänzt, wonach der Staat über die Wahrnehmung von Elternrechten und -pflichten wacht; eine Konkretisierung des Elternrechts und seine Schranken sind in Art. 6 Abs. 3 GG enthalten.[5]

b) Zivilrechtliche und öffentlich-rechtliche Gesetze des Familienrechts

Neben dem BGB sind vor allem folgende Gesetze relevant, auf die im jeweiligen Zusammenhang eingegangen wird:[6]

- Lebenspartnerschaftsgesetz
- Versorgungsausgleichsgesetz
- Personenstandgesetz
- Gesetz über das Verfahren in Familiensachen und in Angelegenheiten der freiwilligen Gerichtsbarkeit
- Bundeselterngeld- und Elternzeitgesetz (BEEG)
- Sozialgesetzbuch VIII. Buch (SGB VIII)

4. Das familienrechtliche Verfahren

a) Gerichte und Instanzenzug

Für Familiensachen sind die Familiengerichte zuständig. Die Familiengerichte sind nach § 23 b GVG Abteilungen bei den Amtsgerichten. Der Familienrichter fungiert als Einzelrichter. Die nächsthöhere Instanz sind die Familiensenate der Oberlandesgerichte. Welche Rechtsangelegenheiten unter den Begriff „Familiensachen" fallen, wird in § 111 FamFG geregelt.

Für die Betreuungssachen sind die Betreuungsgerichte zuständig, die Abteilungen bei den Amtsgerichten sind.

---

2 *Wellenhofer*, Familienrecht, § 2, Rdnr. 4.
3 *Wellenhofer*, Familienrecht, § 2, Rdnr. 6; *Schwab*, Familienrecht, § 2, Rdnr. 14.
4 *Schlüter*, Familienrecht, § 1, Rdnr. 6.
5 *Schwab*, Familienrecht, § 2, Rdnr. 10.
6 *Wellenhofer*, Familienrecht, § 1, Rdnr. 5; *Schlüter*, Familienrecht, § 1, Rdnr. 7.

b) Das FamFG

Seit dem 01.09.2009 gilt das Gesetz über das Verfahren in Familiensachen und in den Angelegenheiten der freiwilligen Gerichtsbarkeit (FamFG). Dieses Gesetz hat die bis zu seinem Inkrafttreten in ZPO und FGG enthaltenen familienrechtlichen Bestimmungen zusammengeführt und das Verfahren vor den Familiengerichten neu gestaltet. Ergänzend gelten die Vorschriften der ZPO, auf die das FamFG oft verweist.

5. Grundbegriffe: Verwandtschaft und Schwägerschaft

Die Verwandtschaft aufgrund Abstammung wird in § 1589 geregelt. Dabei wird zwischen der Verwandtschaft in gerader Linie und der Verwandtschaft in Seitenlinie unterschieden. Personen, die voneinander abstammen, sind in gerader Linie verwandt (§ 1589, S. 1). In diesem Sinne verwandt sind Eltern-Kinder; Großeltern-Enkel, Urgroßeltern und Urgroßenkel.

Personen, die nicht in gerader Linie verwandt sind, aber von derselben dritten Person abstammen, sind in der Seitenlinie verwandt (§ 1589, S. 2). Der Grad der Verwandtschaft bestimmt sich nach der Zahl der sie vermittelnden Geburten, wobei die Geburt der Person, die das Verwandtschaftsverhältnis begründet, nicht mitgezählt wird.[7] Die Verwandten eines Ehegatten sind mit dem anderen Ehegatten verschwägert (§ 1590 Abs. 1 S. 1). Die Schwägerschaft hat anders als die Verwandtschaft kaum rechtliche Bedeutung.

II. Verlöbnis und Eheschließung

1. Das Verlöbnis

Das Verlöbnis wird in §§ 1297-1302 geregelt und bildet das Vorstadium zur Ehe. Im Rechtssinne versteht man unter Verlöbnis zum einen das gegenseitige Versprechen von Mann und Frau, künftig die Ehe miteinander eingehen zu wollen, zum anderen aber auch das Rechtsverhältnis zwischen den Verlobten.[8] Die zivilrechtliche Bedeutung des Verlöbnisses hat in der modernen Gesellschaft abgenommen.[9] Gemäß § 1297 kann aufgrund eines Verlöbnisses nicht mehr auf Eingehung der Ehe geklagt werden, wie dies z.B. im 19. Jahrhundert noch möglich war. Die Rechtswirkungen des Verlöbnisses zeigen sich vor allem beim unbegründeten Rücktritt vom Verlöbnis.[10] Hier gewährt § 1298 in beschränktem Umfang Schadensersatzansprüche an denjenigen, der auf das Verlöbnis vertraut sowie Dispositionen getroffen hat.[11] Ferner besteht bei Auflösung des Verlöbnisses ein Anspruch auf Rückgabe von Geschenken.

---

[7] Schulze/*Kemper*, § 1589, Rdnr. 1.
[8] *Schwab*, Familienrecht, § 8, Rdnr. 36.
[9] *Dethloff*, Familienrecht, § 2, Rdnr. 19.
[10] *Dethloff*, Familienrecht, § 2, Rdnr. 12.
[11] *Wellenhofer*, Familienrecht, § 2, Rdnr. 2, 10.

2. Die Eheschließung

a) Vorbereitung der Eheschließung

Der Begriff der Ehe ist gesetzlich nicht definiert. Die Ehe im Rechtssinne wird definiert als „exklusive", auf Dauer angelegte und aufgrund von staatlichen Regelungen begründete, geschützte und privilegierte Lebensgemeinschaft eines Mannes und einer Frau. Geschlossen wird die Ehe durch einen gegenseitigen personenrechtlichen Vertrag zwischen zwei Personen **verschiedenen Geschlechts**.[12]

In Deutschland gilt seit dem Personenstandsgesetz von 1875 (Kulturkampf) die obligatorische Zivilehe, d.h. die Ehe muss vor dem staatlichen Standesbeamten eingegangen werden.[13] Dem Eheschließungsakt geht ein vorbereitendes Verfahren vor dem Standesamt voraus. Zunächst müssen die Verlobten ihre Heiratsabsicht bei dem für sie zuständigen Standesbeamten anmelden und öffentliche Urkunden über persönliche Daten vorlegen (näher § 12 PStG). Ausländer, die in Deutschland heiraten wollen, müssen nach § 1309 Abs. 1 S. 1 ein Ehefähigkeitszeugnis beibringen. Dieses Zeugnis soll bestätigen, dass nach dem Recht des Heimatlandes des ausländischen Verlobten kein Eheschließungshindernis besteht.

Der Standesbeamte hat zu überprüfen, ob die Eheschließung zulässig ist. Ist dies nicht der Fall, so muss der Standesbeamte seine Mitwirkung an der Eheschließung ablehnen. Gegen die Ablehnung können die Verlobten das Amtsgericht anrufen (§ 49 PStG).

Vor der Eheschließung soll der Standesbeamte die Verlobten befragen, ob und welchen Ehenamen sie bestimmen wollen (§ 14 PStG).

b) Akt der Eheschließung

Die Eheschließenden müssen vor dem zuständigen Standesbeamten erklären, dass sie die Ehe miteinander eingehen wollen (§ 1310 Abs.1 S. 1). Somit schreibt das deutsche Recht die zwingende Mitwirkung des Standesbeamten vor. Die Eheleute müssen persönlich und gleichzeitig vor dem Standesbeamten erscheinen (§ 1311, S. 1). Die Erklärungen können nicht unter einer Bedingung oder Zeitbestimmung abgegeben werden (§ 1311, S. 2).

In eng begrenzten Ausnahmefällen kommt eine Ehe auch dann zustande, wenn es an der Mitwirkung des Standesbeamten gefehlt hat. In dieser Hinsicht ist die Vorschrift des § 1310 Abs. 2 zu beachten. Danach gilt als Standesbeamter auch, wer zwar kein Standesbeamter ist, jedoch das Amt eines solchen öffentlich ausgeübt hat, sofern er die unter seiner Mitwirkung geschlossene Ehe in das Eheregister eingetragen hat.

---

12 *Schwab*, Familienrecht, § 14, Rdnr. 61.
13 *Schwab*, Familienrecht, § 13, Rdnr. 55; *Dethloff*, Familienrecht, § 3, Rdnr. 4.

Beispiel:[14]
Die Ernennung eines Standesbeamten war nichtig. Dies wurde jedoch nicht sofort erkannt. Der Betreffende ging eine Zeit lang seinen vermeintlichen Dienstaufgaben nach. Die Ehen, an denen er wie ein wirksam ernannter Standesbeamter mitwirkte, sind gültig, wenn sie in das Eheregister eingetragen wurden.

Weitere Ausnahmefälle regelt § 1310 Abs. 3.

c) Die Voraussetzungen für eine wirksame Eheschließung

Die §§ 1303 ff. enthalten zahlreiche Normen über die persönlichen Voraussetzungen der Eheschließungswilligen, über das Verfahren hinsichtlich der Eingehung der Ehe und über Eheverbote. Dabei handelt es sich nicht stets um zwingende Wirksamkeitsvoraussetzungen einer Ehe (z.B. § 1310, dazu s.o.). Es gibt Eheschließungsmängel, die nicht das wirksame Zustandekommen einer Ehe verhindern, sondern nur einen Eheaufhebungsgrund darstellen; darüber hinaus sind einige Bestimmungen reine Sollvorschriften, deren Nichtbeachtung keine Rechtsfolgen mit sich bringt.[15]

aa) Die persönlichen Voraussetzungen

Erforderlich ist die sogenannte **Ehefähigkeit**. Die Ehefähigkeit setzt **Ehemündigkeit** voraus. Eine Ehe soll nicht vor Eintritt der Volljährigkeit eingegangen werden (§ 1303 Abs. 1). Das Familiengericht kann auf Antrag Befreiung vom Erfordernis des Volljährigkeitsalters erteilen, wenn der Antragsteller das 16. Lebensjahr vollendet hat und sein künftiger Ehepartner volljährig ist (§ 1303 Abs. 2). Dabei wird die Befreiung nicht abstrakt, sondern in Bezug auf die geplante Eheschließung mit einer konkreten Person gewährt.[16] Der gesetzliche Vertreter des Minderjährigen, der mit der Eheschließung nicht einverstanden ist, kann im familienrechtlichen Verfahren dem Antrag des Minderjährigen widersprechen. Maßstab der Entscheidung ist das Wohl des Minderjährigen.[17]

Beispiel:[18]
Dem Antrag auf Befreiung vom Erfordernis der Volljährigkeit ist nicht stattzugeben, wenn die 16 Jahre alte Schülerin wegen fehlender persönlicher Reife die Tragweite des Heiratsentschlusses nicht erfasst.

Des Weiteren ist **Geschäftsfähigkeit** erforderlich. Nach § 1304 kann eine Ehe nicht eingehen, wer geschäftsunfähig ist. Der Begriff der Geschäftsunfähigkeit richtet sich nach § 104. In diesem Zusammenhang ist die sogenannte partielle Geschäftsfähigkeit zu beachten. § 1304 liegt nicht vor, wenn der Eheschließungswillige zwar auf anderen Gebieten seinen Willen nicht bilden kann, wohl aber Sinn und Tragweite einer Ehewillenserklärung zu erfassen vermag.[19] Maßgeblich ist dabei, ob der oder die Verlobte in

---

14 Nach *Wellenhofer*, Familienrecht, § 5, Rdnr. 7.
15 *Wellenhofer*, Familienrecht, § 5, Rdnr. 2.
16 *Wellenhofer*, Familienrecht, § 5, Rdnr. 9.
17 Jauernig/*Berger/Mansel*, Anm zu §§ 1303, 1304, Rdnr. 3.
18 OLG Saarbrücken, NJW 2007, 1302.
19 *Schwab*, Familienrecht, § 15, Rdnr. 71.

der Lage ist, das Wesen der Ehe zu begreifen und insoweit eine freie Willensentscheidung zu treffen.[20] Selbst eine erhebliche geistige Behinderung bedeutet nicht unbedingt, dass die notwendige Einsichtsfähigkeit in das Wesen der Ehe und die freie Willensentscheidung zur Eheschließung ausgeschlossen sind.[21] Unter Umständen können Sachverständigengutachten erforderlich sein.[22]

> **Beispiel:**[23]
> Eine Spielsucht kann zur partiellen Geschäftsunfähigkeit führen, was jedoch für die Eheschließung unerheblich ist.

Die Rechtsfolge bei fehlender Geschäftsfähigkeit ist die Aufhebbarkeit der Ehe (§ 1314).[24]

bb) Eheverbote

Die Eheverbote sind in den §§ 1306-1308 abschließend geregelt. Aufgrund der in Art. 6 Abs. 1 GG gewährleisteten Eheschließungsfreiheit sind die Eheverbote heute auf ein Minimum reduziert worden.

Nach § 1306 besteht das Eheverbot der Doppelehe. Dies ist Ausdruck des Prinzips der Monogamie (vgl. § 172 StGB); dieses Prinzip stellt eine Selbstverständlichkeit für den westlichen Kulturkreis dar.[25] Das Verbot gilt, auch wenn die bereits vorhandene Ehe eines der Eheschließenden mit einer dritten Person aufhebbar ist (z.B. Scheinehe); in gleicher Weise besteht ein Eheverbot für denjenigen, der bereits eine eingetragene Lebenspartnerschaft führt.[26]

Ein weiteres Eheverbot betrifft Ehen zwischen engsten Blutsverwandten. Verboten sind nämlich Ehen zwischen Verwandten in gerader Linie und zwischen Voll- und Halbgeschwistern. Das Eheverbot besteht auch dann, wenn das Verwandtschaftsverhältnis durch Adoption erloschen ist.[27] Ferner besteht ein Eheverbot für Personen, zwischen denen keine Blutsverwandtschaft besteht, aber ein Verwandtschaftsverhältnis gleicher Art durch Adoption begründet ist (§ 1308 Abs. 1).

---

20 *Dethloff*, Familienrecht, § 3, Rdnr. 25.
21 MüKo/*Wellenhofer*, § 1304, Rdnr. 2.
22 MüKo/*Wellenhofer*, § 1304, Rdnr. 7.
23 Nach *Schwab*, Familienrecht, § 15, Rdnr. 71.
24 Insofern täuscht die Wortwahl des Gesetzes („kann die Ehe nicht eingehen"): *Schwab*, Familienrecht, § 15, Rdnr. 70.
25 *Schwab*, Familienrecht, § 18, Rdnr. 89.
26 *Schwab*, Familienrecht, § 18, Rdnr. 89.
27 *Dethloff*, Familienrecht, § 3, Rdnr. 39.

3. Rechtsfolgen der fehlerhaften Eheschließung

Die Folgen eines Verstoßes gegen die Vorschriften für eine ordnungsgemäße Eheschließung sind unterschiedlich. Fehlen die Mindestvoraussetzungen für eine wirksame Eheschließung, so kommt eine Ehe überhaupt nicht zustande. Es handelt sich um eine sog. Nichtehe. Dies ist der Fall, wenn[28]

- die beteiligten Partner nicht geschlechtsverschieden sind
- die Ehewillenserklärung der Partner fehlt
- die Mitwirkung des Standesbeamten fehlt (s. aber § 1310 Abs. 2).

Die Nichtehe ist ohne familienrechtliche Bedeutung; auf das Nichtbestehen der Ehe kann sich jedermann berufen.[29]

Wird gegen reine Sollvorschriften verstoßen, so liegt eine vollgültige Ehe vor. Dies ist z.B. bei einem Verstoß gegen § 1308 der Fall. Darüber hinaus gibt es die Fälle der zwar wirksam zustande gekommenen, aber aufhebbaren Ehe. Die Aufhebung ist eine Form der Auflösung der Ehe mit Wirkung für die Zukunft (ex nunc); hierzu ist eine gerichtliche Entscheidung notwendig.[30] Die Aufhebungsgründe sind in §§ 1314, 1320 abschließend geregelt.[31] In Betracht kommen Verstöße gegen die Eheverbote, fehlende Ehemündigkeit oder Geschäftsunfähigkeit, die Nichtbeachtung von § 1311 oder der Einfluss von bestimmten Willensmängeln (§ 1314) auf die Eheschließung in Betracht. Von den Tatbeständen des § 1314 Abs. 2 kommt dem Verbot der Scheinehe besondere Bedeutung zu. Eine Scheinehe liegt vor, wenn beide Ehegatten sich bei der Eheschließung darüber einig waren, dass sie keine Verpflichtung gemäß § 1353 Abs. 1 begründen wollten.

> **Beispiel:**
> Der Ausländer (A) und die Deutsche (D) heiraten. Durch die Eheschließung beabsichtigen sie nicht, eine eheliche Lebensgemeinschaft zu begründen. Beide wollen nur, dass A einen Aufenthaltstitel erhält.

Im Fall der Scheinehe können nicht nur beide Ehegatten die Aufhebung der Ehe beantragen, sondern auch die durch Landesrecht bestimmte, zuständige Verwaltungsbehörde (§ 1316 Abs. 1 Nr. 1).

Eine Ehe ist ferner aufhebbar, wenn ein Ehegatte zu ihrer Eingehung durch arglistige Täuschung über solche Umstände bestimmt wurde, die ihn bei Kenntnis der Sachlage und bei richtiger Würdigung des Wesens der Ehe von der Eheschließung abgehalten hätten (§ 1314 Abs. 2 Nr. 3). Täuschungen über die eigenen Vermögensverhältnisse (§ 1314 Abs. 3 S. 2), den Lebensstil, die privaten oder beruflichen Beziehungen usw. führen nicht zur Aufhebbarkeit.[32] Relevant sind dagegen Täuschungen über die Zeugungsfähigkeit, Vorstrafen wegen Bigamie oder Unterhaltspflichtverletzungen.[33]

---

28 *Dethloff*, Familienrecht, § 3, Rdnr. 44.
29 Müko/*Wellenhofer*, § 1310, Rdnr. 27.
30 *Schwab*, Familienrecht, § 19, Rdnr. 96.
31 Müko/*Wellenhofer*, § 1313, Rdnr. 4.
32 *Wellenhofer*, Familienrecht, § 6, Rdnr. 7.
33 MüKo/*Wellenhofer*, § 1314, Rdnr. 17; *Schwab*, Familienrecht, § 16, Rdnr. 80.

III. Die Ehewirkungen

1. Die Pflicht zur ehelichen Lebensgemeinschaft

Die Grundnorm des § 1353 bestimmt, dass die Ehegatten einander zur ehelichen Lebensgemeinschaft verpflichtet sind. Diese Vorschrift stellt eine Generalklausel dar: daraus ergibt sich eine Vielzahl von Pflichten.[34] Durch diese Bestimmung wird nämlich all dies zur Rechtspflicht gemacht, was nach sittlicher Auffassung zum Wesen der Ehe gehört: gegenseitige Liebe und Achtung, Rücksichtnahme aufeinander, Treue, Geschlechtsgemeinschaft, häusliche Gemeinschaft.[35]

a) Die Pflicht zur häuslichen Gemeinschaft

Zur ehelichen Lebensgemeinschaft gehört nach allgemeiner Auffassung das Zusammenleben an einem gemeinsamen Wohnsitz.[36] Ausnahmen sind jedoch möglich, wenn und solange der Aufnahme oder Fortsetzung einer häuslichen Gemeinschaft erhebliche Gründe entgegenstehen, beispielsweise beruflicher Art.[37]

Liegt in den Fragen der häuslichen Gemeinschaft bzw. des Wohnsitzes keine Einigung vor oder ist eine getroffene Vereinbarung hinfällig geworden, müssen die Eheleute versuchen, eine einvernehmliche Lösung zu finden.[38]

In einer Alleinverdienerehe wird in der Regel angenommen, dass der nicht berufstätige Partner regelmäßig zum Umzug verpflichtet ist, wenn der Berufstätige den Arbeitsort wechseln muss.[39] Zu beachten ist allerdings, dass ein entsprechendes Verlangen des Berufstätigen gerichtlich nicht durchsetzbar ist. Unterhaltsrechtlich kann es jedoch Konsequenzen haben, wenn sich ein Ehegatte ohne sachliche Gründe einem objektiv vernünftigen und zumutbaren Vorschlag des anderen willkürlich verschließt.[40]

> **Beispiel:**
> Der verheiratete Professor A lehrt an der Universität Osnabrück. Er erhält einen Ruf nach München. Seine Frau, die nicht berufstätig ist, weigert sich, nach München zu ziehen, weil sie dort keine Bekannten hat. A nimmt den Ruf an und verlangt von seiner Frau, nach München zu kommen und dort die Ehe mit ihm zu führen. Ein Anspruch des A auf Herstellung der ehelichen Lebensgemeinschaft liegt vor, da die beruflichen Interessen wohl überwiegen. Der Anspruch des A ist allerdings nicht durchsetzbar (§ 120 Abs. 3 FamFG). Sollte es zu einer Scheidung kommen, könnte die unberechtigte Weigerung der Frau A zur Herstellung der ehelichen Lebensgemeinschaft zum Ausschluss des nachehelichen Unterhaltsanspruchs nach § 1579 führen.

---

34 Jauernig/*Berger/Mansel*, § 1353, Rdnr. 2.
35 Schulze/*Kemper*, § 1353, Rdnr. 1.
36 BGH FamRZ 1990, 492, 495.
37 BeckOK/*Hahn*, § 1353, Rdnr. 5.
38 BeckOK/*Hahn*, § 1353, Rdnr.6.
39 BeckOK/*Hahn*, § 1353, Rdnr.6.
40 BeckOK/*Hahn*, § 1353, Rdnr. 6.

b) Die Pflicht zur Geschlechtsgemeinschaft

Als juristisch zum Wesen der Ehe gehörend angesehen werden die Pflicht zur Wahrung der ehelichen Treue und –je nach Alter und Gesundheit- zur Geschlechtsgemeinschaft.[41] Keinerlei Rechtspflichten ergeben sich nach ständiger Rechtsprechung des BGH im Bereich der Familienplanung. Demzufolge haben Abreden über die Familienplanung keine Bindungswirkung, da eine Bindungswirkung mit dem individuellen Selbstbestimmungs-recht jedes Ehegatten und dem Wesen der Ehe nicht zu vereinbaren ist.[42]

c) Die Pflicht zu Rücksicht und Beistand

Die Ehe kann zu gegenseitigem Beistand auch in den persönlichen Angelegenheiten des Partners verpflichten, wenn dies nach Art und Bedeutung der Angelegenheit zumutbar erscheint.[43] Daraus ergibt sich auch in steuerlichen Angelegenheiten eine Mitwirkungspflicht bei der Wahl der jeweils günstigsten Lösung (z.b. Wahl der Steuerklasse).[44]

d) Die Mitarbeit im Betrieb des anderen Ehegatten

Der Erwerbs- und Berufsbereich jedes Ehegatten wird dem persönlichen Bereich des Betroffenen zugeordnet; der Erwerbsbereich steht also an sich außerhalb der Familie und hat auf sie nur mittelbar durch die Unterhaltspflicht der Ehegatten und ihre Pflicht zur Rücksichtnahme Bedeutung (§ 1356 Abs. 2).[45] Aus diesem Grund wird in der Regel eine Pflicht des Ehegatten im Betrieb bzw. Berufsbereich des anderen Ehegatten mitzuarbeiten, nicht angenommen.[46] Ausnahmsweise kann jedoch eine Mitarbeitspflicht begründet sein. Zum einen kann das Unterhaltsrecht eine solche Mitarbeit begründen.[47] Zum anderen kann sich die Pflicht zur Mitarbeit aus der ehelichen Rücksichts- und Beistandspflicht ergeben; dies ist z.B. dann der Fall, wenn der Betrieb des Partners die wirtschaftliche Grundlage für den Familienunterhalt bildet und nun ohne die Mitarbeit in seiner Funktionsfähigkeit oder sogar in seinem Bestand gefährdet wäre.[48]

Beispiel:
Der Ehemann führt eine kleine Gaststätte, während die Ehefrau den kinderlosen Haushalt führt. Die erzielten Einnahmen sind so gering, dass der Ehemann sich die Anstellung einer Bedienung nicht leisten kann. Der Ehemann ist vorübergehend erkrankt. Das Einspringen der nicht berufstätigen Ehefrau in der Gaststätte wäre die einzige Möglichkeit, Einnahmen für die Familie zu erzielen. Hier liegt eine besondere Lage vor: Es besteht die wirtschaftliche Notwendigkeit, die Gaststätte für den Familienunterhalt zu erhalten. Eine Mitarbeitspflicht der Frau besteht.

---

41 *Schwab*, Familienrecht, § 21, Rdnr. 108;
42 BGH NJW 2001, 1789 f.
43 *Schwab*, Familienrecht, § 21, Rdnr. 112.
44 Einzelheiten bei *Schwab*, Familienrecht, § 21, Rdnr. 112.
45 *Schwab*, Familienrecht, § 22, Rdnr. 117, § 23, Rdnr. 125.
46 *Gergen*, FPR 2010, 298.
47 *Gergen*, FPR 2010, 298 f.
48 *Wellenhofer*, Familienrecht, § 9, Rdnr. 17.

Problematisch ist, ob für geleistete Mitarbeit eine Vergütung geschuldet wird. Akut wird das Problem im Falle der Trennung oder Scheidung für die während der Ehe geleistete Mitarbeit. Das Familienrecht enthält über diese Frage keine Regelung. Unter bestimmten Voraussetzungen kann ein Entgeltanspruch begründet sein, wobei die Rechtsgrundlage zweifelhaft ist.[49] Oft bejaht die Rechtsprechung einen Anspruch auf Ausgleich auf der Basis einer zwischen den Ehegatten stillschweigend zustande gekommenen Innengesellschaft. Voraussetzung ist allerdings, dass Arbeitsleistungen erbracht wurden, die über den nach § 1353 geschuldeten Umfang hinausgehen.

e) Die rechtliche Durchsetzung von Ehepflichten

Die Pflichten, die sich aus der ehelichen Lebensgemeinschaft ergeben, sind einklagbare Rechtspflichten. So kann aus der Anspruchsgrundlage des § 1353 Abs. 1 S. 2 auf Einhaltung einzelner Ehepflichten bzw. auf die Herstellung der ehelichen Lebensgemeinschaft geklagt werden (Herstellungsklage).[50] Allerdings kann die Erfüllung personaler Ehepflichten nicht durch direkten äußeren Zwang durchgesetzt werden.[51] Nach § 120 Abs. 3 FamFG unterliegt die Verpflichtung zur Herstellung des ehelichen Lebens nicht der Vollstreckung. Im Wesentlichen bezweckt eine solche Entscheidung die Feststellung der den Antragsgegner treffenden Pflichten verbunden mit einem Appell zur Pflichterfüllung.[52]

Kann die Herstellung der ehelichen Lebensgemeinschaft gem. § 1353 Abs. 2 verweigert werden, so ist die Herstellungsklage nicht begründet.

2. Die Unterhaltspflicht

Während der Ehe bestehen Unterhaltsansprüche gem. §§ 1360 - 1360 b. Jeder Ehegatte hat gegen den anderen während bestehender Ehe einen Anspruch darauf, dass dieser mit seiner Arbeit und seinem Vermögen die Familie angemessen unterhält (§ 1360 S. 1).

Beide Ehegatten haben für den Gesamtaufwand in Form von Bar- und Naturalunterhalt aufzukommen. In welcher Form der Familienunterhalt zu leisten ist, bestimmt sich nach der individuellen Ausgestaltung der ehelichen Lebensgemeinschaft (§ 1360 a Abs. 2 S. 1)

In der Regel genügt der den Haushalt führende Ehegatte damit seiner Unterhaltsverpflichtung (§ 1360 S. 2). Die Ehegatten können aber eine andere Arbeitsteilung vereinbaren; beide dürfen z.B. erwerbstätig sein und sich die Hausarbeit teilen.[53] Auch eine andere Aufteilung (z.T. Teilzeitarbeit) ist möglich.

---

[49] Zu den möglichen Anspruchsgrundlagen, s. MüKo/*Roth*, § 1356, Rdnr. 23ff.
[50] *Wellenhofer*, Familienrecht, § 9, Rdnr. 9.
[51] *Schwab*, Familienrecht, § 24, Rdnr. 141.
[52] *Schwab*, Familienrecht, § 24, Rdnr. 133; *Dethloff*, Familienrecht, § 4, Rdnr. 12.
[53] *Dethloff*, Familienrecht, § 4, Rdnr. 42.

Der angemessene Unterhalt umfasst alles, was nach den Verhältnissen der Ehegatten notwendig ist, um die Kosten des Haushalts zu decken und die persönlichen Bedürfnisse der Ehegatten und der gemeinsamen Kinder zu befriedigen (§ 1360 a). Das Haushaltsgeld ist dem haushaltsführenden Teil für einen angemessenen Zeitraum im Voraus zur Verfügung zu stellen.[54]

Der Unterhaltsanspruch des nicht berufstätigen Partners umfasst auch einen Anspruch auf Taschengeld für die Befriedigung seiner persönlichen Bedürfnisse nach Belieben.[55] Dabei handelt es sich um einen einklagbaren Taschengeldanspruch, mit dem sich gelegentlich die Gerichte befassen, zum Teil veranlasst durch Gläubiger des anspruchsberechtigten Partners, die den Taschengeldanspruch im Wege der Zwangsvollstreckung verwerten wollen.[56] Die Höhe des geschuldeten Taschengeldes beträgt ca. 5 - 7 % des zur Verfügung stehenden Nettoeinkommens.[57]

3. Die Schlüsselgewalt

a) Begriff und Umfang

<u>Die Tatbestandsvoraussetzungen des § 1357</u>[58]
- Wirksame Ehe
- Kein Getrenntleben der Ehegatten, § 1357 Abs. 3
- Wirksamer Abschluss eines Rechtsgeschäftes durch einen Ehegatten
- Geschäft zur angemessenen Deckung des Lebensbedarfs
- Aus den Umständen darf sich nichts anderes ergeben
- Kein Ausschluss der Schlüsselgewalt nach §§ 1357 Abs. 2, 1412

Nach § 1357 Abs. 1 werden – soweit sich aus den Umständen nichts anderes ergibt – beide Ehegatten durch Rechtsgeschäfte eines Ehegatten, die der angemessenen Deckung des Lebensbedarfs der Familie dienen, berechtigt und verpflichtet.

Zum Lebensbedarf gehören grundsätzlich alle Geschäfte, die der Haushaltsführung sowie der Befriedigung der persönlichen Bedürfnisse der Ehegatten und Kinder dienen. Insbesondere fallen Haushaltsgeschäfte, wie die Beschaffung von Lebensmitteln, Kleidung, Körperpflegemitteln, Haushaltsgeräten usw. darunter.[59]

Die Vorschrift des § 1357 ist nicht anwendbar, wenn es sich um Geschäfte größeren Umfangs handelt, die den angemessenen Lebensbedarf der Familie übersteigen. Hierbei ist auf den Lebenszuschnitt der konkreten Familie abzustellen, wie er nach außen in Erscheinung tritt.[60] Bei durchschnittlichem Einkommen und Lebensstil wäre etwa die

---

54 *Wellenhofer*, Familienrecht, § 9, Rdnr. 11.
55 *Dethloff*, Familienrecht, § 4, Rdnr. 48.
56 *Schwab*, Familienrecht, § 25, Rdnr. 151.
57 BGH NJW 2004, 2450.
58 Nach *Wellenhofer*, Familienrecht, § 10, Rdnr. 4.
59 *Schlüter*, Familienrecht § 10, Rdnr. 88.
60 BeckOK/*Hahn*, § 1357, Rdnr. 12.

Anschaffung von teuren Designer-Möbeln nicht angemessen i.S.d. § 1357. Als Kriterium dient im Einzelfall zudem die Frage, ob es sich um ein Geschäft handelt, das ein Ehepartner nach den Lebensverhältnissen typischerweise zu erledigen pflegt, oder ob es eher ein Geschäft größeren Umfangs ist, das ohne Schwierigkeiten auch zurückgestellt werden kann und über das sich die Ehegatten üblicher Weise vorher absprechen.[61] Von Bedeutung ist auch, ob der Ehegatte vorab mit dem betreffenden Geschäft einverstanden war; ist dies der Fall, so spricht dies für die Angemessenheit des Geschäfts.[62]

> **Beispiel (nach BGH NJW 2004, 1593):**
> Der Ehemann der beklagten Ehefrau hatte mit der Klägerin einen Telefondienstvertrag über einen Festnetzanschluss in der Ehewohnung geschlossen. Die Klägerin stellte ihm am 03.12.1998 und am 11.01.1999 für die Grundgebühr (2 Monate) und für Verbindungen in der Zeit vom 24.10. bis 28.12.1998 insgesamt 6.375,75 DM in Rechnung, die von ihm nicht ausgeglichen wurden. Die beklagte Ehefrau zahlte hierauf 771,13 DM. Der noch offene Rechnungsbetrag bezieht sich ausschließlich auf Verbindungen zum Tele-Info-Service 0190 x, (Sex-Hotlines) die vom Ehemann gewählt wurden.
> Hier hat der BGH entschieden, dass die Kosten für den Telefonanschluss sowie den laufenden Telefonbedarf unter § 1357 fallen, weil ein Festnetzanschluss auch in Zeiten der Handybenutzung zum üblichen Lebensbedarf einer Familie zählt. Nach Ansicht des Gerichts rechtfertigt dies jedoch nicht, Kosten, die diesen Rahmen exorbitant überschreiten und die finanziellen Verhältnisse der Familie sprengen, der angemessenen Deckung des Lebensbedarfs zuzurechnen. Die beklagte Ehefrau musste nicht für diese Telefonkosten aufkommen.

Gem. § 1357 Abs. 1 S. 2 entsteht keine Mitberechtigung bzw. Mitverpflichtung beider Ehegatten, wenn sich aus den für den Geschäftspartner erkennbaren Umständen etwas anderes ergibt. Dies kann der Fall sein, wenn der handelnde Ehegatte erkennbar macht, dass eine Mithaftung des anderen ausscheiden soll.[63] Ferner gehören zu den maßgeblichen Umständen auch die finanziellen Verhältnisse der Familie.[64] So sind nach Auffassung der Rechtsprechung unaufschiebbare Maßnahmen, insbesondere Behandlungsverträge, Geschäfte zur angemessenen Deckung des Lebensbedarfs. Hier wird aber der andere Ehegatte nur dann verpflichtet, wenn sich die Kosten im finanziellen Rahmen der Familie bewegen.

> **Beispiel (nach BGHZ 116, 184):**
> Die Klägerin (Trägerin eines Krankenhauses) nimmt die Beklagte wegen Behandlungskosten ihres verstorbenen Mannes i.H.v. 30 837,89 DM in Anspruch. Der Ehemann musste sich wegen eines Bronchialkarzinoms einer Chemotherapie unterziehen, die medizinisch indiziert und unaufschiebbar war und ungefähr ein Jahr dauerte. Er nahm die Leistungen als sogenannter Selbstzahler in Anspruch. Die AOK hatte die Krankenversicherung gekündigt, weil der Ehemann die Beiträge nicht mehr aufbringen konnte. Die wirtschaftlichen Verhältnisse der Familie waren schon zu Lebzeiten des Mannes sehr angespannt. Nach dem Tode des Mannes bezieht die Beklagte eine geringe Witwenrente. Bei ihr leben die drei gemeinsamen Kinder. Für die beiden jüngeren Kinder bezieht sie Waisenrente und daneben ergänzende Sozialhilfe. Es stellt sich die Frage, ob die Beklagte gem. § 1357 verpflichtet ist, die Behandlungskosten zu zahlen.

---

61 BeckOK/*Hahn*, § 1357, Rdnr. 13, 15, 16; MüKo/*Roth*, § 1357, Rdnr. 20.
62 *Schwab*, Familienrecht, § 26, Rdnr. 167.
63 Jauernig/*Berger/Mansel*, § 1357, Rdnr. 5.
64 *Wellenhofer*, Familienrecht, § 10, Rdnr. 11.

Eine Zahlungsverpflichtung der Beklagten könnte sich aus § 611 iVm § 1357 Abs. 1 S. 2 ergeben. Fraglich ist, ob der vom Verstorbenen abgeschlossene Vertrag ein Geschäft zur angemessenen Deckung des Lebensbedarfs darstellt. Der BGH hält eine unaufschiebbare, dringende ärztliche Behandlung, für die es keine Alternative gibt, in jedem Fall für angemessen. Jedoch ist zu prüfen, ob eine Mitverpflichtung des anderen Ehegatten gem. § 1357 Abs. 1 S. 2 ausgeschlossen ist. Dies hat das Gericht im vorliegenden Sachverhalt bejaht: Überschreitet eine kostspielige Behandlung die wirtschaftlichen Verhältnisse der Familie, so muss die Mitverpflichtung des anderen Ehegatten „nach den Umständen" von vornherein ausscheiden.

b) Rechtsfolgen

Das Geschäft zur Deckung des Lebensbedarfs berechtigt und verpflichtet grundsätzlich beide Ehegatten. Es entsteht eine Mehrheit von Schuldnern und Gläubigern, die in das System der §§ 420 ff. einzuordnen ist. Die Rechtsfolgen des § 1357 treten kraft Gesetzes ein, und zwar unabhängig davon ob der Vertragspartner des handelnden Ehegatten weiß, dass er es mit Ehegatten zu tun hat.

Die Mitverpflichtung des anderen Ehegatten führt zur Gesamtschuld; jeder Ehegatte hat also für das Ganze einzustehen (§ 421), wobei der Geschäftspartner den einen oder den anderen Teil nach seinem Belieben in Anspruch nehmen kann.[65]

Die Berechtigung beider Ehegatten wird als Gesamtgläubigerschaft i.S.v. § 428 eingeordnet. Jeder kann also die ganze Leistung an sich verlangen; der Geschäftspartner kann nach Belieben an den einen oder den anderen Ehegatten mit befreiender Wirkung leisten.[66]

Nach Auffassung des BGH entfaltet § 1357 keine dingliche Wirkung.[67] Fällt das Verpflichtungsgeschäft unter § 1357, so ist der andere Ehegatte zwar obligatorisch mitberechtigt und -verpflichtet; er wird jedoch nicht schon kraft Gesetzes Miteigentümer.[68] Allerdings können die Regeln des Erwerbs „für den, den es angeht" zum Zuge kommen.[69]

4. Eigentumsvermutungen

Die Vorschrift des § 1006 Abs. 1 stellt die Vermutung auf, dass der Besitzer einer beweglichen Sache auch deren Eigentümer ist.

Für das Familienrecht enthält § 1362 eine weitere Eigentumsvermutung. Danach gilt zugunsten des Gläubigers eines Ehepartners für eine im Besitz eines oder beider Partner befindlichen beweglichen Sache, dass sie dem Schuldner gehört. Die Eigentumsver-

---

65 BeckOK/*Hahn*, § 1357, Rdnr. 27.
66 BeckOK/*Hahn*, § 1357, Rdnr. 30.
67 BGH NJW 1991, 2283.
68 *Dethloff*, Familienrecht, § 4, Rdnr. 69.
69 *Dethloff*, Familienrecht, § 4, Rdnr. 70;

mutung gilt nicht, wenn die Ehegatten oder Lebenspartner getrennt leben und sich die betreffende Sache im Besitz des Partners befindet, der nicht Schuldner ist. Bei Sachen, die zum persönlichen Gebrauch bestimmt sind, wird vermutet, dass sie dem Ehegatten gehören, für dessen Gebrauch sie bestimmt sind (§ 1362 Abs. 2).[70]

Auch diese Eigentumsvermutung kann widerlegt werden. Der Ehegatte, der nicht Schuldner ist, muss dazu seinen Eigentumserwerb nachweisen.[71] Die Eigentumsvermutung nach § 1362 wird durch eine Gewahrsamsvermutung ergänzt, die sich aus § 739 der Zivilprozessordnung (ZPO) ergibt.[72]

5. Haftungsmaßstab, § 1359

Ehegatten haften einander nur für die Sorgfalt, die sie in eigenen Angelegenheiten anzuwenden pflegen (§ 277).

Diese Haftungsmilderung gilt allerdings nicht für Sorgfaltspflichten außerhalb der Ehe, z.B. im Straßenverkehr.[73]

6. Der Ehename

Das Namensrecht der Ehegatten unterlag in den vergangenen Jahrzehnten häufigen Änderungen.[74] Die Eheleute sind nicht mehr gezwungen, einen Ehenamen zu bestimmen. Wollen die Ehegatten einen Ehenamen bestimmen, gibt es eine Fülle von Kombinationsmöglichkeiten.[75] Allerdings ist die Wahl desselben aus dem Geburtsnamen von Mann und Frau gebildeten Doppelnamens für beide Ehepartner nicht zulässig.[76] Der Ehepartner, dessen Name nicht zum Ehenamen gewählt wurde, kann einen Begleitnamen führen, (§ 1355 Abs. 4). Besteht der Name des Ehegatten aus mehreren Namen, so darf er für die Bildung eines Begleitnamens nur einen der Namensbestandteile verwenden (§ 1355 Abs. 4 S. 3). So ist nach Auffassung des BVerfG die Kombination Thalheim-Kunz-Hallstein nicht zulässig.[77]

Ferner können Geschiedene, die wieder heiraten, den angeheirateten Namen des ehemaligen Ehepartners zum gemeinsamen Ehenamen in der neuen Ehe bestimmen.[78]

Bei der Wahl des Ehenamens hat ein Ehepaar die folgenden Möglichkeiten.

---

[70] Die Vermutung in Abs.2 wirkt –anders als Abs. 1- auch zwischen den Ehegatten: MüKo/*Weber-Monecke*, § 1362, Rdnr. 25.
[71] MüKo/*Weber-Monecke*, § 1362, Rdnr. 30.
[72] BeckOK/*Beutler*, § 1362, Rdnr. 5.
[73] BeckOK/*Hahn*, § 1359, Rdnr. 7 ff.
[74] *Schwab*, Familienrecht § 28, Rdnr. 188.
[75] *Schwab*, Familienrecht § 28, Rdnr. 190.
[76] *Schwab*, Familienrecht § 28, Rdnr. 191.
[77] BVerfG NJW 2009, 1657.
[78] *Schwab*, Familienrecht § 28, Rdnr. 190.

Mögliche Alternativen der Namensgestaltung: Frau Meier, Herr Schmidt

Meier, Meier	Ehename
Schmidt, Schmidt	Ehename
Meier, Schmidt	Kein Ehename
Falls Ehename Meier a) Frau Meier, Herr Schmidt-Meier b) Frau Meier, Herr Meier-Schmidt	§ 1355 Abs. 4 S.1 (Begleitname)
Falls Ehename Schmidt a) Frau Meier-Schmidt, Herr Schmidt b) Frau Schmidt-Meier, Herr Schmidt	§ 1355 Abs. 4 S.1 (Begleitname)
Abweichen des Namens vom Geburtsnamen	§ 1355 Abs. 4, S. 2, 3
Verwitwung oder Scheidung	§ 1355 Abs. 5

IV. Eheliches Güterrecht

1. Die Güterstände

Die umfangreichste Regelung im Familienrecht des BGB stellt das eheliche Güterrecht dar. Beim ehelichen Güterrecht handelt es sich um die vermögensrechtlichen Beziehungen unter Ehegatten. Den Ehegatten stehen drei güterrechtliche Modelle zur Wahl: die Gütertrennung, die Gütergemeinschaft und die Zugewinngemeinschaft. Haben die Ehegatten nichts Gegenteiliges vereinbart, so tritt die Zugewinngemeinschaft kraft Gesetzes mit der Eheschließung ein, (§ 1363). Daher wird die Zugewinngemeinschaft als „gesetzlicher Güterstand" bezeichnet. Die Wahlgüterstände der Gütertrennung und der Gütergemeinschaft können nur durch notariellen Ehevertrag vereinbart werden.

Bei der Gütertrennung sind die Vermögensbereiche der beiden Ehegatten getrennt.[79] Jeder Ehegatte bleibt alleiniger Inhaber der bei der Eheschließung vorhandenen Vermögensrechte und verwaltet sein Vermögen selbstständig; was er während der Ehe erwirbt, gehört ihm.[80]

Die Gütergemeinschaft, die in den §§ 1415 ff. geregelt ist, hat heute kaum praktische Bedeutung. Sie ist das Gegenstück der Gütertrennung und sieht die Eheleute auch im Bereich des Vermögens als Einheit, sodass mit Beginn der Gütergemeinschaft die jedem einzelnen Ehegatten zugeordneten Vermögenswerte zu einem gemeinschaftlichen Vermögen verschmelzen.[81]

---

[79] *Schwab*, Familienrecht, § 29, Rdnr. 204.
[80] *Schwab*, Familienrecht, § 29, Rdnr. 204.
[81] *Schwab*, Familienrecht, § 29, Rdnr. 207 ff.

2. Die Zugewinngemeinschaft

a) Grundgedanke und Struktur

Der Güterstand der Zugewinngemeinschaft wird durch zwei Wesensmerkmale gekennzeichnet: Es entsteht kein gemeinschaftliches Vermögen, sondern jeder Ehegatte bleibt auch nach der Eheschließung alleiniger Inhaber seines Vermögens, § 1363 Abs. 2; auch diejenigen Vermögensgegenstände, die die Eheleute während des Güterstandes erwerben, werden nicht ohne weiteres gemeinschaftliches Vermögen (Trennungsprinzip).[82] Ebenfalls bleiben die Schulden der Ehegatten getrennt.

Bei Beendigung des Güterstands findet allerdings ein Vermögensausgleich statt.

b) Eheverträge

Die Ehegatten können vor oder nach Eingehung der Ehe den gesetzlichen oder gewählten Güterstand ausschließen bzw. einzelne gesetzliche Regelungen des Güterrechts durch Ehevertrag verändern oder ergänzen. Eheverträge sind formgebunden: sie müssen bei gleichzeitiger Anwesenheit beider Partner vor einem Notar geschlossen werden (§ 1410).

Der BGH überprüft die Wirksamkeit von Eheverträgen in zwei Stufen:[83]

Zunächst wird eine Wirksamkeitskontrolle gem. § 138 Abs. 1 bezogen auf den Zeitpunkt des Vertragsschlusses durchgeführt. Im Rahmen dieser Wirksamkeitskontrolle wird geprüft, ob die Vereinbarung bereits im Zeitpunkt ihres Zustandekommens offenkundig zu einer einseitigen Lastenverteilung für den Scheidungsfall führt.[84]

Im zweiten Schritt wird eine Ausübungskontrolle nach § 242 praktiziert. Danach kann trotz fehlender Sittenwidrigkeit die Berufung auf Klauseln des Vertrages missbräuchlich sein, wenn sich etwa die Lebensverhältnisse der Beteiligten verändert haben. Dabei sind die aktuellen Verhältnisse entscheidend, nicht diejenigen beim Abschluss des Vertrages.[85] Nach der Standard-Formulierung in der Rechtsprechung darf eine Regelung in einem Ehevertrag nicht zu einer evident einseitigen und durch die individuelle Gestaltung der ehelichen Lebensverhältnisse nicht gerechtfertigten Lastenverteilung führen, die hinzunehmen für den belasteten Ehegatten – bei angemessener Berücksichtigung der Belange des anderen Ehegatten und seines Vertrauens in die Geltung der getroffenen Abrede – bei verständiger Würdigung des Wesens der Ehe unzumutbar erscheint.[86] Nach dieser Rechtsprechung können zumindest die Kernbereiche des Scheidungsfolgenrechts nicht oder nur bedingt angetastet werden. In den Kernbereich gehören danach an erster Stelle der Unterhaltsanspruch wegen Kindesbetreuung bzw. wegen Alters und Krankheit und der Versorgungsausgleich, während der gesetzliche Güterstand des Zugewinnausgleichs nicht dem Kernbereich zugeordnet wird.[87]

---

[82] *Dethloff*, Familienrecht, § 5, Rdnr. 50.
[83] Aus der aktuellen Rechtsprechung vgl. BGH 29.01.2014 (Az.: XII ZB 303/13).
[84] *Schwab*, Familienrecht, § 30, Rdnr. 217.
[85] BeckOK/*Mayer*, § 1408, Rdnr. 39.
[86] BGH NJW 2008, 1080 f.
[87] *Schwab*, Familienrecht, § 30, Rdnr. 218.

c) Die Beschränkungen in der Zugewinngemeinschaft

Der Gesetzgeber geht bei der Zugewinngemeinschaft grundsätzlich von der Verfügungsfreiheit beider Ehegatten aus (§ 1364). Nur in den Ausnahmefällen des § 1369 (Verfügung über Hausrat) und im Fall des § 1365 (Verfügung über das Vermögen im Ganzen) macht er Ausnahmen. Nach § 1365 Abs. 1 kann ein Ehegatte über sein Vermögen im Ganzen nur mit Einwilligung des anderen Ehegatten verfügen oder sich zu einer solchen Verfügung verpflichten.

Eine Verfügung iSd § 1365 liegt zunächst dann vor, wenn der Vertrag auf Übertragung des gesamten Vermögens gerichtet ist. Nach der Rechtsprechung des BGH ist die Norm auch bei einem Vertrag anwendbar, der die Veräußerung eines einzelnen Vermögensgegenstandes betrifft, sofern das Objekt der Veräußerung im Wesentlichen das ganze Vermögen des Veräußerers darstellt; zusätzlich muss der Vertragspartner dies wissen oder zumindest die Verhältnisse kennen, aus denen sich dies ergibt.[88] Daraus folgt, dass auch Einzelverfügungen problembehaftet sein können. Der BGH hat im Sinne der Rechtssicherheit klare Grenzen formuliert: Bei einem kleinen Vermögen müssen dem Berechtigten 15%, bei einem größeren Vermögen 10% verbleiben.[89]

> **Beispiel:**
> Der Ehemann ist Eigentümer eines Grundstücks, das sein ganzes Vermögen darstellt. Er überträgt ohne Zustimmung seiner Frau das Grundstück auf seine neue Freundin.

Für die Einwilligung gelten die Vorschriften der §§ 182, 183; nach diesen Vorschriften kann die Einwilligung dem Ehegatten oder dem Dritten gegenüber erklärt werden und ist bis zur Vornahme des Rechtsgeschäfts widerruflich.[90] Das Familiengericht kann auf Antrag die erforderliche Zustimmung des Ehegatten ersetzen, wenn der Ehegatte die Zustimmung ohne ausreichenden Grund verweigert oder wenn er durch Krankheit oder Abwesenheit an der Abgabe einer Erklärung verhindert ist, § 1365 Abs. 2.

> **Beispiel:**[91]
> Die Eheleute M und F leben im Güterstand der Zugewinngemeinschaft und sind wohnhaft in Hamburg. Das wesentliche Vermögen von M besteht in einem Grundstück, welches er geerbt hat. Das Grundstück, mit dem M nichts anzufangen weiß, befindet sich in Traunstein. Als M nach langjähriger Suche einen Käufer findet, der bereit ist, einen angemessenen Preis zu bezahlen, verweigert F grundlos ihre Zustimmung zum Kaufvertrag. Hier wird es M gelingen, die Zustimmung der F gerichtlich ersetzen zu lassen.

Die Rechtsfolge der fehlenden Einwilligung des anderen Ehegatten ist zunächst die schwebende Unwirksamkeit sowohl des Verpflichtungsgeschäfts als auch der Verfügung, § 1366. Der Schwebezustand kann durch Genehmigung des Ehegatten oder durch Verweigerung der Genehmigung beendet werden.[92]

---

[88] BGH NJW 1996, 1740.
[89] *Schwab*, Familienrecht, § 32, Rdnr. 231.
[90] *Dethloff*, Familienrecht, § 5, Rdnr. 78.
[91] *Wellenhofer*, Familienrecht, § 14, Rdnr. 12.
[92] *Schwab*, Familienrecht, § 32, Rdnr. 246 ff.

d) Der Zugewinnausgleich

Zum 01.09.2009 ist das Zugewinnausgleichsrecht reformiert worden. Dabei ist das Grundkonzept des Zugewinnausgleichs aufrechterhalten geblieben. Zur Berechnung des Zugewinnausgleichs wird der von jedem Ehegatten während der Ehe erzielte Zugewinn verglichen. Der Ehegatte, der den größeren Zugewinn erzielt hat, muss die Hälfte des Überschusses an den anderen auszahlen. In einem ersten Schritt wird also das Anfangsvermögen jedes Ehegatten ermittelt (§§1374, 1376, 1377), wobei diesem Anfangsvermögen auch während der Ehezeit ererbtes oder geschenktes Vermögen zugerechnet wird (§ 1374 Abs. 2), so dass dieses im Ergebnis auch weiterhin demjenigen Ehegatten verbleibt, der es geerbt oder geschenkt bekommen hat. Vom Endvermögen sind die vorhandenen Verbindlichkeiten abzuziehen.

Beispiel:

	Ehemann	Ehefrau
Anfangsvermögen	0	100.000 €
Endvermögen	50.000 €	300.000 €
Zugewinn	50.000 €	200.000 €
Differenz	150.00 €	

Ergebnis: Der Ehemann hat gem. § 1378 Abs. 1 einen Anspruch auf Ausgleich in Höhe von **75.000 €**.

Durch die Reform des Zugewinnausgleichs wurde die vormalige Nichtberücksichtigung von Verbindlichkeiten zu Beginn der Ehe für die Berechnung des Zugewinns beseitigt; sollten also entsprechend hohe Verbindlichkeiten bestehen, ist nunmehr auch ein negatives Anfangsvermögen möglich.[93]

Beispiel:

	Ehemann	Ehefrau
Anfangsvermögen	-30.000 €	0 €
Endvermögen	20.000 €	50.000 €
Zugewinn	50.000 €	50.000 €
Differenz	-	-

Ergebnis: Eine Ausgleichforderung besteht nicht.

Nach § 1378 Abs. 2 wird jedoch die Höhe der Ausgleichsforderung durch den Wert des Vermögens begrenzt, das der ausgleichspflichtige Ehegatte bei Beendigung des Güterstandes hat.

Beispiel:
Der Ehemann hat bei Eingehung der Ehe 50.000 € Schulden. Bei Beendigung des Güterstandes der Zugewinngemeinschaft hat er nur noch 10.000 € Schulden. Somit beträgt sein Zugewinn 40.000 €. Seine Ehefrau hat weder Anfangs- noch Endvermögen.

Obwohl der Ehemann einen Zugewinn hat, schuldet er keinen Ausgleich, weil gem. § 1378 Abs. 2 der Anspruch auf das vorhandene Vermögen begrenzt ist.

---

[93] BeckOK/*Mayer*, § 1374, Rdnr. 8.

V. Das Ehescheidungsrecht

1. Grundlagen

Unter Ehescheidung versteht man die Auflösung der Ehe durch gerichtliche Entscheidung mit der Wirkung für die Zukunft aufgrund bestimmter Scheidungsgründe. Von der Scheidung zu unterscheiden ist die Auflösung der Ehe durch Aufhebung oder durch Tod. Seit 1977 gibt es nur noch einen Scheidungsgrund: das Scheitern der Ehe („Zerrüttungsprinzip").[94] Die Ehe ist gescheitert, wenn die Lebensgemeinschaft nicht mehr besteht und nicht erwartet werden kann, dass die Ehegatten sie wiederherstellen, § 1565 Abs. 1 S. 2.

Auf ein Verschulden kommt es nicht an; so kann auch derjenige Ehegatte, der - etwa durch eheliche Untreue - die Ehe in vorwerfbarer Weise zum Scheitern gebracht hat, die Scheidung verlangen.[95]

2. Die Scheidungsvoraussetzungen

Überblick über die Voraussetzungen der Scheidung[96]

- Antrag beim zuständigen Familiengericht
- Wirksame Ehe
- Scheitern der Ehe, 1565 Abs. 1 S. 1
  Vermutung des § 1566 Abs.1 (einjähriges Getrenntleben: beiderseitiger Antrag oder Zustimmung zum Scheidungsantrag)
  Vermutung des § 1566 Abs. 2 (dreijähriges Getrenntleben)
  Hilfsweise: Materielle Einzelprüfung gem. § 1565 Abs. 1 S. 2
    - Zerrüttung der Ehe
    - einjähriges Getrenntleben oder Härtefall, 1565 Abs. 2
- Kein Härtefall nach § 1568

Die Scheidungsvoraussetzungen müssen im Scheidungsprozess vorgetragen und evtl. sogar bewiesen werden. Oft kann die Voraussetzung der Zerrüttung der Ehe schwer zu beweisen sein. Daher hat das Gesetz die sog. Zerrüttungsvermutungen in § 1566 eingeführt. Greifen die Vermutungen des § 1566 nicht ein, so bleibt der Grundtatbestand des § 1565 zu prüfen, wobei entweder ein einjähriges Getrenntleben oder die Voraussetzungen eines Härtefalles gegeben sein müssen. Insgesamt sind sich also vier Fälle zu unterscheiden:

---

[94] BeckOK/*Neumann*, § 1564, Rdnr.1.
[95] *Wellenhofer*, Familienrecht, § 20, Rdnr. 3.
[96] Nach *Wellenhofer*, Familienrecht, § 20, Rdnr. 5.

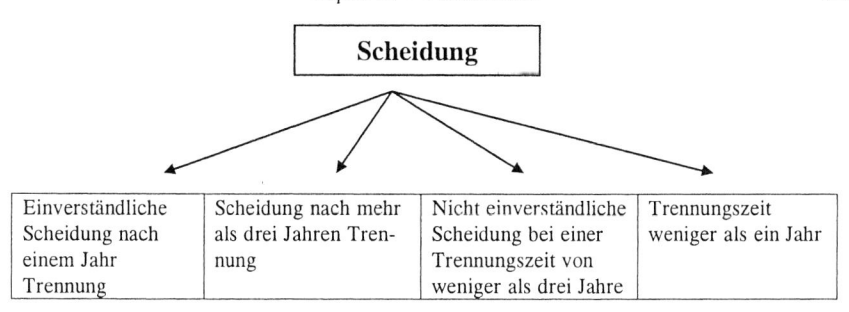

Scheidung

Einverständliche Scheidung nach einem Jahr Trennung	Scheidung nach mehr als drei Jahren Trennung	Nicht einverständliche Scheidung bei einer Trennungszeit von weniger als drei Jahre	Trennungszeit weniger als ein Jahr

a) Einverständliche Scheidung nach einem Jahr Trennung

Leben die Ehegatten ein Jahr getrennt - wobei eine Trennung auch innerhalb der ehelichen Wohnung erfolgen kann -, so gilt die Ehe als zerrüttet, § 1566 Abs. 1, wenn beide Ehegatten die Scheidung beantragen oder der Antragsgegner der Scheidung zustimmt. Weiterer Beweise für die Zerrüttung der Ehe bedarf es nicht. Es handelt sich um eine unwiderlegbare Vermutung.

b) Scheidung nach dreijähriger Trennung

Leben die Ehegatten drei Jahre getrennt - wobei eine Trennung auch innerhalb der ehelichen Wohnung erfolgen kann -, so gilt die Ehe als zerrüttet, § 1566 Abs. 1. Weiterer Beweise für die Zerrüttung der Ehe bedarf es nicht. Ferner ist es unerheblich, wer nun den Scheidungsantrag stellt oder ob der andere widerspricht. Nach drei Jahren Trennung kann somit – vorbehaltlich der Härteklausel des § 1568 - die Ehe geschieden werden.

c) Nicht einverständliche Scheidung bei einer Trennungszeit von weniger als drei Jahren

Leben die Eheleute länger als 1 Jahr, aber noch keine 3 Jahre getrennt, und ist der andere Ehegatte nicht mit der Scheidung einverstanden, so muss das Scheitern der Ehe bewiesen werden. Aus diesem Grund ist es in einem solchen Fall erforderlich, dem Gericht die Scheidungsgründe mitzuteilen. Streitet der andere Ehegatte die Scheidungsgründe ab, kann es sogar dazu kommen, dass Zeugen vernommen werden.

d) Trennungszeit weniger als ein Jahr

Leben die Ehegatten weniger als ein Jahr getrennt, so kann die Ehe nach § 1565 Abs. 2 nur geschieden werden, "wenn die Fortsetzung der Ehe für den Antragsteller aus Gründen, die in der Person des anderen Ehegatten liegen, eine unzumutbare Härte darstellen würde". Selbst wenn die Scheidung von beiden Ehegatten gewollt ist, so ist sie bei einer Trennungszeit von weniger als einem Jahr nur dann möglich, wenn die im Gesetz genannte Voraussetzung erfüllt ist. Dies führt in der Praxis dazu, dass die Eheleute manchmal behaupten, sie seien bereits seit einem Jahr getrennt, obwohl dies nicht der Wahrheit entspricht. Nach h.M. muss sich die unzumutbare Härte auf die Fortsetzung der Ehe als solche beziehen d.h. auf das bloße „Weiter-miteinander-verheiratet-Sein".[97] Darüber hinaus muss der Grund für die Unzumutbarkeit in der Person des anderen Ehegatten liegen.

Beispiele für die Bejahung von Härtefällen:
Der Ehegatte wurde in der Ehe wiederholt schwer misshandelt.[98]
Die Ehefrau ist von einem anderen Mann schwanger.[99]
Die Ehefrau geht der Prostitution nach.[100]

Von der Härte i.S.v. § 1565 Abs. 2, welche die vorzeitige Scheidung ermöglicht, ist die Härte gem. § 1568 zu unterscheiden. Die Vorschrift des § 1568 will eine Scheidung zur Unzeit verhindern.[101] Auch wenn die Ehe gescheitert ist, soll sie jedoch in Ausnahmefällen dennoch nicht geschieden werden, wenn eine der Schutzklauseln des § 1568 einschlägig ist; es handelt sich dabei um eine Kinderschutzklausel und eine Ehegattenschutzklausel. Insgesamt machen die Familiengerichte von der Härteklausel sehr zurückhaltenden Gebrauch.[102] Ein Härtefall könnte z.B. bei Selbstmordgefährdung des Scheidungsunwilligen angenommen werden.[103]

3. Das Scheidungsverfahren

Die Regelungen über das Scheidungsverfahren finden sich seit 01.09.2009 nicht mehr in der ZPO, sondern in dem „Gesetz über das Verfahren in Familiensachen und in den Angelegenheiten der freiwilligen Gerichtsbarkeit" (FamFG). Das Scheidungsverfahren zählt zu den Ehesachen, § 121 FamFG, so dass die Zuständigkeit der Familiengerichte gegeben ist. Das Scheidungsverfahren richtet sich nach den speziellen Vorschriften der §§ 133 ff. FamFG, ergänzt durch die allgemeinen Vorschriften für Ehesachen. Das Scheidungsverfahren wird durch Einreichung einer Antragsschrift anhängig. Die Parteien heißen Antragsteller und Antragsgegner.

Im Zusammenhang mit der Scheidung können weitere Fragen (Folgesachen) zu regeln sein: z.B. der Zugewinnausgleich, die Behandlung der gemeinsamen Ehewohnung oder der nacheheliche Unterhalt.[104] Eine Besonderheit des Scheidungsverfahrens ist der Verbund von Scheidungs- und Folgesachen, der es ermöglicht, über die Ehescheidung und die wichtigsten Scheidungsfolgen in einem Verfahren zu entscheiden.[105] Von Amts wegen wird der Versorgungsausgleich als Verbundsache gemeinsam mit der Scheidung

---

[97] BeckOK/*Neumann*, § 1565, Rdnr. 25.
[98] MüKo/*Ey*, § 1565, Rdnr. 117.
[99] MüKo/*Ey*, § 1565, Rdnr. 113.
[100] OLG Bremen, FamRZ 1996, 489.
[101] BeckOK/*Neumann*, § 1568, Rdnr. 2.
[102] *Schwab*, Familienrecht, § 37, Rdnr. 355.
[103] Schulze/*Kemper*, § 1568, Rdnr. 3; vgl. aber auch BGH NJW 1981, 1808 und OLG Celle, NJW-RR 1995, 1409.
[104] *Schwab*, Familienrecht, § 36, Rdnr. 338.
[105] *Schwab*, Familienrecht, § 36, Rdnr. 337.

durchgeführt; andere Scheidungsfolgensachen bedürfen zur Behandlung als Verbundsache eines Antrages einer Partei.[106]

4. Unterhalt nach der Scheidung

a) Einführung und Gesetzessystematik

Beim Unterhalt zwischen Ehegatten sind der Familienunterhalt nach § 1360 (dazu s. oben), der Trennungsunterhalt nach § 1361 und der Unterhalt nach Scheidung nach §§ 1569 ff. zu unterscheiden. Das Unterhaltsrecht nach den §§ 1569 ff. wurde zum 01.01.2008 novelliert; im Folgenden werden die wichtigsten Grundzüge dargestellt. Nach der Reform des Unterhaltsrechts kommt dem Grundsatz der Eigenverantwortung eine zentrale Stellung zu.[107] Dieser Grundsatz wird gestärkt durch die Ausgestaltung der Erwerbstätigkeit als Obliegenheit; das Prinzip der Eigenverantwortung muss als Leitlinie für die Auslegung des gesamten nachehelichen Unterhaltsrechts herangezogen werden.[108] Es wird nun im stärkeren Maße berücksichtigt, ob die Unterhaltsbedürftigkeit sich aus der Ehe ergibt oder auf andere nicht spezifisch ehebedingte Gründe zurückzuführen ist.[109]

Bezüglich der Gesetzessystematik ist anzumerken, dass § 1569 keine selbstständige Anspruchsgrundlage bildet.[110] Zentrale Voraussetzung des Unterhaltsanspruchs ist, dass ein Unterhaltstatbestand der §§ 1570 ff. vorliegt.[111] Weiterhin sind die Bedürftigkeit beim Unterhaltsbegehrenden und die Leistungsfähigkeit des Unterhaltsschuldners erforderlich.

Der nacheheliche Unterhaltsanspruch, §§ 1569 ff.[112]

- Scheidung der Ehe
- Vorliegen eines Unterhaltstatbestands, §§ 1570-1576
- Bedürftigkeit des Unterhaltsberechtigten, § 1577
- Leistungsfähigkeit des Unterhaltspflichtigen, § 1581
- Herabsetzung und/oder Befristung, § 1578 b
- Beschränkung oder Versagung bei grober Unbilligkeit, § 1579
- Sonstige Einwendungen oder Einreden, insbesondere
  - Abweichende Vereinbarungen, § 1585c
  - Erlöschen durch Tod oder Wiederheirat, §§ 1586, 1586 a
- Maß des Unterhalts, § 1578

---

[106] *Schwab*, Familienrecht, § 36, Rdnr. 337.
[107] *Wellenhofer*, Familienrecht, § 23, Rdnr. 1.
[108] BeckOK/*Beutler*, § 1569, Rdnr. 1.
[109] *Hamm*, Strategien im Unterhaltsrecht, S. 64.
[110] BeckOK/*Beutler*, § 1569, Rdnr. 1.
[111] *Schwab*, Familienrecht, § 39, Rdnr. 383.
[112] Nach *Wellenhofer*, Familienrecht, § 23, Rdnr. 2.

b) Die Unterhaltstatbestände

Ein Anspruch auf Unterhalt gegen den anderen Ehegatten kann sich nach einer Scheidung ergeben:

- wegen Betreuung eines Kindes, § 1570
- wegen Alters oder Krankheit (Gebrechen), § 1572
- wegen Erwerblosigkeit, §§ 1573, 1574
- als „Aufstockungsunterhalt", § 1573 Abs. 2
- bei Ausbildung, Fortbildung, Umschulung, § 1575
- aus Billigkeitsgründen, § 1576

Die wichtigsten Unterhaltstatbestände werden im Folgenden erläutert.

aa) Kindesbetreuungsunterhalt

Der häufigste Fall der Unterhaltsberechtigung nach Scheidung ist der Unterhalt wegen Kindesbetreuung nach § 1570 Abs. 1. Gerade dieser Unterhaltstatbestand hat durch die Neuregelung eine sehr einschneidende Beschränkung erfahren. Nach der Neuregelung, die zum 01.01.2008 in Kraft getreten ist, kann ein geschiedener Ehegatte von dem anderen wegen der Betreuung eines gemeinschaftlichen Kindes für mindestens drei Jahre nach der Geburt Unterhalt verlangen; d.h. die Erwerbsverpflichtung des betreuenden Elternteils beginnt mit dem Erreichen des Kindergartenalters des Kindes.[113] Die Dauer des Unterhaltsanspruchs kann sich verlängern, solange dies der Billigkeit entspricht; dabei sind die Belange des Kindes und die bestehenden Möglichkeiten der Kinderbetreuung zu berücksichtigen.[114] Aus dem Wortlaut des § 1570 Abs. 1 S. 2 ergibt sich, dass Maßstab für eine Verlängerung kinderbezogene Gründe sind. Allerdings wird auch bei Ganztagsbetreuung des Kindes nicht automatisch von der Zumutbarkeit einer Vollzeitbeschäftigung ausgegangen werden können.[115]

Die Vorschrift des § 1570 Abs. 2 sieht eine Verlängerungsmöglichkeit auch bei Vorliegen von elternbezogenen Gründen vor. In diesem Zusammenhang stellt sich die Frage, inwieweit eine während der Ehe vorhandene Rollenverteilung auch nach der Scheidung aufrecht erhalten bleiben kann.[116]

bb) Unterhalt wegen Erwerbslosigkeit, § 1573

Liegen die Voraussetzungen der §§ 1570-1572, 1576 bei einem geschiedenen Ehegatten nicht vor, bleibt es an sich beim Grundsatz der Eigenverantwortung, so dass vom geschiedenen Ehegatten die Ausübung einer Erwerbstätigkeit erwartet werden kann.[117] Allerdings kann es vorkommen, dass er keine angemessene Beschäftigung finden kann.

---

[113] *Hamm*, Strategien im Unterhaltsrecht, S. 66; *Schwab*, Familienrecht, § 39, Rdnr. 377.
[114] *Hamm*, Strategien im Unterhaltsrecht, S. 66.
[115] Dazu MüKo/*Maurer*, § 1570, Rdnr. 24.
[116] *Hamm*, Strategien im Unterhaltsrecht, S. 76.
[117] *Schwab*, Familienrecht, § 39, Rdnr. 394.

In diesem Fall kann der Ehegatte Unterhalt wegen Erwerbslosigkeit gem. § 1573 Abs. 1 verlangen. Es ist allerdings erforderlich, dass der Unterhaltsbedürftige nachweist, dass er sich nachhaltig um einen Arbeitsplatz bemüht hat.[118] Dabei ist zu beachten, dass **leichtfertig und schuldhaft unterlassene Bewerbungsbemühungen** den Anspruch entfallen lassen.[119] Die Rechtsprechung verlangt z.b., dass neben der Meldung beim Arbeitsamt 20 eigene Bewerbungen pro Monat notwendig sind.[120]

Die Unterhaltsberechtigung wegen Erwerbslosigkeit muss im Anschluss an die Scheidung oder eine Unterhaltsberechtigung nach den §§ 1570 – 1572 oder 1575 bestehen. Hat der Unterhaltsberechtigte eine Erwerbstätigkeit gefunden, kann in der Regel davon ausgegangen werden, dass der Unterhaltsbedarf nach Ablauf von zwei Jahren als gesichert anzusehen ist und erst danach das Arbeitsplatzrisiko vom Unterhaltsberechtigten selbst zu tragen ist.[121]

Welche Beschäftigung als angemessen anzusehen ist, kann im Einzelfall zweifelhaft sein. Die Vorschrift des § 1574 Abs. 2 enthält fünf objektive Merkmale: **Ausbildung, Fähigkeit und frühere Erwerbstätigkeit, sowie Lebensalter und Gesundheitszustand.** Fraglich ist, ob sich der Unterhaltsberechtigte darauf berufen kann, dass die Ausübung einer mit Hilfe dieser Merkmale ermittelten Erwerbstätigkeit aufgrund der ehelichen Lebensverhältnisse unbillig sei (sog. Chefarzt/Krankenschwester-Fälle).[122]

cc) Aufstockungsunterhalt

Der Aufstockungsunterhalt diente dazu, dem geschiedenen Ehegatten den in der Ehe erreichten **Lebensstandard nach der Scheidung** zu erhalten.[123] Die neuere Rechtsprechung des BGH beschränkt jedoch den Aufstockungsunterhalt auf den Ausgleich ehebedingter Nachteile.[124] Unterhaltsberechtigt ist auch der Ehegatte, der nach der Scheidung eigene Einkünfte erzielt, daraus aber nicht den **vollen** Unterhalt, der sich aus § 1578 ergibt, bestreiten kann.[125] Dieser Anspruch auf „Ergänzungsunterhalt" bezieht sich auf den Unterschiedsbetrag zwischen den Einkünften des Berechtigten und dem vollen Unterhalt.[126]

c) Bedürftigkeit des Unterhaltsberechtigten

Ein Unterhaltsanspruch des geschiedenen Ehepartners kommt nur dann in Frage, wenn der geschiedene Ehepartner sich aus seinem Einkommen oder Vermögen nicht selbst unterhalten kann (§ 1577 Abs. 1). Ist der geschiedene Ehegatte arbeitslos oder krank, so

---

[118] BGH FamRZ 2008, 2104.
[119] BeckOK/*Beutler*, § 1573, Rdnr. 5.
[120] OLG Naumburg FamRZ 2005, 23.
[121] *Hamm*, Strategien im Unterhaltsrecht, S. 89.
[122] *Hamm*, Strategien im Unterhaltsrecht, S. 89.
[123] BeckOK/*Beutler*, § 1573, Rdnr. 7.
[124] BeckOK/*Beutler*, § 1573, Rdnr. 7.
[125] *Schwab*, Familienrecht, § 39, Rdnr. 398.
[126] *Schwab*, Familienrecht, § 39, Rdnr. 398.

entfällt sein Unterhaltsanspruch, wenn seine Vermögenseinkünfte (z.B. aus Vermietung von Immobilien) genügen, um den Lebensbedarf zu decken. Den Stamm des Vermögens braucht der Berechtigte nicht zu verwerten, soweit die Verwertung unwirtschaftlich oder unter Berücksichtigung der beiderseitigen wirtschaftlichen Verhältnisse unbillig wäre (§ 1577 Abs. 3).

d) Leistungsfähigkeit des Unterhaltsverpflichteten

aa) Allgemeines

Voraussetzung für die Unterhaltspflicht ist die Leistungsfähigkeit des Verpflichteten. Ist der Unterhaltpflichtige gem. § 1581 nach seinen Erwerbs- und Vermögensverhältnissen außerstande, ohne Gefährdung des eigenen angemessenen Unterhalts dem Berechtigten Unterhalt nach Scheidung zu gewähren, so kommt die Leistung von Unterhalt nur unter Billigkeitsgesichtspunkten in Betracht.

bb) Die neue Rangfolge, § 1609

Kann der Unterhaltsschuldner unter Berücksichtigung seines angemessenen Unterhalts nicht alle Unterhaltsansprüche befriedigen (Mangelfall), so kommt es im Verhältnis mehrerer Unterhaltsbedürftiger zueinander auf die sog. Rangverhältnisse an.[127] Die Rangordnung wirkt sich dahin aus, dass grundsätzlich zunächst die höhere Rangstufe in Höhe des vollen Unterhalts bedient wird.[128] Die Rangfolge bei mehreren Unterhaltsberechtigten bestimmt § 1609. Die Rangfolge ist durch das UnterhRÄndG grundlegend verändert worden; sie entspricht überwiegend langjährigen Forderungen der Praxis.[129] Sie soll vor allem das Kindeswohl fördern. Nach dem neu gefassten § 1609 gibt es folgende Rangfolge:

- An erster Stelle stehen die minderjährigen unverheirateten Kinder sowie Kinder i.S.v. § 1603 Abs. 2 S. 2
- Im zweiten Rang befinden sich Elternteile, die wegen der Betreuung eines Kindes unterhaltsberechtigt sind oder im Fall der Scheidung wären, sowie gegenwärtige oder geschiedene Ehegatten bei Ehe von langer Dauer.
- Gegenwärtige oder frühere Ehegatten, die nicht unter Rang 2 fallen
- Kinder, die nicht unter Rang 1 fallen
- Enkelkinder und weitere Abkömmlinge
- Eltern
- Sonstige Verwandte

---

[127] *Schwab*, Familienrecht, § 39, Rdnr. 433.
[128] *Wellenhofer*, Familienrecht, § 23, Rdnr. 23.
[129] *Hamm*, Strategien im Unterhaltsrecht, S. 149.

e) Unterhaltsbemessung

Trotz der Bedeutung des nachehelichen Ehegattenunterhalts gibt es keine gesetzliche Regelung, wie der Unterhalt genau zu berechnen ist.[130] Die Methoden der Unterhaltsberechnung wurden von der Rechtsprechung und dem Schrifttum entwickelt.[131] Verschiedene Oberlandesgerichte haben sog. Leitlinien zum Unterhaltsrecht entwickelt, die in regelmäßigen Abständen aktualisiert werden.

Die Unterhaltshöhe richtet sich nach den ehelichen Lebensverhältnissen, § 1578 Abs. 1 S. 1. Ferner soll der Unterhalt den gesamten Lebensbedarf erfassen, § 1578 Abs. 1 S. 2. Dabei soll der Unterhaltsempfänger grundsätzlich auf dem Unterhaltsniveau weiterleben können, das für die Lebensverhältnisse in der Ehe bestimmend war. Es ist also von den Einkommensverhältnissen auszugehen, die die Ehe **geprägt** haben.[132] Grundsätzlich vertritt die Rechtsprechung die Auffassung, dass das gemeinschaftliche Einkommen der Ehegatten diesen jeweils zur Hälfte zusteht **(Halbteilungsgrundsatz), wobei** dieser Halbteilungsgrundsatz durch das Prinzip des sog. **Erwerbstätigkeitsbonus eingeschränkt wird.**[133] Der Erwerbstätigenbonus gilt jedoch nur für Einkünfte aus Erwerbstätigkeit, nicht für andere Einkunftsarten berücksichtigt; dadurch soll ein Anreiz zur Erwerbstätigkeit geschaffen werden.[134]

Im Wesentlichen gibt es drei Berechnungsmethoden, nämlich die **Differenz-,** die **Additions-** und die **Anrechnungsmethode,** wobei die ersten zwei Methoden bei **prägenden** Einkünften angewendet werden, während die Anrechnungsmethode bei nicht **prägenden** Einkünften herangezogen wird.[135] Im südlichen Bereich Deutschlands wird die Additionsmethode zugrunde gelegt. Die Höhe des Unterhalts wird in zwei Schritten ermittelt: In einem ersten Schritt ermittelt man den **Bedarf nach den prägenden ehelichen Lebensverhältnissen,** im zweiten Schritt die **Unterhaltshöhe.**[136] Die Additionsmethode rechnet dabei mit einem Erwerbstätigenbonus von 1/10.

In den nördlichen Bundesländern wird dagegen die Differenzmethode angewendet, wobei aus der Differenz der bereinigten Nettoeinkünfte des Unterhaltspflichtigen und des Unterhaltsberechtigten die Unterhaltsquote errechnet wird.[137]

Die Höhe des Unterhaltsanspruchs beträgt 3/7 der Differenz. Hierbei wird also ein Erwerbstätigenbonus von 1/7 berücksichtigt.

---

130 *Hamm*, Strategien im Unterhaltsrecht, S. 41.
131 *Hamm*, Strategien im Unterhaltsrecht, S. 41.
132 *Schwab*, Familienrecht, § 39, Rdnr. 411.
133 *Schwab*, Familienrecht, § 39, Rdnr. 411.
134 *Kleffmann*, in Scholz/Kleffmann/Motzer, Familienrecht, H 3 II 2a, Rdnr. 196.
135 *Hamm*, Strategien im Unterhaltsrecht, S. 41.
136 *Gerhardt*, in Wendl/Dose, Das Unterhaltsrecht in der familienrichterlichen Praxis, § 4, Rdnr. 800.
137 *Kleffmann*, in Scholz/Kleffmann/Motzer, Familienrecht, H 3 II 2b, Rdnr. 202.

Beispiel nach Additionsmethode:[138]	
Bereinigtes Einkommen des Ehemannes	2.339 €
abzüglich 1/10 Erwerbstätigenbonus	234 € (abgerundet)
Ergebnis	2.105 €
Bereinigtes Einkommen der Ehefrau	300 €
abzüglich 1/10 Erwerbstätigenbonus	30 €
Ergebnis	270 €
Summe beider Einkommen	2.375 €
geteilt durch 2 = Bedarf	1.188 € (abgerundet)
abzüglich Einkommen Ehefrau	270 €
Ergebnis = Anspruch der Ehefrau	918 €
Beispiel nach Differenzmethode:[139]	
Bereinigtes Einkommen des Ehemannes	2339 €
Bereinigtes Einkommen der Ehefrau	300 €
Differenz beider Einkommen	2039 €
hiervon 3/7 = Anspruch der Ehefrau	874 €

Wie aus den obigen Beispielen ersichtlich, wird für die Unterhaltsberechnung das bereinigte Nettoeinkommen benötigt; d.h. vom Bruttoeinkommen sind nicht nur die Steuern, sondern auch Kinderunterhaltsbeträge usw. abzuziehen.[140]

Für den nachehelichen Unterhaltsanspruch sind grundsätzlich die ehelichen Lebensverhältnisse im Zeitpunkt der Scheidung maßgeblich.[141] Nacheheliche Änderungen werden jedoch unter Voraussetzungen berücksichtigt.[142] Ein besonderes Problem entsteht, wenn der Ehegatte, der während der Ehe wegen Haushaltsführung und Kinderbetreuung nicht erwerbstätig war, nach der Scheidung erstmals eine Erwerbstätigkeit aufnimmt, gleichwohl aber geringere Einkünfte erzielt und demzufolge nach § 1573 Abs. 2 unterhaltsberechtigt ist.[143]

Nach der früheren Rechtsprechung des BGH erfolgte die Unterhaltsberechnung in solchen Konstellationen nach der **Anrechnungsmethode**.

> **Beispiel (ohne Erwerbstätigenbonus):[144]**
> Einkommen des Mannes 3.000 €; Einkommen der Frau nach der Scheidung 1.000 €. Nach der **Anrechnungsmethode** beträgt der Anspruch der Frau 3.000 € : 2 = 1.500 (-1.000 €). Die Frau hätte nach dieser Berechnungsmethode nur einen Anspruch in Höhe von 500 €.

Der BGH hat diese Rechtsprechung, die vor allem nicht erwerbstätige Hausfrauen benachteiligte, aufgegeben. Nun sieht das Gericht ein nach der Scheidung erzieltes Einkommen des Unterhaltsberechtigten als „Surrogat des wirtschaftlichen Wertes seiner

---

[138] *Hamm*, Strategien im Unterhaltsrecht, S. 53.
[139] *Hamm*, wie in der obigen Fn.
[140] *Kleffmann*, in Scholz/Kleffmann/Motzer, Familienrecht, G 2, Rdnr. 141.
[141] *Schwab*, Familienrecht, § 39, Rdnr. 411.
[142] *Schwab*, Familienrecht, § 39, Rdnr. 414.
[143] *Schwab*, Familienrecht, § 39, Rdnr. 421.
[144] *Schwab*, Familienrecht, § 39, Rdnr. 421.

bisherigen Familienarbeit" und somit als die ehelichen Lebensverhältnisse **prägend** an.[145] Die Berechnung des Aufstockungsunterhalts erfolgt dann nach der Differenz- bzw. Additionsmethode und nicht nach der **Anrechnungsmethode**.

> **Beispiel (ohne Erwerbstätigenbonus):**[146]
> Einkommen des Mannes 3.000 €; Einkommen der Frau nach der Scheidung 1.000 €. Nach der Additionsmethode beträgt der Anspruch: 3.000 € + 1.000 € = 4000 € : 2 = 2000 €. Davon muss man das von der Frau erzielte Einkommen abziehen: 2.000 € - 1000 € = 1.000 €. Zum gleichen Ergebnis gelangt die Differenzmethode.

f) Die Herabsetzung und Befristung des Unterhalts nach § 1578b

Mit der Reform des Unterhaltsrechts wurde § 1578b[147] neu in die Unterhaltssystematik eingefügt. Die Vorschrift des § 1578b sieht die Begrenzung von Unterhaltsansprüchen sowohl der Höhe nach als auch in zeitlicher Hinsicht vor. Nach dieser Vorschrift können grundsätzlich alle Unterhaltstatbestände unter Abwägung von Billigkeitsgesichtspunkten herabgesetzt oder zeitlich begrenzt werden.[148] Es muss im Einzelfall geprüft werden, ob die Kriterien für eine Begrenzung oder Herabsetzung des Unterhalts vorliegen. Im Mittelpunkt der Problematik stehen die ehebedingten Nachteile. Es muss also geprüft werden, ob durch die Ehe der eine Ehegatte im Hinblick auf die Möglichkeit, für den eigenen Unterhalt zu sorgen, Nachteile erlitten hat, z.B. durch die Betreuung der Kinder.[149] Dabei ist auch die Dauer der Ehe zu berücksichtigen.[150]

Konkretisierung der „Billigkeitsklausel"[151]

Gesichtspunkte für Herabsetzung

- Keine oder nur kurze Kindesbetreuung
- relativ kurze Ehedauer
- Doppelverdienerehe mit gemeinsamer Haushaltsführung
- keine Einschränkung der beruflichen Tätigkeit während der Ehe

> **Beispiel:**[152]
> Ein Unternehmer ist mit einer Chefärztin in kinderloser Ehe verheiratet. Zum Zeitpunkt der Scheidung muss er Insolvenz anmelden. Eine andere Beschäftigung vermag er nicht zu finden. Die Ehefrau ist ihm unterhaltspflichtig gem. § 1573 Abs. 1. Eine unbegrenzte Fortdauer dieser Last erscheint unbillig, wenn der Zusammenbruch des Unternehmens in keinem Zusammenhang mit der Ehe steht.

---

[145] *Hamm*, Strategien im Unterhaltsrecht, S. 50.
[146] *Schwab*, Familienrecht, § 39, Rdnr. 421.
[147] Die Vorschrift wurde durch das G. vom 20.3.2013 reformiert.
[148] *Hamm*, Strategien im Unterhaltsrecht, S. 98. Ausgenommen ist allerdings der Anspruch aus § 1570: *Schwab*, Familienrecht, § 39, Rdnr. 448.
[149] *Schwab*, Familienrecht, § 39, Rdnr. 443.
[150] Müko/*Maurer*, § 1578b, Rdnr. 37, 22.
[151] Ausführlicher *Schwab*, Familienrecht, § 39, Rdnr. 444.
[152] Nach *Schwab*, Familienrecht, § 39, Rdnr. 449.

Auch der Aufstockungsunterhalt kann nach §1578b zu begrenzen sein. Nach der Rechtsprechung ist eine zeitliche Begrenzung des Aufstockungsunterhalts auf fünf Jahre angemessen, wenn die Ehe 21 Jahre gedauert hat und keine ehebedingten Nachteile vorliegen.[153]

g) Ausschluss oder Herabsetzung des Unterhalts nach § 1579

Unabhängig von der Beschränkungsmöglichkeit des § 1578b bietet die Härteklausel des § 1579 eine Einwendung, wenn im Einzelfall die Unterhaltsleistung als grob unbillig und demzufolge als unzumutbar erscheint.[154]

Von großer Bedeutung ist der mit der Unterhaltsreform zum 01.01.2008 eingeführte Tatbestand des § 1579 Nr. 2, nämlich das Vorliegen einer neuen verfestigten Lebensgemeinschaft. Eine hinreichende verfestigte Lebensgemeinschaft bejaht die Rechtsprechung spätestens bei einer zwei bis drei Jahren andauernden eheähnlichen Beziehung.[155]

5. Der Anspruch auf Trennungsunterhalt

Die Vorschrift des § 1361 regelt die Unterhaltspflichten unter getrennt lebenden Ehegatten. Mit dem Beginn des Getrenntlebens ändert sich das eheliche Pflichtenverhältnis: An die Stelle der gegenseitigen Verpflichtung beider Ehegatten, ihre Familie durch ihre Arbeit und mit ihrem Vermögen zu unterhalten (§ 1360 S. 1), tritt ein **einseitiger Anspruch** des bedürftigen Ehegatten gegen den Leistungsfähigen.[156] Der Trennungsunterhalt steht zwischen Familienunterhalt und Geschiedenenunterhalt: Die gegenseitige Verantwortung ist schwächer als unter zusammenlebenden Ehegatten, aber größer als nach der Scheidung.[157] Der bedürftige Ehegatte kann vom anderen den nach den Lebensverhältnissen und den Erwerbs- und Vermögensverhältnissen der Ehegatten angemessenen Unterhalt verlangen, § 1361. Nach § 1361 Abs. 2 kann jedoch der bisher nicht erwerbstätige Ehegatte nur dann darauf verwiesen werden, seinen Unterhalt durch eine Erwerbstätigkeit selbst zu verdienen, wenn dies von ihm nach seinen persönlichen Verhältnissen, insbesondere wegen einer früheren Erwerbstätigkeit unter Berücksichtigung der Dauer der Ehe, und nach den wirtschaftlichen Verhältnissen der Ehegatten erwartet werden kann.

> Beispiel:[158]
> Die 46jährige Ehefrau, die ein achtjähriges Kind betreut und seit zehn Jahren nicht mehr berufstätig ist, muss mit Trennung nicht sogleich eine Arbeitsstelle suchen, um ihren Unterhalt selbst zu verdienen. Nach der Scheidung hingegen muss sie sich grundsätzlich um eine Erwerbstätigkeit bemühen.

---

[153] OLG Zweibrücken, FamRZ 2009, 49.
[154] *Schwab*, Familienrecht, § 39, Rdnr. 452.
[155] *Schlüter*, BGB-Familienrecht, § 18, Rdnr. 221 a.
[156] Schwab, Familienrecht, § 39, Rdnr. 368.
[157] BeckOK/*Beutler*, § 1361, Rdnr. 2, 5.
[158] *Wellenhofer*, Familienrecht, § 21, Rdnr. 6.

6. Der Versorgungsausgleich

Der Versorgungsausgleich betrifft die Verteilung von Rentenansprüchen zwischen Ehegatten nach einer Scheidung. Rentenansprüche können etwa in der gesetzlichen Rentenversicherung, in der Beamtenversorgung und zunehmend auch durch betriebliche oder private Altersvorsorge entstehen. Scheitert eine Ehe, sorgt der Versorgungsausgleich dafür, dass auch derjenige Ehegatte eine eigenständige Absicherung für Alter und Invalidität erhält, der - zum Beispiel wegen der Erziehung von Kindern - seine eigene Erwerbstätigkeit aufgegeben oder eingeschränkt hat.[159]

Seit dem 01.09.2009 gilt die Neuregelung des Rechts des Versorgungsausgleichs im Versorgungsausgleichsgesetz. Im BGB findet sich jetzt nur noch in § 1587 eine Bestimmung, die für die Durchführung des Versorgungsausgleichs auf das VersAusglG verweist. Die Ehegatten können den Versorgungsausgleich –etwa in einem Ehevertrag- ausschließen.

VI. Das Kindschaftsrecht

Das Kindschaftsrecht ist im vierten Buch des BGB unter der Überschrift „Verwandtschaft" zu finden. Gegenstand dieses Teilgebiets des Familienrechts ist vor allem die Regelung der Beziehung zwischen Eltern und Kind. Wesentliches Merkmal des heutigen Kindschaftsrechts ist die Gleichstellung von ehelichen und nicht ehelichen Kindern, die im Jahre 1998 erfolgte.

1. Abstammung

Das Abstammungsrecht ordnet ein Kind seinen Eltern zu.[160] Im Rahmen des Abstammungsrechtes unterscheidet man die biologisch-genetische und die rechtliche Zuordnung von Eltern und Kindern, die einander entsprechen, jedoch auch auseinanderfallen können.[161]

a) Mutterschaft

Die Mutterschaft wird durch die Geburt des Kindes begründet, § 1591. Dies gilt auch für den Fall der Leihmutterschaft.[162] Auch in diesem Fall greift die Regel des § 1591: Als Mutter ist die Gebärende anzusehen, auch wenn sie lediglich die befruchtete Eizelle einer anderen Frau austrägt.[163] Anders als die Vaterschaft kann die Mutterschaft nicht durch Anfechtung beseitigt werden.[164]

---

[159] *Schlüter*, Familienrecht, § 19, Rdnr. 230.
[160] *Schwab*, Familienrecht, § 47, Rdnr. 543.
[161] *Schwab*, wie in der obigen Fn.
[162] Leihmutterverträge sind sittenwidrig i.S.d. § 138.
[163] BeckOK/*Hahn*, § 1591, Rdnr. 1.
[164] BeckOK/*Hahn*, § 1591, Rdnr. 1.

b) Vaterschaft

aa) Vaterschaftstatbestände

Die Bestimmung der Vaterschaft eines Kindes ist komplizierter als die Begründung der Mutterschaft. Nach § 1592 kommen drei Formen der Zuordnung der rechtlichen Vaterschaft in Betracht:

- Vaterschaft kraft Ehe mit der Mutter, § 1592 Nr. 1
- Vaterschaft kraft Anerkennung, § 1592 Nr. 2
- Vaterschaft kraft gerichtlicher Feststellung, § 1592 Nr. 3

Für das Bestehen der Vaterschaft des Ehemannes nach § 1592 Nr. 1 ist es ausreichend, wenn er im Zeitpunkt der Geburt des Kindes mit der Mutter verheiratet war. Erfolgt die Geburt vor Eheschließung, dann greift die gesetzliche Vermutung des § 1592 Nr. 1 nicht ein.[165] Der Ehemann, der nicht zugleich der biologische Vater ist, kann seine Vaterschaft durch Anfechtung beseitigen.

Ist die Mutter bei der Geburt des Kindes nicht verheiratet, so kann eine Vaterschaft durch Anerkennung oder gerichtliche Feststellung erfolgen. Die Anerkennung geschieht durch einseitige, formbedürftige aber nicht empfangsbedürftige Willenserklärung des Mannes, der sich als Vater bekennt.[166] Dabei handelt es sich um eine höchstpersönliche Erklärung, die öffentlich beurkundet werden muss, § 1597. Dies geschieht oft kostenfrei beim Jugendamt. Darüber hinaus müssen mehrere Voraussetzungen erfüllt sein. Vor allem bedarf die Vaterschaftsanerkennung der Zustimmung der Mutter, § 1595 Abs. 1. Die Zustimmung des Kindes - neben der Zustimmung der Mutter - ist nur nötig, wenn der Mutter die elterliche Sorge nicht zusteht, § 1595 Abs. 2. Dies könnte z.B. der Fall sein, wenn das Kind inzwischen volljährig wurde.[167]

Auf die biologische Richtigkeit des Anerkenntnisses kommt es grundsätzlich nicht an; dies bedeutet, dass auch eine bewusst unrichtige Anerkennung, wenn die übrigen Wirksamkeitsvoraussetzungen gegeben sind, wirksam ist, aber anfechtbar.[168]

Ferner ist zu beachten, dass durch eine Vaterschaftsanerkennung nicht die bestehende Vaterschaft eines anderen Mannes verdrängt werden kann (§ 1594 Abs. 2), es sei denn, es liegt folgende Ausnahme vor: Das Kind wurde geboren, während die Ehe der Kindesmutter noch nicht geschieden oder aufgehoben war, die Eheleute aber bereits die Scheidung eingereicht haben; in diesem Fall gilt das Kind zwar zunächst als Kind des Ehemannes. Mit dessen Zustimmung wird aber eine Vaterschaftsanerkennung des tatsächlichen Vaters rechtswirksam, § 1599 Abs. 2. Auf dieser Weise kann eine Vaterschaftsanfechtung vermieden werden.

---

165 *Schwab*, Familienrecht, § 49, Rdnr. 550.
166 *Schwab*, Familienrecht, § 49, Rdnr. 555.
167 *Schlüter*, Familienrecht, § 22, Rdnr. 278.
168 BeckOK/*Hahn*, § 1592, Rdnr. 4.

Nach der Vorschrift des § 1592 Nr. 3 ist schließlich Vater eines Kindes der Mann, dessen Vaterschaft gerichtlich nach § 1600d festgestellt ist. Nach § 1600d Abs. 1 ist die gerichtliche Feststellung nur zulässig, wenn keine Vaterschaft nach § 1592 Nr. 1 und Nr.2 oder § 1593 besteht. Wenn das Kind also während der Ehe geboren wurde oder wenn ein Mann das Kind anerkannt hat, so kommt eine gerichtliche Feststellung der Vaterschaft in Betracht, nur wenn die Vaterschaft des Ehemannes der Mutter oder des anerkennenden Mannes vorher angefochten wurde.[169] Das Verfahren zur gerichtlichen Feststellung der Vaterschaft wird nicht von Amts wegen, sondern nur auf Antrag eingeleitet. Antragsberechtigt sind das Kind selbst, die Kindesmutter und der mutmaßliche Vater.[170] Die gerichtliche Feststellung der Vaterschaft hat vor allem dann Bedeutung, wenn der Vater das Kind nicht anerkennen will oder die Mutter ihre Zustimmung zu einer Anerkennung verweigert. Die Entscheidung der Familiengerichte erfolgt meistens auf der Basis medizinischer Abstammungsgutachten. Um die Vaterschaftsfeststellung zu erleichtern, stellt das Gesetz eine Vaterschaftsvermutung für die Fälle auf, in denen in einem sog. Empfängniszeitraum (300.-181. Tag vor der Geburt des Kindes) die „Beiwohnung" (= altdeutsch für Geschlechtsverkehr) des Mannes mit der Kindesmutter nachgewiesen wird.[171] Die Vermutung kann widerlegt werden.[172]

Die rechtskräftige Vaterschaftsfeststellung wirkt für und gegen alle, d.h. auch für Personen, die nicht am Verfahren teilgenommen haben; sie wirkt auf den Geburtszeitpunkt zurück.[173]

bb) Die Anfechtung der Vaterschaft

Wie bereits oben dargestellt ist die rechtliche Vaterschaft oft nicht identisch mit der Vaterschaft im biologischen Sinne. Hier bietet die Vaterschaftsanfechtung die Möglichkeit, die biologisch nicht zutreffende Vaterschaft zu korrigieren. Maßgeblich sind die Vorschriften der §§ 1599 ff. Das Recht zur Anfechtung der Vaterschaft wird durch Erhebung des Antrags beim zuständigen Familiengericht nach § 171 FamFG eingeleitet. Anfechtungsberechtigt sind der rechtliche Vater, die Mutter und das Kind; seit 2004 ist unter Voraussetzungen auch der leibliche Vater anfechtungsberechtigt, während seit 2008 auch für die Behörde die Möglichkeit besteht, die Vaterschaft anzufechten.[174]

Im Zusammenhang mit der Vaterschaftsanfechtung steht zunächst die schlüssige Formulierung des Antrags im Vordergrund. Nach § 171 Abs. 2 S. 2 FamFG hat der Anfechtende die Umstände anzugeben, die gegen die Vaterschaft sprechen, sowie den Zeitpunkt der Kenntnisnahme von diesen Umständen. Für die Schlüssigkeit des Antrags genügt es nicht, dass der Antragsteller subjektive Zweifel an der Vaterschaft hat. Vielmehr ist erforderlich ein sog. „**Anfangsverdacht**", d.h. der Anfechtende muss Umstände vortragen, die bei objektiver Betrachtung geeignet sind, Zweifel an der Abstammung des

---

169 *Schlüter*, Familienrecht, § 22, Rdnr. 283.
170 *Schwab*, Familienrecht, § 49, Rdnr. 586.
171 *Schwab*, Familienrecht, § 49, Rdnr. 589.
172 BeckOK/*Hahn*, § 1600d, Rdnr. 10.
173 *Schwab*, Familienrecht, § 49, Rdnr. 590.
174 *Schlüter*, Familienrecht, § 22, Rdnr. 292.

Kindes vom rechtlichen Vater zu wecken.[175] Solche Umstände sind z.b. der Nachweis der eigenen Zeugungsunfähigkeit oder das Geständnis der Mutter über Mehrverkehr.[176] Der Anfangsverdacht kann aber nicht auf heimliche Vaterschaftstests gestützt werden.[177] Um diese für den Mann oft ungünstige Lage zu entschärfen, hat der Gesetzgeber die Vorschrift des § 1598a reformiert. Diese Bestimmung sieht nun vor, dass der rechtliche Vater einen Anspruch gegen Mutter und Kind hat, zur Klärung der Abstammung des Kindes in eine genetische Abstammungsuntersuchung einzuwilligen und die Entnahme einer genetischen Probe zu dulden.

Auch wer die Vaterschaft bewusst der Wahrheit zuwider anerkennt, kann sie anfechten. Ist das Kind durch heterologe Insemination gezeugt worden, können der Vater oder die Mutter die Vaterschaft jedoch nur anfechten, wenn sie keine (wirksame) Einwilligung zu dieser Behandlung gegeben haben (§ 1600 Abs. 5).

Nach der Vorschrift des § 1600 Abs. 1 Nr. 2 kann nun auch der biologische Vater des Kindes die Vaterschaft anfechten. Diese Möglichkeit ist durch Gesetz vom 23.04.2004 aufgrund einer Entscheidung des BVerfG eingeführt worden.[178] Die Regelung des § 1600 Abs. 3 knüpft die erfolgreiche Vaterschaftsanfechtung an enge Voraussetzungen, zunächst nämlich dass zwischen dem Kind und seinem rechtlichen Vater keine sozialfamiliäre Beziehung besteht bzw. - wenn er schon gestorben ist - bis zu seinem Tode bestanden hat. Eine sozial-familiäre Beziehung zum Kind hat nach § 1600 Abs. 4 S. 1, wer für das Kind tatsächliche Verantwortung trägt. Das ist in der Regel anzunehmen, solange der Mann mit der Mutter des Kindes verheiratet ist. Es ist außerdem bei einem Mann anzunehmen, der mit dem Kind längere Zeit in häuslicher Gemeinschaft zusammengelebt hat. Als zusätzliche Verfahrensvoraussetzung verlangt § 1600 Abs. 1 Nr. 2 von dem Antragsteller, dass er an Eides Statt versichert, mit der Mutter während der Empfängniszeit Geschlechtsverkehr gehabt zu haben. Erfolg hat der Antrag nur, wenn feststeht, dass der Antragsteller - und nicht der rechtliche Vater - der genetische Vater ist. Stellt sich heraus, dass das Kind weder vom rechtlichen Vater noch vom Anfechtenden abstammt, wird der Antrag zurückgewiesen.[179]

Die Möglichkeit der Anfechtung durch die Behörde ist durch Gesetz vom 12.03.2008 eingeführt worden. Ziel ist es, missbräuchliche Vaterschaftsanerkennungen mit ausländerrechtlichem Hintergrund von Amts wegen beseitigen zu können.

Beispiele:
Ein deutscher Mann erkennt die Vaterschaft für das Kind einer Ausländerin, die ausreisepflichtig ist. Das Kind erhält die deutsche Staatsangehörigkeit und die Mutter ein Aufenthaltsrecht.[180]

Der deutsche Staatsangehörige D will im Ausland für 100 Kinder wahrheitswidrig die Vaterschaft anerkennen. All diese Kinder würden die deutsche Staatsangehörigkeit bekommen und Ansprüche auf Sozialleistungen erhalten.[181]

---

175 *Schwab*, Familienrecht, § 49, Rdnr. 566; BeckOK/Hahn, § 1600, Rdnr. 7.
176 *Wellenhofer*, Familienrecht, § 31, Rdnr. 26.
177 *Schwab*, Familienrecht, § 49, Rdnr. 566.
178 *Schwab*, Familienrecht, § 49, Rdnr. 568.
179 *Schwab*, Familienrecht, § 49, Rdnr. 569.
180 Nach *Wellenhofer*, Familienrecht, § 31, Rdnr. 34.

Seit Inkrafttreten dieser Vorschrift bestanden jedoch Bedenken hinsichtlich ihrer Verfassungsmäßigkeit.[182] Das Bundesverfassungsgericht hat entschieden, dass diese Vorschrift gegen Art. 16 Abs. 1, Art. 6 Abs. 2 S. 1, Art. 2 Abs. 1 und Art. 6 Abs. 1 verstößt und somit nichtig ist.[183]

Nach § 1600b Abs. 1 muss der Anfechtungsantrag innerhalb von zwei Jahren gestellt werden. Die Frist beginnt mit dem Zeitpunkt der Kenntniserlangung von den Umständen, die gegen die Vaterschaft des rechtlichen Vaters sprechen, frühestens jedoch mit der Geburt des Kindes. Besonderheiten gelten für das Anfechtungsrecht des Kindes. Die Frist für die Anfechtung durch die Behörde beträgt nur ein Jahr, § 1600b Abs. 1 a.

Bei erfolgreicher Anfechtung wird die Vaterschaft rückwirkend beseitigt; somit entfallen alle Rechtswirkungen der angefochtenen Vaterschaft von Anfang an.[184] Unterhaltszahlungen des vermeintlichen Vaters entbehren des rechtlichen Grundes. Einen Regressanspruch des Scheinvaters gegen den wirklichen Vater für in der Vergangenheit an das Kind erbrachte Unterhaltsleistungen erleichtert § 1607 Abs. 3 S. 2.[185]

cc) **Das Recht auf Kenntnis der eigenen Abstammung**

Das Bundesverfassungsgericht hat aus dem allgemeinen Persönlichkeitsrecht (Art. 1 Abs. 1, 2 Abs. 1 GG) ein Grundrecht des Menschen auf Kenntnis seiner Verwandtschaftsverhältnisse hergeleitet.[186] Anlässlich dieser Rechtsprechung hat der Gesetzgeber durch Gesetz vom 28.03.2008 die Möglichkeit geschaffen, die Abstammung eines Kindes unabhängig von einem Vaterschaftsanfechtungsverfahren zu klären.[187] Der neu eingefügte § 1598a gibt Vater, Mutter und Kind einen wechselseitigen Anspruch auf Mitwirkung bei genetischen Abstammungsuntersuchungen. Festgestellt wird hier nur die biologische Abstammung, so dass der rechtliche Status des Kindes zunächst nicht verändert wird.[188] Das Untersuchungsergebnis kann allerdings als Grundlage für die Anfechtung der Vaterschaft dienen.

Ferner bejahen die Gerichte angesichts des § 1618a einen Anspruch des Kindes gegen seine Mutter auf Auskunft über mögliche Erzeuger.[189]

---

[181] Vgl. Mach-*Hour*, FPR 2009, S. 147 ff. mit Hinweis auf den ZDF-Bericht.
[182] Müko/*Wellenhofer*, § 1600, Rdnr. 18.
[183] BVerfG NJW 2014, 1364.
[184] *Schwab*, Familienrecht, § 49, Rdnr. 576.
[185] Siehe *Schwab*, Familienrecht, § 49, Rdnr. 579.
[186] BVerfG NJW 2007, 753.
[187] *Schlüter*, Familienrecht, § 22, Rdnr. 296a.
[188] *Schlüter*, Familienrecht, § 22, Rdnr. 296a.
[189] *Schwab*, Familienrecht, § 49, Rdnr. 605.

2. Die elterliche Sorge

Die Vorschrift des § 1626 umschreibt die elterliche Sorge als die Pflicht und das Recht der Eltern, für ihre minderjährigen Kinder zu sorgen. Dabei hat die elterliche Sorge einen umfassenden Inhalt: sie ist auf die Wahrung und Förderung sämtlicher - etwa körperlicher, geistiger oder wirtschaftlicher - Interessen des Kindes gerichtet.[190]

a) Erwerb der elterlichen Sorge

Die elterliche Sorge kann einem Elternteil allein zustehen (Alleinsorge) oder beiden Elternteilen gemeinsam; es sind aber auch Kombinationen von alleiniger und gemeinsamer Sorge möglich.[191] Die elterliche Sorge kann entweder kraft Gesetzes oder durch Erklärung bzw. durch gerichtliche Entscheidung erlangt werden. So beruht unmittelbar auf Gesetz die elterliche Sorge der Eltern, die bei Geburt verheiratet sind sowie der Eltern, die später heiraten, § 1626a Abs. 1 Nr. 2.[192]

Sind die Eltern eines Kindes nicht miteinander verheiratet und geben keine Sorgeerklärungen ab, so steht der Mutter die elterliche Sorge alleine zu.[193]

> **Beispiel:**
> Wird ein Kind vor der Heirat seiner Eltern geboren, so besteht zunächst die Alleinsorge der Mutter, § 1626a Abs. 2. Mit Eheschließung kommt es zur gemeinsamen Sorge, § 1626a Abs. 1 Nr. 2.

Die elterliche Sorge steht (neben verheirateten) auch Eltern, die bei der Geburt des Kindes nicht verheiratet sind, gemeinsam zu, wenn sie eine Sorgeerklärung i.S.d. §§ 1626 b ff. abgeben (§ 1626 Abs 1 Nr. 1). Dabei handelt es sich um die Erklärungen von Vater und Mutter, dass sie in Zukunft die Sorge gemeinsam übernehmen wollen. Die Vorschrift des § 1626a wurde durch Gesetz vom 16.4.2013 neu gefasst. Als Anlass für diese Reform diente eine Entscheidung des Bundesverfassungsgerichts: Das Gericht war der Auffassung, dass die Interessen des Vaters nicht hinreichend geschützt waren, wenn die Mutter keine Sorgeerklärung abgeben wollte. Nach der Neufassung der Vorschrift besteht die Möglichkeit, dass das Familiengericht die elterliche Sorge auf beide Eltern gemeinsam überträgt, § 1626a Abs. 1 Nr. 3.

Für die Sorgeerklärungen sind einige vom Gesetz vorgegebene Regeln einzuhalten. Sie finden sich in den §§ 1626b ff. Insbesondere ist zu beachten, dass die entsprechenden Erklärungen öffentlich beurkundet werden müssen. Dies kann beim Notar oder beim Jugendamt geschehen.

Eine Sperre für Sorgeerklärungen enthält § 1626b Abs. 3. Mit der Abgabe von Sorgeerklärungen sollen keine gerichtlichen Sorgerechtsentscheidungen modifiziert werden können.[194]

---

[190] *Schwab*, Familienrecht, § 53, Rdnr. 626.
[191] *Wellenhofer*, Familienrecht, § 32, Rdnr. 3.
[192] *Schwab*, Familienrecht, § 54, Rdnr. 630.
[193] *Schwab*, Familienrecht, § 54, Rdnr. 632.
[194] *Schwab*, Familienrecht, § 54, Rdnr. 644.

b) Änderungen der Sorgeberechtigung

aa) Trennung der Eltern

Für den Fall des nicht nur vorübergehenden Getrenntlebens der Eltern ermöglicht § 1671 den Weg zur Alleinsorge. Trennung im Sinne des § 1671 setzt nicht voraus, dass die Eltern überhaupt jemals zusammengelebt haben.[195] Die alleinige Zuweisung nach § 1671 setzt zunächst die Zustimmung des anderen Elternteils voraus. Fehlt die Zustimmung, so sind die Aufhebung der gemeinsamen Sorge und die Übertragung der Alleinsorge auf den Antragsteller möglich, wenn dies dem Wohl des Kindes am besten entspricht. Als Kriterien zur Konkretisierung des Kindeswohls dienen das Förderungsprinzip, der Kontinuitätsgrundsatz, die Kindesbindungen und der Kindeswille.[196] Einem Antrag nach § 1671 ist nicht stattzugeben, wenn die elterliche Sorge aufgrund anderer Vorschriften abweichend geregelt werden muss, § 1671 Abs. 3.

> **Beispiel:**
> V stellt einen Antrag auf Übertragung der Alleinsorge für seinen Sohn. Die Mutter ist damit einverstanden. Dem Antrag ist nicht stattzugeben, wenn V seinem Sohn gegenüber wiederholt körperliche Gewalt angewendet hat und das Gericht deshalb demnächst gezwungen wäre, dem V das Sorgerecht gem. § 1666 zu entziehen.

bb) Tod eines Elternteils

Die elterliche Sorge endet mit dem Tod eines Elternteils. Welche Konsequenzen dies für den anderen Elternteil hat, wird in § 1680 geregelt. Sterben beide Elternteile, muss für das Kind ein Vormund bestellt werden.

cc) Ruhen der elterlichen Sorge

Die einzelnen Gründe für das Ruhen der elterlichen Sorge finden sich in den Vorschriften der §§ 1673, 1674. Wenn die elterliche Sorge eines Elternteils ruht, bedeutet dies, dass der betroffene Elternteil die elterliche Sorge noch innehat; er ist allerdings nicht berechtigt, sie auszuüben.[197] Ruht nur die gemeinsame Sorge *eines* Elternteils, ist der andere ohne weiteres berechtigt, sie alleine auszuüben, § 1678 Abs. 1 Hs. 1 Alt. 2.

c) Die staatliche Unterstützung der elterlichen Sorge und das staatliche Wächteramt

Wie bereits oben erwähnt, stellt das Grundgesetz das elterliche Sorgerecht unter das Wächteramt des Staates. Sind die Eltern ihrer Erziehungsaufgabe nicht gewachsen, so bestehen folgende Möglichkeiten der staatlichen Intervention:[198]

---

195 BeckOK/*Veit*, § 1671, Rdnr. 8.
196 BeckOK/*Veit*, § 1671, Rdnr. 35 ff.
197 *Schwab*, Familienrecht, § 65, Rdnr. 771.
198 *Schwab*, Familienrecht, § 63, Rdnr. 736 ff.

- durch Hilfeleistung an den Erziehungsberechtigten
- durch Eingriffe in die elterliche Sorge.

Zuständige staatliche Stellen sind das Familiengericht und das Jugendamt.

aa) Unterstützung durch das Familiengericht

Auf Antrag hat das Familiengericht die Eltern bei der Ausübung der Personensorge zu unterstützen, § 1631 Abs. 3. So kommen als **Unterstützungsmaßnahmen** Ermahnungen, Weisungen, Verwarnungen, eine Vorladung und die Hilfe bei der Ermittlung des Kindesaufenthalts in Betracht.[199]

bb) Gerichtliche Maßnahmen nach § 1666

Entsteht bei der Ausübung des elterlichen Sorgerechts eine Gefahr für das Kind, so hat der Staat das Kind auch gegenüber seinen Eltern zu schützen.

Die Rechtsgrundlage für gerichtliche Maßnahmen bei Gefährdung des Kindeswohls bildet § 1666. Eine Maßnahme des Familiengerichts nach § 1666 Abs. 1 setzt folgendes voraus:[200]

- Es muss eine **Gefahr** für das körperliche, geistige oder seelische Wohl des Kindes oder aber für sein Vermögen vorliegen (Gefahrenlage).

- Die Eltern dürfen entweder nicht willens oder nicht in der Lage sein, die Gefahr **selbstabzuwenden.**

- Das Eingreifen des Familiengerichts muss dem Grundsatz der **Verhältnismäßigkeit** entsprechen.

Die Kindeswohlgefährdung umfasst zunächst Fälle des **Missbrauchs der elterlichen Sorge,** vor allem körperliche oder seelische Misshandlungen des Kindes und sexuellen Missbrauch.[201] Das Unterlassen von medizinisch dringend angezeigten Behandlungen oder sonstigen Maßnahmen (vor allem Bluttransfusionen), die drohende „Beschneidung" von Mädchen, Anstiftung zu strafbaren oder *sozial unwertigen (Betteln) Handlungen, Abhalten des Kindes vom Schulbesuch oder Tolerieren des „Schulschwänzens",* Vereitelung des Umgangsrechts, Erziehung zu Intoleranz, Staatsfeindlichkeit und Ausländerhass, Verheiratungsversuche gegen den Willen des Kindes stellen ebenfalls eine Gefährdung des Kindeswohls dar, welche ein Eingreifen des Gerichts zu rechtfertigen vermag.[202] Dagegen liegt keine Kindeswohlgefährdung vor, wenn die Eltern das Kind im Sinne einer religiösen oder weltanschaulichen Minderauffassung erziehen, wenn diese nur abstrakt Gefahren für das Kindeswohl mit sich bringt (z.B. Zeugen Jehovas wegen der Ablehnung

---

[199] *Schwab,* Familienrecht, § 63, Rdnr. 737.
[200] *Schwab,* Familienrecht, § 64, Rdnr. 751, 759.
[201] Schulze/*Kemper,* § 1666, Rdnr. 4.
[202] Schulze/*Kemper* wie in der obigen Fn.

bestimmter medizinischer Maßnahmen).²⁰³ In Betracht kommen auch Gefährdungen durch die **Vernachlässigung des Kindes**: darunter fallen Unzulänglichkeiten in der persönlichen Betreuung, wie etwa die mangelnde Versorgung in Bezug auf Nahrung, Kleidung und Wohnen sowie die mangelnde Beaufsichtigung, aufgrund derer das Kind in „*schlechte Gesellschaft*" gerät, die Schule nicht mehr besucht usw.²⁰⁴

Für die Beseitigung der Gefährdung des Kindes hat das Gericht die erforderlichen Maßnahmen zu treffen. Aufgrund des Verhältnismäßigkeitgrundsatzes muss jedoch immer das mildeste geeignete Mittel gewählt werden.²⁰⁵ Als extreme Maßnahmen können nach §§ 1666 Abs. 3 Nr. 6, 1666a die Trennung des Kindes vom Sorgeberechtigten und die gesamte Entziehung der Personensorge in Betracht kommen.²⁰⁶ Unterhalb dieser Schwelle kommen die Maßnahmen in Betracht, welche in § 1666 Abs. 3 nicht abschließend genannt werden.²⁰⁷

cc) Die Funktion des Jugendamtes

Das Jugendamt ist eine Behörde, die zunächst ein „freiwilliges Serviceangebot" zur Verfügung stellt. Besondere Unterstützung gewährt das Jugendamt an den Elternteil, dem die alleinige Sorge zusteht oder in dessen Obhut sich das Kind befindet.²⁰⁸ Auf schriftlichen Antrag dieses Elternteils kann das Jugendamt als Beistand in bestimmten Angelegenheiten fungieren. Diese Angelegenheiten sind eng umschrieben, § 1712 Abs. 1. Es handelt sich um

- die Feststellung der Vaterschaft und
- die Geltendmachung von Unterhaltsansprüchen.

Ferner ist bei nicht ehelichen Kindern eine besondere Unterstützung vorgesehen. Das Jugendamt hat unabhängig vom Antrag auf Beistand der Mutter Beratung und Unterstützung anzubieten, zunächst in der Form eines persönlichen Gesprächs (§ 52a SGB VIII).²⁰⁹

Schließlich muss das Jugendamt die Aufgaben des sog. „staatlichen Wächteramts" (Art. 6 Abs. 2 S. 2 GG) wahrnehmen, d.h., das Jugendamt ist verpflichtet, bei Gefährdungen des Kindeswohls zu veranlassen, dass die notwendigen Maßnahmen zum Schutz des Kindes ergriffen werden.

---

203 Schulze/*Kemper*, § 1666, Rdnr. 4.
204 Schulze/*Kemper*, § 1666, Rdnr. 4; MüKo/Olzen, § 1666, Rdnr. 100.
205 Schulze/*Kemper*, § 1666, Rdnr. 9.
206 Schulze/*Kemper*, § 1666, Rdnr. 9.
207 Schulze/*Kemper*, § 1666, Rdnr. 9.
208 *Schwab*, Familienrecht, § 63, Rdnr. 738 ff.
209 *Schwab*, Familienrecht, § 63, Rdnr. 744.

i) Die Beistandschaft: Beginn, Beendigung und Wirkung

Die Beistandschaft wird durch bloßen **Zugang** eines entsprechenden **Antrags** beim zuständigen Jugendamt begründet (§ 1714, S. 1). Dies erfolgt, wenn die Mitarbeiter im zuständigen Jugendamt von dem Schreiben im Rahmen der üblichen Arbeitszeiten Kenntnis nehmen können; Kenntnisnahme selbst ist jedoch nicht erforderlich.[210] Einzige Voraussetzung ist, dass das Kind seinen gewöhnlichen Aufenthalt im Inland hat (§ 1717, S. 1). Die Beistandschaft kann auf bestimmte Aufgaben beschränkt werden (§ 1712 Abs. 2).

Die Beistandschaft **endet** durch **schriftliche Erklärung** (§ 1715 Abs. 1 S. 1). Sie endet ferner, wenn das Kind seinen gewöhnlichen Aufenthalt im Ausland begründet (§ 1717, S. 1) oder wenn der Antragsteller die Voraussetzungen für seine Antragsbefugnis verloren hat (§ 1715 Abs. 2). Schließlich endet die Beistandschaft, wenn die Angelegenheit des Kindes erledigt ist.[211]

> **Beispiel:**
> Das Kind wird volljährig. Die elterliche Sorge besteht nur für das minderjährige Kind, § 1626 Abs. 1 S. 1.
>
> **Weiteres Beispiel:**
> Die englische Mutter zieht mit dem Kind nach Großbritannien.

Durch die Beistandschaft erhält das Jugendamt die Rechtsstellung eines Pflegers und kann das Kind in den Angelegenheiten, die der Beistandschaft unterliegen, **vertreten**; dadurch wird jedoch die elterliche Sorge des Elternteils nicht eingeschränkt.[212]

ii) Die Kindeswohlgefährdung

Bei Kindeswohlgefährdung ist zunächst § 8a Abs. 1 S. 1 SGB VIII zu beachten. Nach dieser Vorschrift wird der Schutzauftrag akut, sobald dem Jugendamt gewichtige Anhaltspunkte für eine Gefährdung des Kindeswohls bekannt werden. Was unter einer **Gefährdung des Kindeswohls** zu verstehen ist, lässt sich der Rechtsprechung zu § 1666 entnehmen. Die Vorschrift des § 8a Abs. 1 S. 1 SGB VIII verpflichtet das Jugendamt zunächst zur **Abschätzung der Gefahr** im Zusammenwirken mit mehreren Fachkräften; ferner muss das Jugendamt die für die Abwendung der Gefährdung geeigneten und notwendigen Hilfen anbieten.[213]

Kann die Gefahr nicht abgewendet werden, ohne dass andere Stellen bzw. Behörden - z.B. ein Arzt oder die Polizei - eingeschaltet werden, hat das Jugendamt auf die Inanspruchnahme durch die Erziehungsberechtigten hinzuwirken (§ 8a Abs. 4 S. 1 SGB VIII). Wenn ein sofortiges Handeln erforderlich ist, gehen die Pflichten des Jugendamtes darüber hinaus: Es muss dann die **anderen Stellen** direkt selbst einschalten (§ 8a Abs. 3 S. 2 SGB VIII), um die Gefahr abzuwenden. Nach § 42 SGB VIII ist das Jugendamt unter Voraussetzungen berechtigt und verpflichtet, ein Kind in seine Obhut zu nehmen.

---

[210] BeckOK/*Enders*, § 1714, Rdnr. 4.
[211] *Schwab*, Familienrecht, § 63, Rdnr. 743.
[212] *Schlüter*, Familienrecht, § 25, Rdnr. 387; *Schwab*, Familienrecht, § 63, Rdnr. 742.
[213] BeckOK-Sozialrecht/*Winkler*, § 8a SGB VIII, Rdnr. 19ff.

d) Die Ausübung der elterlichen Sorge

aa) Personensorge

Die Personensorge umfasst nach § 1631 Abs. 1 vor allem Pflege, Erziehung, Aufsicht und Aufenthaltsbestimmung. Die gesetzlichen Regelungen finden sich in den §§ 1631 - 1633. Insbesondere zählt zur Personensorge die Bestimmung des Umganges des Kindes mit anderen Personen.

Beispiel:
Die 14jährige Tochter T der Witwe M hält intime Beziehungen zu dem 45jährigen, verheirateten F. M fordert T ihre Beziehung zu F abzubrechen. M fordert auch F vergeblich auf, das Verhältnis mit T zu beenden. M kann gerichtlich gegen F vorgehen. Sie kann beim Familiengericht beantragen, dass das Gericht dem F den Umgang mit T untersagt. Auch bei Berücksichtigung der Entwicklung der T (§ 1626 Abs. 2), lässt sich der Umgang der T mit F nicht mit einer verantwortungsbewussten Erziehung vereinbaren. Das Familiengericht wird dem F verbieten, den Umgang mit T aufrechtzuerhalten. Weiterhin kann M der T den Umgang mit F verbieten.

Ein wichtiger Aspekt im Rahmen der Personensorge ist die Bestimmung des Aufenthaltsortes des Kindes. Hält sich das Kind ohne Einverständnis der Eltern bei einem Dritten auf, so haben sie einen gerichtlich durchsetzbaren **Herausgabeanspruch** gegen diesen Dritten (§ 1632 Abs. 1).

bb) Vermögenssorge

Die elterliche Sorge umfasst nach § 1626 Abs. 1 S. 2 auch die Vermögenssorge. Diese erstreckt sich grundsätzlich auf die Verwaltung des gesamten dem Kind zustehenden Vermögens.[214] Damit das Kind vor ungünstigen Verwaltungsmaßnahmen geschützt wird, sieht das Gesetz eine Reihe von Schutzvorschriften (§§ 1640 ff.)vor.[215]

In der Verwaltung von Geldbeträgen ist maßgeblich der Grundsatz der **Wirtschaftlichkeit**, § 1642. Eine eingehende Regelung über die Verwendung der Einkünfte des Kindervermögens ist in § 1649 enthalten. Außerdem schreibt die Vorschrift des § 1643 vor, dass die Eltern bestimmte Geschäfte nur mit **Genehmigung des Familiengerichts** vornehmen können.

cc) Die Vertretung des Kindes

Neben der Personensorge und der Vermögenssorge umfasst die elterliche Sorge auch die Vertretung des Kindes. Gesetzliche Vertreter des Kindes sind die Eltern, soweit ihnen die elterliche Sorge zusteht (§ 1629 Abs. 1 S. 1). Die Eltern können im Namen ihres Kindes Willenserklärungen abgeben und empfangen und Prozesse führen. Für die Vornahme von Rechtsgeschäften steht den Eltern normalerweise Vertretungsmacht nur zum **gemeinsa-**

---

[214] *Schlüter*, Familienrecht, § 25, Rdnr. 371.
[215] Siehe die Auflistung bei *Wellenhofer*, Familienrecht, § 33, Rdnr. 5.

men Handeln zu (§ 1629 Abs. 1 S. 2 Hs. 1). Es handelt sich also um gemeinschaftliche Vertretung.[216] Das gilt auch für geschäftsähnliche Handlungen, soweit die Eltern dafür zuständig sind (z.b. die Einwilligung in medizinische Behandlung).

Beispiel:[217]
Wird ein Vertrag im Namen des Kindes geschlossen, so müssen beide Elternteile handeln, indem sie beide den Vertrag unterschreiben.

Jedoch verlangt die Gesamtvertretung nicht, dass beide Eltern gemeinsam auftreten; ein Elternteil kann den anderen bevollmächtigen, in einer bestimmten Angelegenheit oder einem bestimmten Kreis von Geschäften Erklärungen zugleich als sein Untervertreter abzugeben.[218] Dies kann auch durch konkludentes Handeln geschehen.

Die Folgen des Handelns eines einzelnen Elternteils im Namen des Kindes jedoch ohne die Mitwirkung des anderen Elternteils richten sich nach den Regeln über das Handeln des Vertreters ohne Vertretungsmacht (§ 177 ff.): Einseitige Rechtsgeschäfte sind nichtig. Die Wirksamkeit eines Vertrages hängt von der Genehmigung des *anderen* Elternteils ab. Wird sie erteilt, wird das Kind berechtigt und verpflichtet, andernfalls kann der Geschäftspartner den handelnden Elternteil nach seiner Wahl auf Erfüllung oder Schadensersatz in Anspruch nehmen oder den Vertrag widerrufen (§§ 178, 179).[219]

Zu beachten ist allerdings, dass die Eltern oft im Interesse des Kindes, aber nicht in seinem Namen handeln. Dies wird vor allem für den Lebensbedarf der Kinder (z.B. Kleidung, Spielzeuge) angenommen. Dann handelt es sich dabei um ein Eigengeschäft des Handelnden; oft geht es um Schlüsselgewaltgeschäfte nach § 1357.[220]

Für die gesetzliche Vertretungsmacht der Eltern sieht das Gesetz zum Schutz des Kindes einige Beschränkungen und Ausschlussgründe vor.[221] Zunächst ist zu beachten, dass für Geschäfte, die das Gesetz für besonders riskant erachtet, die Genehmigung des Familiengerichts erforderlich ist, § 1643. Ferner wird wegen möglicher Interessekollisionen in gewissen Fällen die gesetzliche Vertretung ausgeschlossen. Die Einzelheiten ergeben sich aus der Verweisung des § 1629 Abs. 2 S. 1 auf die für Vormünder geltenden Vorschriften (§ 1795). Die Vertretungsverbote nach §§ 181, 1795 kennen allerdings auch **Ausnahmen. Reine Erfüllungsgeschäfte** sind schon nach dem Wortlaut der §§ 181, 1795 Abs. 1 Nr. 1 zulässig. Darunter versteht man Geschäfte, die allein dem Zweck dienen, einen schon *bestehenden* Anspruch zu erfüllen.

Beispiel:
Nachdem ein wirksamer Grundstückskaufvertrag zwischen Eltern und Kind geschlossen wurde, können die Eltern das Kind daher bei der *Übereignung* (Auflassung) des Grundstücks (nach §§ 873 Abs. 1, 925) wieder vertreten.

---

216 *Schwab*, Familienrecht, § 56, Rdnr. 675; Schlüter, Familienrecht, § 25, Rdnr. 376.
217 *Schwab*, Familienrecht, § 56, Rdnr. 675.
218 *Schwab*, Familienrecht, § 56, Rdnr. 675; Schlüter, Familienrecht, § 25, Rdnr. 376.
219 Schlüter, Familienrecht, § 25, Rdnr. 376.
220 *Wellenhofer*, Familienrecht, § 33, Rdnr. 11.
221 *Schwab*, Familienrecht, § 56, Rdnr. 681.

Die §§ 181, 1795 Abs. 1 werden von der Rechtsprechung außerdem dahingehend teleologisch reduziert, dass Geschäfte, die dem Kind keinerlei Rechtsnachteile bringen, ebenfalls zulässig sein sollen.[222]

Beispiel:
Schenkung von unbelasteten Grundstücken im Falle des § 1795 Abs. 1 Nr. 1.

dd) Ausübung der elterlichen Sorge bei Getrenntleben der Eltern

Leben die Eltern **getrennt**, so hat dieser Umstand zunächst keinen Einfluss auf das gemeinsame Sorgerecht. Wie bereits oben dargestellt, besteht in diesem Fall die Möglichkeit, eine andere Regelung des Sorgerechts beim Familiengericht zu beantragen. Wenn von dieser Möglichkeit kein Gebrauch gemacht wird, verbleibt es bei der gemeinsamen Sorge. Für die Ausübung der elterlichen Sorge enthält dann § 1687 eine Regelung, die eine Aufspaltung des Sorgerechts vorschreibt.[223] Hier gilt:

- Der Elternteil, bei dem sich das Kind **gewöhnlich aufhält**, kann nach § 1687 Abs. 1 S. 2 in allen Angelegenheiten des täglichen *Lebens* allein entscheiden.

- Ferner kann der Elternteil, bei dem sich das Kind **tatsächlich aufhält**, nach § 1687 Abs. 1 S. 4 in allen Angelegenheiten der tatsächlichen Betreuung allein entscheiden.

ee) Konflikte zwischen den Eltern bei gemeinsamem Sorgerecht

Steht beiden Eltern gemeinsam das Sorgerecht zu, so üben die Eltern die elterliche Sorge in gegenseitigem Einvernehmen aus und sollen sich bei Meinungsverschiedenheiten einigen. Kann eine Einigung nicht erzielt werden, kann man das Familiengericht einschalten, wenn die Voraussetzungen des § 1628 vorliegen. In wesentlichen Angelegenheiten kann nämlich jeder Elternteil das Familiengericht anrufen. Dieses entscheidet dann nicht etwa in der Sache, sondern überträgt die Entscheidungsbefugnis einem Elternteil.[224]

3. Der Kindesunterhalt

a) Unterhaltsarten

Der Kindesunterhalt ist ein Unterfall des Verwandtenunterhalts.[225] Er dient der Sicherstellung des Lebensunterhaltes des Kindes. Im Wesentlichen werden beim Kindesunterhalt zwei verschiedene Arten der Unterhaltsgewährung unterschieden, nämlich Bar- und Betreuungsunterhalt.[226] Der Barunterhalt wird durch Geldleistung erbracht. Üblicherweise ergibt sich in der Praxis folgende Fallkonstellation beim Kindesunterhalt: Nach

---

222 *Schlüter*, Familienrecht, § 33, Rdnr. 19.
223 *Schwab*, Familienrecht, § 66, Rdnr. 783.
224 *Schwab*, Familienrecht, § 57, Rdnr. 695.
225 *Schwab*, Familienrecht, § 74, Rdnr. 883.
226 *Hamm*, Strategien im Unterhaltsrecht, § 6, Rdnr. 4.

Trennung oder Scheidung der Eltern wird das minderjährige Kind von einem Elternteil erzogen, während der andere Elternteil Barunterhalt schuldet.[227] Beide Arten der Unterhaltsgewährung sind gleichwertig, wie es sich aus § 1606 Abs. 3 S. 2 ergibt: Der Elternteil, der das Kind betreut, erfüllt in der Regel schon durch seine Pflege- und Erziehungsleistung seine Unterhaltspflicht.

b) Besonderheiten des Kindesunterhalts

Die Unterhaltspflicht setzt die Leistungsfähigkeit des Pflichtigen und die Bedürftigkeit des Berechtigten voraus.

Der Unterhaltsschuldner ist **gegenüber minderjährigen unverheirateten Kindern erweitert unterhaltspflichtig.** Zum einen wird dem Unterhaltsschuldner lediglich von seinem Einkommen ein notwendiger Selbstbehalt (Düsseldorfer Tabelle 1.080 € monatlich für Erwerbstätige, sonst 880 €) zugestanden.[228] Zum anderen besteht gem. § 1603 Abs. 2 gegenüber minderjährigen Kindern die Pflicht, alle verfügbaren Mittel zum Eltern- und Kindesunterhalt gleichmäßig zu verwenden.[229] Des Weiteren wird ein minderjähriges unverheiratetes Kind nicht darauf verwiesen, den Stamm seines Vermögens anzugreifen, um seinen Unterhalt zu bestreiten (Rückschluss aus § 1602 Abs. 2).[230]

c) Unterhalt nach Tabelle

Für die Berechnung von Kindesunterhalt orientieren sich die Gerichte vor allem an der „Düsseldorfer Tabelle". Die Düsseldorfer Tabelle hat keine Gesetzeskraft.[231] Sie enthält lediglich Richtsätze, von denen fallweise abgewichen werden kann. Die Düsseldorfer Tabelle wird in regelmäßigen Abständen aktualisiert.

Die Düsseldorfer Tabelle ist in Einkommens- und Altersstufenunterteilt. Dabei ist -ähnlich wie beim Ehegattenunterhalt- das **bereinigte Nettoeinkommen** maßgeblich. Der zu zahlende Kindesunterhalt ist vom Einkommen des Unterhaltspflichtigen und vom Alter des Kindes abhängig. Aus den Anmerkungen zu der Düsseldorfer Tabelle ergibt sich Folgendes: Die Tabelle ist auf den Fall zugeschnitten, dass der Unterhaltspflichtige zwei Personen Unterhalt gewährt.[232] Bei einer geringeren oder größeren Anzahl von Unterhaltsberechtigten können Ab- oder Zuschläge durch Einstufung in niedrigere/höhere Gruppen angemessen sein, wobei auch immer darauf zu achten ist, dass der sog. Bedarfskontrollbetrag gewahrt bleibt.[233]

---

227 *Hamm*, Strategien im Unterhaltsrecht, § 6, Rdnr. 5.
228 *Schwab*, Familienrecht, § 74, Rdnr. 889.
229 *Schwab*, Familienrecht, § 74, Rdnr. 888.
230 *Schwab*, Familienrecht, § 74, Rdnr. 887.
231 *Hamm*, Strategien im Unterhaltsrecht, § 6, Rdnr. 19.
232 Anmerkungen zu Düsseldorfer Tabelle (1.1.2016) A1.
233 Wie in der obigen Fn. Zu dem Bedarfskontrollbetrag s. Anmerkung A Nr. 6.

	Nettoeinkommen des Barunterhaltspflichtigen (Anm. 3, 4)	Altersstufen in Jahren (§ 1612a Abs. 1 BGB)				Prozentsatz	Bedarfskontrollbetrag (Anm. 6)
		0 - 5	6 - 11	12 - 17	ab 18		
		Alle Beträge in Euro					
1.	bis 1.500	335	384	450	516	100	880/1.080
2.	1.501 - 1.900	352	404	473	542	105	1.180
3.	1.901 - 2.300	369	423	495	568	110	1.280
4.	2.301 - 2.700	386	442	518	594	115	1.380
5.	2.701 - 3.100	402	461	540	620	120	1.480
6.	3.101 - 3.500	429	492	576	661	128	1.580
7.	3.501 - 3.900	456	523	612	702	136	1.680
8.	3.901 - 4.300	483	553	648	744	144	1.780
9.	4.301 - 4.700	510	584	684	785	152	1.880
10.	4.701 - 5.100	536	615	720	826	160	1.980
	ab 5.101	nach den Umständen des Falles					

Auszug aus der Düsseldorfer Tabelle (Stand 01.01.2016)

Die Düsseldorfer Tabelle bezeichnet eine Rubrik als Bedarfskontrollbetrag. Dabei handelt sich um eine Rechengröße, die zu einer ausgewogenen Verteilung des Einkommens zwischen dem Pflichtigen und den unterhaltsberechtigten Kindern beitragen soll.[234]

Wenn man auf der Grundlage des zu berücksichtigenden Einkommens einen bestimmten Tabellenunterhalt ermittelt hat, ist zu überprüfen, ob nach Abzug des Zahlbetrages und unter Berücksichtigung des Ehegattenunterhalts der nach dieser Einkommensstufe vorgesehene Bedarfskontrollbetrag noch gewahrt ist oder unterschritten wird; bei Unterschreitung sind die Abzugsbeiträge der niedrigeren Gruppe zu entnehmen, deren Bedarfskontrollbetrag nicht mehr unterschritten wird.[235]

d) Der Anspruch auf Ausbildungsfinanzierung

Der Unterhalt umfasst den **gesamten Lebensbedarf** einschließlich der Kosten einer angemessenen Vorbildung zu einem Beruf, und zwar auch dann, wenn das Kind bereits volljährig ist (§ 1610 Abs. 2). Nach der Rechtsprechung wird die Berufsausbildung geschuldet, die Neigungen des Kindes entspricht, ohne dass sämtliche Neigungen und Wünsche berücksichtigt werden müssen, insbesondere nicht die, die sich als nur flüchtig oder vorübergehend erweisen oder mit den Anlagen und Fähigkeiten des Kindes oder den **wirtschaftlichen Verhältnissen** der Eltern nicht zu vereinbaren sind.[236]

Haben die Eltern ihrem Kind eine angemessene Berufungsausbildung gewährt, sind sie im Allgemeinen nicht verpflichtet, die Kosten einer **weiteren Ausbildung** zu tragen.[237]

---

[234] MüKo/*Born*, § 1610, Rdnr. 125.
[235] MüKo/*Born*, § 1610, Rdnr. 127.
[236] BGH NJW 1989, 2253 f.
[237] MüKo/*Reinken*, § 1610, Rdnr. 43.

Jedoch kann ein Unterhaltsanspruch des Kindes bestehen, wenn das Kind nach Erlangung der Hochschulreife zunächst eine praktische Ausbildung durchlaufen hat, und anschließend ein Hochschulstudium anstrebt, wenn dieses Studium mit den vorausgegangenen Ausbildungsabschnitten in einem engen sachlichen und zeitlichen Zusammenhang steht und die Finanzierung des Ausbildungsgangs den Eltern wirtschaftlich zuzumuten ist.[238]

Beispiele:
Zur Banklehre passt im Anschluss ein Studium der BWL oder der Rechtswissenschaften.[239]

Nach einer Lehre zum Bauzeichner kann ein Architekturstudium zu finanzieren sein.[240]

Gegenbeispiel:[241]
Zur Ausbildung als Erzieherin passt im Anschluss kein Studium der Kunstgeschichte.

Die Verpflichtung zur Finanzierung einer weiteren Ausbildung ist auch dann gegeben, wenn die erste Ausbildung auf einer deutlichen Fehleinschätzung der Begabung des Kindes beruhte oder das Kind von den Eltern in einen unbefriedigenden, seiner Begabung nicht Rechnung tragenden Beruf gedrängt worden war.[242] Für das unterhaltsberechtigte Kind besteht die Obliegenheit, die Ausbildung mit Fleiß und der gebotenen Zielstrebigkeit in angemessener und üblicher Zeit zu beenden (Gegenseitigkeitsprinzip).[243]

4. Besonderheiten bei nichtehelichen Kindern

a) Unterhalt des Kindes

Die Vorschrift des § 1615a stellt klar, dass für den Unterhaltsanspruch des nichtehelichen Kindes die allgemeinen Bestimmungen gelten. Jedoch ist in § 247 FamFG eine Besonderheit vorgesehen. Bereits vor Geburt des Kindes kann im Wege der einstweiligen Anordnung die Verpflichtung zur Unterhaltszahlung für die ersten drei Monate ausgesprochen werden; unterhaltspflichtig ist der Mann, der nach § 1600d Abs. 2, 3 als Vater vermutet wird.[244] Die Vorschrift des § 248 FamFG ermöglicht eine Unterhaltsregelung im Wege der einstweiligen Anordnung nach Geburt des Kindes, aber vor Klärung der Vaterschaft, wenn ein Verfahren zur Feststellung der Vaterschaft anhängig ist.

---

[238] *Wellenhofer*, Familienrecht, § 35, Rdnr. 25.
[239] BGH FamRZ 1992, 1407.
[240] BGH NJW 1989, 2253.
[241] *Wellenhofer*, Familienrecht, § 35, Rdnr. 25.
[242] MüKo/*Reinken*, § 1610, Rdnr. 44.
[243] MüKo/*Reinken*, § 1610, Rdnr. 42.
[244] *Schwab*, Familienrecht, § 75, Rdnr. 909.

b) Der Unterhaltsanspruch der Mutter

Eine nicht mit dem Vater des Kindes verheiratete Mutter kann vom Vater des Kindes Unterhalt verlangen. Auch ein nichtehelicher Vater kann diesen Unterhaltsanspruch haben, falls er das Kind betreut.[245] In den allermeisten Fällen handelt es sich aber um den Unterhaltsanspruch der Mutter, so dass der Unterhaltsanspruch hier aus der Perspektive der Mutter dargestellt wird.

Ohne weitere Voraussetzungen hat der Vater der Mutter Unterhalt für die Zeit von sechs Wochen vor bis acht Wochen nach der Geburt des Kindes zu gewähren, § 1615 Abs. 1 S. 1. Darüber hinaus schuldet der Vater der Mutter Unterhalt nach § 1615 Abs. 2 vor allem dann, wenn die Mutter das Kind erzieht und deshalb von ihr keine Erwerbstätigkeit erwartet werden kann.[246] Dieser Anspruch wegen Kindesbetreuung ist durch die Reform des Unterhaltsrechts zum 01.01.2008 neu gestaltet worden.[247] Ähnlich wie bei § 1570 ist eine zeitliche Stufung vorgesehen. Ohne weiteres besteht der Anspruch zunächst für die ersten drei Lebensjahre des Kindes. Eine Verlängerung ist nach Billigkeitsgründen möglich.

5. Der Elternunterhalt

Verwandte in gerader Linie sind gemäß § 1601 **grundsätzlich** verpflichtet, einander Unterhalt zu gewähren. Häufigster Anwendungsfall in der Praxis ist der Elternunterhalt. Dass Eltern ihre Kinder auf Unterhalt verklagen, kommt in der Praxis selten vor.[248] Vielmehr stellt sich die Frage des Elternunterhalts häufig dann, wenn die Eltern oder ein Elternteil in einem Alters- oder Pflegeheim untergebracht sind; oft müssen die Sozialhilfeträger für die monatlichen Heimentgelte aufkommen und versuchen dann bei den vorrangig haftenden Verwandten Regress zu nehmen (gesetzlicher Forderungsübergang, § 94 SGB XII).[249]

Die Unterhaltspflicht setzt die Leistungsfähigkeit des in Anspruch genommenen Kindes voraus. Der Selbstbehalt des Kindes liegt nach der Düsseldorfer Tabelle bei 1.400 €. Des Weiteren werden viele Abzüge vom Nettoeinkommen zugelassen, z.B. für die eigene Altersversorgung des Kindes; darüber hinaus ist zu beachten, dass der Elternunterhalt im Rang weit hinten steht, § 1609 Nr. 6.[250]

---

245 *Schwab*, Familienrecht, § 75, Rdnr. 918.
246 *Schwab*, Familienrecht, § 75, Rdnr. 910.
247 *Schwab*, Familienrecht, § 75, Rdnr. 911.
248 *Wellenhofer*, Familienrecht, § 35, Rdnr. 26.
249 *Wellenhofer*, Familienrecht, § 35, Rdnr. 26.
250 *Wellenhofer*, Familienrecht, § 35, Rdnr. 26.

VII. Vormundschaft, Betreuung und Pflegschaft

1. Die Vormundschaft, §§ 1773 ff.

a) Begriff, Bedeutung und Begründung der Vormundschaft

Bei der Vormundschaft handelt es sich um die umfassende Sorge für einen Minderjährigen.[251] Sie ist in den §§ 1773 ff. gesetzlich geregelt. Der Umfang entspricht dem der elterlichen Sorge. Für Volljährige wurde die Vormundschaft durch das Institut der Betreuung ersetzt. Trotzdem kommt dem Vormundschaftsrecht besondere Bedeutung zu, weil die Vorschriften über die Betreuung und die Pflegschaft darauf verweisen.[252]

Die Vormundschaft wird vom Familiengericht in drei Fällen von Amts wegen angeordnet:[253]

- wenn der Minderjährige nicht unter elterlicher Sorge steht,

- wenn die Eltern weder in den die Person noch in das Vermögen betreffenden Angelegenheiten zur Vertretung des Minderjährigen berechtigt sind,

- wenn der Familienstand des Minderjährigen nicht zu ermitteln ist (Findelkind).

Eine Vormundschaft wird insbesondere dann notwendig, wenn beide **Eltern gestorben** sind oder ihnen das **Sorgerecht entzogen** worden ist.[254]

Die Vorschrift des § 1774 stellt klar, dass die Vormundschaft in der Regel nicht kraft Gesetzes entsteht. Das Familiengericht wird angehalten, von Amts wegen zu prüfen, ob zum Schutze des Mündels Vormundschaft anzuordnen ist.[255] Nur in Ausnahmefällen wird das Jugendamt kraft Gesetzes Vormund. Zu nennen sind hier die Fälle, in denen die Mutter minderjährig und das Kind unehelich ist, § 1791c Abs. 1 bzw. das Kind zur Adoption freigegeben worden ist, § 1751 Abs. 1 S. 2.[256]

b) Auswahl des Vormunds

Bei der Auswahl des Vormunds ist das Gericht nicht frei. Das Gericht ist zunächst an den Willen der Eltern gebunden, wenn diese durch Testament einen Vormund benannt haben und zum Zeitpunkt des Todes das Sorgerecht innehatten.[257] Wesentlich häufiger ist allerdings der Fall, in dem das Familiengerichtgericht einen geeigneten Vormund bestimmen muss (§ 1779 Abs. 1), der nach Möglichkeit aus dem **sozialen Umfeld der Familie** stammen soll (§ 1779 Abs. 2). Hilfsweise besteht die Möglichkeit, das Jugendamt oder einen rechtsfähigen Verein als Vormund zu bestellen.[258]

---

[251] *Schwab*, Familienrecht, § 77, Rdnr. 920.
[252] *Wellenhofer*, Familienrecht, § 38, Rdnr. 1.
[253] *Schwab*, Familienrecht, § 78, Rdnr. 925.
[254] *Wellenhofer*, Familienrecht, § 38, Rdnr. 3.
[255] *Schwab*, Familienrecht, § 78, Rdnr. 924.
[256] *Schwab*, Familienrecht, § 78, Rdnr. 924.
[257] *Wellenhofer*, Familienrecht, § 38, Rdnr. 5; *Schwab*, Familienrecht, § 79, Rdnr. 928.
[258] *Schwab*, Familienrecht, § 79, Rdnr. 927 f.

c) Die Aufgaben des Vormunds

Der Vormund ist in vollem Umfang Sorgeberechtigter, § 1793 Abs. 1. Er hat also die **Personen- und Vermögenssorge** inne und ist **gesetzlicher Vertreter** des Mündels. Die Ausübung der Personensorge steht unter der Aufsicht des Familiengerichts, das dabei vom Jugendamt unterstützt wird, § 1837 Abs. 2.[259] Der Vormund hat dem Gericht auf Verlangen jederzeit über die Führung der Vormundschaft und die persönlichen Verhältnisse des Mündels Auskunft zu erteilen, § 1839. Bei der Vermögenssorge ist der Vormund im Vergleich zu den Eltern an weitergehende Bestimmungen gebunden.[260] Über das bei Antritt der Vormundschaft vorhandene und das vom Mündel später erworbene Vermögen ist ein Verzeichnis anzulegen, § 1802.

Die Vertretungsmacht des Vormunds wird durch §§ 1795, 1821, 1822 eingeschränkt. Dabei unterliegt der Vormund strengeren Restriktionen als die sorgeberechtigten Eltern; der Kreis der Geschäfte, zu denen der Vormund der Genehmigung des Familiengerichts bedarf, ist weiter gezogen als bei der elterlichen Sorge.[261]

d) Beendigung der Vormundschaft

Nach § 1882 endet die Vormundschaft mit Wegfall ihrer Voraussetzungen.

Beispiele:
Das Kind wird volljährig. Die Eltern erhalten das Sorgerecht zurück. Tod des Mündels.

Davon zu unterscheiden ist die Beendigung des Amtes eines Vormundes.[262] Das Amt des Vormunds wird durch **Entlassung** beendet. Sie kann aufgrund eigenen **Antrags** erfolgen, § 1889, ansonsten auch **von Amts wegen**, insbesondere dann, wenn seine Eignung nicht mehr gewährleistet ist (§§ 1887 Abs. 1, 1886). Bei Entlassung muss ein neuer Vormund benannt werden, wenn die Voraussetzungen des § 1773 weiterhin vorliegen. Die Pflichten des Vormunds nach Beendigung des Amtes regelt § 1890.

2. Die rechtliche Betreuung, §§ 1896 ff.

a) Begriff und Voraussetzungen

Volljährigen, die ihre Angelegenheiten nicht selbst besorgen können, kann ein Betreuer als Hilfsperson zur Seite gestellt werden.

Im Gegensatz zur früheren Entmündigung und Vormundschaft über Volljährige können heute Volljährige nur unter Betreuung gestellt werden.[263] Seit dem 01.09.2009 werden

---

[259] *Wellenhofer*, Familienrecht, § 38, Rdnr. 6.
[260] *Wellenhofer*, Familienrecht, § 38, Rdnr. 6.
[261] *Wellenhofer*, Familienrecht, § 38, Rdnr. 7.
[262] *Schwab*, Familienrecht, § 84, Rdnr. 945.
[263] Zu der Gesetzgebungsgeschichte s. BeckOK/*Müller*, § 1896, Rdnr. 1 ff.

Betreuungssachen von sog. Betreuungsgerichten wahrgenommen; die Betreuungsgerichte sind als Abteilungen für Betreuungssachen bei den Amtsgerichten gebildet.[264] Das Verfahren wird in den §§ 271 ff. FamFG geregelt.

Die zentrale Norm des Betreuungsrechts ist § 1896: Diese Vorschrift regelt die materiellen Voraussetzungen für die Bestellung eines Betreuers sowie die Erforderlichkeit der Betreuung und die Bestimmung der Aufgabenkreise.[265]

Nach § 1896 Abs. 1 S. 1 wird auf Antrag oder von Amts wegen vom Betreuungsgericht ein Betreuer bestellt, wenn ein Volljähriger auf Grund einer psychischen Krankheit oder einer körperlichen, geistigen oder seelischen Behinderung seine Angelegenheiten ganz oder teilweise nicht besorgen kann.[266]

> **Beispiele:**[267]
> Drogenabhängigkeit kann eine Betreuung rechtfertigen, wenn sie zur Verringerung geistiger Tätigkeiten führt. Als körperliche Behinderungen kommen insbesondere Blindheit und Taubheit in Betracht.

Die Notwendigkeit der Betreuung wird im Einzelfall anhand eines Sachverständigengutachtens oder eines ärztlichen Zeugnisses festgestellt, wenn der Betroffene sich der Bestellung eines Betreuers widersetzt.[268]

Für das gesamte Betreuungsrecht ist das sog. **Erforderlichkeitsprinzip** von besonderer Bedeutung.[269] Dabei spielt dieses Prinzip nicht nur bei der Frage, welche Aufgabenkreise von der Betreuung erfasst werden sollen, sondern auch bei der Frage, ob überhaupt eine Betreuung zulässig ist, eine Rolle.[270] Demzufolge ist die Bestellung eines Betreuers nicht erforderlich, wenn ein Bevollmächtigter die Angelegenheiten des Hilfsbedürftigen erledigen kann.[271] Folge dieses Prinzips ist auch, dass eine Betreuung **für alle** Angelegenheiten des Betroffenen nur in Ausnahmefällen in Betracht kommt; in der Regel wird sich die Betreuung auf bestimmte Aufgabenkreise beschränken, die bei der Bestellung konkret zu bestimmen sind (z.B. Gesundheitssorge, Aufenthaltsbestimmung, Vermögensverwaltung).[272]

b) Betreuung und Geschäftsfähigkeit

Rechtliche Betreuung und Geschäftsunfähigkeit sind getrennt zu betrachten. Die Betreuung hat grundsätzlich keinen Einfluss auf die Geschäftsfähigkeit des Betroffenen; alleine aufgrund der Betreuerbestellung kann die Geschäftsunfähigkeit nicht angenommen

---

264 *Schwab*, Familienrecht, § 88, Rdnr. 953.
265 BeckOK/*Müller*, § 1896, Rdnr. 7.
266 *Wellenhofer*, Familienrecht, § 40, Rdnr. 2; *Schwab*, Familienrecht, § 88, Rdnr. 954.
267 *Wellenhofer*, Familienrecht, § 40, Rdnr. 4.
268 Ausführlich zum Imhalt des Sachverständigengutachtens MüKo/*Schwab*, § 1896, Rdnr. 173 ff.
269 BeckOK/*Müller*, § 1896, Rdnr. 20; *Schwab*, Familienrecht, § 88, Rdnr. 959.
270 BeckOK/*Müller*, § 1896, Rdnr. 20.
271 *Schwab*, Familienrecht, § 88, Rdnr. 960.
272 *Schwab*, Familienrecht, § 88, Rdnr. 959.

Kapitel 13 - Familienrecht

werden.[273] Sofern der Betreute nach den allgemein geltenden Regeln geschäftsfähig ist, kann er auch weiterhin selbst neben dem Betreuer - rechtsgeschäftlich handeln.[274] Dadurch kann es im Einzelfall zum Abschluss **sich widersprechender Rechtsgeschäfte** kommen.

Zum Schutz des Betroffenen kann aber ein Einwilligungsvorbehalt angeordnet werden, um widersprüchliche Handlungen von Betreuer und Betreutem zu verhindern.[275] In diesen Fällen kann der Betroffene eine Willenserklärung nur mit Einwilligung des Betreuers abgeben, § 1903.

c) Person und Auswahl des Betreuers

Die wichtigsten Grundsätze für die **Auswahl des Betreuers** enthält § 1897. Nach Abs. 1 dieser Vorschrift ist grundsätzlich eine **natürliche Person** als Betreuer zu bestellen. Nach § 1897 Abs. 6 kommt innerhalb der als Betreuer in Betracht kommenden natürlichen Personen dem sogenannten **ehrenamtlichen Betreuer** der Vorrang vor einer entgeltlich geführten Betreuung durch einen freiberuflichen Berufsbetreuer, einen Vereinsbetreuer oder einen Behördenbetreuer zu.[276]

Insgesamt ergeben sich folgende Betreuertypen:[277]

- der private, nicht professioneller Einzelbetreuer
- der private Berufsbetreuer
- der Vereinsbetreuer
- der Behördenbetreuer
- der Verein als Betreuer, § 1900 Abs. 1-3
- die Behörde als Betreuer (Amtsbetreuer), § 1900 Abs. 4

Die natürliche Person muss für die Betreuung **geeignet** sein.[278] Für die Ermittlung der Eignung des Betreuers kommt es vor allem auf den Aufgabenkreis an, den der Betreuer wahrnehmen muss.[279] Dem Betreuten kommt ein Mitbestimmungsrecht zu. Auch die verwandtschaftlichen Bindungen werden berücksichtigt, § 1897 Abs. 4.

Wenn der Betroffene bereits **vor** dem Betreuungsverfahren positive oder negative Vorschläge zur Betreuerperson gemacht hat, so sind diese grundsätzlich wie die während des Betreuungsverfahrens gemachten Vorschläge zu berücksichtigen.[280]

---

273 *Schwab*, Familienrecht, § 88, 955; BeckOK/*Müller*, § 1896, Rdnr. 19.
274 BeckOK/*Müller*, § 1903, Rdnr. 1.
275 *Wellenhofer*, Familienrecht, § 40, Rdnr. 12.
276 BeckOK/*Müller*, § 1897, Rdnr. 1.
277 *Schwab*, Familienrecht, § 88, Rdnr. 963.
278 BeckOK/*Müller*, § 1897, Rdnr. 5.
279 BeckOK/*Müller*, § 1897, Rdnr. 5.
280 BeckOK/*Müller*, § 1897, Rdnr. 18.

d) Stellung und Aufgabe des Betreuers

aa) Allgemeine Handlungsbefugnis

Die Vorschrift des § 1901 enthält die Grundregeln für Stellung des Betreuers und die Aufgaben der Betreuung.[281] Gemäß § 1901 Abs. 2 hat der Betreuer die Angelegenheiten des Betreuten so zu besorgen, dass dieser die Möglichkeit hat, im Rahmen seiner Fähigkeiten sein Leben nach seinen eigenen Wünschen und Vorstellungen zu gestalten. Insbesondere hat der Betreuer **Wünschen des Betreuten** zu entsprechen, soweit dies dessen Wohl nicht zuwiderläuft und dem Betreuer zuzumuten ist, § 1901 Abs. 3 S. 1. Ehe der Betreuer wichtige Angelegenheiten erledigt, **bespricht** er sie mit dem Betreuten, sofern dies dessen Wohl nicht zuwiderläuft, § 1901 Abs. 3 S. 3.

bb) Die gesetzliche Vertretung insbesondere

In seinem Aufgabenkreis ist der Betreuer **gesetzlicher Vertreter** des Betreuten (§ 1902). Allerdings unterliegt die Vertretungsbefugnis starken Einschränkungen. Zum einen finden die meisten Einschränkungen des Vormundschaftsrechts über § 1908i Abs. 1 entsprechend Anwendung.[282] Ferner sind speziell für die Betreuung eingeführte weitere Genehmigungspflichten zu berücksichtigen. Dazu gehören die Einwilligung des Betreuers in **risikoreiche ärztliche Maßnahmen** (§ 1904 Abs. 1 S. 1), die **freiheitsbeschränkende Unterbringung** des Betreuten (§ 1906 Abs. 1),

e) Entlassung des Betreuers, Beendigung der Betreuung

Die Betreuung ist **aufzuheben**, wenn ihre Voraussetzungen wegfallen, § 1908d Abs. 1 S. 1. Auch eine **Teilaufhebung** ist möglich (§ 1908d Abs. 1 S. 2), wenn z.B. die Betreuungsbedürftigkeit in einigen Bereichen nicht mehr vorliegt.[283]

Das Amt des Betreuers wird durch Entlassung beendet.[284] Die Entlassung kann aufgrund eigenen **Antrags** erfolgen (§ 1908b Abs. 2), ansonsten auch **von Amts wegen**, insbesondere dann, wenn die Eignung des Betreuers nicht mehr gewährleistet ist oder ein sonstiger wichtiger Grund gegeben ist (§ 1908b Abs. 1 S. 1). Bei Entlassung muss ein neuer Betreuer bestellt werden; das Gleiche gilt im Falle des Todes des Betreuers.[285]

---

[281] Schulze//*Kemper*, § 1901, Rdnr. 1.
[282] *Schwab*, Familienrecht, § 89, Rdnr. 967.
[283] BeckOK/*Müller*, § 1908d, Rdnr. 5.
[284] Zum Unterschied zwischen Entlastung und Aufhebung s. *Schwab*, Familienrecht, § 90, Rdnr. 971 f..
[285] *Schwab*, Familienrecht, § 90, Rdnr. 971.

3. Pflegschaft

Die Pflegschaft kann als Personenpflegschaft (Fürsorge für eine Person) oder als Sachpflegschaft (Fürsorge für ein Vermögen) vorkommen. Die wichtigsten Arten der Pflegschaft sind:[286]

- Ergänzungspflegschaft, § 1909
- Abwesenheitspflegschaft, § 1911
- Pflegschaft für eine Leibesfrucht, § 1912
- Pflegschaft für unbekannte Beteiligte, § 1913
- Pflegschaft für ein Sammelvermögen, § 1914

Aus familienrechtlicher Sicht ist vor allem die **Ergänzungspflegschaft** von Bedeutung.[287] Sie tritt ergänzend zu elterlichen Sorge oder zur Vormundschaft hinzu, wenn die Eltern oder der Vormund an die Erledigung bestimmter Angelegenheiten aus tatsächlichen bzw. rechtlichen Gründen für den Minderjährigen gehindert sind.[288]

Beispiele:[289]
Das Kind hat Vermögen geerbt, dessen Verwaltung der Erblasser nicht den Eltern bzw. dem Vormund überlassen will, § 1909 Abs. 2.

Die Eltern oder der Vormund sind in einer Angelegenheit von der gesetzlichen Vertretung nach §§ 181, 1795 ausgeschlossen. Wenn das Rechtsgeschäft vorgenommen werden soll, muss das Kind durch einen Pfleger vertreten werden.

Auch das Jugendamt kann zum Pfleger bestellt werden, wenn keine geeignete Person vorhanden ist.[290]

Von Einzelfragen abgesehen, findet auf die Pflegschaft das Vormundschaftsrecht Anwendung, § 1915 Abs. 1.

Die Ergänzungspflegschaft endet mit dem Ende der elterlichen Sorge oder mit Erledigung der Angelegenheit, die Gegenstand der Pflegschaft war, § 1918 Abs. 1. Die Aufhebung der Pflegschaft wird in § 1919 geregelt.

---

[286] *Wellenhofer*, Familienrecht, § 39, Rdnr.1.
[287] *Schwab*, Familienrecht, § 86, Rdnr. 950.
[288] *Schwab*, Familienrecht, § 86, Rdnr. 950.
[289] *Schwab*, Familienrecht, § 86, Rdnr. 950.
[290] *Schwab*, Familienrecht, § 86, Rdnr. 950.

Kapitel 14: Einführung in das Erbrecht

Das Erbrecht enthält Regelungen für den Fall des Todes einer Person. Die verstorbene Person wird vom Gesetz als **Erblasser** bezeichnet, sein Tod als **Erbfall**. Zentraler Regelungsgegenstand des Erbrechts ist das Schicksal des Vermögens des Erblassers, dem sog. **Nachlass**. Er steht den **Erben** zu. Wer Erbe ist, bestimmt sich nach dem Gesetz (s. hierzu I), soweit kein Testament vorliegt (s. hierzu II).

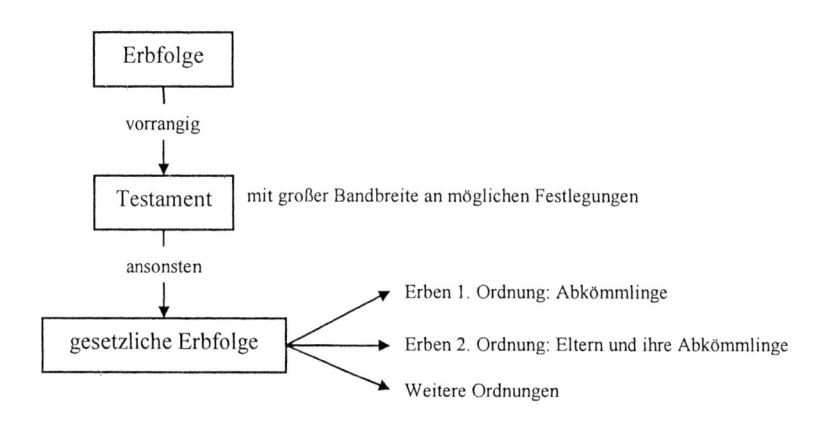

```
    ┌─────────┐
    │ Erbfolge│
    └────┬────┘
         │
      vorrangig
         │
         ▼
    ┌─────────┐
    │Testament│  mit großer Bandbreite an möglichen Festlegungen
    └────┬────┘
         │
      ansonsten
         │
         ▼                        ▸ Erben 1. Ordnung: Abkömmlinge
 ┌──────────────────┐
 │gesetzliche Erbfolge│◂──────▸ Erben 2. Ordnung: Eltern und ihre Abkömmlinge
 └──────────────────┘
                              ▸ Weitere Ordnungen
```

I. Gesetzliche Erbfolge

Die gesetzliche Erbfolge tritt immer dann ein, wenn der Erblasser **kein Testament** errichtet hat.

1. Gesetzliches Erbrecht der Verwandten

Die Verwandten des Erblassers werden vom Gesetz in **Ordnungen** kategorisiert (s. Überschriften der §§ 1924 – 1929). Diese Ordnungen legen die **Rangfolge** der Erben fest: Der Erbe einer bestimmten Ordnung schließt Erben einer nachgehenden Ordnung aus (§ 1930).

Gesetzliche Erben der **ersten Ordnung** sind die **Abkömmlinge** des Erblassers (§ 1924 I), d.h. dessen Kinder, Enkel, Urenkel u.s.w. Ein zur Zeit des Erbfalls lebender Abkömmling schließt die durch ihn mit dem Erblasser verwandten Abkömmlinge von der Erbfolge aus (§ 1924 Abs. 2).

> **Beispiel:**
> Der Enkel des Erblassers erbt nicht, wenn sein Vater als Sohn des Erblassers noch lebt.

An die Stelle eines zur Zeit des Erbfalls nicht mehr lebenden Abkömmlings treten die durch ihn mit dem Erblasser verwandten Abkömmlinge (§ 1924 Abs. 3).

Beispiel:
Hatte der Erblasser zwei Kinder, von denen eines verstorben ist, steht den Kindern des verstorbenen Kindes dessen Erbanteil zu.

Kinder erben zu gleichen Teilen (§ 1924 Abs. 4).

Gesetzliche Erben der **zweiten Ordnung** sind die **Eltern** des Erblassers und **deren Abkömmlinge** (§ 1925 Abs. 1). Hierunter fallen insbesondere Geschwister, Neffen, Nichten, Großneffen und Großnichten des Erblassers. Leben zur Zeit des Erbfalls die Eltern, so erben sie allein und zu gleichen Teilen (§ 1925 Abs. 2). Lebt zur Zeit des Erbfalls der Vater oder die Mutter nicht mehr, so treten an die Stelle des Verstorbenen dessen Abkömmlinge nach den für die Beerbung in der ersten Ordnung geltenden Vorschriften (§ 1925 Abs. 3 S. 1). Sind Abkömmlinge nicht vorhanden, so erbt der überlebende Teil allein (§ 1925 Abs. 3 S. 2).

Beispiele:
Der Erblasser stirbt kinderlos. Zum Zeitpunkt seines Todes leben seine Eltern und vier seiner Geschwister. Die Eltern erben zu gleichen Teilen.

Der Erblasser stirbt kinderlos. Zum Zeitpunkt seines Todes leben noch seine Mutter und vier seiner Geschwister. Die Mutter erbt die Hälfte des Nachlasses, die andere Hälfte wird unter den vier Geschwistern aufgeteilt.

Der Erblasser stirbt kinderlos. Zum Zeitpunkt seines Todes leben noch seine Mutter und drei seiner Geschwister. Eine Schwester ist verstorben und hinterlässt einen Sohn, den Neffen des Erblassers. Die Mutter erbt die Hälfte des Nachlasses, die andere Hälfte wird unter den drei Geschwistern und dem Neffen aufgeteilt.

Der Erblasser stirbt und hinterlässt einen Sohn. Zum Zeitpunkt seines Todes leben noch seine Mutter und vier seiner Geschwister. Der Sohn schließt als Erbe erster Ordnung alle anderen Verwandten aus (§ 1930) und erbt somit allein.

Existieren weder gesetzliche Erben erster noch zweiter Ordnung, ist auf Erben nachgehender Ordnungen zurückzugreifen (Einzelheiten in §§ 1926 – 1929).

2. Gesetzliches Erbrecht des Ehegatten

Das gesetzliche Erbrecht des Ehegatten ist zum einen davon abhängig, welche Verwandten noch leben. Der Ehegatte ist neben **Verwandten** der **ersten Ordnung** zu **einem Viertel**, neben Verwandten der **zweiten Ordnung** oder neben Großeltern zur **Hälfte** der Erbschaft als gesetzlicher Erbe berufen (§ 1931 Abs. 1). Ansonsten ist der Ehegatte Alleinerbe (§ 1931 Abs. 2).

Das gesetzliche Erbrecht des Ehegatten wird zum anderen vom Güterstand bestimmt. Im Fall einer **Zugewinngemeinschaft** (näher Kap. 13 IV 2 d) erhöht sich der gesetzliche Erbteil um **ein Viertel** (§ 1371 Abs. 1). Allerdings kann der Ehegatte die Erbschaft ausschlagen und dadurch einen Zugewinnausgleich herbeiführen (§ 1371 Abs. 3; die Einzelheiten sind kompliziert und können hier nicht vertieft werden).

Beispiel:
Der Erblasser stirbt kinderlos und hinterlässt seine Ehefrau. Die Eheleute haben in Zugewinngemeinschaft gelebt. Die Eltern des Erblassers sind verstorben. Dieser hatte allerdings noch zwei Brüder. Da der Erblasser mit seinen Brüdern nur Erben zweiter Ordnung hinterlässt, ist die Ehefrau zur Hälfte der Erbschaft als gesetzliche Erbin berufen. Die Zugewinngemeinschaft erhöht ihren Erbteil um ein weiteres Viertel. Insgesamt erbt sie also drei Viertel. Das letzte Viertel wird unter den Brüdern aufgeteilt.

Ist der Ehegatte neben Verwandten der zweiten Ordnung oder neben Großeltern gesetzlicher Erbe, so erhält er zusätzlich alle **Haushaltsgegenstände** (§ 1932 Abs. 1 S. 1). Ist der überlebende Ehegatte neben Verwandten der ersten Ordnung gesetzlicher Erbe, so stehen ihm diese Gegenstände zu, soweit er sie zur Führung eines angemessenen Haushalts benötigt (§ 1932 Abs. 1 S. 2).

II. Testament

Durch das Testament kann der Erblasser eine von der gesetzlichen Erbfolge abweichende Erbfolge bestimmen. Das Testament ist ein **einseitiges Rechtsgeschäft**, das aus einer nicht empfangsbedürftigen Willenserklärung besteht.

1. Errichtung und Widerruf eines Testaments

Das Gesetz knüpft an die **Testamentserrichtung** wegen seiner Tragweite an strenge Formvorschriften. Zu unterscheiden sind im Wesentlichen:

- das **private Testament**. Dieses muss eigenhändig geschrieben, d.h. **handschriftlich** sein (§ 2247 Abs. 1). Dadurch soll die Fälschungsgefahr verringert werden. Bei Nichtbeobachtung dieser Vorgabe ist das Testament nichtig (§ 125 S. 1).

- das **öffentliche Testament**. Es wird dadurch errichtet, dass der Erblasser dem **Notar** seinen letzten Willen erklärt oder ihm eine Schrift mit der Erklärung übergibt, dass die Schrift seinen letzten Willen enthalte (§ 2232 S. 1). Der Notar bringt das Testament zum Amtsgericht (§ 34 Abs. 1 S. 4 BeurkG), wo es in amtliche Verwahrung genommen wird (vgl. §2258a).

Das Testament ist jederzeit **frei widerruflich** (§ 2253 Abs. 1). Dabei kennt das Gesetz verschiedene Formen des Widerrufs: Ein neues Testament, das das alte ausdrücklich widerruft (§ 2254); die Vernichtung des Testaments (§ 2255 S. 1); die Rücknahme eines öffentlichen Testaments aus amtlicher Verwahrung (§ 2256 Abs. 1 S.1); ein widersprechendes späteres Testament (§ 2258 Abs. 1).

Beispiel:
In einem Testament aus dem Jahr 2011 ist der A als Alleinerbe benannt, in einem Testament aus 2016 der B. Das Testament aus 2016 ist damit als Widerruf des Testaments aus 2011 zu werten.

2. Inhalt eines Testaments

Hier sieht das Gesetz eine Fülle von Möglichkeiten vor. Die wichtigsten sollen kurz vorgestellt werden, ohne Anspruch auf Vollständigkeit erheben zu wollen.

a) Einsetzung und Ausschluss eines Erbens

Eine der häufigsten Bestimmungen in einem Testament ist die Einsetzung eines Erben. Das Gesetz räumt dem Erblasser hier im Grundsatz **alle Freiheiten** ein. Der Erblasser kann gesetzliche Erben im Testament ausdrücklich als Erben bestimmen, er kann die gesetzlich vorgesehenen Quoten übernehmen oder von ihnen abweichen. Er kann aber auch von der gesetzlichen Erbfolge abweichen und andere Person als Erben einsetzen.

Möglich ist auch, eine Person von der gesetzlichen Erbfolge auszuschließen, ohne einen Erben einzusetzen (§ 1938). In diesem Fall wird der Enterbte so behandelt, als sei er nicht existent. Die Erbquote der übrigen Erben fällt dann entsprechend höher aus.

Beispiel:
Der verwitwete Erblasser hinterlässt zwei Söhne. In seinem Testament enterbt er den älteren Sohn. Der jüngere Sohn ist damit Alleinerbe.

b) Vermächtnis

Ein Vermächtnis ist die Zuwendung eines Vermögensvorteils durch Testament, **ohne** dass der Begünstigte **Erbe** wird (§ 1939). Die Erben erlangen als Gemeinschaft Verfügungsgewalt über den Nachlass (hierzu sogleich mehr unter IV). Wenn der Erblasser den Begünstigten von der Abwicklung des Nachlasses fernhalten will, wird er ihn mit einem Vermächtnis bedenken. Typischerweise wird mit einem Vermächtnis eine Person bedacht, die dem Erblasser nahe steht, ohne zum inneren Familienzirkel zu gehören.

Beispiel:
Zuwendung eines einzelnen Gegenstands, zu dem der Begünstigte eine besondere emotionale Beziehung hat, durch Vermächtnis

Durch das Vermächtnis erwirbt der Begünstigte **Anspruch auf Herausgabe** gegen den oder die Erben (§ 2174).

c) Testamentsvollstreckung

Für die **Verwaltung und Abwicklung des Nachlasses** sind grundsätzlich die Erben zuständig (hierzu sogleich mehr unter IV). Abweichend hiervon kann der Erblasser im Testament bestimmen, dass ein Testamentsvollstrecker mit dieser Aufgabe betraut werden soll (§ 2197 Abs. 1). Das Amt des Testamentsvollstreckers beginnt mit dem Zeitpunkt, in welchem der Ernannte das Amt annimmt (§ 2202 Abs. 1). Eine Pflicht zur Annahme besteht nicht.

Der Erblasser kann die Befugnisse des Testamentsvollstreckers auf bestimmte Teilaufgaben oder auf einzelne Nachlassgegenstände beschränken (s. § 2208 Abs. 1). Tut er dies nicht, obliegt dem Testamentsvollstrecker die Verwaltung des gesamten Nachlasses (§ 2205 S. 1),

Beispiel:
Betreuung einer zum Nachlass gehörenden Immobilie,

die Ausführungen der letztwilligen Verfügungen des Erblassers (§ 2203),

Beispiel:
Ausführung eines Vermächtnisses,

und die Auseinandersetzung der Miterben (§ 2204 Abs. 1, hierzu sogleich mehr unter IV).

Der Testamentsvollstrecker muss seine Tätigkeit dokumentieren und **Rechenschaft ablegen**. Insbesondere obliegen ihm die Erstellung eines Nachlassverzeichnisses (§ 2215 Abs. 1), die Erteilung von Auskünften (§§ 2218 Abs. 1, 666) und die Rechnungslegung (§ 2218 Abs. 2).

Zwischen den Erben und dem Testamentsvollstrecker besteht ein **gesetzliches Schuldverhältnis**. Verletzt der Testamentsvollstrecker seine Pflicht zur ordnungsgemäßen Verwaltung des Nachlasses (§ 2216 Abs. 1), macht er sich gegenüber den Erben **schadensersatzpflichtig** (§ 2219 Abs. 1). Umgekehrt steht dem Testamentsvollstrecker ein **Vergütungsanspruch** zu (§ 2221).

3. Pflichtteilsanspruch bei Ausschluss eines Erben (Enterbung)

Wer als **Abkömmling**, d.h. Kind, Enkel oder Urenkel, **Elternteil** oder **Ehegatte** enterbt worden ist, hat einen Pflichtteilsanspruch (§ 2303 Abs. 1 S. 1, Abs. 2 S. 1). Andere gesetzliche Erben können dagegen von der Erbfolge ausgeschlossen werden, ohne dass ihnen als Kompensation ein Pflichtteilsanspruch zusteht.

Beispiel:
Der Geschwister haben bei Enterbung keinen Pflichtteilsanspruch.

Der Pflichtteil besteht in der **Hälfte** des Wertes des gesetzlichen Erbteils (§ 2303 Abs. 1 S. 2).

Beispiel:
Der verwitwete Erblasser hinterlässt zwei Söhne, die bei Eintritt der gesetzlichen Erbfolge je zur Hälfte erben würden. Der Erblasser hat jedoch seinen älteren Sohn enterbt. Der jüngere Sohn ist damit Alleinerbe. Dem älteren Sohn steht aber ein Pflichtteilsanspruch in Höhe von einem Viertel des Nachlasses zu.

Ist einem Pflichtteilsberechtigten ein Erbteil hinterlassen, der geringer als der Pflichtteil ist, so kann der Pflichtteilsberechtigte von den Miterben den Differenzbetrag zum Pflichtteil verlangen (§ 2305).

Beispiel (in Anknüpfung an vorheriges Beispiel):
Der verwitwete Erblasser hinterlässt zwei Söhne, die bei Eintritt der gesetzlichen Erbfolge je zur Hälfte erben würden. Der Erblasser hat seinem älteren Sohn ein Achtel des Nachlasses zugedacht. Den Rest erbt der jüngere Sohn. Dem älteren Sohn steht ein weiteres Achtel zu, um insgesamt auf die Höhe des Pflichtteils zu kommen.

Der enterbte Ehegatte, der mit dem Erblasser im Güterstand der **Zugewinngemeinschaft** lebte, kann nur die Hälfte des gesetzlichen Erbteils nach § 1931 Abs. 1 S. 1 als Pflichtteil geltend machen (§ 1371 Abs. 2, 2. HS). Daneben kann er den Zugewinnausgleich verlangen (§ 1371 Abs. 2, 1. HS).

Beispiel:
Die Erblasserin hinterlässt zwei Söhne und einen Ehemann, mit dem sie in Zugewinngemeinschaft gelebt hat. In ihrem Testament hat sie ihre Söhne als alleinige Erben bestimmt. Der gesetzliche Erbanteil des Ehemanns beträgt ein Viertel, der Pflichtteilsanspruch damit ein Achtel. Daneben kann der Ehemann den Zugewinnausgleich fordern.

Der Pflichtteilsberechtigte ist selbst kein Erbe. Das Gesetz gestaltet das Pflichtteilsrecht vielmehr als Anspruch aus, den der Pflichtteilsberechtigte gegen die Erben hat (§ 2303 Abs. 1 S. 1). Der Pflichtteilsberechtigte ist daher - wie z.B. auch der Vermächtnisnehmer - nicht mit in die Verwaltung und Abwicklung des Nachlasses eingebunden. Er hat nur einen Anspruch auf Zahlung eines bestimmten Geldbetrags.

III. Rechtliche Stellung des Erben

Mit dem Erbfall geht das **gesamte Aktiv- und Passivvermögen** des Erblassers, d.h. auch dessen **Verbindlichkeiten, ohne Weiteres** auf den oder die Erben über (§§ 1922 Abs. 1, 1942 Abs. 1). Der Erbe wird also Erbe, ohne dass er diesbezüglich eine Erklärung abgeben muss. Er muss nicht einmal wissen, dass er Erbe ist. Der Erbe kann die Erbschaft **ausschlagen** (§ 1942 Abs. 1), was insbesondere dann zu empfehlen ist, wenn der Nachlass **überschuldet** ist. Eine solche Überschuldung liegt vor, wenn die Schulden des Erblassers höher als seine Vermögenswerte sind. Die **Frist** für die Ausschlagung beträgt sechs Wochen ab Kenntnis vom Erbfall (§ 1944 Abs. 1, Abs. 2 S. 1). Die Erklärung muss gegenüber dem **Nachlassgericht** abgegeben werden (§ 1945 Abs. 1). Nach **Annahme** einer Erbschaft kann der Erbe sie nicht mehr ausschlagen (§ 1943). Die Annahme kann auch konkludent erfolgen.

Beispiel:
Der Erbe stellt den Antrag auf Erteilung eines Erbscheins (s.u.). Er gibt damit zu erkennen, dass er sich als Erbe betrachtet.

Schlägt der Erbe die Erbschaft aus, gilt ihr Anfall als nicht erfolgt (§ 1953 Abs. 1). Erbe ist dann der **Nächstberufene**, d.h. derjenige, der Erbe wäre, wenn der Ausschlagende nicht mehr leben würde (§ 1953 Abs. 2).

Um seine Erbenstellung im Rechtsverkehr nachweisen zu können, kann sich der Erbe vom Nachlassgericht einen **Erbschein** ausstellen lassen (§ 2353). Dieser Erbschein genießt **öffentlichen Glauben**. Der Gegenüber des Erben kann sich also darauf verlassen, dass der durch Erbschein Ausgewiesene tatsächlich Erbe ist, es sei denn dass ihm die Unrichtigkeit des Erbscheins bekannt ist (§§ 2366, 2367).

IV. Mehrheit von Erben

Mehrere Erben erwerben den Nachlass **gemeinschaftlich** (§ 2032 Abs. 1). Sie bilden eine **Gesamthandsgemeinschaft**. Kein Erbe kann sich eigenmächtig Teile des Nachlasses aneignen. Die Erben verwalten den Nachlass gemeinsam (§ 2038 Abs. 1 S. 1). Bei der Beschlussfassung gilt grundsätzlich das Mehrheitsprinzip nach Erbanteilen (§§ 2038 Abs. 2, 745 Abs. 1); nur bei Maßnahmen von herausragender Bedeutung müssen alle Erben zustimmen (§§ 2038 Abs. 2, 745 Abs. 3 S. 1). In Eilfällen steht dem einzelnen Erben die Befugnis zum eigenständigen Handeln zu (§ 2038 Abs. 1 S. 2, 2. HS).

Jeder Erbe kann jederzeit die Aufteilung des Nachlasses **(Auseinandersetzung)** verlangen (§ 2042 Abs. 1). Die Auseinandersetzung beginnt mit der **Begleichung der Nachlassverbindlichkeiten** (§ 2046 Abs. 1 S. 1). Soweit die liquiden Mittel hierfür nicht reichen, sind Nachlassgegenstände zu verkaufen (§ 2046 Abs. 3). Der **Überschuss** ist entsprechend der Erbanteile **aufzuteilen** (§ 2047 Abs. 1). Die Aufteilung erfolgt in Natur, soweit sich ein Nachlassgegenstand ohne Wertminderung aufteilen lässt (§§ 2042 Abs. 2, 752).

Beispiel:
Ein Paket von 300 Aktien kann unter drei gleichberechtigten Erben derart aufgeteilt werden, dass jeder Erbe 100 Aktien erhält.

Ansonsten wird der Nachlassgegenstand verkauft und der Erlös aufgeteilt.

Beispiel:
Verkauf eines Hauses

Kapitel 15: Hinweise zur Lösung zivilrechtlicher Fälle

Für die Lösung von Rechtsfällen in Prüfungen (insbesondere Klausuren) existieren allgemeine Grundsätze, die prinzipiell auch für zivilrechtliche Fälle gelten. Diese Prinzipien werden an der FHöV NRW im Fach „Juristische Methodik" gelehrt. Da dieses Lehrbuch vornehmlich für Studierende dieser Einrichtung geschrieben worden ist, sollen diese Grundsätze hier nicht in ihrer ganzen Breite dargestellt werden. Stattdessen konzentriert sich diese Darstellung auf Besonderheiten, die bei der Lösung zivilrechtlicher Fälle zu beachten sind.

I. Erfassen der Aufgabenstellung

Für die Lösung zivilrechtlicher Fälle existieren hier keine erwähnenswerten Besonderheiten. Es soll daher der allgemeine Hinweis genügen, dass die genaue Erfassung der Aufgabenstellung die Weichen für die richtige Lösung stellt. Das mag banal klingen, wird jedoch von Studierenden immer wieder vernachlässigt. Die Folge sind Klausurbearbeitungen, die das Thema verfehlen.

II. Lesen und Analyse des Sachverhalts

Auch hier genügt eine kurze Skizzierung der für die Lösung aller Rechtsfälle geltenden Prinzipien:

- Sachverhalte sind grundsätzlich **unumstritten**. Das bedeutet, dass jedes einzelne Detail als **bewiesen** gilt, es sei denn, dass dies im Fall ausdrücklich anders vermerkt ist.

- Man darf **nichts unterstellen**. Was nicht im Sachverhalt steht, existiert nicht bzw. hat sich nicht ereignet. Allerdings muss man immer von **Normalfall** ausgehen. **Selbstverständlichkeiten** können also **ergänzt** werden. Sie fehlen nur deshalb im Sachverhalt, weil sie ihn sonst überfrachten würden.

- Grundsätzlich sollte man bestrebt sein, **alle Sachverhaltselemente zu verwerten**.

- Es ist auf **jedes Argument** einzugehen, das von den **Personen im Sachverhalt vorgetragen** wird. Solche Äußerungen werden bewusst in Klausuren eingebaut. Sie sind als **Handlungsanweisung** an den Klausurbearbeiter zu verstehen, sich mit den geäußerten Argumenten auseinanderzusetzen.

III. Rechtliche Prüfung

1. Einstieg

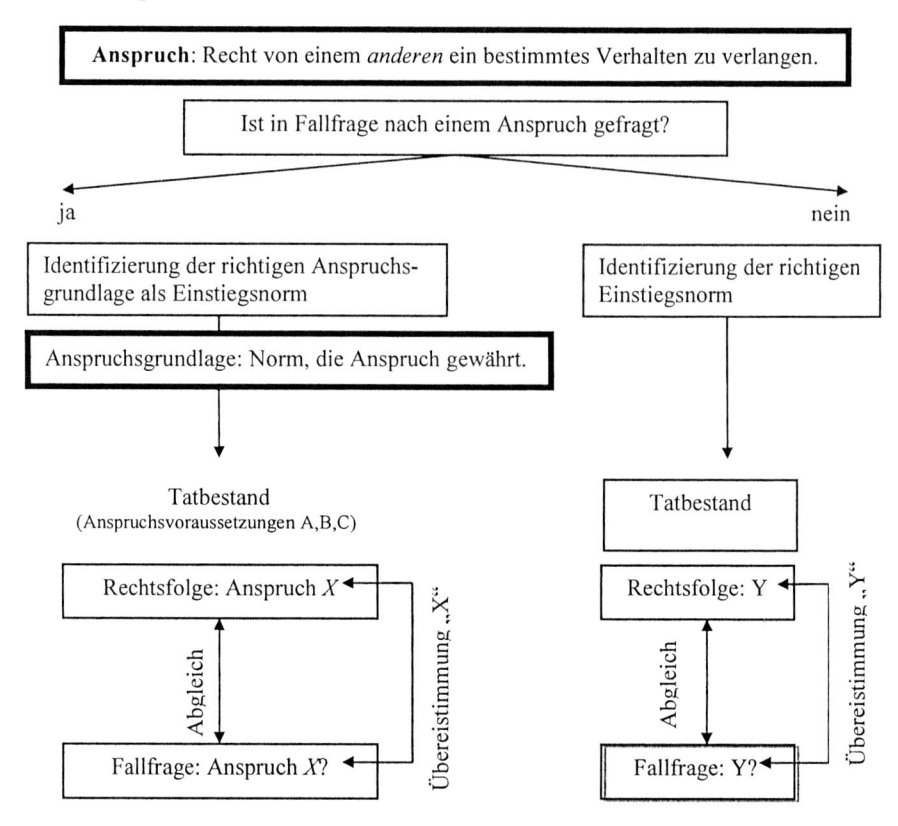

Anspruch: Recht von einem *anderen* ein bestimmtes Verhalten zu verlangen.

Ist in Fallfrage nach einem Anspruch gefragt?

ja → Identifizierung der richtigen Anspruchsgrundlage als Einstiegsnorm

nein → Identifizierung der richtigen Einstiegsnorm

Anspruchsgrundlage: Norm, die Anspruch gewährt.

Tatbestand
(Anspruchsvoraussetzungen A,B,C)

Rechtsfolge: Anspruch X ↔ Abgleich ↔ Fallfrage: Anspruch X?   Übereinstimmung „X"

Tatbestand

Rechtsfolge: Y ↔ Abgleich ↔ Fallfrage: Y?   Übereinstimmung „Y"

Der Einstieg in die rechtliche Prüfung wird ausschließlich durch die Aufgabenstellung bestimmt. Dies kann man sich bildlich als *Dialog* zwischen einem Vorgesetzten und seinem fachkundigen Mitarbeiter vorstellen: Der Vorgesetzte (Aufgabensteller) stellt eine Frage und erwartet eine Antwort vom Mitarbeiter (Prüfungskandidaten), die sich direkt auf die Frage bezieht. Der Mitarbeiter muss diesen Bezug in seiner Antwort gleich im ersten Satz deutlich machen. Ein Vorgesetzter erwartet von einem Mitarbeiter, dass dieser auf den Punkt antwortet und nicht abschweift.

Beispiel:
Der Vorgesetzte fragt den Mitarbeiter: Kann die Gemeinde G vom Bauunternehmer B Zahlung von 50.000 € verlangen? Wenn der Mitarbeiter seine Antwort mit Ausführungen dazu beginnt, ob ein Vertrag zustande gekommen ist, wird der Vorgesetzte irritiert sein. Denn danach hatte er nicht gefragt. Unerheblich ist dabei, dass die Frage des Zustandekommens des Vertrags möglicherweise für die Frage nach Zahlung der 50.000 € bedeutsam sein kann. Diese Verknüpfung kann der

Vorgesetzte am Anfang noch nicht erkennen. Für einen Informationsempfänger ist es sehr umständlich, zuerst bestimmte Informationen aufnehmen zu müssen und erst hinterher zu erfahren, warum diese Informationen wichtig sind.

Die grundlegende Weichenstellung bei der Analyse zivilrechtlicher Aufgabenstellungen ist die Frage, ob Gegenstand der Fallfrage ein **Anspruch** ist oder nicht.

a) **Anspruch als Gegenstand der Fallfrage**

Ein Anspruch ist das Recht, von *einem anderen* ein bestimmtes Verhalten zu verlangen (näher Kap. 1 III 1). Am häufigsten sind dabei Fragen nach Zahlungsansprüchen.

Weiteres Beispiel:
„Kann die Gemeinde G vom Unternehmer U die Beseitigung der Mängel verlangen?"

Die Geltendmachung eines Anspruchs wird durch drei Parameter geprägt:

- den Anspruchsteller, also derjenige, der behauptet den Anspruch innezuhaben.
- den Anspruchsgegner, also derjenige, gegen den sich der behauptete Anspruch richtet.
- den Anspruchsinhalt

Als Merksatz lässt sich hierzu formulieren: **Wer will was von wem?** Mit Beantwortung dieser Frage sind der Anspruchsteller, der Anspruchsgegner und der Anspruchsinhalt ermittelt.

Die Vorgabe, ausschließlich die gestellte Frage zu beantworten, hat zur Folge, dass **ausschließlich** die Ansprüche zu prüfen sind, **nach denen gefragt ist**, mögen andere Ansprüche noch so nahe liegend sein.

Beispiel:
Durch eine Nachlässigkeit des von der Gemeinde G beauftragten Architekten A entsteht dem Bauunternehmer U ein Schaden. Die Fallfrage lautet: Kann U gegen G Ersatz des entstandenen Schadens verlangen? Hier ist nur diese Frage zu prüfen. Die nahe liegende Frage, ob U oder G vom Architekten A als eigentlichem Schadensverursacher Ersatz verlangen können, hat unerwähnt zu bleiben.

Mehrere mögliche **Ansprüche** sind **getrennt** zu **prüfen.** Diese Regel ist auch dann beherzigen, wenn man meint erkennen zu können, dass der Prüfung mehrerer Ansprüche genau die gleichen Gedankengänge zugrunde liegen. Es kostet sie nicht viel Zeit, schon einmal vollzogene Gedankengänge für einen anderen Anspruch nochmals kurz zu rekapitulieren. Wenn sich die Vermutung dann als richtig erweist, bestehen keine Bedenken, die Prüfung mehrere Ansprüche bei der schriftlichen Darstellung der Lösung sprachlich zusammenzufassen. Wenn sich aber doch Unterschiede herausstellen, wird man froh sein, seinen ersten Eindruck noch einmal auf den Prüfstand gestellt zu haben. Die Erfahrung lehrt, dass der damit einhergehende geringe zeitliche Mehraufwand meist gut investiert ist.

Manchmal verstecken sich in **einem einzelnen Satz** der Aufgabenstellung Fragen nach mehreren Ansprüchen. Häufig werden Aufgabenstellungen sogar bewusst so formuliert, um die Aufgabe durch diese „Falle" anspruchsvoller zu gestalten. Auch in diesen Fällen gilt, dass die einzelnen Ansprüche getrennt zu prüfen sind.

> **Beispiel:**
> Verkäufer V hat der Gemeinde G einen mangelhaften Gegenstand verkauft. G verlangt von V Erstattung des Kaufpreises in Höhe von 500 € und schaltet einen Anwalt ein, weil V die Zahlung verweigert. G zahlt ihrem Anwalt ein Honorar in Höhe von 100 € Die Fallfrage lautet: „Kann G von V die Zahlung von 600 € verlangen?" Hier muss man erkennen, dass zwei Ansprüche getrennt zu prüfen sind: der Anspruch auf Rückzahlung des Kaufpreises und der Anspruch auf Erstattung des Anwaltshonorars.

Hat man alle Ansprüche identifiziert, nach denen gefragt ist, ist als nächstes zu untersuchen, ob sie zu Recht geltend gemacht werden. Mit anderen Worten: Es ist eine rechtliche Grundlage zu ermitteln, auf die der Anspruch gestützt werden kann. Sie wird im juristischen Sprachgebrauch als **Anspruchsgrundlage** bezeichnet.

Anspruchsgrundlage wird im Regelfall eine **gesetzliche Norm** sein, die die Voraussetzungen für den geltend gemachten Anspruch regelt. Anspruchsgrundlagen sind leicht zu identifizieren. Wie jede andere gesetzliche Vorschrift auch besteht eine Anspruchsgrundlage aus einem Tatbestand und einer Rechtsfolge. Eine Anspruchsgrundlage zeichnet sich dadurch aus, dass sie einen **Anspruch als Rechtsfolge** aufweist. Der Tatbestand enthält die **Anspruchsvoraussetzungen**, also die Voraussetzungen dafür, dass die Rechtsordnung den Anspruch anerkennt. Dies lässt sich zu folgendem Merksatz zusammenfassen: Eine Anspruchsgrundlage gibt jemandem das **Recht, von einem anderen ein bestimmtes Verhalten zu verlangen**.

> **Beispiele für Anspruchsgrundlagen:**
> § 433 Abs. 2: Rechtsfolge ist der Anspruch des Verkäufers auf Zahlung des Kaufpreises und Abnahme der Sache. Tatbestand ist die Existenz eines Kaufvertrags.
>
> § 985: Rechtsfolge ist der Anspruch auf Herausgabe einer Sache. Tatbestandsvoraussetzungen sind, dass der Anspruchsteller Eigentümer und der Anspruchsgegner Besitzer ist.
>
> § 823 Abs. 1: Rechtsfolge ist der Anspruch auf Schadensersatz. Tatbestandsvoraussetzungen sind die Verletzung eines der im Tatbestand genannten Rechte, Kausalität, Rechtswidrigkeit und Verschulden.
>
> **Gegenbeispiele:**
> § 323 Abs. 1 gewährt dem Gläubiger ein Rücktrittsrecht. Dieses Recht ist kein Anspruch, weil hierzu kein Verhalten des Schuldners nötig ist.
>
> § 307 ist keine Anspruchsgrundlage, weil die Unwirksamkeit einer Vertragsklausel kein Anspruch ist.

Ein Anspruch kann sich allerdings auch unmittelbar aus einem Vertrag ableiten. Nach dem Grundsatz der Vertragsfreiheit steht es den Teilnehmern am Rechtsverkehr frei, vertragliche Ansprüche zu vereinbaren, für die keine gesetzliche Grundlage existiert.

Kapitel 15 - Hinweise zur Lösung zivilrechtlicher Fälle

Beispiele:
Bauunternehmer B verpflichtet sich in § 6 eines Bauvertrags gegenüber dem Landkreis L zur Fertigstellung des Bauwerks bis zum 15.10. In § 7 des Vertrags heißt es: „Gerät B mit der Fertigstellung in Verzug, ist er zur Zahlung einer Vertragsstrafe von 500 € für jeden Tag der verschuldeten Verzögerung verpflichtet."L hat gegenüber B einen Anspruch auf Fertigstellung des Bauwerks bis zum 15.7. und auf Zahlung einer Vertragsstrafe im Fall des Verzugs.

Die Gemeinde G saniert eine Schule in Kooperation mit dem privaten Unternehmen U im Rahmen einer sog. Private Public Partnership (PPP). In § 32 des Vertrags heißt es: „Die Gemeinde G ist verpflichtet, über den Inhalt des Vertrags außerhalb der öffentlichen Verwaltung Stillschweigen zu bewahren. Diese Schweigepflicht gilt auch gegenüber dem Gemeinderat der Stadt G, dem Landtag des Landes NRW sowie sämtlichen sonstigen Legislativorganen."U hat aus § 32 einen Anspruch darauf, dass G Mitteilungen über den Inhalt des Vertrags außerhalb der öffentlichen Verwaltung unterlässt (Unterlassungsanspruch).

In solchen Fällen ist die **konkrete vertragliche Bestimmung** selbst die **Anspruchsgrundlage**. Strukturell besteht zwischen gesetzlichen und vertraglichen Anspruchsgrundlagen kein wesentlicher Unterschied. Auch vertragliche Anspruchsgrundlagen weisen einen Tatbestand mit Anspruchsvoraussetzungen und einen Anspruch als Rechtsfolge auf.

Beispiele (in Anknüpfung an vorherige Beispiele):
§ 6 des Bauvertrags verpflichtet B zur Fertigstellung des Bauwerks bis zum 15.10. Tatbestand ist der Eintritt des 15.10., Rechtsfolge der Anspruch auf ein fertiggestelltes Bauwerk.

§ 7 des Bauvertrags verpflichtet B zur Zahlung einer Vertragsstrafe für jeden Tag der verschuldeten Verzögerung. Tatbestand ist ein verschuldeter Verzögerungszeitraum von mindestens einem Tag, Rechtsfolge die Zahlung einer Vertragsstrafe.

§ 32 des PPP-Vertrags verpflichtet die Gemeinde G dazu, den Vertragsinhalt nicht außerhalb der öffentlichen Verwaltung bekanntzugeben. Tatbestand ist, dass die weiterzugebende Information den Vertragsinhalt betrifft und dass der Adressat nicht der öffentlichen Verwaltung zuzurechnen ist. Rechtsfolge ist der Anspruch des U, dass G schweigt.

Für das Finden der richtigen Anspruchsgrundlage ist ein **Abgleich** vorzunehmen: Stimmt der **Anspruch, der durch die Anspruchsgrundlage gewährt wird**, mit dem **Anspruch** überein, der **Gegenstand der Fallfrage** ist? Wenn das der Fall ist, kommt die Anspruchsgrundlage als Ansatzpunkt für eine rechtliche Prüfung in Frage.

Beispiele:
Die Gemeinde G erwirbt Ware beim Verkäufer V und bezahlt sie. Da die Ware mangelhaft ist, tritt G vom Vertrag zurück. Die Fallfrage lautet, ob G den bereits gezahlten Kaufpreis zurückverlangen kann. Als Anspruchsgrundlage kommt § 346 Abs. 1 in Betracht. Rechtsfolge ist der Anspruch auf Rückgewähr der empfangenen Leistungen, Tatbestand u.a. ein gesetzliches Rücktrittsrecht. Die Rückzahlung des schon gezahlten Kaufpreises ist eine Rückgewähr der empfangenen Leistung i.S.d. § 346 Abs. 1. § 433 Abs. 2 und § 280 Abs. 1 sind zwar auch Anspruchsgrundlagen, betreffen jedoch andere Ansprüche. Beim § 433 Abs. 2 geht es um den Anspruch des Verkäufers auf Kaufpreiszahlung, nicht um den Anspruch des Käufers auf Rückerstattung. § 280 Abs. 1 gewährt einen Schadensersatzanspruch, einen Schaden macht G aber hier nicht geltend.

> (In Anknüpfung an vorheriges Beispiel): Bauunternehmer B verpflichtet sich in § 6 eines Bauvertrags gegenüber dem Landkreis L zur Fertigstellung des Bauwerks bis zum 15.10. In § 7 des Vertrags verpflichtet sich B zur Zahlung einer Vertragsstrafe bei verzögerter Fertigstellung. Die Fallfrage lautet: Ist B zur Zahlung von 1.000 € verpflichtet? Hier ist § 7 eine potenzielle Anspruchsgrundlage, nicht aber § 6. Denn § 6 gewährt nur einen Fertigstellungsanspruch, aber keinen Zahlungsanspruch.

Zur Ermittlung des Anspruchstellers, des Anspruchsgegners und der Anspruchsinhalt wurde weiter oben folgender Merksatz vorgestellt. Wer will was von wem? Dieser Merksatz lässt sich um das Finden der richtigen Anspruchsgrundlage (Anspruch woraus, also aus welcher Anspruchsgrundlage?) wie folgt ergänzen: Wer will was von wem woraus?

Die Ermittlung der richtigen Anspruchsgrundlage ist für die weitere Prüfung des Falls von zentraler Bedeutung. Denn die Anspruchsgrundlage vermittelt in ihrem Tatbestand wichtige -wenn auch nicht immer vollständige- Informationen darüber, unter welchen Voraussetzungen der Anspruch besteht.

> **Beispiel:**
> Anspruchsvoraussetzungen für den Schadensersatzanspruch aus § 823 Abs. 1 sind die Verletzung eines der im Tatbestand genannten Rechte, Kausalität, Rechtswidrigkeit und Verschulden. Dies ergibt sich direkt aus § 823 Abs. 1. Dass der Handelnde deliktsfähig sein muss und wovon diese abhängig ist, ist dagegen aus §§ 827, 828 zu entnehmen.

Es gibt allerdings einige wenige Anspruchsgrundlagen, die nur Selbstverständlichkeiten wiedergeben und für die Fallprüfung gedanklich nutzlos sind. In erster Linie sind dies Anspruchsgrundlagen, die die banale Information vermitteln, dass ein vertraglicher Erfüllungsanspruch die Existenz eines Vertrags voraussetzt. Hierzu zählen §§ 433 Abs. 1 S. 1, Abs. 2, 631 Abs. 1, 535 Abs. 1 S. 1 und Abs. 2. Dennoch hat es sich aus Gründen einer einheitlichen Gedankenführung eingebürgert, auch diese „substanzlosen" Anspruchsgrundlagen an den Anfang der Fallprüfung zu stellen, wenn Gegenstand der Fallfrage ein Anspruch auf Kaufpreiszahlung (§ 433 Abs. 2), auf Lieferung der Sache (§ 433 Abs. 1 S. 1), auf Zahlung des Werklohns (§ 631 Abs. 1) usw. ist. ist. In Klausuren wird dies vom Prüfling verlangt, ein Verzicht auf diesen -im Grunde überflüssigen- gedanklichen Schritt wird von fast allen Prüfern als Fehler bewertet.

b) Sonstige Fragestellungen

Möglich ist auch, dass der Gegenstand einer Fallfrage **kein Anspruch ist.**

> **Beispiele:**
> „Ist ein Vertrag zwischen der Gemeinde G und dem Unternehmer U zustande gekommen?"
>
> „Hat G den Vertrag rechtzeitig angefochten?"
>
> „Hätte die Gemeinde G die Möglichkeit, vom Vertrag mit U zurückzutreten?" Hier ist nicht nach einem Anspruch gefragt, weil das Rücktrittsrecht kein Verhalten des Rücktrittsgegners erfordert.

In solchen Fällen wäre es verfehlt, die Fallprüfung mit einer Anspruchsgrundlage zu beginnen. Vielmehr ist die Norm heranzuziehen, deren Rechtsfolge mit der Fallfrage unmittelbar korrespondiert. Auch hier ist also ein Abgleich zwischen dem Gegenstand der Fallfrage und der Rechtsfolge der Norm durchzuführen, die dem Einstieg in die rechtliche Prüfung dienen soll.

Beispiele (in Anknüpfung an vorherige Beispiele):
„Hat G den Vertrag rechtzeitig angefochten?"Hier wäre § 124 Abs. 1 eine Norm, deren Rechtsfolge („binnen Jahresfrist") mit der Fallfrage korrespondiert.

„Hätte die Gemeinde G die Möglichkeit, vom Vertrag mit U zurückzutreten?" Hier wäre § 323 Abs. 1 eine Norm, deren Rechtsfolge („so kann der Gläubiger...vom Vertrag zurücktreten") mit der Fallfrage korrespondiert.

Manchmal knüpft eine Fallfrage nicht an eine gesetzliche Norm, sondern an eine von der Rechtsprechung entwickelte Regel an.

Beispiel (in Anknüpfung an vorheriges Beispiel):
„Ist ein Vertrag zwischen der Gemeinde G und dem Unternehmer U zustande gekommen?" Hierzu gibt es folgende von der Rechtsprechung entwickelte Regel: Ein Vertrag kommt durch zwei übereinstimmende Willenserklärungen zustande.

Auch hier gilt das bislang Gesagte. Von der Rechtsprechung entwickelte Regeln entsprechen strukturell gesetzlichen Normen. Sie weisen einen „Tatbestand" und eine „Rechtsfolge" auf, auch wenn diese Bezeichnungen im Zusammenhang mit Rechtsprechungsregeln unüblich sind. Somit kann auch hier ein Abgleich zwischen der „Rechtsfolge" und dem Gegenstand der Fallfrage durchgeführt werden.

Beispiel (in Anknüpfung an vorheriges Beispiel):
„Ein Vertrag kommt durch zwei übereinstimmende Willenserklärungen zustande."
Diese Rechtsprechungsregel lässt sich wie folgt aufspalten: zwei übereinstimmende Willenserklärungen („Tatbestand"), Zustandekommen eines Vertrags („Rechtsfolge").
Der Abgleich zwischen der „Rechtsfolge"(Zustandekommen eines Vertrags) und der Fallfrage („Ist ein Vertrag zwischen der Gemeinde G und dem Unternehmer U zustande gekommen?") zeigt, dass beide korrespondieren.

2. Entwicklung

Für die Weiterführung der Fallprüfung nach gelungenem Einstieg gelten keine Besonderheiten. Zunächst sind die Tatbestandsvoraussetzungen der Einstiegsnorm zu prüfen. Hierzu sind ggf. weitere Normen heranzuziehen.

Beispiel:
Es ist ein Anspruch aus § 439 Abs. 1 zu prüfen. Für die Frage, ob ein Mangel vorliegt, ist § 434 heranzuziehen.

Im Anschluss an die Prüfung der Norm sind je nach Umständen des Einzelfalls weitere Normen zu untersuchen.

Beispiel (in Anknüpfung an vorheriges Beispiel):
Die Prüfung des § 439 Abs. 1 verläuft positiv. Nunmehr ist jedoch die Frage zu klären, ob der Anspruch nach § 438 verjährt ist.

Für bestimmte Standardkonstellationen ist es nützlich, sich Übersichten mit möglichen relevanten Prüfungspunkten zu merken. Eine solche Übersicht wird in der Regel als „Prüfungsschema" bezeichnet. Diese Bezeichnung darf aber nicht zu der falschen Annahme verleiten, dass alle Punkte in einer solchen Übersicht „schematisch" abzuarbeiten seien. Vielmehr sind nur die Punkte gedanklich aufzugreifen, die problematisch sind. Um dies klarzustellen, wird hier der neutralere Begriff „Übersicht" verwendet.

Einige dieser Übersichten wurden in den vorherigen Kapiteln bereits vorgestellt: die Übersicht über die relevanten Prüfungspunkte bei AGB (näher Kap. 3 I 5 b) und -auch wenn nicht so bezeichnet- die relevanten Prüfungspunkte beim Leistungsverweigerungsrecht (näher Kap. 5 II 3) und bei der Aufrechnung (näher Kap. 7 II). Hier sollen nun zwei weitere Übersichten vorgestellt werden: die wichtigste ist die allgemeine Übersicht zur Anspruchsprüfung.

Anspruchsgrundlage

Anspruch zustande gekommen?

Voraussetzungen Anspruchsgrundlage
Angebot und Annahme
Stellvertretung
Unwirksamkeit Vertrag aus §§ 104, 125, 134, 138

Anspruch untergegangen oder nicht durchsetzbar?

Erfüllung, Aufrechnung, Anfechtung oder Kündigung des Vertrags,
Rücktritt vom Vertrag (Untergang Anspruch) -
Leistungsverweigerungsrecht (Anspruch zeitweise undurchsetzbar),
Verjährung (Anspruch dauerhaft undurchsetzbar)

Anspruchsinhalt

AGB, Nebenpflichten, Vertragsauslegung
Bei Schadensersatzansprüchen Bestimmung der Schadenshöhe (§§ 249 ff.)

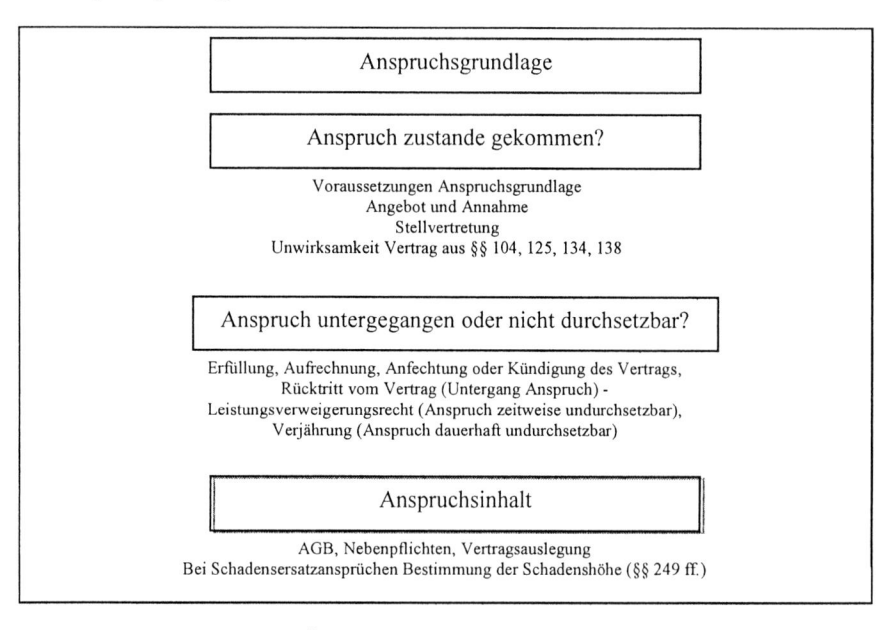

Abbildung 1: Übersicht relevanter Prüfungspunkte Anspruch

Diese Übersicht darf nicht zur Annahme verleiten, dass stets alle Prüfungspunkte (Zustandekommen, Untergang, Inhalt) anzusprechen seien, bei der Prüfung immer eine bestimmte Reihenfolge einzuhalten sei oder dass die genannten Themenkomplexe (z.B. Stellvertretung, AGB) immer in einem bestimmten Prüfungspunkt abzuhandeln seien. Die Übersicht stellt lediglich eine sehr grobe Richtschnur dafür dar, welche Prüfungspunkte relevant sein *können* und welcher Aufbau in der Mehrzahl der Fälle vernünftig sein wird. Maßgebend ist hier immer die konkrete Fallkonstellation.

Kapitel 15 - Hinweise zur Lösung zivilrechtlicher Fälle 269

Beispiele:
Der Sachverhalt enthält keinerlei Anhaltspunkte dafür, dass der Anspruch untergegangen sein könnte. Dieser Prüfungspunkt bleibt bei der Fallprüfung unberücksichtigt und sollte auch in der schriftlichen Lösung unerwähnt bleiben.
Der geltend gemachte Anspruch ergibt sich –wenn überhaupt- nur aus einer AGB-Klausel. Deren Wirksamkeit ist zwischen den Parteien umstritten. Diese Frage wird dann beim Prüfungspunkt „Anspruch zustande gekommen" im Zweifel besser aufgehoben sein als beim Punkt „Anspruchsinhalt".

Die zweite Übersicht, die hier vorgestellt werden soll, betrifft die Prüfung von Gestaltungsrechten.

Gestaltungsrechte:
- Anfechtungsrecht wegen Irrtums oder arglistiger Täuschung
- Rücktrittsrecht, Kündigungsrecht
- Minderungsrecht
- Aufrechnungsrecht

Relevante Prüfungspunkte:

Anfechtungs-, Rücktritts-, Kündigungs-, Minderungs-, Aufrechnungs(lage)	Grund
Anfechtungs-, Rücktritts-, Kündigungs-, Minderungs-, Aufrechnungs-	Erklärung
Anfechtungs-, Kündigungs-	Frist

Abbildung 2: Übersicht über relevante Prüfungspunkte bei Gestaltungsrechten

Je nach Fallgestaltung sind die einzelnen Schemata miteinander zu verknüpfen.

Beispiel:
Der Anspruchsteller macht einen vertraglichen Schadensersatzanspruch geltend. Der Anspruchsgegner wehrt sich mit dem Hinweis, er habe den Vertrag wirksam angefochten. Hier hat sich die Prüfung zunächst an der allgemeinen Übersicht zur Anspruchsprüfung zu orientieren. In den Prüfungspunkt „Anspruch untergegangen" ist dann die Prüfung der Anfechtung auf Grundlage der Übersicht zu den Gestaltungsrechten zu integrieren.

Die Ausführlichkeit, mit der man sich mit bestimmten Problemen juristisch auseinandersetzen muss, bestimmt sich danach, wie groß das Problem ist, d.h. im Wesentlichen wie zweifelhaft eine Antwort auf das Problem ist. Je größer die Zweifel, desto größer das Problem und desto ausführlicher muss die gedankliche Auseinandersetzung mit dem Problem und später die schriftliche Darstellung im Gutachten ausfallen. Wichtige Hinweise zur Wichtigkeit eines Problems im Rahmen der Klausurbearbeitung liefert dabei der Sachverhalt. Relevant ist zum einen der **Umfang der Sachverhaltsangaben** zu einem bestimmten Problem.

Beispiel:
Ein Standardproblem in zivilrechtlichen Klausuren ist die Frage, ob ein bestimmter Vertrag zustande gekommen ist. Das bedeutet aber keinesfalls, dass diese Frage immer anzusprechen wäre. Eine Lektüre des Sachverhalts liefert hier regelmäßig Aufschluss. Hierzu zwei Formulierungsbeispiele:

1. „Die Stadt S und der Händler H schließen einen Vertrag über die Lieferung von 40 Kindergartenstühlen innerhalb von zwei Wochen".

2. „Mitarbeiter M ist bei der Stadt S für den Ankauf von Möbeln für städtische Einrichtungen zuständig. Er erhält die Mitteilung, dass die städtischen Kindergärten sofort 40 neue Stühle benötigen. Mithilfe einer Intranet-Plattform ermittelt M den günstigen Anbieter für Kindergartenstühle. Er bestellt diese Stühle mithilfe einer elektronischen Verkaufsformulars. Unmittelbar nach Absenden der Bestellung erhält er einen elektronisch generierten Hinweis, dass die Lieferzeit der Ware bis zu vier Wochen betragen kann. Da ihm die Lieferzeit zu lang ist, ruft er den Lieferanten sofort an...Schließlich einigen sich der M und der Lieferant auf eine Lieferung der Stühle innerhalb von zwei Wochen."

Das erste Beispiel enthält keine konkreten Informationen über die näheren Umstände des Vertragsschlusses. Es ist daher nicht davon auszugehen, dass die Lösungshinweise den Vertragsschluss ansprechen. Im zweiten Beispiel finden sich dagegen sehr viele Informationen über das Zustandekommen des Vertrags. Es ist daher anzunehmen, dass der Vertragsschluss Gegenstand der Lösungshinweise sein wird.

Von Bedeutung sind zum anderen **Rechtsauffassungen**, die einer Partei in den Mund gelegt werden. Sie wurden bewusst vom Klausurersteller platziert und sind als Aufforderung an den Prüfling zu verstehen, sich mit dieser Auffassung inhaltlich auseinanderzusetzen (s. bereits oben unter II).

Beispiel:
Die Gemeinde G macht einen Anspruch aus § 439 Abs. 1 gegen den Bauunternehmer B geltend. B wehrt sich mit dem Hinweis, ihn treffe an dem Mangel keine Schuld. Der Mangel sei vielmehr auf fehlerhaftes Material zurückzuführen, für das allein der Hersteller verantwortlich sei. Mit diesem Argument muss sich der Prüfling auseinandersetzen und zu dem Schluss kommen, dass der Einwand des B ins Leere geht, weil der Anspruch aus § 439 Abs. 1 verschuldensunabhängig ist.

Wenn die Prüfung an einer Norm an einem von mehreren Tatbestandsmerkmalen scheitert, wird es in der Regel genügen, nur dieses Tatbestandsmerkmal zu prüfen. Eine Ausnahme gilt dann, wenn die Aufgabenstellung eine vollständige Prüfung verlangt.

Beispiel:
Das Rücktrittsrecht aus § 323 Abs. 1 scheitert an einer fehlenden Nachfristsetzung. Hier wird es in der Regel entbehrlich sein, die Pflichtverletzung zu prüfen. Vielmehr wird man sogleich auf die Nachfristsetzung zusteuern, um die Prüfung des § 323 Abs. 1 schnell abschließen zu können.

Gelegentlich kann der geltend gemachte Anspruch auf zwei verschiedene Anspruchsgrundlagen gestützt werden. Ein solcher Fall wird als **Anspruchskonkurrenz** bezeichnet. Die Anspruchskonkurrenz führt nicht dazu, dass der Anspruch zweimal geltend gemacht werden kann. Die verschiedenen Anspruchsgrundlagen stellen lediglich verschiedene Begründungsvarianten dar, um zum gleichen Ergebnis zu kommen.

> **Beispiele:**
> Das Land NRW beauftragt den Bauunternehmer B mit Sanierungsarbeiten an einem Gebäude, das im Eigentum des Landes steht. Aufgrund nachlässiger Absicherungsarbeiten kommt es zu einem Bautunneleinsturz, der das Gebäude erheblich beschädigt. Hier ließe sich der Anspruch sowohl auf § 280 wie auf § 823 Abs. 1 stützen. Das Land kann den Anspruch aber insgesamt nur einmal geltend machen.
>
> Das von B durchgeführte Bauvorhaben weist Mängel auf. Nach vergeblicher Aufforderung mit Nachfristsetzung lässt der Landkreis L die Mängel selbst beseitigen. Der Anspruch auf Kostenersatz lässt sich auf § 637, ggf. aber auch auf § 281 stützen. L kann den Kostenersatz aber insgesamt nur einmal geltend machen.

In solchen Fällen stellt sich die Frage, ob der Prüfling beide Anspruchsgrundlagen durchprüfen muss oder ob er sich mit der erfolgreichen Prüfung einer Anspruchsgrundlage begnügen kann. In der Praxis wird man aus Gründen der Arbeitsersparnis immer den zweiten Weg wählen. Wie in der Klausur zu verfahren ist, hängt entscheidend von den Erwartungen desjenigen ab, der die Klausur korrigiert. Die Lösungshinweise zu den Klausuren sind diesbezüglich uneinheitlich. Zu empfehlen ist daher eine Nachfrage beim jeweiligen Dozenten, der die Klausur korrigieren wird.

IV. Schriftliche Darstellung im juristischen Gutachten

Die schriftliche Darstellung der Lösung im Gutachten unterliegt bei zivilrechtlichen Fällen keinen Besonderheiten. Adressat des Gutachtens ist ein idealtypischer Leser, der den Sachverhalt und die Fragestellung kennt, das Gesetz neben sich liegen hat, keine fachlichen Vorkenntnisse hat, aber in der Lage ist, juristische Texte und Argumentationen ohne weiteres nachvollziehen. Alleiniger Maßstab für die Qualität des Gutachtens ist also stets die Verständlichkeit Ihrer Ausführungen für diese fiktive Person. Das bedeutet, dass von einer Wiederholung des Sachverhalts oder der Fragestellung abgesehen werden sollte. Das kostet nur Zeit und ermüdet den Leser, der beides schon kennt. Die Beantwortung der Fragen sollte nicht in Stichworten, sondern stets in ganzen Sätzen zu erfolgt. Das macht die Lektüre angenehmer. Herrscht am Schluss der Klausur allerdings Zeitnot, können die letzten Minuten genutzt werden, um den weiteren Lösungsverlauf stichwortartig darlegen. Das ist besser, als nichts zu schreiben.

Im Zivilrecht wird die Anfertigung eines juristischen Gutachtens verlangt. Ausgangspunkt ist dabei die vorgegebene Fragestellung, das Ergebnis steht am Schluss. Für diesen Darstellungsaufbau hat sich der Begriff **Gutachtenstil** eingebürgert. Seine richtige Anwendung gewährleistet einen logischen und nachvollziehbaren Aufbau bei der Beantwortung komplexer Fragestellungen, die sich aus vielen Teilproblemen zusammensetzen. Entscheidend ist dabei, dass grundsätzliches jedes Teilproblem durch ein eigenes kleines „Gutachten im Gutachten" abgehandelt wird. Die vier Teilschritte des Gutachtenstils sollen nachfolgend schematisch dargestellt werden:

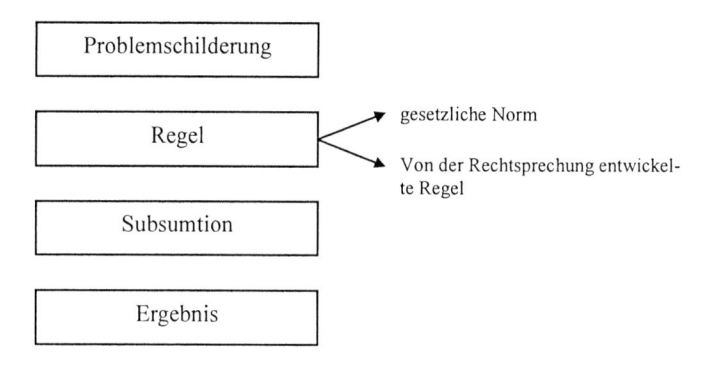

Kapitel 15 - Hinweise zur Lösung zivilrechtlicher Fälle

```
┌─────────────────────┐
│  Problemschildrung  │
└─────────────────────┘

┌─────────────────────┐      → gesetzliche Norm
│        Regel        │
└─────────────────────┘      ↘ Von der Rechtsprechung entwickel-
                                te Regel
┌─────────────────────┐
│     Subsumtion      │
└─────────────────────┘


┌─────────────────────┐
│       Ergebnis      │
└─────────────────────┘
```

Für die Darstellung der Regel gilt: Handelt es sich bei der Regel um eine **gesetzliche Norm**, so genügt es, dass sie zitiert wird. Sie muss **nicht inhaltlich wiedergegeben** werden. Denn der fiktive Leser hat das Gesetz neben sich liegen und wird die zitierte Norm nachschlagen.

Beispiel:
Dies soll beispielhaft an einem Fall dargelegt werden, in dem der Vertrag zwischen dem Verkäufer V und der Gemeinde G als Eigenschaft eines PKW festhält: „durchschnittlicher Benzinverbrauch bei 100 km/h auf der Autobahn: 6,0 l / 100 km. Ein von der G eingeholtes Gutachten kommt aber zu dem Schluss, dass der durchschnittliche Benzinverbrauch bei 6,4 l liegt. Einschlägig ist hier § 434 Abs. 1 S. 1. Im Gutachten kann dies z.B. so dargestellt werden:

Fraglich ist, ob ein Mangel nach § 434 Abs. 1 S. 1 vorliegt. Im Vertrag zwischen V und G ist als Eigenschaft des PKW festgehalten worden, dass sein durchschnittlicher Benzinverbrauch bei 100 km/h auf der Autobahn bei 6,0 l / 100 km liegt. Ein Gutachten kommt jedoch zu dem Schluss, dass dieser Verbrauch tatsächlich bei 6,4 l liegt. Ein Mangel liegt daher vor.

In dem Formulierungsvorschlag wird § 434 Abs. 1 S. 1 nur zitiert. Der fiktive Leser schlägt die Norm dann nach, bevor er weiterliest. Es wäre daher überflüssig, sie im Gutachten z.B. wie folgt inhaltlich wiederzugeben: *Fraglich ist, ob ein Mangel nach § 434 Abs. 1 S. 1 vorliegt.* **Danach ist eine Sache frei von Sachmängeln, wenn sie bei Gefahrübergang die vereinbarte Beschaffenheit hat.** *Im Vertrag zwischen V und G...*

Handelt es sich dagegen bei der Regel um eine **von der Rechtsprechung entwickelte Regel**, muss das Gutachten sie **inhaltlich wiedergeben**. Denn hier kann nicht zitiert und auf das Gesetz verwiesen werden. Für einen Erfolg in der Zivilrechtsklausur an der FHöV NRW ist die Kenntnis nur weniger solcher Regeln erforderlich. Die wichtigsten seien hier genannt: die Regel zum Zustandekommen von Verträgen durch Angebot und Annahme, die Regel zur Auslegung von Verträgen nach dem objektiven Empfängerhorizont und die Definition der Verkehrssicherungspflicht.

Beispiel:
Dies soll beispielhaft an einem Fall dargelegt werden, in dem sich die Gemeinde G bei dem IT-Fachmann I über die Preise für die Durchführung eines SAP-Lehrgangs erkundigt hat. I hatte geantwortet und zugleich seine Bereitschaft zur Übernahme eines Lehrgangs zu den von G genannten Terminen signalisiert. Daraufhin übersendet G dem I einen schriftlichen Vertragsentwurf, in dem das Lehrgangsthema versehentlich als „Neue Entwicklungen im Beamtenrecht" bezeichnet wird. Der

zuständige Mitarbeiter bei der G hatte sich eines anderen Vertrags als Muster bedient und die Lehrgangsbezeichnung versehentlich nicht geändert. Beide Seiten bemerken den Irrtum nicht und unterschreiben den Vertrag. Mithilfe der Anwendung der Regel über die Auslegung von Verträgen nach dem objektiven Empfängerhorizont gelangt man zu dem Ergebnis, dass die Durchführung eines SAP-Vertrags Gegenstand des Vertrags ist. Im Gutachten kann dies z.B. so dargestellt werden:

Nunmehr ist zu klären, welchen Inhalt der Vertrag hat und welche Leistung I der G genau schuldet. Dies ist im vorliegenden Fall unklar, weil der Vertragstext „neue Entwicklungen im Beamtenrecht" als Fortbildungsthema ausweist, während es im Rahmen der mündlichen Absprache um einen SAP-Lehrgang ging.

Unklare Verträge sind nach dem objektiven Empfängerhorizont auszulegen. *Danach sind Verträge so auszulegen, wie sie von den Vertragspartnern vernünftigerweise verstanden werden können. Im vorliegenden Fall wollten G und I einen Vertrag über die Durchführung eines SAP-Lehrgangs schließen. Dies war mündlich vorbesprochen. I hätte als IT-Fachmann auch keine fachliche Kompetenz für die Durchführung eines Lehrgangs zum Beamtenrecht. Aus diesen Umständen mussten beide Vertragspartner den Inhalt des Vertrags so deuten, dass I die einen SAP-Lehrgang durchführen muss. Die fehlerhafte Bezeichnung im Vertragstext ist hier unerheblich.*

I schuldet die Durchführung eines SAP-Lehrgangs.

Bei einfachen Teilproblemen, die kurz abgehandelt werden, kann statt des Gutachtenstils auch der **Bescheidstil** (auch Urteilstil genannt) gewählt werden. Beim Bescheidstil wird das Ergebnis an den Anfang gestellt, die Problemschilderung fällt weg. Ansonsten existieren keine Unterschiede zwischen Gutachten- und Bescheidstil, wie aus dem nachfolgenden Schema deutlich wird:

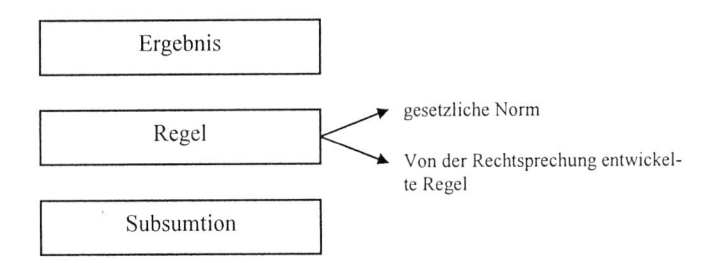

```
┌─────────────────┐
│    Ergebnis     │
└─────────────────┘

┌─────────────────┐        ↗ gesetzliche Norm
│     Regel       │ ◄─────
└─────────────────┘        ↘ Von der Rechtsprechung entwickel-
                             te Regel
┌─────────────────┐
│   Subsumtion    │
└─────────────────┘
```

Bei der Wahl zwischen Gutachten- und Bescheidstil mag folgende Regel eine grobe Orientierung liefern: Wenn das Teilproblem im Bescheidstil in maximal zwei -nicht zu langen- Sätzen abzuhandeln ist, kann der Bescheidstil verwendet werden. Sind mehr als zwei Sätze nötig, sollte tendenziell der Gutachtenstil angewendet werden.

Beispiel:
Gegenstand der Fallprüfung ist ein Schadensersatzanspruch aus § 280 Abs. 1. Dabei ist die Existenz des Werkvertrags, auf den der Anspruch gestützt wird, völlig unproblematisch. Im Sachverhalt findet sich hierzu nur der Satz: „Die Gemeinde G beauftragt den Handwerker H mit Ausbesserungsarbeiten an einer Tür in einer Grundschule". Im Gutachten kann dies im Bescheidstil z.B. so dargestellt werden:

Ein Schuldverhältnis liegt in Gestalt eines Werkvertrags vor. G hat I mit Ausbesserungsarbeiten an einer Tür in einer Grundschule beauftragt.

Stichwortverzeichnis
Die Zahlen verweisen auf die Seiten.

Abgabe einer Willenserklärung 9
Abgrenzung zu anderen Rechtsgebieten 1
Abkömmling 255, 258
Abmahnung 109, 110
Abnahme 68, 95
Abnahmepflicht 68
Abstammung 231, 235
Abstraktionsprinzip 12, 190, 196, 199
Adäquanz 129
Additionsmethode 228
AGB 57
Alleinverdienerehe 209
Allgemeine Geschäftsbedingungen 55
   Auslegung 63
   Begriff 58
   Einbeziehung 60
   Inhaltskontrolle 63
   Transparenzgebot 65
   Vorrang der Individualabrede 62
allgemeine Grundlagen des Zivilrechts 1
Allgemeiner Teil des BGB 4
Allgemeines Schuldrecht 5, 92
Allgemeinheit 18
Analyse des Sachverhalts 261
Anfechtung 78
   der Vaterschaft 233
Anfechtungserklärung 77, 84
Anfechtungsfrist 77, 84
Anfechtungsgrund 77
Angebot 24
   zur Leistung 143
Annahme 27
Anrechnungsmethode 227, 228
Anspruch 6, 178, 263
   auf Ausbildungsfinanzierung 245
Anspruchsgrundlage 263
Anspruchskonkurrenz 270
Arbeitnehmer 17
Arbeitsvertrag 172
arglistige Täuschung 83
Aufbau des BGB 4
Aufgabenstellung 261
Aufrechnung 147
Aufstockungsunterhalt 225
Aufwendungsersatz 101
Ausbildungsfinanzierung 245
Auslegung von Verträgen 53, 78
Ausschluss des Unterhalts 230
Ausschluss eines Erben 257
außerordentliche Kündigung 105, 108, 151

Bargeld 193
Bauwerk 179
bedingter Vorsatz 83, 116

Bedingung 50
Befristung 50, 51
   des Unterhalts 229
Beistandschaft 240
Bereicherungsausgleich 174
Bereicherungstatbestand 172
berufliche Tätigkeit 22
beschränkte persönliche Dienstbarkeit 198
Besitz 190
Besitzverlust 193
Besonderes Schuldrecht 5, 92
Besteller 67
Betreuer 251
Betreuung 249
Betrieb des Ehegatten 210
bewegliche Sache 188
BGB 4
   Bücher 4
   Inhalt und Aufbau 4
Billigkeitsklausel 229
biologischer Vater 234
Bringschuld 50, 143
Bücher des BGB 4
Bürger 3
Bürgermeister 30

Dauerschuldverhältnis 15, 19, 51, 105, 108, 125, 151
   Rahmenvertrag 15
deliktisches Handeln 152
Dienstbarkeit 195, 197, 198
dinglicher Vertrag 194
Düsseldorfer Tabelle 245

Ehefähigkeit 206
Ehegatte 210, 255
eheliche Lebensgemeinschaft 209
eheliches Güterrecht 216
Ehemündigkeit 206
Ehename 215
Ehepflichten 211
Ehescheidung 220
Eheschließung 205
Eheverbot 207
Ehevertrag 217
Ehewirkung 209
eigene Leistung 103
Eigentum 189
Eigentumserwerb an Grundstücken 194
Eigentumsübertragung 190
Eigentumsverletzung 158
Eigentumsvermutung 214
einseitiges Rechtsgeschäft 55
Einzelvertretungsbefugnis 35

Stichwortverzeichnis

elterliche Sorge 236, 241, 243
Eltern 237, 255
Elternunterhalt 247
Empfängerhorizont 25, 53
Enterbung 258
Entschlussfreiheit 77
Erbfall 254
Erbfolge 254
Erbrecht 254
Erfassen der Aufgabenstellung 261
Erfüllung 147
Erfüllungsgehilfe 118
   Abgrenzung zum Verrichtungsgehilfen 164
Erfüllungsgeschäft 197, 242
Erfüllungsinteresse 39
Erfüllungsschaden 38
Erklärungsmittel 26
Erlöschen des Anspruchs 180
Ersatz von Mehraufwendungen 146
Ersatzgegenstand 133, 174
Erwerbslosigkeit 224
Erwerbstätigenbonus 227

Fahrlässigkeit 116, 156, 160, 192
Fallfrage 263
Familiengericht 238, 241
Familienrecht 5, 202
Fehlabwägung 89
Fehleridentität 13
Feiertag 53
Folgeschäden 159
Form eines Vertrags 40
Frist zur Nacherfüllung 102
Fristberechnung 51

Gattungsschuld 49, 132
Gebrauchsvorteil 173
Geburt des Kindes 232
Gefährdung des Kindeswohls 240
Gefährdungshaftung 156
Gefahrübergang 145
Gegenforderung 148
Gegenstand der Fallfrage 263
Geldschulden 132
Gemeinde 41
Gesamthandsgemeinschaft 260
Gesamtschuld 182
Gesamtvertreter 37
Geschäftsanbahnungsphase 8
Geschäftsbedingungen 55
Geschäftsfähigkeit 75, 206, 250
Geschäftsunfähigkeit 75
Geschlechtsgemeinschaft 210
gesetzliche Erbfolge 254
gesetzliche Vertretung 252
gesetzliche Vertretungsmacht 31
gesetzlicher Vertreter 120
gesetzliches Erbrecht des Ehegatten 255

gesetzliches Schuldverhältnis 7, 152
gesetzliches Verbot 86
Gesundheit 157
Getrenntleben der Eltern 243
Gewährleistung 92
Gewährleistungsansprüche 179
gewerbliche Tätigkeit 22
Gläubiger 97
Gläubigerrecht 131
Gläubigerverzug 143
grobe Fahrlässigkeit 118
Grundbegriffe des BGB 6
Grundbuch 195, 196
Grunddienstbarkeit 198
Grundgesetz 202
Grundlagen des Zivilrechts 1
Grundpfandrecht 196
Grundschuld 195, 196
Grundstück 194
Gutachten 271
Güterrecht 216
Güterstand 216
Gütertrennung 216
gutgläubiger Erwerb 192

Haftung des Vertreters 37
Haftungserleichterung 145
Haftungsmaßstab 215
Härtefälle 222
Hauptforderungen 148
Hauptpflichten 44
Haushaltsgegenstand 256
häusliche Gemeinschaft 209
Herabsetzung des Unterhalts 229, 230
Herausgabeverpflichtung 175
Herstellungsfehler 95
Hinausschieben des Verjährungseintritts 181
Hinweise zur Lösung zivilrechtlicher Fälle 261
Holschuld 50, 143
Hypothek 195, 198

immaterieller Schaden 154
Immobilie 180
Inhalt des BGB 4
Inhalt von Verträgen 44
Innen- und Außenverhältnis
   Gesamtschuld 183
   Stellvertretung 33
Insolvenz 194
Interessenabwägung 88
invitatio ad offerendum 24
Irrtum 77, 78
   Erklärungsirrtum 79
   Inhaltsirrtum 79

Jugendamt 239
juristische Person 20
juristisches Gutachten 271

Kaufsache 107
Kaufvertrag 66, 93, 98, 179
Kausalität 128
Kausalzusammenhang 154
Kenntnis der eigenen Abstammung 235
Kindesbetreuungsunterhalt 224
Kindesunterhalt 243
Kindschaftsrecht 231
Konkretisierung 49, 132
Körper 157
Kündigung 105, 149, 150, 172
Kündigungsschutzklage 51

Leben 157
Lebensgemeinschaft 209
Leistung 173
Leistungsgegenstand 48, 174
Leistungsort 47
Leistungszeit 47
Lesen des Sachverhalts 261
Lösung zivilrechtlicher Fälle 261

Mahnung 125
Mangel 97
Mängelbeseitigungskosten 104
Mehraufwendung 146
Mehrheit von Erben 260
Mieter 70
Mieterschutz 17
Mietvertrag 69, 96, 103, 109, 112
Minderung 110, 172
Missbrauchs der elterlichen Sorge 238
Mitverschulden 129
Mutterschaft 231

nachehelicher Unterhaltsanspruch 223
Nacherfüllung 102
Nachfristsetzung 106, 109
Nachlass 254
Nachlassverbindlichkeit 260
Namensgestaltung 216
natürliche Person 20
Nebenpflicht 92
Nichtannahme durch den Gläubiger 144
nichteheliches Kind 246
Nichterfüllung 38

öffentliches Testament 256
öffentliches Recht 1, 3, 22
ordentliche Kündigung 151
Organisationsverschulden 168

Personenpflegschaft 253
Personensorge 241
Pfleger 253
Pflegschaft 253
Pflichtteilsanspruch 258
Pflichtverletzung 107, 114, 124, 131, 134, 151

Prioritätsprinzip 191
privates Testament 256
Prüfung 262

Rahmenvertrag 15, 108
Rationalisierungseffekt 55
Recht 2
  auf Kenntnis der eigenen Abstammung 235
  auf Verweigerung der eigenen Leistung 103
rechtliche Betreuung 249
rechtliche Prüfung 262
rechtlicher Grund 173
Rechtsauffassung 270
Rechtsbindungswille 24
Rechtsfähigkeit 20
Rechtsgeschäft 9, 31
  einseitig 55
Rechtsordnung 2
Rechtsprechung 272
Rechtsverkehr 33
Rückabwicklung 150
  fehlerhafter Verträge 89
Rücksichtnahmepflicht 127
Rücktritt 105, 108, 134, 149, 172
Ruhen der elterlichen Sorge 237

Sache 5
Sachpflegschaft 253
Sachverhalt 261
Schadensberechnung 154
Schadensersatz 38, 113, 126, 134, 175
Schadensersatzanspruch 157
Scheidung 220
Scheidungsverfahren 222
Scheidungsvorausetzungen 220
Schickschuld 50, 143
Schlüsselgewalt 212
Schmerzensgeld 154
Schuldrecht 5
Schuldverhältnis 6, 7, 113
Schwägerschaft 204
Selbstvornahme 101
Sittenwidrigkeit 87
Sonntag 53
Sorge 236, 241, 243
Sorgeberechtigung 237
Staat 3
staatliche Unterstützung der elterlichen Sorge 237
staatliches Wächteramt 237
Stellvertretung 28
  Innen- und Außenverhältnis 29
Strafrecht 1, 3
Stückschuld 48

Täuschung 83
Testament 256
Testamentsvollstreckung 257

Stichwortverzeichnis 277

Tod eines Elternteils 237
Trennung 221
 der Eltern 237
Trennungsprinzip 11, 190
Trennungsunterhalt 230
Trennungszeit 221

Übertragung von Eigentum 190
unerlaubte Handlung 152, 157
ungerechtfertigte Bereicherung 171
 Umfang des Bereicherungsanspruchs 174
 und gutgläubiger Erwerb 193
 Wegfall der Bereicherung 175
Unmöglichkeit 131, 133
 anfängliche Unmöglichkeit 135
 bei Gläubigerverzug 145
 nachträgliche Unmöglichkeit 134
Unterhalt 230, 243
 nach der Scheidung 223
 wegen Erwerbslosigkeit 224
Unterhaltsanspruch 212
Unterhaltsbemessung 227
Unterhaltspflicht 211
Unterhaltsrecht 5
Unterhaltstabelle 244
Unterhaltsverpflichteter 226
Unternehmer 21, 22, 67
Untervollmacht 36

Vaterschaft 232, 233
Verbindlichkeit 21
Verbraucher 21, 22, 61
Verfügungsgeschäft 11, 12
Vergabe
 vertragsähnliches Schuldverhältnis 46
Vergabeverfahren 7, 57
Verjährung 178
 Einrede der Verjährung 181
Verjährungseintritt 181
Verjährungsfrist 69, 178
Verkehrsschutz. 77
Verkehrsschutzprinzip 54
Verkehrssicherungspflicht 162, 164
Verletzung vertraglicher Pflichten 92
Verlöbnis 204
Vermächtnis 257
Vermieter 69
Vermögensschäden 159
Vermögensschädigung 158
Vermögenssorge 241
Vermögensvorteil 173
Verpflichtungsgeschäft 11, 89
Verrichtungsgehilfe 164, 166
Verschulden 114
Verschuldenshaftung 156
Versorgungsausgleich 231

Vertrag 5, 8, 14, 40
 Annahme 27
 dinglicher 194
 fehlerhaft 75
 Form 40
 Inhalt 44
 Nichterfüllung 38
 Rücvkabwicklung 89
 Zustandekommen 24
 vertragliche Pflicht 92
 Erfüllung 97
 Hauptpflicht 44
 Nacherfüllung 98
 Nebenpflicht 44
 Pflichtverletzung 92
 vertragliche Verpflichtung 147
Vertragsbindung 18
Vertragsfreiheit 14, 87
Vertragspartner 16
Vertragsrecht 2
Vertragsschluss 24
Vertrauen 107
Vertrauensschaden 38, 82
Vertretenmüssen 114
Vertreter 37, 120
 Haftung 37
Vertretung
 des Kindes 241
 Einzel- und Gesamtvertretung 35
 gesetzlicher Vertreter 30
 Handeln im Namen des Vertretenen 29, 30
Vertretung ohne Vertretungsmacht 37
Vertretungsmacht 30
Verwaltungsprozess 51
Verwandter 254
Verwandtschaft 204
VOB 57, 65
VOL 57, 65
Vollmacht 31
Vormund 248
Vormundschaft 248
Vorsatz 115, 156, 160

Wächteramt 237
Wegfall der Bereicherung 175
Werkleistung 107
Werktag 53
Werkvertrag 67, 93, 100, 102, 104, 179
Widerruf eines Testaments 256
Widerspruchsverfahren 51
Willenserklärung 8, 9, 53
 Abgabe 9
 Zugang 9
Willensmängel 76

Zivilrecht 1, 6
zivilrechtliche Fälle 261
Zugang einer Willenserklärung 9
Zugewinnausgleich 219, 259

Zugewinngemeinschaft 217, 255, 259
Zustandekommen von Verträgen 24
Zwangshypothek 198
Zwangsversteigerung 198